호산 박문호
『칠서주상설』 연구번역총서 2

논어집주상설 2

호산 박문호 저

책임역주[주저자]: 신창호
전임역주: 김학목 · 윤원현 · 조기영
공동역주: 김언종 · 임헌규 · 허동현

박영story

이 저서는 2017년 대한민국 교육부와 한국연구재단의 지원을 받아 수행된 연구임
(NRF－2017S1A5B4056044)

연구번역자 서문

학문 연구의 토대를 다지는 작업은 지난하면서도 즐겁다. 동양학을 탐구하는 학자들이 상생상극(相生相剋)의 학문적 이치를 노정(路程)한다면, 학문 연구의 난제(難題)와 열락(悅樂)은 서로 스며들게 마련이기 때문이다. 공자가 유교를 집대성(集大成)한 이후, 주자의 주석(註釋)을 거치면서 전변(轉變)을 거쳐 온 유학은, 그 이론과 실천의 차원에서 엄청난 심사숙고를 요청한다. 우주자연과 인간 사회에 대한 근본, 그 알파와 오메가를 진지하고 투철하게 고려하도록 채찍질한다. 선현(先賢)들의 학문 활동을 돌아보건대, 상당수가 그러한 삶을 고민했음이 분명하다.

본 저술은 호산(壺山) 박문호(朴文鎬, 1846~1918)의 『칠서주상설(七書註詳說)』을 심도있게 연구하여 한글로 완역한 연구번역 성과이다. 『칠서주상설』은 말 그대로 '칠서(七書)'의 주석에 대해 자세하게 설명한 저술이다. <칠서주>는 회암(晦庵) 주희(朱熹, 1130~1200)의 『논어집주(論語集註)』, 『맹자집주(孟子集註)』, 『대학장구(大學章句)』, 『중용장구(中庸章句)』, 『시집전(詩集傳)』, 『서집전(書集傳)』, 『주역본의(周易本義)』를 가리키는 것으로, 유교의 핵심 경전인 사서삼경(四書三經)에 관한 주희(『서집전』의 경우는 채침(蔡沈, 1167~1230))의 주석을 말한다. 주지하다시피, 사서삼경과 그 주석은 조선 주자학의 뼈대를 이루는 중심 경전이다. 호산은 이 <칠서주>에 다시 상세하게 주석을 부가하여 조선 유교를 종합해내었다. 서구 근대 문명이 밀물처럼 밀려오던 19세기 중반에서 20세기 초반에 활동하면서도, 주자학의 정통 학문을 자신의 사명처럼 여기고, 유교의 핵심 경전을 집대성한 것이다.

호산은 『칠서주상설』을 편찬하면서, 자신이 연구한 나름의 소신을 저술의 편차(編次)에 반영하였다. 중국 송대의 사상가들을 비롯하여 주자학을 신봉하는 대부분의 학자들이 사서(四書)의 독서 순서를 『대학(大學)』으로 시작했던 것과 달리, 호산은 『칠서주상설』의 순서를 주석(註釋)의 명칭에 따라 『논어집주상설(論語集註詳說)』로부터 시작했다. 그것은 유학의 핵심 경전인 『논어』가 맨 앞에 자리해야 하는 당위성이기도 하다.

그렇게 하여 『칠서주상설』은 『논어집주상설』 20권, 『맹자집주상설』 14권, 『대학장구상설』 1권, 『중용장구상설』 1권, 『시집전상설』 18권, 『시서변설상설』 2권, 『주역본의상설』 12권, 『서집전상설』 14권, 『서서변설상설』 1권으로, 전체 83권에 이르는 방대한 저작이 되었다. 마치, 조선의 주자학을 마무리하듯이, 경전의 주석을 짜임새 있게 갖추었다. 사서삼경의 경문에 대한 중국 역대의 주석을 비롯하여, 조선시대 여러 학자들의 주석을 간단·명료하게 총망라하였다. 특히, 사서삼경에 대한 주자의 주해(註解)를 의리(義理)와 훈고(訓詁), 그리고 논리(論理)를 반영하는 등, 여러 측면에서 정밀하고 명확하게 분석하면서도, 사서삼경의 주요 텍스트인 ＜영락대전(永樂大全)＞본의 오류를 바로잡은 엄밀한 주석서로 편찬해내었다.

주자 이후 중국의 주요 주석뿐 아니라, 퇴계(退溪), 율곡(栗谷), 사계(沙溪), 우암(尤菴), 남당(南塘), 농암(農巖) 등 조선 성리학을 대표하는 학자들의 학설과 호산 자신의 견해까지 담은 저술이기에, 주자학의 심오한 이해는 물론 조선 성리학의 맥락과 계보, 발전 양상을 포괄할 수 있는 학문성을 담보한다.

본 연구번역은 2017년도 한국연구재단의 토대연구 사업으로 시작되었다. 연구 기획을 할 무렵 연구진의 생각은 좀 단순했다. '『칠서주상설』이 조선 유교 경전 주석사의 대미를 장식하는 주요한 저작이므로 이를 번역하여 학계에 기여하면 좋겠다!'는 정도였다. 그러나 기획 단계에서 초역을 하고 연구계획서를 작성하면서, '토대'연구 사업에 어울리는 작업으로서 연구범위가 상당 부분 확장되었다. 분량도 그렇지만, 원문에는 없는 표점, 찾아보기 힘들게 되어 있는 원전의 구절과 문장의 정돈, 내용 가운데 보충 설명이 필요한 부분의 주석 등, 관련 전공자들의 수준 높은 연구를 곁들인 번역의 필요성이 요청되었다. 고민을 거듭한 결과, 연구 작업이 너무나 방대해졌다.

그러나 연구진들은 매월 2,000여 매(200자 원고지 기준)에 달하는 연구 번역에 온힘을 쏟아 부었다. 열정을 바친 만큼 원고는 계획대로 생산되었고 또한 다듬어졌다. 단행본 1권에 해당하는 분량이었다. 원본의 오탈자를 바로잡고, 표점을 찍고, 구절을 바르게 맞추고, 문장을 정렬하고, 관련 전거를 확인하는 등, 초역에서 교열·윤문, 그리고 출판에 이르기까지, 여러 과정을 반복했다. 정말이지, 연구번역이라는 학문의 토대 작업을 자임한, 고난의 행군이었다. 당초 계획대로 5년 동안의 연구기간에 『칠서주상설』을 마무리한다면, 매년 20,000여 매, 전체 100,000여 매의 원고가 성과물로 쌓일 것이다. 단행본으로는 약 50여 권이 될 것으로 예상된다.

어려우면서도 엄청난 작업이지만, 학문의 토대를 구축하는 데 기여할 수 있다는 자부심과 자긍심으로, 현재 2차년도 연구번역 작업이 마무리 단계에 와 있다. 분량이 많다 보니, 본 번역연구 성과물의 출간과 관련하여 고민하지 않을 수 없었다. 모든 작업이 끝나고 한꺼번에 출간하는 것은 다소 무리라는 판단이 들었다. 이에 매년 번역연구물이 산출되면, 다음년도 연구번역이 끝나기 전, 즉 1년 이내에 출간하는 것이 연구진이나 학계에 도움이 되겠다고 생각하였다.

이 책은 1차년도(2017년 9월~2018년 8월)의 결과물이다. 1차년도에는 『논어집주상설』과 『대학장구상설』을 연구번역하고 정본화 작업을 진행하였다. 책의 권수는 경전의 편제와 분량, 그리고 내용에 따라 나누어 조정하였는데, 17,000여 매에 달하는 『논어집주상설』은 10권으로, 3,000매 가량인 『대학장구상설』은 3권으로 출간하게 되었다.

무엇보다도 본 연구번역의 과정에 매진해준 연구진에게 큰 절을 올린다. '고맙다!'는 말 이외에 서로를 격려하고 용기를 북돋우며 동기부여할 수 있는 표현은 없는 것 같다. 전임연구교수로 연구번역에 힘써준 고려대학교 교육문제연구소의 김학목 박사님, 윤원현 박사님, 조기영 박사님의 초역은 본 연구의 밑거름이 되었다. 공동연구에 참여하신 고려대학교 김언종 명예교수님, 강남대학교 임헌규 교수님, 경희대학교 허동현 교수님은 각종 자문과 조언, 윤문과 교열 등을 맡아 고생해 주셨다. 이외에 연구보조원으로 참여한 한국외국어대의 서세영, 고려대의 우버들, 위민성, 장우재 등 대학원생들의 각종 보조가 도움이 컸다. 또한 자문에 응하여 충고를 아끼지 않으신 원로 한학자 중관(中觀) 최권흥 선생님을 비롯하여, 『칠서주상설』의 가치와 중요성을 일깨워주신 일우(一愚) 이충구 선생님, 여기에서 일일이 거론하지는 못했지만, 본 연구와 관련하여 도움을 주신 여러 선생님들께 감사의 말씀을 전한다.

본 연구는 연구책임자를 비롯하여 자문에 이르기까지 우리 모두의 땀과 정성이 배어 있는 합작의 결실이다. 다시 한번 수고해주신 모든 분들에게 고마움과 감사의 인사를 건넨다. 그리고 본 연구번역을 원활하게 수행할 수 있도록 각종 편의를 제공해준 고려대학교 교육문제연구소와 행·재정적으로 지원해 준 한국연구재단, 고려대학교 산학단에도 감사드린다. 그런 지원이 없다면 본 사업은 쉽게 할 수 없는 학술 작업이다. 남은 연구기간에도 지속적인 관심을 부탁한다.

호산 박문호의 『칠서주상설』은 1921년에 발간되었다. 1918년 그의 사후 3년만이었다. 그 후 100년이 지났다. 1세기가 지난 2018년, 호산 선생 사후 100여 년 만에, 후학에 의해 본 『칠서주상설』이 연구번역되었다는 점에서 상당한 의미를 부여할 수도 있겠다. 여러 차원을 고려하여, 본 연구번역이 조선 유학을 집대성한 경전 주석서로서, 본 연구사업의 취지에 맞게 관련 학계의 연구 토대로 작용할 수 있기를 간절히 소망한다. 어떤 연구번역이건 완벽하려고 하지만, 한 점의 실수나 오류도 없이 완벽을 기하기란 쉽지 않다. 그만큼 완전한 연구번역은 어렵다. 본 연구번역도 최선을 다하려고 했지만, 미비한 부분이 있을 것이다. 오류가 있다면 많은 질정을 바라며, 잘못된 부분이 발견되면, 추후에 수정 보완할 수 있도록 노력할 것이다.

마지막으로, 심심한 감사를 표해야 할 분이 있다. 상당한 어려움을 감수하면서도 가치 있는 학술도서에 애정을 갖고 출판을 맡아준 박영스토리의 노현 대표님, 불철주야(不撤晝夜) 성심껏 원고를 꼼꼼하게 다듬어 편집해준 문선미 과장님을 비롯한 박영사 편집진에게 고마운 마음을 전한다.

2019. 6. 하지(夏至)절

연구책임자 신창호 씀

일러두기

1. 본서는 1921년 풍림정사(楓林精舍)에서 간행된 박문호의 『칠서주상설(七書註詳說)』(한국학중앙연구원 장서각 소장)을 저본으로 하였다. 아울러 아세아문화사(亞細亞文化社)에서 간행한 『호산전서(壺山全書)』 1~8(1987~1990)을 참고하였다.

2. 원전(原典)은 직역(直譯)을 원칙으로 하되, 필요한 경우에는 현대적 의미를 고려하여 의역(意譯)하며 풀이하였다. 원문은 번역문과 함께 제시하되, 원문을 앞에 번역문을 뒤에 배치하였다.

3. 역주(譯註)의 경우 각주로 처리하고 간단한 단어나 개념 설명의 경우 본문에서 그대로 병기하여 노출하였다(예 : 잡기(雜記 : 잡다하게 기록함)). 주석은 인용 출처 및 근거를 비롯한 관련 자료를 최대한 밝혀내어 제시하고, 관련 자료의 원문 내용과 번역문을 동시에 수록하는 것을 원칙으로 하였다. 자료의 성격과 독해상의 혼란을 고려하여 원문만을 그대로 노출하거나 내용이 중복되는 부분일지라도 편장이 달라질 경우 다시 수록하여 연구 토대 자료로서의 편리성을 도모하였다.

4. 원전의 원문은 칠서의 '경문(經文)', 주자의 주석인 '주주(朱註)', 박문호의 주석인 '상설(詳說)'로 구분하되, '경문－주주－상설'순으로 글자의 크기를 달리 하였다. 경문의 경우, 별도로 경문이라는 표시 없이 편장별로 번호를 붙였다(예 : 『논어』「선진」 1장 첫 구절은 「선진」이 『논어』의 11편이므로 [11－1－1]로 표시). 상설은 모든 구절에 ○를 붙여 의미를 분명하게 하였다.

5. 원문의 표점 및 정본화 작업은 연구번역 저본과 참고로 활용한 판본을 충분히 대조하여 정돈하였다. 『칠서주상설』 편제의 특성상, 혼란의 소지가 있는 부분은 글자를 추가하거나 삭제한 경우도 있으나 번역에서 원전 그대로 확인할 수 있도록 다시 전체 문장

을 제시하였다. 원문의 정본화 및 역주에서 경전(經傳; 『 』)이나 편명(篇名; 「 」), 구두(句讀; , ; .), 인용문(따옴표; “ ” ; ‘ ’), 강조점(따옴표; ‘ ’) 등을 구분하여 표시하였다.

6. 원전의 특성상, 경문의 바로 아래에 제시되어 있는 음운(音韻)이나 음가(音價)는 주자의 주석인 주주(朱註)로 처리하였다.

7. 원문이나 역주 가운데, 인명이나 개념어는 기본적으로 한글과 한문을 병기하되, 상황에 맞추어서 정돈하였다(예: ‘주자(朱子)’의 경우, 때로는 주희(朱熹)로 표기. 개념어는 원문을 그대로 노출하기도 하고 풀이하기도 하였는데, 도(道)의 경우, 도리(道理), 이치(理致), 방법(方法) 등으로 해석).

8. ＜참고문헌＞과 인명 및 개념·용어 등은 최종 ＜별책 부록＞으로 정돈한다.

차례

— 논어집주상설 총 목차 —

차례

— 논어집주상설 2 —

• **제3편 팔일(八佾)**

권2

논어집주상설

論語集註詳說

위정 ∘ 爲政 第二

제2편

詳說

○ 胡氏曰 : "卷帙之分, 特以竹簡之編旣盡而止爾."[1]

호씨(胡氏 : 胡泳)가 말하였다. "책의 편장을 나눈 것은 다만 죽간을 엮는 끈이 다 되면 멈추는 것으로 했을 뿐이다."

○ 學之將以行之, 故'學而優則仕'. 此書首以「學而」, 次以「爲政」, 蓋亦記者之意也.

배움은 장차 그것을 실행하려는 것이기 때문에 '배우면서 여유가 있으면 벼슬을 한다.'[2]라고 하였다. 이 책이 첫 편은 「학이(學而)」로 했고 다음 편을 「위정(爲政)」으로 한 것도 대개 또한 기록한 사람의 뜻일 것이다.

朱註

凡二十四章.

모두 24장이다.

---

1) 호광 편(胡廣 編), 『논어집주대전(論語集註大全)』「옹야(雍也)」 편명 아래에 있는 소주(小註)의 일부분이다.

2) 배우면서 여유가 있으면 벼슬을 한다 : 『논어(論語)』「자장(子張)」에서 "자하(子夏)가 말하였다. '벼슬하면서 여유가 있으면 배우고, 배우면서 여유가 있으면 벼슬을 한다.'(子夏曰 : '仕而優則學, 學而優則仕.')"라고 하였다.

[2-1-1]

子曰："爲政以德, 譬如北辰, 居其所而衆星共之."
공자가 말하였다. "정사(政事)를 덕으로 함은 비유컨대 북극성이 제자리에 머물러 있고 여러 별들이 그것을 향하는 것과 같다."

朱註

共, 音拱, 亦作拱.
'거기소이중성공지(居其所而衆星共之)'에서 '공(共)'자는 음이 공(拱)이고, 또한 공(拱)으로도 되어 있다.

詳說

○ 亦, 猶或也, 謂一本也.
'역작공(亦作拱)'에서 '역(亦)'자는 혹(或)이라는 말과 같으니, '어떤 판본'이라 하는 말이다.

朱註

政之爲言'正'也, 所以正人之不正也.
정사(政事)라고 하는 말은 '바로잡는다'라는 뜻이니, 사람들의 바르지 못한 부분을 바로잡는다는 것이다.

詳說

○ 新安陳氏曰："此訓'政'字, 本夫子'政者, 正也'之意, 蓋以政之理言. 第三章謂'法制禁令', 則政之事也."[3]

---

3) 호광 편(胡廣 編), 『논어집주대전(論語集註大全)』 권2에 진력(陳櫟)의 말로, "新安陳氏曰 : '首訓'正'字, 本夫子'政者, 正也, 子帥以正, 孰敢不正?'之意, 蓋以政之理言. 若第三章『集註』云'政, 謂法制禁令', 則指政之實事言也.'(신안 진씨(新安陳氏 : 陳櫟)가 말하였다. '「위정(爲政)」편 첫머리의 '정(政)'자를 '정(正)'이라 훈고한 것은 공자의 '정사(政事)는 바로잡는다는 말이니, 그대가 올바름으로 통솔하면 누가 감히 올바르지 않겠는가?'라고 한 뜻에 근본하니, 그것은 정사(政事)의 이치로서 말한 것이다. 만약 제3장의 『논어집주(論語集註)』에서 '정사(政事)는 법제(法制 : 법률과 제도)와 금령(禁令 : 禁律과 號令)을 말한다.'라고 한 것이라면, 그것은 정사의 실제 일을 가리켜서 말한 것이다.')"라고 실려 있다.

'정지위언정야, 소이정인지부정야(政之爲言正也, 所以正人之不正也.)'에 대해, 신안 진씨(新安陳氏 : 陳櫟)가 말하였다. "이는 본문 '위정이덕(爲政以德)'의 '정(政)'자를 훈고한 것으로 공자의 '정사(政事)는 바로잡는다는 일이다'라는 말의 뜻에 근본하니,[4] 그것은 정사(政事)의 이치로서 말한 것이다. 제3장에서 '법제(法制 : 법률과 제도)와 금령(禁令 : 禁律과 號令)'이라 말한 것[5]은 정사의 일이다."

朱註

德之爲言得也, 行道而有得於心也.

덕(德)이란 말은 '얻는다'라는 뜻이니, 도(道)를 실행하여 마음에 얻음이 있는 것이다.

詳說

○ 朱子曰 : "'德'字從心, 以其得之於心也."[6]

'덕지위언득야(德之爲言得也)'에서 '덕(德)'자에 대해, 주자(朱子 : 朱熹)가 말하였다. "'덕(德)'자는 '심(心)'자에서 나왔으니, 마음에 얻기 때문이다."

○ 又曰 : "德者, 理之得於心者也."[7]

주자(朱子 : 朱熹)가 또 말하였다. "덕(德)은 이치를 마음에 얻는 것이다."

○ 新安倪氏曰 : "他本作'得於心而不失也', 終不如祝氏『附錄』本'行道而有得於心'之精, 當不可易也. 朱子訓'德'字, 蓋倣『禮記』, '德者, 得也', 躬行心得, 心與理爲一, 斯謂之德."[8]

---

4) 공자의 '정사(政事)는 바로잡는다는 일이다'라는 말의 뜻에 근본하니 : 『논어(論語)』「안연(顔淵)」에서 "계강자(季康子)가 공자에게 정사(政事)에 대해 물었다. 공자가 대답하였다. '정사(政事)는 바로잡는다는 일이니, 그대가 올바름으로 통솔하면 누가 감히 올바르지 않겠는가?'(季康子問政於孔子. 孔子對曰 : '政者, 正也, 子帥以正, 孰敢不正?')"라고 하였다.

5) 제3장에서 '법제(法制 : 법률과 제도)와 금령(禁令 : 禁律과 號令)'이라 말한 것 : 「위정(爲政)」편 제3장 본문 '도지이정(道之以政 : 정사(政事)로서 인도하고)'에 대해 주자는 '정사(政事)는 법제(法制 : 법률과 제도)와 금령(禁令 : 禁律과 號令)을 말한다.(政, 謂法制禁令也.)'라고 주석하였다.

6) 『주자어류(朱子語類)』 권23, 「논어5(論語五)」, 7조목.

7) 『주자어류(朱子語類)』 권42, 「논어24(論語二十四)」, 93조목에는 "德者, 理之得於吾心者也.(덕은 이치를 내 마음에 얻는 것이다.)"라고 되어 있다.

8) 호광 편(胡廣 編), 『논어집주대전(論語集註大全)』 권2에 예사의(倪士毅)의 말로, "祝氏『附錄』本如此, 他本作'得於心而不失也.'(축씨(祝氏 : 祝洙)의 『사서부록(四書附錄)』 판본은 이와 같은데, 다른 판본은 '마음에 얻어서 잃지 않는다'라고 되어 있다.)" 또 "胡氏『通』必主'得於心而不

'행도이유득어심야(行道而有得於心也)'에 대해, 신안 예씨(新安倪氏 : 倪士毅)[9]가

失'之說, 膠於胡泳伯量所記. 謂先生因執扇謂曰, '德字須用不失訓, 如得此物, 可謂得矣, 纔失之則非得也. 此句含兩意, 一謂得於有生之初者, 不可失之於有生之後; 一謂得於昨日者, 不可失之於今日.' 先師謂此說縱使有之, 亦必非末後定本. 深思細玩, 終不如'行道而有得於心'之精, 當不可易也. 朱子訓'德'字, 蓋倣『禮記』, '德者, 得也. 禮樂皆得, 謂之有德'而言. 初作'得於身', 後改'得於心'. 夫'道'字廣大, 天下所共由; '德'字親切, 吾心所獨得. 行道行之於身也, 未足以言德. 必有得於心, 則躬行者始心得之, 心與理爲一, 斯可謂之德. 有次第, 有歸宿, 精矣. 今曰'得於心而不失', 則得於心者何物乎? 方解'德'字, 未到持守處, 不必遽云'不失'. 不比'據於德', 『註』云, '據者, 執守之意, 得之於心而守之不失.' 又云, '據德則道得於心而不失.' 此兩'不失'字, 乃自'據'字上說來. 況上文先云'德', 則'行道而有得於心'者也, 其證尤明白. 若遽云'不失', 則似失之急, 又近於贅. 『大學』「序」所謂'本之躬行心得', 躬行卽行道, 心得卽有得於心也. 以前後參觀之, 而祝氏定本爲尤信.(호씨(胡氏 : 胡炳文)의 『사서통(四書通)』은 기필코 '마음에 얻어서 잃지 않는다'라는 말을 위주로 하는데, 이는 호영(胡泳 : 자 伯量)이 기록한 말에 얽매인 것이다. 그 기록에 의하면 주자(朱子 : 朱熹)가 부채를 잡고 있으면서 다음과 같이 말하였다. '덕(德)이라는 글자는 모름지기 잃지 않는다라는 뜻으로 풀이해야 하니, 예컨대 이를 얻으면 얻었다라고 할 수 있지만 그것을 잃어버리면 곧 얻은 것이 아니다. 이 말에는 두 가지 뜻을 포함하고 있으니, 하나는 애초에 생겨날 때 얻은 것을 생겨난 뒤에 잃어서는 안 된다는 말이고, 또 하나는 어제 얻은 것을 오늘 잃어서는 안 된다는 말이다.' 돌아가신 스승(陳櫟을 가리킴)은 이 말에 대해, 설령 이러한 말이 있었다고 하더라도 또한 이것이 꼭 최후의 정본(定本)인 것은 아니다라고 하였다. 깊이 생각하고 자세히 완미하면 끝내 '도(道)를 실행하여 마음에 얻음이 있다'라고 하는 말의 정밀함 같지 못하니, 당연히 바꿀 수 없다. 주자(朱子 : 朱熹)가 '덕(德)'자를 훈고한 것은 대개 『예기』의 '덕은 얻는 것이다. 예(禮)와 악(樂)을 모두 얻는 것이니, 덕이 있다는 것을 말한다'라는 말을 본떠서 말한 것이다. 처음에는 '몸에 얻는다'라고 하였다가 뒤에 '마음에 얻는다'라고 고쳤다. 대개 '도(道)'자는 광대하니 온세상 사람들이 함께 경유하는 것이고, '덕(德)'자는 친밀하고 절실하니 내 마음에 홀로 얻는 것이다. 도를 실행하는 것은 몸에 그것을 실행하는 것이니 그것으로는 덕을 말하기에 충분하지 않다. 반드시 마음에 얻음이 있어야 몸소 실행하는 사람이 마음으로 그것을 터득하여 마음과 이치가 하나가 되니, 이를 덕이라 말할 수 있다. 차례가 있고 귀착처가 있으니 정밀하다. 이제 '마음에 얻어서 잃지 않는다'라고 말한다면 마음에 얻는 것은 어떤 것인가? 이제 막 '덕'이라는 글자를 풀이하자마자 잡아서 지킬 곳에 이르지 못하니 갑자기 '잃지 않는다'라고 말할 필요가 없다. '덕에 의거한다'라는 것과는 다르니, 『논어집주(論語集註)』에서 '의거한다는 것은 잡아서 지키는 뜻으로, 마음에 그것을 얻고 지켜서 잃지 않는다'라고 하였다. 또 '덕에 의거하면 도(道)를 마음에 얻어서 잃지 않는다'라고 말하였다. 여기까지 두 개의 '잃지 않는다'라는 말은 곧 '의거한다'라는 글자에서 말한 것이다. 그런데 하물며 위 글에서는 먼저 '덕'을 말했으니, '도(道)를 실행하여 마음에 얻음이 있다'라고 하는 것이 더욱 명백하게 증명된다. 만약 갑자기 '잃지 않는다'라고 말하면 성급한 잘못이 있는 것 같고 또 군더더기 말에 가깝다. 『대학(大學)』「서(序)」의 '몸소 실행하고 마음으로 얻는 것에 근본한다'라고 말한 것에서, 몸소 실행하는 것은 곧 도를 실행하는 것이고, 마음으로 얻는 것은 곧 마음에 얻음이 있다는 것이다. 앞뒤의 말을 참고해서 살펴보면 축씨(祝氏 : 祝洙)의 말이 정본(定本)임을 더욱 믿을

말하였다. "다른 판본에는 '마음에 얻어서 잃지 않는다'라고 되어 있는데, 끝내

수 있다.)"라고 되어 있다. 그런데 이 구절에 대해 호병문(胡炳文)은 『사서통(四書通)』「범례(凡例)」에서 다음과 같이 말하였다. "如'爲政以德', 舊本作'行道而有得於身', 祝本作'有得於心.' 後本又改作'得於心而不失', 祝未之見也. 按桐原胡氏侍坐武夷亭, 先生執扇而曰'德字須用不失訓. 如得人此物可謂得矣, 才失之則非得也.' 此譬甚切. 蓋此句含兩意, 一謂得之於有生之初者, 不可失之於有生之後; 一謂昨日得之者, 今日不可失之也. 今必以祝本爲定, 未必先曰'得於心而不失', 然後改曰'行道而有得於身', 末又改曰'行道而有得於心'. 故今不以祝本爲定. 詳見'爲政以德'註下. (예컨대 '정사(政事)를 덕(德)으로 하는 것'에 대해 옛 판본은 '도를 실행하여 몸에 얻음이 있다'라고 주석하였는데, 축수(祝洙)의 판본은 '도를 실행하여 마음에 얻음이 있다'라고 주석하였다. 그 뒤의 판본은 또 '마음에 얻어서 잃지 않는다'라고 고쳤는데, 축수는 보지 못한 것 같다. 내가 생각하건대 동원 호씨(桐原胡氏 : 胡泳)가 무이정(武夷亭)에서 주자를 모시고 있을 때 주자(朱子 : 朱熹)가 부채를 잡고서 다음과 같이 말했다고 한다. '덕(德)이라는 글자는 모름지기 잃지 않는다라는 뜻으로 풀이해야 한다. 예컨대 어떤 사람이 이를 얻으면 얻었다고 말할 수 있고, 그것을 잃으면 곧 얻은 것이 아니라고 하는 것과 같다.' 이 비유는 매우 절실하다. 대개 이 말은 두 가지 뜻을 포함하고 있으니, 하나는 애초에 생겨날 때 얻은 것을 생겨난 뒤에 잃어서는 안 된다는 것이고, 또 하나는 어제 얻은 것을 오늘 잃어서는 안 된다는 것이다. 이제 반드시 축수(祝洙)의 판본을 정본(定本)으로 하여, 먼저 '마음에 얻어서 잃지 않는다'라 했고, 그 뒤에 '도를 실행하여 몸에 얻음이 있다'라고 고쳤으며, 최후에 또 '도를 실행하여 마음에 얻음이 있다'라고 고쳤다고 하는 것은 꼭 그렇지는 않을 것이다. 그러므로 이제 축수(祝洙)의 판본을 정본(定本)으로 삼지 않는다. 자세한 것은 '정사(政事)를 덕(德)으로 하는 것'에 대한 주자 주석 아래의 글을 보라.)" 또 호병문은 같은 책 「논어통(論語通)」 권1에서 다음과 같이 말하였다. "按『集註』初改本云, '行道而有得於心', 後定本云'得於心而不失'. 門人胡泳嘗侍坐武夷亭, 文公手執扇一柄謂泳曰, '便如此扇, 旣得之而復失之, 如無此扇一般. 所以解德字用不失字.' 愚竊謂此五字有二意, 一則是得於有生之初, 不可失之於有生之後; 二則得於昨日者, 不可失之於今日. 蓋'不失'二字, 自有工夫在焉. 『集註』改本之精也如此.(내가 생각하건대, 『논어집주(論語集註)』의 처음 고친 판본은 '도를 실행하여 마음에 얻음이 있다'라 하였고, 뒤의 정본(定本)은 '마음에 얻어서 잃지 않는다'라고 하였을 것이다. 주자의 문인인 호영(胡泳)이 무이정(武夷亭)에서 주자를 모시고 있을 때 주자(朱子 : 朱熹)가 부채를 손에 잡고서 호영에게 다음과 같이 말하였다. '바로 이 부채와 같으니 이미 이를 얻었지만 다시 그것을 잃으면 마치 이 부채가 없는 것과 같다. 그러므로 덕(德)이라는 글자는 잃지 않는다라는 뜻으로 풀이한다.' 내 생각에, 이 다섯 글자(得於心不失)는 두 가지 뜻이 있으니, 하나는 처음 생겨날 때 얻은 것을 생겨난 뒤에 잃어서는 안 된다는 것이고, 둘은 어제 얻은 것을 오늘 잃어서는 안 된다는 것이다. 대개 '잃지 않는다'라는 것은 본래 수양공부가 거기에 달려 있다. 『논어집주(論語集註)』는 판본을 고친 것이 이와 같이 정밀하다.)"

9) 예사의(倪士毅, 1303~1348) : 자는 중굉(仲宏)이고 휴녕(休寧 : 안휘성 동남단 신안강(新安江) 상류) 사람이다. 기문산(祁門山 : 안휘성 황산 서쪽 산기슭 소재)에 은거하여 학문을 연구하고 강학하였다. 배우는 사람들에게 도천선생(道川先生)이라 불렸다. 일찍이 진력(陳櫟)을 스승으로 섬겼고, 스승이 지은 『사서발명(四書發明)』과 호병문(胡炳文)이 지은 『사서통(四書通)』을 결합하여 『사서집석(四書輯釋)』을 편찬하였다.

축씨(祝氏 : 祝洙)[10]의 『사서부록(四書附錄)』 판본의 '도(道)를 실행하여 마음에 얻음이 있는 것이다'라고 한 것의 정밀함 같지 못하니, 당연히 바꿀 수 없다. 주자(朱子 : 朱熹)가 '덕(德)'자를 훈고한 것은 대개 『예기』의 '덕은 얻는 것이다'라는 말[11]을 본뜬 것이니, 몸소 실천해서 마음으로 터득하여 마음과 이치가 하나가 된 것을 덕이라 말한다."

朱註

北辰, 北極, 天之樞也. '居其所', 不動也. 共, 向也. 言衆星四面旋繞而歸向之也.

북신(北辰)은 북극성이니, 하늘의 중심축이다. '제자리에 머물러 있다[居其所]'라는 말은 움직이지 않는 것이다. 공(共)은 향하는 것이다. 여러 별들이 사방으로 둘러싸 감도는데, 북극성 방향으로 향한다는 것을 말한다.

詳說

○ 無星之處.

'북극(北極)'은 별이 없는 곳이다.

○ 朱子曰 : "北辰, 天之中, 猶磨之心, 其旁小星謂之極星."[12]

---

10) 축수(祝洙) : 자는 종도(宗道)이고 송나라 때 숭안(崇安 : 현 복건성 무이산시(武夷山市))사람이다. 그의 조고모가 주희의 어머니라고 한다. 아버지 축목(祝穆)은 주자의 문인이다. 남송(南宋) 이종(理宗) 보우(寶祐 : 1253~1258) 연간에 진사에 급제하고, 경정(景定 : 1260~1264) 연간에 흥화군(興化軍)의 함강서원(涵江書院) 산장(山長 : 서원의 강학자)이 되었다. 지군(知軍)인 서직량(徐直諒)이 조정에 그의 학행(學行)을 천거했지만 벼슬에 나아가지 않았다. 저서에 『사서부록(四書附錄)』이 있고, 아버지와 공동 저술인 『방여승람(方輿勝覽)』이 있다.

11) 『예기』의 '덕은 얻는 것이다'라는 말 : 『예기』「악기(樂記)」의 말이다.

12) 『주자어류(朱子語類)』 권23, 「논어5(論語五)」, 11조목에는 "問 : '謝氏云, '以其居中, 故謂之北極.' 先生云非是, 何也?' 曰 : '所謂以其所建周於十二辰者, 自是北斗. 『史記』載北極有五星, 太一常居中, 是極星也. 辰非星, 只是星中間界分. 其極星亦微動, 惟辰不動, 乃天之中, 猶磨之心也. 沈存中謂始以管窺, 其極星不入管, 後旋大其管, 方見極星在管絃上轉.'(물었다. '사씨(謝氏 : 謝良佐)는 '그것이 중앙에 자리하기 때문에 북극이라 말한다.'라고 했고, 선생님은 그것이 옳지 않다고 말했는데, 무엇 때문입니까?' 주자(朱子 : 朱熹)가 대답하였다. '이른바 그 12진을 돌 수 있게 만들어 주는 것은 본래 북극성이다. 『사기(史記)』에는 북극에 오성(五星)이 있는데, 태일(太一)은 항상 중앙에 자리 잡고 있으니 이것이 극성(極星)이라 실려 있다. 신(辰)은 별이 아니고 다만 별 중간의 경계일 뿐이다. 그 극성(極星) 또한 미세하게 움직이는데, 오직 신(辰)만이 움직이지 않으니 곧 하늘의 중심으로 마치 맷돌의 중심과 같다. 심존중(沈存中 : 沈括)이 말하기를, 처음 관(管)으로 볼 때는 그 극성이 관의 구멍 안에 들어오지 않았는데, 나중에 그 관을

'북신, 북극, 천지추야(北辰, 北極, 天之樞也)'에 대해, 주자(朱子 : 朱熹)가 말하였다. "북신(北辰)은 하늘의 중심으로 마치 맷돌의 중심과 같다. 그 곁의 작은 별을 북극성이라 한다."

○ 朱子曰 : "極星微動, 辰不動."[13]

'거기소, 부동야(居其所, 不動也)'에 대해, 주자(朱子 : 朱熹)가 말하였다. "극성(極星)은 미세하게 움직이는데, 신(辰)은 움직이지 않는다."

○ 辰亦動, 但不遷移耳.

신(辰)도 또한 움직이지만 옮겨 다니지 않을 뿐이다.

○ 朱子曰 : "衆星自然環向, 非有意於共之也."[14]

'언중성사면선요이귀향지야(言衆星四面旋繞而歸向之也)'에 대해, 주자(朱子 : 朱熹)가 말하였다. "여러 별들이 북신(北辰)에 대해 저절로 그러하게 둘러싸고 향하니, 의도적으로 북극성 방향으로 향하는 것이 아니다."

○ 訓畢.

훈고가 끝났다.

朱註

爲政以德, 則無爲而天下歸之, 其象如此.

정사(政事)를 덕으로 하면, 인위적으로 하는 일이 없어도 천하가 그에게 돌아오니, 그 모습이 이와 같은 것이다.

크게 돌리면서 보니 비로소 극성이 관의 현(絃)에서 돌고 있다는 것을 알 수 있었다고 하였다.')"라고 되어 있다.

13) 『주자어류(朱子語類)』 권23, 「논어5(論語五)」, 11조목에는 "其極星亦微動, 惟辰不動.(그 극성(極星) 또한 미세하게 움직이는데, 오직 신(辰)만이 움직이지 않는다.)"라고 되어 있다.

14) 『주자어류(朱子語類)』 권23, 「논어5(論語五)」, 7조목에는 "樞有五星. 其前一明者太子. 其二最明者曰帝座, 乃太一之常居也. 其後一箇分外開得些子而不甚明者, 極星也, 惟此一處不動. 衆星於北辰, 亦是自然環向, 非有意於共之也.(중심축에는 다섯 개의 별이 있다. 그 맨 앞의 밝은 별 하나는 태자(太子)이다. 그 두 번째의 가장 밝은 별을 '제왕의 자리[帝座]'라고 하니, 곧 태일(太一)이 항상 거처하는 곳이다. 그 뒤의 하나의 밖으로 나누어져 몇 개가 된 것으로 별로 밝지 않은 것이 극성(極星)이니, 오직 이 한 곳에서 움직이지 않는다. 여러 별들은 북신(北辰)에 대해 또한 저절로 그러하게 둘러싸고 향하니, 의도적으로 북극성 방향으로 향하는 것이 아니다.)"라고 되어 있다.

詳說

○ 襯'居所'.

'즉무위이천하귀지(則無爲而天下歸之)'에서 '무위(無爲)'는 앞의 '제자리에 머물러 있다[居其所]'라는 말과 결부된다.

○ 襯'共之.'

'즉무위이천하귀지(則無爲而天下歸之)'에서 '귀지(歸之)'는 앞의 '그에게로 향한다[共之]'라는 말과 결부된다.

○ 指'北辰'以下十字.

'기상여차(其象如此)'에서 '여차(如此)'는 본문 '북신(北辰)' 이하의 열 글자 즉 '북신, 거기소이중성공지(北辰, 居其所而衆星共之)'를 가리킨다.

○ 釋畢.

경문의 풀이가 끝났다.

朱註

程子曰 : "爲政以德, 然後無爲."

정자(程子 : 程頤)가 말하였다. "정사(政事)를 덕으로 한 뒤에 인위적으로 하는 일이 없을 수 있다."

詳說

○ 一無圈.

'정자왈(程子曰)' 앞에 본래 '○(圈)'가 있는데, 어떤 판본에는 '○(圈)'가 없다.

○ 叔子.

'정자왈(程子曰)'에서 '정자(程子)'는 동생 정이(程頤)이다.

○ 朱子曰 : "不必泥'以'字, 只是爲政有德."[15]

'위정이덕(爲政以德)'에 대해, 주자(朱子 : 朱熹)가 말하였다. "꼭 '이(以 : ~를 가지

15) 『주자어류(朱子語類)』 권23, 「논어5(論語五)」, 1조목에는 "問 : ''爲政以德', 莫是以其德爲政否?' 曰 : '不必泥這'以'字. '爲政以德', 只如爲政有德相似.'(물었다. ''정사(政事)를 덕으로 한다'라는 것은 그 덕을 가지고 정사를 한다는 것이 아닌지요?' 주자(朱子 : 朱熹)가 대답하였다. '꼭 '이(以 : ~를 가지고)'자에 얽매일 필요가 없다. '정사를 덕으로 한다'는 것은 다만 마치 정사를 함에 덕이 있다는 것과 서로 비슷하다.')"라고 되어 있다.

고)'자에 얽매일 필요가 없다. 다만 정사(政事)를 함에 덕이 있다는 것일 뿐이다."

◯ 按 : 程子只論'爲政以德', 而歸重於'無爲'二字, 故著'然後'字. 『集註』及范氏幷論其效, 故皆著'則'字.

내가 생각하건대, 정자(程子 : 程頤)는 다만 '정사(政事)를 덕으로 한다'라는 구절을 논하여 중점을 '인위적으로 하는 일이 없다'라고 하는 데 귀착시켰기 때문에 '연후무위(然後無爲)'라고 하여 '연후(然後)'라는 글자를 붙였다. 주자의 『논어집주(論語集註)』와 뒤의 범씨(范氏 : 范祖禹)의 주석은 모두 그 효험을 논했기 때문에 모두 '즉(則)'자를 붙였다.[16]

◯ 朱子曰 : "老子所謂'無爲', 全不事事. 聖人所謂'無爲', 未嘗不爲, 却是付之當然之理."[17]

'연후무위(然後無爲)'에서 '무위(無爲)'에 대해, 주자(朱子 : 朱熹)가 말하였다. "노자(老子)의 이른바 '무위(無爲)'는 전혀 어떤 일도 일삼지 않는 것이다. 성인의 이른바 '무위(無爲)'는 아무 것도 하지 않은 것이 아니라 도리어 마땅히 그

---

16) 주자의 『논어집주(論語集註)』와 뒤의 범씨(范氏 : 范祖禹)의 주석은 …… 모두 '즉(則)'자를 붙였다 : 이 구절에 대해 주자는 주석에서 '즉무위이천하귀지(則無爲而天下歸之)'라 하였고, 범조우는 '즉부동이화(則不動而化)'라고 주석하였다.

17) 『주자어류(朱子語類)』 권23, 「논어5(論語五)」, 20조목에는 "問 : ''爲政以德', 老子言無爲之意, 莫是如此否?' 曰 : '不必老子之言無爲. 孔子嘗言, '無爲而治者, 其舜也與! 夫何爲哉? 恭己正南面而已矣.' 老子所謂無爲, 便是全不事事. 聖人所謂無爲者, 未嘗不爲, 依舊是'恭己正南面而已矣.' 是'己正而物正', '篤恭而天下平'也. 後世天下不治者, 皆是不能篤恭盡敬. 若能盡其恭敬, 則視必明, 聽必聰, 而天下之事豈有不理?' 賀孫錄云: '老子所謂無爲, 只是簡忽. 聖人所謂無爲, 卻是付之當然之理. 如曰, '無爲而治者, 其舜也與! 夫何爲哉? 恭己正南面而已.' 這是甚麼樣本領? 豈可與老氏同日而語?'(물었다. ''정사(政事)를 덕으로 한다'라고 했는데, 노자(老子)가 말한 무위(無爲)의 의미에는 이와 같은 뜻이 없지 않습니까?' 주자(朱子 : 朱熹)가 대답하였다. '꼭 노자가 말한 무위일 필요는 없다. 공자는 일찍이 '인위적으로 하는 것이 없이 다스린 사람은 순임금일 것이다! 무엇을 하겠는가? 자신을 공손히 하고 남쪽을 향했을 뿐이다.'라고 말하였다. 노자의 이른바 무위는 곧 전혀 어떤 일도 일삼지 않는 것이다. 성인의 이른바 무위는 아무 것도 하지 않은 것이 아니라 여전히 '자신을 공손히 하고 남쪽을 향할 뿐이니', '자신을 바르게 하여 사물이 바르게 되고', '공손함을 독실하게 하여 천하가 태평해지는 것이다.' 후세에 천하가 다스려지지 않는 것은 모두 공손함을 독실하게 하고 공경함을 다하지 않았기 때문이다. 만약 그 공경함을 다 발휘한다면 보는 것이 반드시 밝아지고 듣는 것이 반드시 총명해질 것이니, 천하의 일이 어찌 다스려지지 않겠는가?' 섭하손은 다음과 같이 기록하였다. '노자의 이른바 무위는 다만 모든 일을 경시하는 것일 뿐이다. 성인의 이른바 무위는 도리어 마땅히 그러한 이치를 거기에 붙인 것이다. 예컨대 '인위적으로 하는 것이 없이 다스린 사람은 순임금일 것이다! 무엇을 하겠는가? 자신을 공손히 하고 남쪽을 향했을 뿐이다'라고 말한 것과 같다. 이는 어떠한 본령(本領 : 타고난 기량)인가? 어찌 노씨(老氏 : 老子)와 같이 취급하여 말하겠는가?')"라고 되어 있다.

러한 이치를 거기에 붙인 것이다.”

朱註

范氏曰 : “爲政以德, 則不動而化, 不言而信, 無爲而成. 所守者至簡而能御煩, 所處者至靜而能制動, 所務者至寡而能服衆.”

범씨(范氏 : 范祖禹)가 말하였다. “정사(政事)를 덕으로 하면 움직이지 않아도 교화되고, 말하지 않아도 믿게 되며, 인위적으로 하는 일이 없어도 이루어진다. 지키는 것이 지극히 간략하면서도 번거로움을 제어할 수 있고, 처신하는 것이 지극히 고요하면서도 움직이는 것을 제어할 수 있으며, 힘써 일하는 것이 지극히 적으면서도 여러 사람을 복종시킬 수 있다.”

詳說

○ 此下又複說此三句意. 若欲句句相配, 則恐鑿矣.

‘부동이화, 불언이신, 무위이성(不動而化, 不言而信, 無爲而成)’이라 한 것 아래는 또 다시 이 세 구절의 뜻을 설명한다. 만약 구절구절마다 서로 짝을 지으려 한다면 아마 천착될 것이다.

○ 上聲.

‘소처자지정이능제동(所處者至靜而能制動)’에서 ‘처(處)’자는 상성(上聲)이다.

○ 慶源輔氏曰 : “范氏推廣程子之意, 倂言其效.”[18]

경원 보씨(慶源輔氏 : 輔廣)가 말하였다. “범씨(范氏 : 范祖禹)는 정자(程子 : 程頤)의 뜻을 미루어 넓히고, 아울러 그 효험을 말하였다.”

○ ‘守’以身言, ‘處’以地言, ‘務’以事言.

‘소수자지간이능어번(所守者至簡而能御煩)’에서 ‘수(守 : 지키는 것)’는 몸으로 말한 것이고, ‘소처자지정이능제동(所處者至靜而能制動)’에서 ‘처(處 : 처신하는 것)’는 상황으로 말한 것이며, ‘소무자지과이능복중(所務者至寡而能服衆)’에서 ‘무(務 : 힘써 일하는 것)’는 일로 말한 것이다.

---

18) 호광 편(胡廣 編), 『논어집주대전(論語集註大全)』 권2에 보광(輔廣)의 말로, “范氏推廣程子之意, 倂擧其效言之.(범씨(范氏 : 范祖禹)는 정자(程子 : 程頤)의 뜻을 미루어 넓히고, 아울러 그 효험을 들어서 말하였다.)”라고 실려 있다.

[2-2-1]

子曰 : "『詩』三百, 一言以蔽之, 曰'思無邪'."
공자가 말하였다. "『시(詩)』 3백 편(篇) 뜻을 한마디 말로 개괄하면, '생각에 간사함이 없다'라는 것이다."

詳說

○ '言'字有指一句者, 此章之類是也; 有指一字者, '一言終身行之'之類是也.
'일언이폐지(一言以蔽之)'에서 '언(言)'이라는 글자는 하나의 구절을 가리키는 것이 있으니 이 장(章)과 같은 것이 이에 해당하고, 하나의 글자를 가리키는 것이 있으니 '한마디 말로 평생토록 실행한다'[19]와 같은 것이 이에 해당한다.

朱註

『詩』三百十一篇, 言三百者, 擧大數也. 蔽, 猶蓋也. 思無邪, 「魯頌·駉」篇之辭.
『시(詩)』는 311편인데, 3백 편(篇)이라 말한 것은 대략적인 수(數)를 든 것이다. 폐(蔽)는 개(蓋 : 덮는다)와 같다. '생각에 간사함이 없다'라는 구절은 『시경(詩經)』「노송(魯頌)·경(駉)」편의 말이다.

詳說

○ 音扃.
'「노송·경」편지사(「魯頌·駉」篇之辭)'에서 '경(駉)'자는 음이 경(扃)이다.

○ 新安倪氏曰 : "此美僖公牧馬之盛, 由其心思之正也. 作詩者未嘗以此論詩之旨, 夫子取之, 蓋斷章摘句云."[20]

---

19) 한마디 말로 평생토록 실행한다 : 『논어(論語)』「위령공(衛靈公)」에서 "자공(子貢)이 물었다. '한마디 말로 평생토록 실행할 만한 것이 있습니까?' 공자가 대답하였다. '아마 서(恕)일 것이다! 자기가 하려고 하지 않는 것을 남에게 베풀지 말도록 하는 일이다.'(子貢問曰 : '有一言而可以終身行之者乎?' 子曰 : '其恕乎! 己所不欲, 勿施於人.')"라고 하였다.

20) 호광 편(胡廣 編), 『논어집주대전(論語集註大全)』 권2에 예사의(倪士毅)의 말로, "新安倪氏曰 : '此詩本美魯僖公牧馬之盛, 由其心思之正. 如美衛文公秉心塞淵, 而騋牝三千之意也. 作詩者, 未嘗以此論詩之旨, 夫子讀詩至此而有合於心焉. 是以取之, 蓋斷章摘句云耳.'(신안 예씨(新安倪氏 : 倪士毅)가 말하였다. '이 시는 본래 희공(僖公 : 춘추 시대 노나라 군주)이 말을 기르는 융성함이 그 마음가짐이 바른 데서 말미암았음을 찬미한 것이다. 예컨대 위문공(衛文公)이 마음가짐

'사무사, 「노송·경」편지사(思無邪, 「魯頌·駉」篇之辭)'에 대해, 신안 예씨(新安倪氏 : 倪士毅)가 말하였다. "이 말은 희공(僖公 : 춘추 시대 노나라 군주)이 말을 기르는 융성함이 그 마음가짐이 바른 데서 말미암았음을 찬미한 것이다. 시를 지은 사람은 이러한 뜻으로 이 시의 뜻을 논한 적이 없지만 공자는 그것을 취했으니, 대개 장구(章句)를 잘라서 취한 뜻이다."

○ 訓畢.

훈고가 끝났다.

朱註

凡『詩』之言, 善者可以感發人之善心, 惡者可以懲創人之逸志, 其用歸於使人得其情性之正而已.

무릇 『시(詩)』의 말에서, 선(善)한 것은 사람의 선한 마음을 감동시켜 분발하게 할 수 있고, 악(惡)한 것은 사람의 나쁜 뜻을 징계할 수 있으니, 그 효용은 사람들이 올바른 성정(性情)을 얻도록 하는 데 귀결할 뿐이다.

詳說

○ '言'字蒙至下'惡者'.

'범『시경(詩經)』지언(凡『詩』之言)'에서 '언(言)'자는 아래 '악자가이징창인지일지(惡者可以懲創人之逸志)'에서 '악자(惡者)'에까지 이어지고 있다.

○ '用', 謂以此爲教.

'기용귀어사인득기정성지정이이(其用歸於使人得其情性之正而已)'에서 '용(用)'자는 이것으로 가르침을 삼는다는 것을 말한다.

○ 朱子曰 : "情性貼思, 正貼無邪."[21)]

이 착실하고 깊어서 큰 암말 3천 필이 있었다는 것을 찬미한 뜻과 같다. 시를 지은 사람은 이러한 뜻으로 이 시의 뜻을 논한 적이 없지만 공자는 시를 읽다가 여기에 이르러 마음에 합함이 있어 그러한 뜻으로 그것을 취했으니, 대개 장구(章句)를 잘라서 취한 뜻일 뿐이다.)"라고 되어 있다.

21) 『주자어류(朱子語類)』 권23, 「논어5(論語五)」, 37조목에는 "問 : '思無邪, 誠也.' 非獨是行無邪, 直是思無邪, 方是誠.' 曰 : '公且未要說到這裏. 且就詩三百, 如何「一言以蔽之曰, 思無邪」? 『集注』說, '要使人得情性之正.' 情性是貼思, 正是貼無邪. 此如做時文相似, 只恁地貼, 方分曉. 若好善惡惡皆出於正, 便會無邪. 若果是正, 自無虛僞, 自無邪. 若有時, 也自入不得.'(물었다. '정이(程頤)는 '생각에 간사함이 없다는 것은 성실함[誠]이다.'라고 하였는데, 다만 행위에 간사함이 없을 뿐만 아니라 생각에도 간사함이 없어야 비로소 성실함[誠]입니다.' 주자(朱子 : 朱熹)가 대답하

'기용귀어사인득기정성지정이이(其用歸於使人得其情性之正而已)'에 대해, 주자(朱子 : 朱熹)가 말하였다. "정성(情性)은 생각함을 보충한 것이고, 정(正 : 올바름)은 간사함이 없는 뜻을 보충한 말이다."

○ 又曰 : "只是要讀詩者思無邪耳. 作『詩』者非一人, 安能思無邪乎?"22)

였다. '그대는 또한 이렇게까지 말할 필요는 없다. 또 『시경(詩經)』 3백편에 대해 무엇 때문에 '한마디의 말로 개괄하면, 생각에 간사함이 없다'라고 했겠는가? 『논어집주(論語集註)』에서 '사람들이 올바른 성정(性情)을 얻도록 하려는 것이다.'라고 했으니, 정성(情性)은 생각함을 보충한 것이고, 정(正 : 올바름)은 간사함이 없는 뜻을 보충한 말이다. 이는 요즘 글을 짓는 것과 서로 비슷하니, 다만 이와 같이 보충해야만 비로소 분명해진다. 만약 선을 좋아하고 악을 싫어하는 것이 모두 정(正)에서 나온다면 곧 간사함이 없게 될 것이다. 만약 참으로 올바르면 저절로 거짓됨이 없고 간사함이 없어질 것이다. 만약 간사함이 있을 때라면 또한 저절로 그러한 경지에 들어가지 못할 것이다.')"라고 되어 있다.

22) 『주자어류(朱子語類)』 권23, 「논어5(論語五)」, 30조목에는 "問 : ''思無邪', 子細思之, 只是要讀詩者思無邪.' 曰 : '舊人說似不通. 中間如許多淫亂之風, 如何要思無邪得? 如'止乎禮義', 中間許多不正詩, 如何會止乎禮義? 怕當時大約說許多中格詩, 卻不指許多淫亂底說. 某看來, 『詩』三百篇, 其說好底, 也要教人思無邪; 說不好底, 也要教人思無邪. 只是其它便就一事上各見其意. 然事事有此意, 但是'思無邪'一句方盡得許多意.'(물었다. ''생각에 간사함이 없다'라는 것에 대해 자세히 생각해 보니, 다만 시를 읽는 사람에게 생각에 간사함이 없도록 하려는 것일 뿐입니다.' 주자(朱子 : 朱熹)가 대답하였다. '옛 사람들의 주장은 통하지 않는 것 같다. 시(詩) 중간에 예컨대 많은 음란한 기풍은 어떻게 그것으로 생각에 간사함이 없도록 할 수 있겠는가? 예컨대 '예의에 그친다'라고 한 것에서 그 중간에 많은 올바르지 않은 시(詩)는 어떻게 예의에 그치도록 할 수 있겠는가? 그것은 아마 당시에 많은 중간 수준 정도의 시를 대략적으로 말한 것이지, 결코 많은 음란한 말을 가리키지는 않은 것 같다. 내가 보기에, 『시경(詩經)』 3백 편에서, 그 말이 좋은 것은 또한 사람들에게 생각에 간사함이 없도록 가르치려는 것이고, 말이 좋지 않은 것도 또한 사람들에게 생각에 간사함이 없도록 가르치려는 것이다. 다만 기타의 것들은 곧 한 가지의 일에서 각각 그 뜻을 나타낸 것일 뿐이다. 그러나 모든 일에 이러한 뜻이 있지만, '생각에 간사함이 없다'라는 구절만이 비로소 수많은 뜻을 다 표현할 수 있다.')"라고 하였고, 26조목에는 "徐問'思無邪.' 曰 : '非言作詩之人思無邪也. 蓋謂三百篇之詩, 所美者皆可以爲法, 而所刺者皆可以爲戒, 讀之者思無邪耳. 作之者非一人, 安能思無邪乎? 只是要正人心. 統而言之, 三百篇只是一箇'思無邪'; 析而言之, 則一篇之中自有一箇'思無邪'.'(여러 사람들이 '생각에 간사함이 없다'라는 말에 대해 물었다. 주자(朱子 : 朱熹)가 대답하였다. '시를 지은 사람이 생각에 간사함이 없다는 것을 말하는 것이 아니다. 대개 3백 편의 시에서, 찬미한 것들은 모두 본받을 만하고 비난한 것들은 모두 경계로 삼을 만하니, 그것을 읽는 사람이 생각에 간사함이 없다는 것일 뿐이다. 시를 지은 사람이 한 사람이 아닌데 어찌 시를 지은 모든 사람들이 생각에 간사함이 없을 수 있겠는가? 다만 사람들의 마음을 바로잡으려는 것일 뿐이다. 총괄해서 말하면 시 3백 편은 다만 하나의 '생각에 간사함이 없다'라는 것일 뿐이고, 나누어 쪼개서 말하면 한 편의 시 가운데 본래 하나의 '생각에 간사함이 없다'라는 것이 있다.')"라고 하였다.

'기용귀어사인득기정성지정이이(其用歸於使人得其情性之正而已)'에 대해, 주자(朱子 : 朱熹)가 또 말하였다. "다만 시를 읽는 사람에게 생각에 간사함이 없도록 하려는 것일 뿐이다. 시를 지은 사람이 한 사람이 아닌데 어찌 시를 지은 모든 사람들이 생각에 간사함이 없을 수 있겠는가?"

○ 以上以詩之功用言也. 以功用言, 則言言皆思無邪也.

이상은 시(詩)의 공용(功能과 效用)으로 말한 것이다. 그 공용으로 말하면 말마다 모두 생각에 간사함이 없다.

朱註

然其言微婉, 且或各因一事而發, 求其直指全體, 則未有若此之明且盡者.

그러나 그 말이 은미하고 완곡하며, 또 간혹 각각 한 가지 일로 인하여 말한 것이니, 그 전체를 곧바로 가리킨 것을 찾는다면 이 말처럼 분명하고도 뜻을 다 표현한 구절도 없을 것이다.

○ 慶源輔氏曰 : "諷詠規諫, 常有隱微委曲之意."[23)]

'연기언미완(然其言微婉)'에 대해, 경원 보씨(慶源輔氏 : 輔廣)가 말하였다. "시를 읊조리면서 올바른 도리로 간(諫)하는 것은 항상 은미하고 완곡한 뜻이 있다."

○ 朱子曰 : "但逐事無邪."[24)]

'차혹각인일사이발(且或各因一事而發)'에 대해, 주자(朱子 : 朱熹)가 말하였다. "다만 일마다 간사함이 없다는 것이다."

○ 此二句以詩之詞意言也. 以詞意言, 則言言未必皆思無邪也. 此下二句乃入'思無邪'本文去.

---

23) 호광 편(胡廣 編), 『논어집주대전(論語集註大全)』 권2에 보광(輔廣)의 말로, "慶源輔氏曰 : '微謂隱微, 婉謂委曲. 詩人主於諷詠規諫, 其言不直截說破, 常有隱微委曲之意.'(경원 보씨(慶源輔氏 : 輔廣)가 말하였다. '미(微)는 은미함이고 완(婉)은 완곡함이다. 시인은 시를 읊조리면서 올바른 도리로 간(諫)하는 것을 중심으로 하니, 그 말이 딱 잘라서 밝혀 말하지 않고 항상 은미하고 완곡한 뜻이 있다.')"라고 실려 있다.

24) 『주자어류(朱子語類)』 권23, 「논어5(論語五)」, 35조목에는 "或問 : ''思無邪'如何是'直指全體?'' 曰 : '詩三百篇, 皆無邪思, 然但逐事無邪爾, 唯此一言擧全體言之.'(어떤 사람이 물었다. ''생각에 간사함이 없다'라는 말이 어떻게 '전체를 곧바로 가리키는 것'입니까?' 주자(朱子 : 朱熹)가 대답하였다. '시 3백편은 모두 간사한 생각이 없는 것이지만 다만 일마다 간사함이 없을 뿐이니 오직 이 '생각에 간사함이 없다'라는 말만이 전체를 들어서 말한 것이다.')"라고 되어 있다.

'연기언미완, 차혹각인일사이발(然其言微婉, 且或各因一事而發)'이라 한 구절은 시(詩)의 글 뜻으로 말한 것이다. 그러나 글 뜻으로 말하면 말마다 꼭 모두 생각에 간사함이 없을 수는 없다. 이 아래 두 구절은 이에 '생각에 간사함이 없다'라는 본문으로 들어간다.

○ '其中'.

'구기직지전체(求其直指全體)'에서 '기(其)'는 '그 가운데[其中]'이다.

○ 勉齋黃氏曰 : "'直指'則非微婉, '全體'則非一事."[25]

'구기직지전체(求其直指全體)'에 대해, 면재 황씨(勉齋黃氏 : 黃榦)가 말하였다. "'곧바로 가리킨다[直指]'라는 말은 은미하고 완곡한 것이 아니며, '전체(全體)'라는 것은 한 가지 일이 아니다."

○ 沙溪曰 : "直指其全體."[26]

'구기직지전체(求其直指全體)'에 대해, 사계(沙溪 : 金長生)가 말하였다. "곧바로 그 전체를 가리킨다는 것이다."

○ '思無邪'.

'즉미유약차지명차진자(則未有若此之明且盡者)'에서 '차(此)'자는 '생각에 간사함이 없다'라는 것을 가리킨다.

○ 慶源輔氏曰 : "直指故明, 全體故盡."[27]

---

25) 호광 편(胡廣 編), 『논어집주대전(論語集註大全)』 권2에 황간(黃榦)의 말로, "勉齋黃氏曰 : ''直指'則非微婉, '全體'則非一事. 直指故明, 全體故盡. 此一言所以辭約而義該也.'(면재 황씨(勉齋黃氏 : 黃榦)가 말하였다. ''곧바로 가리킨다[直指]'라는 말은 은미하고 완곡한 것이 아니며, '전체(全體)'라는 것은 한 가지 일이 아니다. 곧바로 가리키기 때문에 분명하고, 전체이기 때문에 다 드러낸다. 이 한 마디 말은 표현이 간략하지만 의미는 다 갖추어졌다.')"라고 실려 있다.

26) 정경세(鄭經世), 『우복선생문집(愚伏先生文集)』 권14, 「잡저(雜著) · 김사계경서의문변론(金沙溪經書疑問辨論)」에서 "'或云, '直指其全體.'' ''直指全體', 本謂直指其全體也. 勉齋特引解說以明其義, 非欲使人讀爲'直指'與'全體'也.'(질문 : '어떤 사람은 '곧바로 그 전체를 가리킨다는 것이다'라고 했습니다.' 김장생의 대답 : ''곧바로 그 전체를 가리킨다'라는 것은 본래 곧바로 그 전체를 가리키는 것을 말합니다. 황간(黃榦)이 특별히 이를 나누어 해석하여 그 뜻을 밝힌 것은 사람들에게 '곧바로 가리킨다[直指]'와 '전체(全體)'를 나누어 읽도록 하려고 한 것이 아닙니다.')"라고 되어 있다.

27) 이 글은 호광 편(胡廣 編), 『논어집주대전(論語集註大全)』 권2에 보광(輔廣)의 말이 아닌 황간(黃榦)의 말로, "勉齋黃氏曰 : ''直指'則非微婉, '全體'則非一事. 直指故明, 全體故盡. 此一言所以辭約而義該也.'(면재 황씨(勉齋黃氏 : 黃榦)가 말하였다. ''곧바로 가리킨다[直指]'라는 말은 은미하고 완곡한 것이 아니며, '전체(全體)'라는 것은 한 가지 일이 아니다. 곧바로 가리키기 때

'구기직지전체(求其直指全體)'에 대해, 경원 보씨(慶源輔氏 : 輔廣)가 말하였다. "곧바로 가리키기 때문에 분명하고, 전체이기 때문에 다 드러낸다."

○ 此上先論其義, 此下乃釋其文.

여기까지는 먼저 그 의미를 논의했고, 이 아래는 곧 그 경문을 풀이한다.

朱註

故夫子言『詩』三百篇, 而惟此一言足以盡蓋其義, 其示人之意亦深切矣.

그러므로 공자가 『시경(詩經)』 3백 편은 오직 이 한마디 말이 그 의미를 충분히 다 덮을 수 있다고 말했으니, 사람들에게 보여준 뜻이 또한 깊고 절실하다.

詳說

○ 釋畢.

경문의 풀이가 끝났다.

○ 此又就言外以明夫子此言之要. 讀『詩』者思無邪, 實則此章本意也.

이는 또 말 밖의 것으로 공자의 이 말(생각에 간사함이 없다)의 요점을 밝힌 것이다. 『시경(詩經)』를 읽는 사람은 생각에 간사함이 없다는 말은 실로 이 장(章)의 본래 뜻이다.

朱註

○ 程子曰 : "思無邪者, 誠也."[28]

정자(程子)가 말하였다. "생각에 간사함이 없다는 것은 성(誠)이다."

詳說

○ 當考.

'정자왈(程子曰)'에서 '정자(程子)'는 마땅히 살펴보아야 할 것이다.[29]

문에 분명하고, 전체이기 때문에 다 드러낸다. 이 한마디 말은 표현이 간략하지만 의미는 다 갖추어졌다.')"라고 실려 있다. 또한 조순손(趙順孫), 『논어찬소(論語纂疏)』 권1과 호병문(胡炳文), 『사서통(四書通)』「논어통(論語通)」 권1 등에도 황간(黃幹)의 말로 실려 있다.

28) 정호(程顥) · 정이(程頤), 『하남정씨유서(河南程氏遺書)』 권9에는 "'思無邪', 誠也.('생각에 간사함이 없다'라고 하는 것은 성(誠)이다.)"라고 되어 있다.

29) '정자왈(程子曰)'에서 정자(程子)는 마땅히 살펴보아야 할 것이다 : 정호 · 정이(程顥 · 程頤), 『하

朱註

范氏曰："學者必務知要, 知要則能守約, 守約則足以盡博矣. 經禮三百, 曲禮三千, 亦可以一言以蔽之, 曰'毋不敬'."

범씨(范氏：范祖禹)가 말하였다. "배우는 사람들은 반드시 요점을 아는데 힘써야 하니, 요점을 알면 간략한 것을 지킬 수 있고, 간략한 것을 지키면 넓은 것을 다 발휘하기에 충분할 것이다.[30] 경례(經禮) 3백과 곡례(曲禮) 3천 조목도 또한 한마디 말로 그 뜻을 개괄할 수 있으니, '공경하지 않음이 없다[毋不敬]'라는 말이다."

詳說

○ 守其約也, 與三省章'守約'不同.

'지요칙능수약(知要則能守約)'에서 '수약(守約)'은 그 간략한 것을 지킨다는 말이니, 앞의 오일삼성오신장(吾日三省吾身章)에서 '수약(守約：자신을 지킴에 잘 단속했다)'[31]과는 같지 않다.

○ '要約', 指'思無邪'; '博', 指'『詩』三百'.

'지요칙능수약, 수약칙족이진박의(知要則能守約, 守約則足以盡博矣)'에서 '요 · 약(要 · 約：요점과 간략한 것)'은 '생각에 간사함이 없다'라는 것을 가리키고, '박(博：넓은 것)'은 '『시경(詩經)』 3백 편'을 가리킨다.

○ 見『禮記』「禮器」. 經禮, 『儀禮』也; 曲禮, 『禮記』也.

'경례삼백, 곡례삼천(經禮三百, 曲禮三千)'이라는 말은 『예기』「예기(禮器)」에 보인다.[32]

남정씨유서』(河南程氏遺書)』 권9는 부제가 「이선생어 9(二先生語九)」라고 되어 있어, 정호와 정이 가운데 누구의 말인지 밝히기 어렵다.

30) 간략한 것을 지키면 넓은 것을 다 발휘하기에 충분할 것이다：이는 뒤에 나오는 『논어(論語)』「옹야(雍也)」, 「자한(子罕)」, 「안연(顔淵)」 등의 "君子 博學於文, 約之以禮"와 관계 된다.

31) 오일삼성오신장(吾日三省吾身章)에서 '수약(守約：자신을 지킴에 잘 단속했다)'：오일삼성오신장(吾日三省吾身章)의 주석에서 "윤씨(尹氏：尹焞)가 말하였다. '증자는 자신을 지킴에 잘 단속했기 때문에, 행동할 때 반드시 자신에게서 잘못이 없는지를 찾았다.'(尹氏曰：'曾子守約, 故動必求諸身.')"라고 한 것을 가리킨다.

32) '경례삼백, 곡례삼천(經禮三百, 曲禮三千)'이라는 말은 『예기』「예기(禮器)」에 보인다：『예기』 권10 「예기(禮器)」에서 "예(禮)에는 큰 것이 있고 작은 것이 있으며, 두드러진 것이 있고 은미한 것이 있다. 그러나 큰 것은 덜어낼 수 없고 작은 것은 보탤 수 없다. 드러난 것은 가릴 수 없고, 은미한 것은 크게 할 수 없다. 그러므로 경례(經禮)는 3백 가지이고, 곡례(曲禮)는 3천

경례(經禮)는 『의례(儀禮)』이고, 곡례(曲禮)는 『예기』이다.[33]

○ **雲峰胡氏曰 : "'執中'二字, 『書』之要, '時'之一字, 『易』之要."**[34]

'역가이일언이폐지, 왈'무불경'(亦可以一言以蔽之, 曰'毋不敬')'에 대해, 운봉 호씨(雲峯胡氏 : 胡炳文)가 말하였다. "'적절함을 잡아 지킨다'[35]는 것은 『서(書)』의 요점이고, '때에 맞춘다'는 것은 『역(易)』의 요점이다."

○ **'毋不敬'三字, 是『禮記』首句也.**[36] **范氏因『詩』而推『禮』, 胡氏又推至『書』·『易』. 以此推之, 天下之書莫不皆有此. 如『論語』之'求仁', 『孟子』之'集義', 皆是也.**

'공경하지 않음이 없다'라는 말은 『예기』의 첫 구절이다. 범조우는 『시경(詩經)』에 따라서 『예(禮)』를 미루어 갔고, 호병문은 또 『서(書)』와 『역(易)』에까지 미루어 갔다. 이것으로 미루어 가면 온 세상의 책은 이러한 요점이 있지 않는 것이 없다. 예컨대 『논어(論語)』「술이(述而)」의 '인(仁)을 추구함'과 『맹자(孟子)』「공손추상(公孫丑上)」의 '의로움을 축적함'과 같은 것도 모두 이에 해당한다.

가지이지만 그 지극함은 마찬가지이다.(禮有大有小, 有顯有微. 大者不可損, 小者不可益; 顯者不可揜, 微者不可大也. 故經禮三百, 曲禮三千, 其致一也.)"라고 하였다.

33) 경례(經禮)는 『의례(儀禮)』이고, 곡례(曲禮)는 『예기』이다 : 정현(鄭玄)의 『예기주소(禮記注疏)』에서는 경례(經禮)는 『주례(周禮)』이고, 곡례(曲禮)는 『의례(儀禮)』라고 하였다.

34) 호병문, 『사서통』「논어통」 권1에는 "'思無邪'是『詩』三百篇之要, '毋不敬'是『禮』三百三十之要, '執中'二字是『書』五十八篇之要, '時'之一字是『易』三百八十四爻之要, 皆不可不知.('생각에 간사함이 없다'는 것은 『시경(詩經)』 3백 편의 요점이고, '공경하지 않음이 없다'는 것은 『예(禮)』 330항목의 요점이며, '적절함을 잡아 지킨다'는 것은 『서(書)』 58편의 요점이고, '때에 맞춘다'는 것은 『역(易)』 384효의 요점이니, 모두 알지 않을 수 없다.)"라고 되어 있다.

35) 적절함을 잡아 지킨다 : 『서경(書經)』「대우모(大禹謨)」에 "人心惟危, 道心惟微, 惟精惟一, 允執厥中』의 16자 심법이 등장하는데, '적절함을 잡아 지킨다[執中]'는 마지막 네 구절의 요약이다.

36) 공경하지 않음이 없다[毋不敬] : 『禮記』「曲禮上」에 "毋不敬, 儼若思"라고 하였다.

[2-3-1]

子曰 : "道之以政, 齊之以刑, 民免而無恥.
공자가 말하였다. "정치법령으로 백성들을 인도하고, 형벌로 백성들을 가지런하게 하면, 백성들이 형벌을 모면해도 부끄러워함이 없을 것이다.

朱註

道, 音導, 下同.
'도지이정(道之以政)'에서 '도(道)'자는 음이 도(導)이고 아래도 마찬가지이다.

朱註

道, 猶引導, 謂先之也. 政, 謂法制禁令也. 齊, 所以一之也. 道之而不從者, 有刑以一之也.
도(道)는 인도(引導)한다는 말과 같으니, 솔선수범하는 것을 말한다. 정(政)은 법제(法制)와 금령(禁令)을 말한다. 제(齊)는 그것으로 백성들을 하나로 가지런하게 하는 일이다. 인도해도 따르지 않는 사람은 형벌로 하나로 가지런하게 한다.

詳說

○ 去聲.
'위선지야(謂先之也)'에서 '선(先)'자는 거성(去聲)이다.

○ 雲峰胡氏曰 : "首章政與德爲一, 此章分政與德爲二."[37]

37) 호병문, 『사서통』「논어통」 권1에는 "此篇第一章曰, '爲政以德', 政與德爲一; 此章分政與德爲二. 前章專言古之爲政者, 皆自躬行中流出. 此章則言後之爲政者, 但知導之以法制禁令, 而不能躬行以率之也. 故言政刑不如德禮之效如此. 而『集註』以相爲終始合言於先, 又以本末分言於後也.(「위정(爲政)」편 제1장에서 '정사(政事)를 덕으로 하는 것'이라 말한 것은 정사와 덕을 하나로 한 것이고, 이 장(章)은 정사와 덕을 나누어 둘로 한 것이다. 앞 장(章)은 오로지 옛날의 위정자를 말했으니, 그들은 모두 스스로 몸소 실행하는 가운데서 덕이 흘러나온 것이다. 이 장(章)은 후세의 위정자를 말했으니, 그들은 다만 법제와 금령으로 인도할 줄만 알았지 덕을 몸소 실행하여 그것으로 백성들을 이끌어 갈 수 없었다. 그 때문에 정치와 형벌이 덕과 예(禮)의 효험만 같지 못하다고 말한 것이 이와 같다. 그런데 『논어집주(論語集註)』에서는 이 둘이 서로 처음과 끝이 된다는 것으로 앞에서 합쳐서 말했고, 또 서로 근본과 말단이 된다는 것으로 뒤에서 나누어 말하였다.)"라고 되어 있다.

'정, 위법제금령야(政, 謂法制禁令也)'에 대해, 운봉 호씨(雲峯胡氏 : 胡炳文)가 말하였다. "「위정(爲政)」편 첫 장(章)은 정사(政事)와 덕을 하나로 한 것이고, 이 장(章)은 정사와 덕을 나누어 둘로 한 것이다."

○ 添此四字以歸宿於齊刑, 而以'免而無恥'專作齊刑之效. 此節重在齊刑.

'도지이부종자(道之而不從者)'에서 '이부종자(而不從者)'는 본문에 없는 이 네 글자를 보태어서 형벌로 백성들을 가지런하게 한다는 데로 의미를 귀결시켰고, '모면해도 부끄러워함이 없다'라는 것을 오로지 형벌로 백성들을 가지런하게 하는 효험으로 만들었다. 이 절(節)의 중점은 형벌로 백성들을 가지런하게 만드는 데 있다.

朱註

'免而無恥', 謂苟免刑罰, 而無所羞愧. 蓋雖不敢爲惡, 而爲惡之心未嘗亡也.

'모면해도 부끄러워함이 없다'라는 말은 구차하게 형벌을 모면해도 부끄러워 함이 없음을 말한다. 이는 비록 감히 악(惡)을 저지르지는 못하지만 악을 저지르려는 마음이 없어진 적이 없다는 뜻이다.

詳說

○ 添'苟'字.

'위구면형벌(謂苟免刑罰)'이라 한 것은 본문에 '구(苟 : 구차하게)'자를 보탠 것이다.

○ 本文雖不言免刑, 實蒙上'刑'字, 故『集註』特著'刑罰'字.

'위구면형벌(謂苟免刑罰)'이라 한 것은 본문에서 비록 형벌을 모면한다고 말하지 않았지만, 실제로는 위의 '제지이형(齊之以刑)'의 '형(刑)'자에 이어지기 때문에 『논어집주(論語集註)』에서는 특별히 '형벌(刑罰)'이라는 글자를 드러내었다.

○ 朱子曰 : "不知恥."[38)]

---

38) 『주자어류(朱子語類)』 권23, 「논어5(論語五)」, 68조목에는 "'道之以德'者, 是自身上做出去, 使之知所向慕. '齊之以禮'者, 是使之知其冠婚喪祭之儀, 尊卑小大之別, 教人知所趨. 旣知德禮之善, 則有恥而格於善. 若道齊之以刑政, 則不能化其心, 而但使之少革. 到得政刑少弛, 依舊又不知恥矣.('덕으로 인도한다'라는 것은 자기의 몸으로 실천하여 백성들에게 흠모해야 할 것을 알도록 하는 것이다. '예(禮)로 백성들을 가지런하게 한다'라는 것은 백성들에게 관혼상제의 의식과 존비대소의 구별을 알게 하여, 사람들이 지향해야 할 방향을 알도록 하는 것이다. 이미 덕과 예의 선함을 알았다면 부끄러워함이 있어서 선(善)으로 이르게 될 것이다. 만약 형벌과 정치로 인도하고 가지런하게 한다면 백성들의 마음을 감화시킬 수 없을 것이고, 단지 그들을 조금 바뀌지게 할 수 있을 뿐이다. 만약 형벌과 정치가 조금 느슨해지게 되면, 백성들은 여전히 또 부끄러

‘이무소수괴(而無所羞愧)’에 대해, 주자(朱子 : 朱熹)가 말하였다. “이는 부끄러워할 줄 모르는 것이다.”

○ 訓兼釋.

‘이무소수괴(而無所羞愧)’에까지 훈고에 경문에 풀이를 겸하였다.

○ 此下又申‘免而無恥’四字之義.

이 아래는 또 ‘모면해도 부끄러워함이 없다’라는 구절의 의미를 거듭 밝혔다.

○ 申‘免’字.

‘개수불감위악(蓋雖不敢爲惡)’이라 한 것은 ‘모면한다[免]’라는 글자를 거듭 밝힌 것이다.

○ 本文‘而’字有‘然’字意, 故於此特下‘雖’字.

본문 ‘면이무치(免而無恥)’에서 ‘이(而)’자에는 ‘그러나[然]’라는 뜻이 있기 때문에 여기까지는 특별히 ‘개수불감위악(蓋雖不敢爲惡)’이라 하여 ‘수(雖)’자를 썼다.

○ 申‘無恥’字.

‘이위악지심미상망야(而爲惡之心未嘗亡也)’는 ‘부끄러워함이 없다[無恥]’라는 말을 거듭 밝힌 것이다.

[2-3-2]

道之以德, 齊之以禮, 有恥且格.”

덕으로 인도하고 예(禮)로 가지런하게 하면, 백성들이 부끄러워함이 있고 또 선(善)에 이르게 될 것이다.”

朱註

禮, 謂制度品節也.[39]

예(禮)는 제도(制度)와 품절(品節 : 등급에 따라 조절함)이다.

워 할 줄 모를 것이다.)”라고 되어 있다.

39) 『예기(禮記)』「단궁하(檀弓下)」에 “人喜則斯陶, 陶斯詠 …… 品節斯, 斯之謂禮”라고 하였다.

詳說

○ 胡氏曰 : "'品'謂尊卑高下之次, '節'謂界限等級之分."[40]

'예, 위제도품절야(禮, 謂制度品節也)'에 대해, 호씨(胡氏 : 胡泳)가 말하였다. "'품(品)'은 신분의 존귀함과 비천함, 높고 낮은 순서를 말하고, '절(節)'은 신분의 경계와 등급의 구분을 말한다."

○ 新安陳氏曰 : "前訓'天理節文 · 人事儀則', 以禮之理言, 此指禮之文物而言."[41]

'예, 위제도품절야(禮, 謂制度品節也)'에 대해, 신안 진씨(新安陳氏 : 陳櫟)가 말하였다. "앞에서 '예(禮)'자를 '천리(天理)의 절문(節文 : 꾸밈을 절도에 맞게 함)이고, 인사(人事)의 의칙(儀則 : 따라야 할 법칙)이다'라고 훈고한 것은 '예(禮)'의 이치로서 말한 것이고, 여기에서 '예(禮)'자를 훈고한 것은 예(禮)의 문물(文物 : 예악의 제도)을 가리켜 말한 것이다."

朱註

格, 至也. 言躬行以率之, 則民固有所觀感而興起矣, 而其淺深厚薄之不一者, 又有禮以一之, 則民恥於不善, 而又有以至於善也.

격(格)은 이르는 것이다. 이는 몸소 실행하여 백성들을 이끌어 가면 백성들이 진실로 보고 감동하여 흥기하는 것이 있을 텐데, 그 얕음과 깊음, 두터움과 얇음이 한결 같지 않은 것을 또 예(禮)를 가지고 하나로 가지런하게 한다면, 백성들은 그 선(善)하지 않음을 부끄러워하고 또 선함에 이를 수 있음을 말한 것이다.

詳說

○ 訓畢.

---

40) 조순손(趙順孫), 『논어찬소(論語纂疏)』 권1에 호영(胡泳)의 말로, "'品'謂尊卑高下之差, '節'謂界限等級之分.('품(品)'은 신분의 존귀함과 비천함, 높고 낮은 차이를 말하고, '절(節)'은 신분의 경계와 등급의 구분을 말한다.)"라고 실려 있다.

41) 호광 편(胡廣 編), 『논어집주대전(論語集註大全)』 권2에 진력(陳櫟)의 말로, "新安陳氏曰 : '前訓'禮'字, 云'天理節文, 人事儀則,' 是以'禮'字之理而言, 此指'五禮'之文物而言.'(신안 진씨(新安陳氏 : 陳櫟)가 말하였다. '앞에서는 '예(禮)'자를 훈고하여 '천리(天理)의 절문(節文 : 꾸밈을 절도에 맞게 함)이고, 인사(人事)의 의칙(儀則 : 따라야 할 법칙)이다'라고 한 것은 '예(禮)'자의 이치로서 말한 것이고, 여기에서 '예(禮)'자를 훈고한 것은 '다섯 가지 예(五禮 : 吉禮, 凶禮, 軍禮, 賓禮, 嘉禮)'의 문물(文物 : 예악의 제도)을 가리켜 말한 것이다.')"라고 실려 있다.

'격, 지야(格, 至也)'에서 훈고가 끝났다.

○ 德.

'언궁행이솔지(言躬行以率之)'에서 '궁행(躬行)'은 덕을 몸소 실행한다는 말이다.

○ 道.

'언궁행이솔지(言躬行以率之)'에서 '솔(率)'은 도(道)로 이끈다는 뜻이다.

○ 添此句以作道德之效. 而以'有恥且格'專作齊禮之效, 此節重在齊禮.

'즉민고유소관감이흥기의(則民固有所觀感而興起矣)'라고 한 것은 본문에 이 구절을 보태서 도(道)와 덕의 효험으로 만들었다. 그런데 '백성들이 부끄러워함이 있고 또 선(善)에 이르게 될 것이다'라는 구절은 오로지 예(禮)를 가지고 가지런하게 하는 효험으로 만들었기 때문에 이 구절의 중점은 예로 가지런하게 만드는 데 있다.

○ 朱子曰 : "稟有厚薄, 感有淺深."42)

'이기천심후박지불일자(而其淺深厚薄之不一者)'에 대해, 주자(朱子 : 朱熹)가 말하였다. "기품에 얇음과 두터움의 차이가 있고 감화에 얕고 깊은 차이가 있다."

○ 朱子曰 : "『周官』一書, 正所以齊民."43)

---

42) 『주자어류(朱子語類)』 권23, 「논어5(論語五)」, 65조목에는 "先之以法制禁令, 是合下有猜疑關防之意, 故民不從. 又卻齊之以刑, 民不見德而畏威, 但圖目前苟免於刑, 而爲惡之心未嘗不在. 先之以明德, 則有固有之心者, 必觀感而化. 然稟有厚薄, 感有淺深, 又齊之以禮, 使之有規矩準繩之可守, 則民恥於不善, 而有以至於善.(먼저 법제와 금령으로 이끄는 것은 원래 의심하고 지켜서 방지하는 뜻이 있기 때문에 백성들이 따르지 않는다. 또한 형벌로 가지런히 하는 것은 백성들이 은덕을 받지 못하고 두려워하여, 다만 눈앞의 형벌을 모면할 것만 도모할 뿐 악(惡)을 저지르려는 마음은 있지 않은 적이 없게 된다. 먼저 밝은 덕으로 이끌면 본디 가지고 있는 마음을 가진 사람은 반드시 그것을 보고 감화될 것이다. 그러나 기품에 얇음과 두터움의 차이가 있고 감화에 얕고 깊은 차이가 있으니, 또 예(禮)로 가지런히 하여 백성들이 지킬 수 있는 규범과 규칙을 갖도록 하면, 백성들은 선(善)하지 않음을 부끄러워하고 선에 이를 수 있게 될 것이다.)"라고 되어 있다.

43) 『주자어류(朱子語類)』 권23, 「논어5(論語五)」, 62조목에는 "問, '道之以德, 齊之以禮.' 曰 : '這'德'字只是適來說底'德', 以身率人. 人之氣質有淺深厚薄之不同, 故感者不能齊一, 必有禮以齊之. 如『周官』一書, 何者非禮? 以至歲時屬民讀法之屬, 無不備具者, 正所以齊民也. 齊之不從, 則刑不可廢. 若只道之以德, 而無禮以約之, 則儱統無收殺去.'('덕으로 인도하고 예(禮)로 가지런히 한다'라는 말에 대해 물었다. 주자(朱子 : 朱熹)가 대답하였다. '이 '덕(德)'자는 방금 말했던 '덕'이니, 몸소 솔선수범하는 것이다. 사람의 기질에는 얕음과 깊음, 얇음과 두터움의 다름이 있기 때문에 감동하는 것이 한결같지 않으니, 반드시 예로 그들을 가지런하게 해야 한다. 예컨대 『주관(周官)』이라는 책의 내용은 그 어떤 것이 예(禮)가 아니겠는가? 계절에 따라 백성들에게 법을 읽도록 하는 것들이 모두 갖추어져 있지 않음이 없는 것은 바로 그것으로 백성들을 가지

'우유예이일지(又有禮以一之)'에 대해, 주자(朱子 : 朱熹)가 말하였다. "『주관(周官)』이라는 책의 내용은 바로 그것으로 백성들을 가지런하게 만드는 것이다."

○ 本文雖無'民'字, 而上節'民'字實蒙至此, 故『集註』特著'民'字.

본문 '유치차격(有恥且格)'에는 비록 '민(民)'이라는 글자가 없지만 위 절(節) '민면이무치(民免而無恥)'의 '민(民)'이라는 글자가 여기까지 이어지기 때문에 『논어집주(論語集註)』에서는 '즉민치어불선(則民恥於不善)'이라 하여 특별히 '민(民)'이라는 글자를 드러내었다.

○ 添'不善'·'善'字. '善'字照應上註'惡'字.

'즉민치어불선, 이우유이지어선야(則民恥於不善, 而又有以至於善也)'라고 한 것은 본문 '유치차격(有恥且格)'에 '불선(不善)'과 '선(善)'이라는 글자를 보탠 것이다. '선(善)'이라는 글자는 위 주석 '개수불감위악, 이위악지심미상망야(蓋雖不敢爲惡, 而爲惡之心未嘗亡也)'에서 '악(惡)'자와 호응한다.

○ 釋畢.

경문의 풀이가 끝났다.

朱註

一說格, 正也, 『書』曰, '格其非心.'

일설(一說 : 어떤 주장)에 격(格)은 바로잡는 것이니, 『서경(書經)』에 '그 그른 마음을 바로잡는다.'라고 하였다.

詳說

○ 於古今註家取存其說, 以備一說而已. 不欲著其名氏, 故只以'一說'二字冠之.

예로부터 지금까지의 주석가들이 취한 것에서 그 주장을 보존하여 일설(一說 : 어떤 주장)로 갖추어 둔 것일 뿐이다. 그것을 주장한 사람의 이름을 드러내려고 하지 않았기 때문에 다만 '일설(一說 : 어떤 주장)'이라는 두 글자를 첫머리에 썼을 뿐이다.

○ 「冏命」.

'『서』왈(『書』曰)'에서 '『서경(書經)』'은 「주서(周書)·경명(冏命)」편이다.

런하게 만들기 때문이다. 가지런하게 만드는데도 따르지 않으면 형벌을 없앨 수 없다. 만약 덕으로 인도할 뿐 예(禮)로 그들을 제약하지 않으면 두루뭉술하여 수습할 수 없을 것이다.')"라고 되어 있다.

○ '一說'至此.

'일설(一說 : 어떤 주장)'은 '격기비심(格其非心)'에까지 이른다.

○ 此又著一說之格義. 蓋至善理順, '格'非費力, 前說爲長.

'격기비심(格其非心)'은 또한 '일설(一說 : 어떤 주장)'의 '격(格)'자의 의미를 드러낸 것이다. 대개 선함에 이르러 이치가 순조로우면 '격(格)'이라는 글자의 의미는 애써 힘쓸 것이 아니니, 앞의 주장, 즉 '격(格)은 이르는 것이다'라고 하는 뜻이 낫다.

朱註

○ 愚謂 : 政者, 爲治之具; 刑者, 輔治之法. 德禮則所以出治之本, 而德又禮之本也.

내가 생각하건대, 법제(法制)와 금령(禁令)으로의 정사(政事)는 다스리는 도구이고, 형벌은 다스리는 것을 돕는 법(法)이다. 덕(德)과 예(禮)는 다스림을 내는 근본인데, 덕은 또 예의 근본이다.

詳說

○ 去聲, 下幷同.

'정자, 위치지구(政者, 爲治之具)'에서 '치(治)'자는 거성(去聲)이고, 아래도 모두 마찬가지이다.

○ '政'字, 此章之題目. 首章亦然.

'정(政 : 다스림)'자가 이 장(章)의 제목이다. 첫 장(章)도 또한 그러하다.

○ 以刑視政, 則政重.

'형자, 보치지법(刑者, 輔治之法)'이라 했으니, '형(刑 : 형벌)'을 정사(政事 : 법제와 금령으로의 정사)와 비교해 보면 정사가 중요하다.

○ 以政刑視德禮, 則德禮重.

'덕예즉소이출치지본(德禮則所以出治之本)'이라 했으니, 정사와 형벌을 덕·예와 비교해 보면 덕·예가 중요하다.

○ 以禮視德, 則德重.

'이덕우예지본야(而德又禮之本也)'라고 했으니, 예(禮)를 덕에 비교해 보면 덕이 중요하다.

◯ 以上敍列四者之目, 而有本然之輕重.

위에서 정(政)·형(刑)·법(法)·예(禮) 네 가지 항목을 서술 열거했는데, 본래 그러한 경중(敬重)은 정도 상의 차이가 있다.

朱註

此其相爲終始, 雖不可以偏廢, 然政刑能使民遠罪而已, 德禮之效, 則有以使民日遷善而不自知.

이는 서로 시작과 끝이 되니, 비록 어느 한쪽도 폐기할 수 없지만, 정사(政事 : 법제와 금령)와 형벌은 백성들에게 죄를 멀리하도록 할 수 있을 뿐이고, 덕과 예의 효험은 그것으로 백성들에게 나날이 선함에로 옮겨가면서도 스스로 알지 못하도록 할 수 있을 것이다.

詳說

◯ 朱子曰 : "先之以法制禁令, 又却齊之以刑, 民不見德而畏威, 但圖苟免. 先之以明德, 又齊之以禮."44)

'차기상위종시(此其相爲終始)'에 대해, 주자(朱子 : 朱熹)가 말하였다. "먼저 법제와 금령으로 이끌고 또한 형벌로 가지런히 하면, 백성들이 은덕을 받지 못하고 두려워하여, 다만 형벌을 모면할 것만 도모할 뿐이다. 먼저 밝은 덕으로 이끌고 또 예(禮)로 가지런히 해야 한다."

◯ 朱子曰 : "有德禮而無政刑, 又做不得."45)

---

44) 『주자어류(朱子語類)』 권23, 「논어5(論語五)」, 65조목에는 "先之以法制禁令, 是合下有猜疑關防之意, 故民不從. 又卻齊之以刑, 民不見德而畏威, 但圖目前苟免於刑, 而爲惡之心未嘗不在. 先之以明德, 則有固有之心者, 必觀感而化. 然稟有厚薄, 感有淺深, 又齊之以禮, 使之有規矩準繩之可守, 則民恥於不善, 而有以至於善.(먼저 법제와 금령으로 이끄는 것은 원래 의심하고 지켜서 방지하는 뜻이 있기 때문에 백성들이 따르지 않는다. 또한 형벌로 가지런히 하는 것은 백성들이 은덕을 받지 못하고 두려워하여, 다만 눈앞의 형벌을 모면할 것만 도모할 뿐 악(惡)을 저지르려는 마음은 있지 않은 적이 없게 된다. 먼저 밝은 덕으로 이끌면 본디 가지고 있는 마음을 가진 사람은 반드시 그것을 보고 감화될 것이다. 그러나 기품에 얇음과 두터움의 차이가 있고 감화에 얕고 깊은 차이가 있으니, 또 예(禮)로 가지런히 하여 백성들이 지킬 수 있는 규범과 규칙을 갖도록 하면, 백성들은 선(善)하지 않음을 부끄러워하고 선에 이를 수 있게 될 것이다.)"라고 되어 있다.

45) 『주자어류(朱子語類)』 권23, 「논어5(論語五)」, 69조목에는 "'道之以德', 『集注』云'淺深厚薄之

'수불가이편폐(雖不可以偏廢)'에 대해, 주자(朱子 : 朱熹)가 말하였다. "덕과 예(禮)만 있고 정사(政事 : 법제와 금령)와 형벌이 없는 것도 또한 그렇게 할 수 없다."

◯ 此二句以四者之用而言, 不分輕重.

'차기상위종시, 수불가이편폐(此其相爲終始, 雖不可以偏廢)'라는 두 구절은 덕·예와 정사(政事 : 법제와 금령)·형벌 네 가지의 작용으로 말하여 경중을 나누지 않은 것이다.

◯ 去聲.

'연정형능사민원죄이이(然政刑能使民遠罪而已)'에서 '원(遠)'자는 거성(去聲)이다.

◯ 新安陳氏曰 : "『禮記』「經解」云, '使民日遷善遠罪而不自知'. 『集註』析此句而分輕重."[46)]

'즉유이사민일천선이부자지(則有以使民日遷善而不自知)'에 대해, 신안 진씨(新安陳氏 : 陳櫟)가 말하였다. "『예기』「경해(經解)」에서 '백성들에게 나날이 선함에로 옮겨가 죄를 멀리하면서도 스스로 알지 못하도록 한다'라고 하였다.[47)] 『논어집주

不一', 謂其間資稟信向不齊如此, 雖是感之以德, 自有不肯信向底, 亦有太過底, 故齊一之以禮. 禮是五禮, 所謂吉·凶·軍·賓·嘉, 須令一齊如此. 所謂'賢者俯而就, 不肖者企而及', 正如'齊之以刑'亦然. 先立箇法制如此, 若不盡從, 便以刑罰齊之. 『集注』後面餘意, 是說聖人謂不可專恃刑政, 然有德禮而無刑政, 又做不得. 聖人說話無一字無意味. 如只說'道之以德, 齊之以禮', 便不是了. ('덕으로 인도한다'에 대해 『논어집주(論語集註)』에서 '얕음과 깊음, 두터움과 얇음이 한결 같지 않다'라고 말한 것은, 그들 사이의 타고난 자질과 믿고 따르는 것이 이와 같이 가지런하지 않으니, 비록 덕으로 감화시켜도 본래 기꺼이 믿고 따르지 않는 사람이 있고 또 너무 지나친 사람도 있기 때문에, 예(禮)를 가지고 하나로 가지런하게 함을 말한 것이다. 예(禮)는 오례(五禮)이니, 이른바 길(吉)·흉(凶)·군(軍)·빈(賓)·가(嘉)로서 모름지기 이와 같이 하나로 가지런하도록 해야 한다는 것이다. 이른바 '현명한 사람은 굽혀 나아가고, 어리석은 사람은 발돋움하여 미치도록 한다'는 것이니 바로 '형벌로 가지런히 한다'라는 것도 또한 그러하다. 먼저 법제를 이와 같이 세우고, 만약 제대로 따르지 않으면 곧 형벌로 그들을 가지런하게 한다. 『논어집주(論語集註)』 배후의 다 표현하지 못한 뜻은, 성인은 오로지 형벌과 정사(政事 : 법제와 금령)만을 믿어서도 안 되지만 그렇다고 덕과 예(禮)만 있고 형벌과 정령이 없는 것도 또한 그렇게 할 수 없음을 말했다는 것이다. 성인의 말은 한 글자도 의미가 없는 것이 없다. 만약 다만 '덕으로 인도하고 예(禮)로 가지런하게 한다'라고만 말하면 옳지 않게 된다.)"라고 되어 있다.

46) 호광 편(胡廣 編), 『논어집주대전(論語集註大全)』 권2에 진력(陳櫟)의 말로, "新安陳氏曰 : '『禮記』「經解」篇云, '使民日遷善遠罪而不自知也.' 『集註』本此句析之而分輕重焉.'(신안 진씨(新安陳氏 : 陳櫟)가 말하였다. '『예기』「경해(經解)」편에서 '백성들에게 나날이 선함에로 옮겨가 죄를 멀리하면서도 스스로 알지 못하도록 한다'라고 하였다. 『논어집주(論語集註)』에서는 이 구절에 근본하여 그것을 쪼개서 경중을 나누었다.')"라고 실려 있다.

47) 『예기』「경해(經解)」편에서 '백성들에게 …… 스스로 알지 못하도록 한다'라고 했다 : 『예기』「경해(經解)」편에서는 "그러므로 예(禮)의 교화는 은미하고 그 간사함을 그치게 하는 것도 드

(論語集註)』에서는 이 구절을 쪼개서 경중을 나누었다."

◯ '然'以下又以四者之效而分輕重.

'연정형능사민원죄이이(然政刑能使民遠罪而已)'에서 '연(然)'자 이하는 또 덕·예와 정사(政事 : 법제와 금령)·형벌 네 가지의 효험으로 말하여 경중을 나누었다.

朱註

故治民者不可徒恃其末, 又當深探其本也.

그러므로 백성들을 다스리는 사람은 한갓 그 말단인 정사(政事 : 법제와 금령)와 형벌만을 믿어서는 안 되고, 또 마땅히 그 근본인 덕과 예를 깊이 탐구해야 한다.

詳說

◯ 如字.

'고치민자불가도시기말(故治民者不可徒恃其末)'에서 '치(治)'는 본래의 음으로 읽는다.

◯ 朱子曰 : "專用刑政, 是伯者之事."[48)]

'고치민자불가도시기말(故治民者不可徒恃其末)'에 대해, 주자(朱子 : 朱熹)가 말하였다. "오로지 형벌과 정사(政事 : 법제와 금령)만을 쓰는 것은 다만 패자(伯者)의 일이다."

러나지 않지만 사람들에게 나날이 선함에로 옮겨가 죄를 멀리하면서도 스스로 알지 못하도록 했으니, 이 때문에 선왕이 그것을 높였다.(故禮之敎化也微, 其止邪也於未形, 使人日徙善遠罪而不自知也, 是以先王隆之也.)"라고 하였다.

48) 『주자어류(朱子語類)』 권23, 「논어5(論語五)」, 71조목에는 "又問 : '呂氏說云, '政刑能使懦者畏, 不能使强者革, 此之謂失其本心.' 亦怕未如此.' 曰 : '這說亦是偏了. 若專政刑, 不獨是弱者怕, 强者也會怕. 到得有德禮時, 非獨使强者革, 弱者也會革.' 因仁父問, '侯氏云, '刑政, 霸者之事.'' 曰 : '專用刑政, 只是霸者事.'(또 물었다. '여씨(呂氏)는 '정사(政事 : 법제와 금령)와 형벌은 나약한 사람에게 두려워하도록 할 수는 있지만 강한 사람에게 고치도록 할 수 없으니, 이를 그 본심을 잃는다고 말한다'라고 말했는데, 아마 또한 이와 같지는 않은 것 같습니다.' 주자(朱子 : 朱熹)가 대답하였다. '이 주장 또한 치우쳤다. 만약 오로지 정사(政事 : 법제와 금령)와 형벌로만 하면 다만 약한 사람이 두려워할 뿐 아니라 강한 사람도 또한 두려워한다. 덕과 예(禮)가 있을 때는 다만 강한 사람에게 고치도록 할 뿐 아니라 약한 사람도 또한 고치게 할 수 있을 것이다.' 이에 인보(仁父 : 주자 문인 徐容)가 '후씨(侯氏)는 '형벌과 정사(政事 : 법제와 금령)는 패자(霸者)의 일이다''라고 한 것에 대해 물었다. 주자(朱子 : 朱熹)가 대답하였다. '오로지 형벌과 정사(政事 : 법제와 금령)만을 쓰는 것은 다만 패자(霸者)의 일이다.')"라고 되어 있다.

○ 新安陳氏曰 : "末謂政刑."[49]

'고치민자불가도시기말(故治民者不可徒恃其末)'에서 '말(末)'자에 대해, 신안 진씨(新安陳氏 : 陳櫟)가 말하였다. "말단이라 한 것은 정사(政事 : 법제와 금령)와 형벌을 말한다."

○ 平聲.

'우당심탐기본야(又當深探其本也)'에서 '탐(探)'자는 평성(平聲)이다.

○ 朱子曰 : "聖人之意, 只爲當時專用政刑, 所以有此言."[50]

'우당심탐기본야(又當深探其本也)'에 대해, 주자(朱子 : 朱熹)가 말하였다. "성인의 뜻은 다만 당시에 오로지 정사(政事 : 법제와 금령)와 형벌만을 썼기 때문에 이러한 말이 있게 된 것이다."

○ '故'以下又爲當時行此四者而言, 乃此章之本意.

'고치민자불가도시기말(故治民者不可徒恃其末)'에서 '고(故)'자 이하는 또 당시에 이 덕 · 예와 정사(政事 : 법제와 금령) · 형벌 네 가지를 실행하려는 사람을 위해 말한 것이니, 곧 이 장(章)의 본래 뜻이다.

---

49) 호광 편(胡廣 編), 『논어집주대전(論語集註大全)』 권2에 진력(陳櫟)의 말로, "新安陳氏曰 : '末謂政刑, 本謂德禮.'(신안 진씨(新安陳氏 : 陳櫟)가 말하였다. '말단이라 한 것은 정사(政事 : 법제와 금령)와 형벌을 말하고, 근본이라 한 것은 덕과 예(禮)를 말한다.')"라고 실려 있다.

50) 『주자어류(朱子語類)』 권23, 「논어5(論語五)」, 58조목에는 "問, '道之以政.' 曰 : '聖人之意, 只爲當時專用政刑治民, 不用德禮, 所以有此言. 謂政刑但使之遠罪而已; 若是格其非心, 非德禮不可. 聖人爲天下, 何曾廢刑政來?'('정사(政事 : 법제와 금령)로 인도한다'라는 것에 대해 물었다. 주자(朱子 : 朱熹)가 대답하였다. '성인의 뜻은 다만 당시에 오로지 정사(政事 : 법제와 금령)와 형벌만을 써서 백성들을 다스렸지 덕과 예를 쓰지 않았기 때문에 이러한 말이 있게 된 것이다. 정사(政事 : 법제와 금령)와 형벌은 단지 백성들에게 죄를 멀리하도록 할 뿐이니, 만약 그 그른 마음을 바로잡으려면 덕과 예가 아니면 안 된다는 점을 말한 것이다. 성인이 천하를 다스리면서 어찌 정사(政事 : 법제와 금령)와 형벌을 없앴겠는가!?')"라고 되어 있다.

[2-4-1]

子曰：“吾十有五而志于學,
공자가 말하였다. “나는 열다섯 살에 학문에 뜻을 두었고,

詳說

○ 先以‘吾’字冠之, 可見其非止爲學者設耳.
‘오십유오이지우학(吾十有五而志于學)’에서 먼저 ‘오(吾)’자를 첫머리에 둔 것은 그것이 다만 배우는 사람만을 위해 한 말이 아니라는 것을 알 수 있다.

朱註

古者十五而入大學.
옛날에는 열다섯 살에 대학에 입학하였다.

詳說

○ ‘有’, ‘又’通.
‘오십유오이지우학(吾十有五而志于學)’에서 ‘유(有)’자는 ‘우(又：또)’자와 통한다.

○ 見『大戴禮』.
‘고자십오이입대학(古者十五而入大學)’이라는 말은 『대대예기(大戴禮記)』에 보인다.[51]

朱註

心之所之謂之志.
마음이 가는 것을 지(志)라고 한다.

詳說

○ 往也.
‘심지소지위지지(心之所之謂之志)’에서 ‘소지(所之)’의 ‘지(之)’자는 ‘가다[往]’라는 뜻이다.

---

51) ‘고자십오이입대학(古者十五而入大學)’이라는 말은 『대대예기(大戴禮記)』에 보인다：『대대예기』 권3 「보부(保傅)」 제48에서 “옛날에 태자는 8세에 소학(小學)에 입학하고, 15세에 대학에 입학하였다.(古者太子八歲入小學, 十五入太學也.)”라고 하였다.

○ 四字出『說文』. 以'志'字從之·從心也.

'심지소지위지지(心之所之謂之志)'에서 '심지소지(心之所之)'라는 네 글자는 『설문해자(說文解字)』에 나온다. '지(志)'자는 '지(之)'자와 '심(心)'자에서 나왔다.

○ 新安陳氏曰: "此章始終一心學也."[52]

'심지소지위지지(心之所之謂之志)'에 대해, 신안 진씨(新安陳氏: 陳櫟)가 말하였다. "이 장(章)은 처음부터 끝까지 한결같이 마음공부[心學]이다."

朱註

此所謂學, 卽大學之道也. 志乎此, 則念念在此, 而爲之不厭矣.

여기에서 말하는 학문은 곧 대학의 도(道)이다. 여기에 뜻을 두면 늘 생각하는 것이 여기에 있어서 그것을 하기 싫어하지 않을 것이다.

詳說

○ '學'字, 此章之題目.

'학(學: 배움)'자가 이 장(章)의 제목이다.

○ 指大學之道, 下同.

'지호차(志乎此)'에서 '차(此)'자는 대학의 도(道)를 가리키고, 아래도 마찬가지이다.

○ 訓兼釋.

훈고에 경문의 풀이를 겸하였다.

○ 此下又論志學之事.

이 아래는 또 학문에 뜻을 두는 일을 논의한다.

○ 朱子曰: "便斷然以聖人爲志, 自住不得. '志'字最有力. 志學亦是要行, 而以知爲重, 志學, 言知之始; 不惑·知命·耳順言知之至."[53]

---

52) 호광 편(胡廣 編), 『논어집주대전(論語集註大全)』 권2에 진력(陳櫟)의 말로, "新安陳氏曰: '聖人所志之學, 大學也, 大學之道, 知行爲要. 此章分知之始·知之至, 行之始·行之至, 朱子一條盡之矣. 聖學自志學而始, 至從心不踰矩而終, 始終惟一心學也.'(신안 진씨(新安陳氏: 陳櫟)가 말하였다. '성인이 뜻을 둔 학문은 대학(大學)이고, 대학의 도리는 지(知: 앎)와 행(行: 실천)이 요점이다. 이 장(章)은 지(知)의 시작과 지의 지극함 및 행(行)의 시작과 행의 지극함을 나누었는데, 주자(朱子: 朱熹)가 한 조목으로 그것을 다 발휘하였다. 성인의 학문은 배움에 뜻을 두는 것으로부터 시작하여 마음으로 하려고 하는 것을 좇아도 법도에 넘지 않는 데 이르는 것으로 끝나니, 처음부터 끝까지 오직 한결같이 마음공부[心學]일 뿐이다.)"라고 실려 있다.

주자(朱子 : 朱熹)가 말하였다. "곧 결연히 성인(聖人)이 되는 것에 뜻을 두니 스스로 멈출 수 없는 것이다. '지우학(志于學)'에서 '지(志)'자가 가장 힘이 있다. 학문에 뜻을 두는 것도 또한 실행하려는 것이지만 지(知)를 중시한 것이다. 학문에 뜻을 두는 일은 지(知)의 시작을 말하고, 불혹(不惑)과 지천명(知天命)과 이순(耳順)은 지(知)의 지극함을 말한다."

53) 이 구절은 다음과 같이 주자의 말을 『주자어류(朱子語類)』 여러 곳에서 편집한 것이다. 『주자어류(朱子語類)』 권104, 「주자1(朱子一)」 52조목에는 "孔子曰, '吾十有五, 而志於學.' 只十五歲時, 便斷斷然以聖人爲志矣.(공자는 '나는 열다섯 살에 학문에 뜻을 두었다'라고 말하였다. 이 말은 겨우 15세 때에 곧 결연히 성인(聖人)이 되는 것에 뜻을 둔 것이다.)"라고 하였다. 또 『주자어류(朱子語類)』 권23, 「논어5(論語五)」, 72조목에는 "曰 : '心有所之謂之志, 志學, 則其心專一向這箇道理上去.' 曰 : '說文義, 大槪也只如此說, 然更有意思在. 世間千歧萬路, 聖人爲甚不向別路去, 只向這一路來? 志是心之深處, 故醫家謂志屬腎. 如今學者誰不爲學, 只是不可謂之'志於學'. 如果能志於學, 則自住不得.'(물었다. '마음에 가는 것이 있는 것을 지(志)라고 하니, 지학(志學)은 그 마음이 한결같이 이 도리를 향해 가는 것입니다.' 주자(朱子 : 朱熹)가 대답하였다. '글의 의미를 말하면 대체로 또한 이와 같이 말할 수 있겠지만, 그 밖에 또 다른 의미가 있다. 세상에는 수만 갈래의 길이 있는데, 성인은 무엇 때문에 다른 길은 가지 않고 다만 이 길로만 향해 가는가? 지(志)는 마음의 깊은 곳이기 때문에 의학에서는 지(志)가 신장[腎]에 속한다고 하였다. 지금 학자들이 누구인들 배우지 않겠는가마는 '학문에 뜻을 두었다'라고 말할 수 없을 뿐이다. 만약 제대로 학문에 뜻을 둘 수 있다면, 스스로 멈출 수 없을 것이다.)"라고 하였다. 또한 『주자어류(朱子語類)』 권23, 「논어5(論語五)」, 95조목에는 "吳仁父問 : ''十五志于學'章, 知 · 行如何分?' 曰 : '志學亦是要行, 而以知爲重; 三十而立亦是本於知, 而以行爲重. 志學是知之始, 不惑與知天命 · 耳順是知之至; 三十而立是行之始, 從心所欲不踰矩是行之至. 如此分看.'(오인보(吳仁父 : 주자 문인)가 물었다. ''열다섯 살에 학문에 뜻을 두었다'는 장에서, 지(知)와 행(行)은 어떻게 나누어집니까?' 주자(朱子 : 朱熹)가 대답하였다. '학문에 뜻을 두는 것도 또한 실행하려는 것이지만 지(知)를 중시한 것이다. 서른 살에 자립했다는 것도 또한 지(知)에 근본하지만 행(行)을 중시한 것이다. 학문에 뜻을 두는 것은 지(知)의 시작이고, 불혹(不惑)과 지천명(知天命)과 이순(耳順)은 지(知)의 지극함이며, 서른 살에 자립함은 행(行)의 시작이고, 마음으로 하려고 하는 것을 좇아도 법도를 넘지 않는 것은 행(行)의 지극함이다. 이와 같이 나누어 보아야 한다.')"라고 하였다.

[2-4-2]

三十而立,
서른 살에 자립(自立)했으며,

朱註

有以自立, 則守之固而無所事志矣.
자립하게 되면 지키는 것이 견고해져 뜻을 두는 일을 일삼을 필요가 없을 것이다.

詳說

○ 有釋無訓.
경문의 풀이는 있으나 훈고는 없다.

○ 立之事也. 此下又就言外幷援上節而論. 蓋自幼至老工夫相因, 每十年進一層, 則前層事自歸墮去耳. 不惑·知命註放此, 耳順註亦有此意.
'즉수지고이무소사지의(則守之固而無所事志矣)'에서 '수지고(守之固)'는 자립하는 일이다. 이 아래는 또 말 밖에서 아울러 위 절(節)을 끌어당겨 논의하였다. 대개 어려서부터 늙기까지 공부는 서로 이어지니, 매 10년마다 한 단계씩 나아가면 전 단계의 일은 저절로 무너져 버리는 것으로 귀결된다. 불혹(不惑)과 지천명(知天命)에 대한 주석이 이와 같고, 이순(耳順)에 대한 주석도 또한 이러한 뜻이 있다.

○ 朱子曰 : "謂把捉得定, 世間事物皆動搖我不得. 立是本於知, 而以行爲重. 立, 言行之始; 從心, 言行之至."[54]

---

54) 『주자어류(朱子語類)』 권23, 「논어5(論語五)」, 101조목에는 "'十五志學'一章, 全在志于學上, 當思自家是志於學與否, 學是學箇甚. 如此存心念念不放, 自然有所得也. 三十而立, 謂把捉得定, 世間事物皆搖動我不得, 如富貴·威武·貧賤是也. 不惑, 謂識得這箇道理, 合東便東, 合西便西, 了然於中. 知天命, 便是不惑到至處, 是知其所以然, 如事親必孝, 事君必忠之類. 耳順, 是'不思而得', 如臨事迎刃而解, 自然中節, 不待思索. 所欲不踰矩, 是'不勉而中.'('열다섯 살에 학문에 뜻을 두었다'라는 장(章)은 전체가 학문에 뜻을 두었다는 데 있으니, 마땅히 자신이 학문에 뜻을 두었는지의 여부와, 그 학문이 무엇을 배우는 것인지를 생각해야 한다. 만약 이와 같이 마음속에 늘 생각하면서 놓지 않으면 저절로 그러하게 얻음이 있을 것이다. 서른 살에 자립했다는 것은 꽉 붙잡아서 세상의 사물들이 모두 나를 동요시킬 수 없음을 말하니, 예컨대 부유함과 귀함, 위협과 무력, 가난함과 천함과 같은 것이 이것이다. 불혹(不惑)은 이 도리를 알아서 동쪽으로 가야 하면 동쪽으로 가고, 서쪽으로 가야 하면 서쪽으로 가서 마음속에 환히 깨닫는 것을 말한다. 지천명(知天命)은 곧 의혹하지 않음이 지극한 경지에 이르러 그것이 그러한 까닭을 아는

'유이자립, 칙수지고이무소사지의(有以自立, 則守之固而無所事志矣)'에 대해, 주자(朱子 : 朱熹)가 말하였다. "'삼십이립(三十而立)'이라는 것은 꽉 붙잡아서 세상의 사물들이 모두 나를 동요시킬 수 없다는 것을 말한다. 자립했다는 것은 지(知)에 근본하지만 행(行)을 중시한 것이다. 자립하는 것은 행(行)의 시작이고, 마음으로 하려고 하는 것을 좇는 것은 행(行)의 지극함이다."

[2-4-3]

四十而不惑,
마흔 살에 의혹하지 않았고,

朱註

於事物之所當然, 皆無所疑, 則知之明而無所事守矣.
사물의 마땅히 그러한 도리에 대하여 모두 의혹하는 것이 없다면 아는 것이 분명하여 지키는 것을 일삼을 필요가 없을 것이다.

것이니, 예컨대 부모를 섬길 때는 반드시 효도로 하고 군주를 섬길 때는 반드시 충성으로 하는 것과 같은 따위이다. 이순(耳順)은 『중용(中庸)』에서 말하는 '생각하지 않고도 아는 것'이니, 일에 임해서 마치 대나무가 칼날이 닿자마자 쉽게 쪼개지듯이 문제들이 순조롭게 해결되고 저절로 그러하게 절도에 들어맞아 사색할 필요가 없는 것과 같다. 마음으로 하려고 하는 것을 좇아도 법도를 넘지 않았다는 것은 『중용(中庸)』에서 말하는 '힘써 노력하지 않아도 도에 들어맞는 것'이다.)"라고 되어 있다. 또 95조목에는 "吳仁父問 : ''十五志于學'章, 知·行如何分?' 曰 : '志學亦是要行, 而以知爲重; 三十而立亦是本於知, 而以行爲重. 志學是知之始, 不惑與知天命·耳順是知之至; 三十而立是行之始, 從心所欲不踰矩是行之至. 如此分看.'(오인보(吳仁父 : 주자 문인)가 물었다. ''열다섯 살에 학문에 뜻을 두었다'는 장에서, 지(知)와 행(行)은 어떻게 나누어집니까?' 주자(朱子 : 朱熹)가 대답하였다. '학문에 뜻을 두는 것도 또한 실행하려는 것이지만 지(知)를 중시한 것이다. 서른 살에 자립했다는 것도 또한 지(知)에 근본하지만 행(行)을 중시한 것이다. 학문에 뜻을 두는 것은 지(知)의 시작이고, 불혹(不惑)과 지천명(知天命)과 이순(耳順)은 지(知)의 지극함이며, 서른 살에 자립함은 행(行)의 시작이고, 마음으로 하려고 하는 것을 좇아도 법도를 넘지 않는 것은 행(行)의 지극함이다. 이와 같이 나누어 보아야 한다.')"라고 되어 있다.

詳說

○ 朱子曰 : “隨事物上見這理.”[55]

'어사물지소당연(於事物之所當然)'에 대해, 주자(朱子 : 朱熹)가 말하였다. “사물에 따라서 이 도리를 아는 것이다.”

○ 一作'者'.

'개무소의(皆無所疑)'에서 '개(皆)'자는 어떤 판본에는 '자(者)'자로 되어 있다.[56]

○ 有釋無訓.

경문의 풀이는 있으나 훈고는 없다.

○ 不惑之事.

'즉지지명이무소사수의(則知之明而無所事守矣)'에서 '지지명(知之明)'은 이치에 의혹하지 않는다는 일이다.

○ 言外.

'즉지지명이무소사수의(則知之明而無所事守矣)'에서 '무소사수의(無所事守矣)'는 본문 말 밖의 뜻이다.

---

55) 『주자어류(朱子語類)』 권23, 「논어5(論語五)」, 81조목에는 “文振問, '四十不惑, 五十知天命.' 曰 : '此兩句亦相離不得. 不惑, 是隨事物上見這道理合是如此; 知天命, 是知這道理所以然. 如父子之親, 須知其所以親, 只緣元是一箇人. 凡事事物物上, 須是見它本原一線來處, 便是天命.'(정문진(鄭文振 : 주자 문인)이 '마흔 살에 이치에 의혹하지 않았고 쉰 살에 천명(天命)을 알았다'라는 구절에 대해 물었다. 주자(朱子 : 朱熹)가 대답하였다. '이 두 구절 또한 서로 분리되지 않는다. 이치에 의혹하지 않았다는 것은 사물에 따라서 이 도리가 원래 이와 같음을 아는 것이고, 천명(天命)을 알았다는 것은 이 도리의 그러한 까닭을 아는 것이다. 예컨대 부자 사이의 친함에서는 모름지기 그 친한 까닭이 원래 하나의 사람이기 때문이라는 것을 알아야 한다. 무릇 모든 사물에서는 모름지기 그 하나의 본원에서 온 것이 바로 천명이라는 것을 알아야 한다.)”라고 되어 있다.

56) '개(皆)'자는 어떤 판본에는 '자(者)'자로 되어 있다 : 이렇게 본다면 주자의 '어사물지소당연, 개무소의(於事物之所當然, 皆無所疑)'는 '어사물지소당연자, 무소의(於事物之所當然者, 無所疑)'라고 읽어야 할 것이다. 의미상의 차이는 거의 없다.

[2-4-4]

五十而知天命,
쉰 살에 천명(天命)을 알았으며,

朱註

天命, 卽天道之流行而賦於物者, 乃事物所以當然之故也. 知此則知極其精, 而不惑又不足言矣.

천명은 곧 천도(天道)가 유행(流行)하여 사물에 부여한 것이니, 바로 사물이 마땅히 그러하게 되는 까닭으로의 근거이다. 이를 알면 아는 것이 지극히 정밀하여 의혹하지 않는 것은 또한 말할 가치가 없다.

詳說

○ 朱子曰 : "賦與萬物, 莫非至善無妄之理而不已焉."[57)]

'천명, 즉천도지유행이부어물자(天命, 卽天道之流行而賦於物者)'에 대해, 주자(朱子 : 朱熹)가 말하였다. "만물에 부여하는 것은 지극히 선하고 망령됨이 없는 이치가 아님이 없고, 그 부여함이 끊이지 않는다."

○ 朱子曰 : "凡事物本原來處."[58)]

'내사물소이당연지고야(乃事物所以當然之故也)'에 대해, 주자(朱子 : 朱熹)가 말하

57) 『사서혹문(四書或問)』 권7 「논어혹문(論語或問)」에는 "蓋天道運行賦與萬物, 莫非至善無妄之理而不已焉, 是則所謂天命者也.(대개 천도(天道)가 운행하여 만물에 부여하는 것은 지극히 선하고 망령됨이 없는 이치가 아님이 없고 그 부여함이 끊이지 않으니, 이것이 이른바 천명(天命)이라는 것이다.)"라고 되어 있다.

58) 『주자어류(朱子語類)』 권23, 「논어5(論語五)」, 81조목에는 "文振問, '四十不惑, 五十知天命.' 曰 : '此兩句亦相離不得. 不惑, 是隨事物上見這道理合是如此; 知天命, 是知這道理所以然. 如父子之親, 須知其所以親, 只緣元是一箇人. 凡事事物物上, 須是見它本原一線來處, 便是天命.'(정문진(鄭文振 : 주자 문인)이 '마흔 살에 이치에 의혹하지 않았고 쉰 살에 천명(天命)을 알았다'라는 구절에 대해 물었다. 주자(朱子 : 朱熹)가 대답하였다. '이 두 구절 또한 서로 분리되지 않는다. 이치에 의혹하지 않았다는 것은 사물에 따라서 이 도리가 원래 이와 같음을 아는 것이고, 천명(天命)을 알았다는 것은 이 도리의 그러한 까닭을 아는 것이다. 예컨대 부자 사이의 친함에서는 모름지기 그 친한 까닭이 원래 하나의 사람이기 때문이라는 것을 알아야 한다. 무릇 모든 사물에서는 모름지기 그 하나의 본원에서 온 것이 바로 천명이라는 것을 알아야 한다.)"라고 되어 있다.

였다. "이는 모든 사물의 본원에서 온 것이다."

○ 因上註而添一'以'字, 微有義與理之分. 蓋所當然, 義也; 所以當然, 理也.

'내사물소이당연지고야(乃事物所以當然之故也)'이라 한 것은 위 구절의 주석인 '어사물지소당연(於事物之所當然)' 때문에 '이(以)'라는 한 글자를 보탰는데, 작게나마 의(義 : 마땅함)와 리(理 : 이치)의 구분이 있다. 대개 '마땅히 그러한 것[所當然]'은 의(義)이고, '마땅히 그러하게 되는 까닭[所以當然]'은 리(理)이다.

○ 訓畢.

'내사물소이당연지고야(乃事物所以當然之故也)'에서 훈고가 끝났다.

○ 天命.

'지차즉지극기정(知此則知極其精)'에서 '차(此)'자는 천명을 가리킨다.

○ 知命之事.

'지차즉지극기정(知此則知極其精)'에서 '지극기정(知極其精)'의 대상은 천명을 아는 일이다.

○ 言外.

'이불혹우부족언의(而不惑又不足言矣)'라고 한 것은 본문 말 밖의 뜻이다.

○ '又不足言'四字, 照上註兩箇'無所事'.

'이불혹우부족언의(而不惑又不足言矣)'에서 '우부족언(又不足言)'이라는 네 글자는 위의 주석에 비추어 보면 두 번 '일삼을 필요가 없다[無所事]'라고 한 것이다.

[2-4-5]

六十而耳順,

예순 살에 듣는 대로 저절로 이해했고,

朱註

聲入心通, 無所違逆, 知之之至, 不思而得也.

소리가 들어오면 마음이 통하여 거스르는 것이 없으니, 그것을 아는 일이 지극하여 생각하지 않아도 터득된다.

詳說

○ 慶源輔氏曰 : "聲纔入心便通."[59)]

'성입심통(聲入心通)'에 대해, 경원 보씨(慶源輔氏 : 輔廣)가 말하였다. "소리가 들어오자마자 마음이 바로 통한다."

○ 陳氏曰 : "夫子聞滄浪歌, 是耳順之證也."[60)]

'성입심통(聲入心通)'에 대해, 진씨(陳氏 : 陳淳)가 말하였다. "공자가 창랑(滄浪 : 漢水의 지류 이름)의 노래를 들은 것[61)]이 듣는 대로 저절로 이해했다는 증거이다."

○ 訓兼釋.

훈고에 경문의 풀이를 겸하였다.

○ 二'之'字, 上實下虛. 後凡如此處皆同.

'지지지지(知之之至)'에서 두 개의 '지(之)'자는 앞의 것은 가리키는 실제가 있는 실자(實字)이고 뒤의 것은 가리키는 실제가 없는 허자(虛字)이다. 뒤의 무릇 이와 같은 곳은 모두 마찬가지이다.

---

59) 조순손(趙順孫), 『사서찬소』「논어찬소(論語纂疏)」 권1에는 "輔氏曰 : '所知至極而精熟, 徹表徹裏, 故聲纔入, 心便通. 其貫通神速之妙, 不假思惟而自得之也.'(보씨(輔氏 : 輔廣)가 말하였다. '안 것이 지극하고 정통·숙련되어 안팎을 꿰뚫기 때문에 소리가 들어오자마자 마음이 바로 통한다. 그 관통함은 오묘하게 신속하여 생각할 겨를도 없이 저절로 터득한다.)"라고 되어 있다.

60) 진순(陳淳), 『북계대전집(北溪大全集)』 권18에는 "纔容少思而後得, 則是內與外有相扞格違逆, 而不得謂之順矣. 如夫子聞滄浪之歌, 卽悟自侮自伐之義, 是其順之證也.(조금이라도 생각한 뒤에 터득하는 것을 용납하면 그것은 곧바로 안과 밖이 서로 저촉되어 거스르는 것이니 그대로 이해되었다고 할 수 없다. 예컨대 공자가 창랑(滄浪 : 漢水의 지류 이름)의 노래를 듣고 곧바로 스스로 업신여기고 스스로 망치는 의미를 깨달은 것이 그대로 이해했다고 하는 증거이다.)"라고 되어 있다.

61) 공자가 창랑(滄浪 : 漢水의 지류 이름)의 노래를 들은 것 : 『맹자(孟子)』「이루상(離婁上)」에서 "맹자가 말하였다. '인(仁)하지 않은 사람과 더불어 말할 수 있겠는가? 인(仁)하지 않은 사람은 위태로움을 편안히 여기고 재앙을 이롭게 여겨서, 망하게 되는 것을 좋아한다. 인(仁)하지 않은데도 더불어 말할 수 있다면 어찌 나라를 망하게 하고 집안을 퇴패하게 하는 일이 있겠는가? 어린아이들의 노래에 '창랑(滄浪 : 漢水의 지류 이름)의 물이 맑으면 나의 갓끈을 빨 것이고, 창랑의 물이 흐리면 나의 발을 씻겠다'라는 것이 있다. 공자는 '제자들아, 저 노래를 들어보아라! 물이 맑으면 갓끈을 빨고, 물이 흐리면 발을 씻는다고 하니, 이는 물이 스스로 취한 것이다.'라고 말하였다.'(孟子曰 : '不仁者, 可與言哉? 安其危而利其菑, 樂其所以亡者. 不仁而可與言, 則何亡國敗家之有? 有孺子歌曰, '滄浪之水淸兮, 可以濯我纓; 滄浪之水濁兮, 可以濯我足.' 孔子曰, '小子, 聽之! 淸斯濯纓, 濁斯濯足矣, 自取之也.')"라고 하였다.

○ 見『中庸』.

'불사이득야(不思而得也)'라는 구절은 『중용(中庸)』에 보인다.[62]

○ 朱子曰 : "不惑事上知, 知命理上知, 耳順事理皆通."[63]

'지지지지, 불사이득야(知之之至, 不思而得也)'에 대해, 주자(朱子 : 朱熹)가 말하였다. "의혹하지 않았다는 것은 일에 대한 앎이고, 천명(天命)을 알았다는 것은 이치에 대한 앎이며, 듣는 대로 저절로 이해했다는 것은 일과 이치에 모두 통하는 것이다."

○ 又曰 : "知命猶思而得."[64]

---

62) '불사이득야(不思而得也)'라는 구절은 『중용(中庸)』에 보인다 : 『중용장구(中庸章句)』 제20장에서 "성(誠)한 것은 하늘의 도(道)이고 성(誠)하려는 것은 사람의 도(道)이다. 성(誠)한 것은 힘써 노력하지 않아도 도(道)에 들어맞으며, 생각하지 않고도 터득하여 침착하게 도(道)에 들어맞으니 성인이고, 성(誠)하려는 것은 선(善)을 택하여 그것을 굳게 잡는 자이다.(誠者, 天之道也; 誠之者, 人之道也. 誠者, 不勉而中, 不思而得, 從容中道, 聖人也; 誠之者, 擇善而固執之者也.)"라고 하였다.

63) 『주자어류(朱子語類)』 권23, 「논어5(論語五)」, 108조목에는 "又問 : ''四十不惑', 是知之明; '五十知天命', 是知極其精; '六十耳順', 是知之之至.' 曰 : '不惑是事上知, 知天命是理上知, 耳順是事理皆通, 入耳無不順.'(또 물었다. ''마흔 살에 의혹하지 않았다'라는 것은 지(知)의 밝음이고, '쉰 살에 천명(天命)을 알았다'라는 것은 지(知)가 그 정밀함을 지극히 한 것이고, '예순 살에 듣는 대로 저절로 이해했다'라는 그것을 안 것이 지극한 것입니다.' 주자(朱子 : 朱熹)가 대답하였다. '의혹하지 않았다는 것은 일에 대한 앎이고, 천명(天命)을 알았다는 것은 이치에 대한 앎이며, 듣는 대로 저절로 이해했다는 것은 일과 이치에 모두 통하는 것이니, 귀에 들리면 그대로 이해하지 않음이 없다는 것이다.')"라고 되어 있다.

64) 『주자어류(朱子語類)』 권23, 「논어5(論語五)」, 96조목에서는 "又問 : '四十而不惑, 何更待五十而知天命?' 曰 : '知天命, 是知得微妙, 而非常人之所可測度矣. 耳順, 則凡耳聞者, 便皆是道理, 而無凝滯. 伊川云, '知天命, 則猶思而得; 到耳順, 則不思而得也.''(또 물었다. '마흔 살에 의혹하지 않았는데, 무엇 때문에 다시 쉰 살에 천명(天命)을 알기를 기다려야 합니까?' 주자(朱子 : 朱熹)가 대답하였다. '천명(天命)을 아는 것은 앎이 미묘하여 일반 사람이 헤아릴 수 있는 것이 아니다. 듣는 대로 저절로 이해하면 무릇 귀에 들리는 것은 모두 도리이고 걸림이 없게 된다. 이천(伊川 : 程頤)은 '천명(天命)을 아는 것은 마치 생각해서 터득하는 것과 같고, 듣는 대로 저절로 이해하는 경지에 이르면 생각하지 않고도 터득한다.'라고 말하였다.')"라고 되어 있다. 여기에 인용된 정이의 말은, 정호(程顥) · 정이(程頤), 『하남정씨유서(河南程氏遺書)』 권9에 "五十而知天命, 思而知之也. 六十而耳順, 耳者在人之最末者也, 至耳而順, 則是不思而得也.(쉰 살에 천명을 알았다는 것은 생각해서 아는 것이다. 예순 살에 듣는 대로 저절로 이해했다는 것에서, 귀로 듣는 것은 사람의 감각 가운데 가장 말단인데 듣는 대로 저절로 이해했다면 이는 생각하지 않고도 터득하는 것이다.)"라고 하였다.

'지지지지, 불사이득야(知之之至, 不思而得也)'에 대해, 주자(朱子 : 朱熹)가 또 말하였다. "천명을 안다는 것은 마치 생각해서 터득한다는 것과 같다."

○ 此九字耳順之事, 而亦幷援上二節言之也.

'지지지지, 불사이득야(知之之至, 不思而得也)'라고 한 이 아홉 개의 글자는 듣는 대로 저절로 이해했다는 것과 관련된 일이고, 또한 위 두 개의 구절, 즉 '즉지지명이무소사수의(則知之明而無所事守矣)'와 '지차즉지극기정, 이불혹우부족언의(知此則知極其精, 而不惑又不足言矣)'라는 구절을 아울러 끌어당겨서 말한 것이다.

[2-4-6]

> 七十而從心所欲, 不踰矩."
> 일흔 살에 마음으로 하려고 하는 것을 좇아도 법도를 넘지 않았다."

朱註

> 從, 如字.
> '종(從)'은 본래의 음으로 읽는다.

詳說

○ '如字', 恒用之字, 謂平聲之'從'字. 後凡言'如字'者放此. 蓋人多讀'從'如'縱', 故特訓其音, 又訓其義.

'종, 여자(從, 如字)'에서 '여자(如字)'는 일반적으로 사용하는 글자이니, 여기에서는 평성(平聲)의 '종(從)'자를 말한다. 뒤에 '여자(如字)'라고 말한 모든 것은 이를 따른다. 대개 사람들이 '종(從)'자를 '종(縱)'자와 같이 읽는 경우가 많기 때문에 특별히 그 음을 훈고하고 또 그 의미를 훈고하였다.

朱註

> 從, 隨也. 矩, 法度之器, 所以爲方者也.
> 종(從)은 따르는 것이다. 구(矩)는 법도의 기구이니, 모난 것을 만드는 근거이다.

詳說

○ 雙峰饒氏曰 : "矩, 爲此章之要. 矩者, 此心之天則也. 行欲其方, 故以矩言之."65)

'역가이진덕의. 약자공역가위선관성인의, 역가위선언덕행의(亦可以進德矣. 若子貢亦可謂善觀聖人矣, 亦可謂善言德行矣)'에 대해, 쌍봉 요씨(雙峰饒氏 : 饒魯)가 말하였다. "'구(矩)'자는 이 장(章)의 요점이다. 구(矩)라는 것은 마음의 자연스런 법칙이다. 행위는 방정하게 만들어야 하기 때문에 구(矩)로서 말하였다."

○ 訓畢.

훈고가 끝났다.

朱註

隨其心之所欲, 而自不過於法度, 安而行之, 不勉而中也.

마음으로 하려고 하는 것을 좇아도 저절로 법도에 넘어서지 않는 것은 편안히 실행하여 힘써 노력하지 않아도 도(道)에 들어맞는 것이다.

詳說

○ 自然.

---

65) 호광 편(胡廣 編), 『논어집주대전(論語集註大全)』 권2에 요로(饒魯)의 말로, "'矩'字尤爲此章之要. 致知是要知此矩, 力行是要踐此矩, 立是守得此矩定, 不惑是見得此矩明, 知命是又識得此矩之所自來, 耳順是見得此矩十分透徹, 從心不踰是行得此矩十分純熟. 矩者何? 此心之天則是也. 規·矩皆法度之器. 規圓, 善於旋轉, 而無界限之可守; 矩方則有廉隅界限截然一定而不易. 智欲其圓, 行欲其方, 故以矩言之. 矩卽'義以方外'是也. 胡氏謂'體卽道, 用卽義', '義'字正爲'矩'字而發.('구(矩)'자는 특히 이 장(章)의 요점이다. 치지(致知)는 이 구(矩)를 알려는 것이고, 역행(力行)은 이 구(矩)를 실천하려는 것이며, 세웠다는 것은 이 구(矩)를 꽉 잡아 지킨다는 것이고, 의혹이 없다는 것은 이 구(矩)를 분명하게 알았다는 것이며, 천명을 알았다는 것은 또 이 구(矩)가 근원하는 곳을 알았다는 것이고, 듣는 대로 저절로 이해했다는 것은 이 구(矩)를 아주 철저하게 알았다는 것이며, 마음으로 하려고 하는 것을 좇아도 법도를 넘지 않았다는 것은 이 구(矩)를 매우 능숙하게 실행했다는 것이다. 구(矩)는 무엇인가? 마음의 자연스런 법칙이 이것이다. 규(規 : 컴퍼스)와 구(矩 : 곱자)는 모두 법도의 기구이다. 규(規)로 둥글게 하면 잘 선회해서 지킬 만한 경계가 없고, 구(矩)로 네모지게 하면 모서리와 경계가 자른 듯이 정해져서 바꾸지 못한다. 지(智)는 그 둥글게 하려는 것이고, 행(行)은 그 네모지게 하려는 것이기 때문에 구(矩)로 말하였다. 구(矩)는 곧 '의(義)로 밖을 방정하게 한다'는 것이 이것이다. 호씨(胡氏 : 胡寅)가 '본체는 곧 도(道)이고 작용은 곧 의(義)이다'라고 말한 것에서 '의(義)'자는 바로 '구(矩)'자 때문에 그렇게 말한 것이다.)"라고 실려 있다.

'이자불과어법도(而自不過於法度)'에서 '자(自)'자는 저절로 그러하다는 뜻이다.

○ 釋畢.

'이자불과어법도(而自不過於法度)'에서 경문의 풀이가 끝났다.

○ 去聲, 下同.

'불면이중야(不勉而中也)'에서 '중(中)'자는 거성(去聲)이고 아래도 마찬가지이다.

○ 出『中庸』.

'안이행지, 불면이중야(安而行之, 不勉而中也)'라는 구절은 『중용(中庸)』에 나온다.[66]

○ 此九字從心不踰矩之事.

'안이행지, 불면이중야(安而行之, 不勉而中也)'라고 한 이 아홉 개의 글자는 마음으로 하려는 것을 좇아도 법도를 넘지 않았다는 것과 관련된 일이다.

○ 耳順, 知之至; 從心, 行之至. 其造極至則均, 而自耳順又十年, 乃從心者, 以知行之有難易, 而分其先後等級耳.

듣는 대로 저절로 이해하는 것은 지(知)가 지극한 것이고, 마음으로 하려는 것을 좇아도 법도를 넘지 않는다는 것은 행(行)이 지극한 것이다. 그 지극함에 이르는 것은 균등한데도 듣는 대로 저절로 이해하는 것으로부터 또 10년이 있어야 하고, 마음으로 하려고 하는 것을 좇아도 법도를 넘지 않는다는 것은, 지(知)와 행(行)에 어려움과 쉬움의 차이가 있기 때문에 그 선후와 등급을 나누었을 뿐이다.

朱註

○ 程子曰 : "孔子生而知者也. 言亦由學而至, 所以勉進後人也.

정자(程子 : 程頤)가 말하였다. "공자는 태어나면서 안 사람이다. 그런데도 학문으

66) '안이행지, 불면이중야(安而行之, 不勉而中也)'라는 구절은 『중용(中庸)』에 나온다 : 『중용장구(中庸章句)』 제20장에서 "성(誠)한 것은 하늘의 도(道)이고 성(誠)하려는 것은 사람의 도(道)이다. 성(誠)한 것은 힘써 노력하지 않아도 도(道)에 들어맞으며, 생각하지 않고도 터득하여 침착하게 도(道)에 들어맞으니 성인이고, 성(誠)하려는 것은 선(善)을 택하여 그것을 굳게 잡는 자이다.(誠者, 天之道也; 誠之者, 人之道也. 誠者, 不勉而中, 不思而得, 從容中道, 聖人也; 誠之者, 擇善而固執之者也.)"라고 하였다. 또 같은 장(章)에서 "어떤 사람은 태어나면서 그것을 알고, 어떤 사람은 배워서 그것을 알며, 어떤 사람은 애를 써서 그것을 아는데, 그것을 아는 데 이르러서는 똑같다. 어떤 사람은 편안히 그것을 실행하고, 어떤 사람은 이롭게 여겨 그것을 실행하며, 어떤 사람은 억지로 힘써 그것을 실행하는데, 그 공로를 이루는 데 이르러서는 똑같다.(或生而知之, 或學而知之, 或困而知之, 及其知之, 一也. 或安而行之, 或利而行之, 或勉强而行之, 及其成功, 一也.)"라고 하였다.

로 말미암아 이르렀다고 말한 것은 그것으로 후세 사람들을 권면하여 향상하도록 한 것이다.

詳說

○ 叔子.

'정자왈(程子曰)'에서 '정자(程子)'는 동생 정이(程頤)이다.

○ 見「述而」.

'공자생이지자야(孔子生而知者也)'에서 '생이지자야(生而知者也)'는 『논어(論語)』「술이(述而)」에 보인다.[67]

○ 先抛'學'字.

'공자생이지자야(孔子生而知者也)'라고 한 것은 먼저 '학(學)'자를 내버린 것이다.

○ 志學之學.

'언역유학이지(言亦由學而至)'에서 '학(學)'자는 '학문에 뜻을 두었다[志于學]'라고 한 것의 '학(學 : 학문)'자이다.

○ 統言立以下, 其目在下.

'언역유학이지(言亦由學而至)'라고 한 것은 '서른 살에 자립했다[三十而立]'라는 구절 이하를 총괄하여 말한 것이니, 그 항목은 아래에 있다.

○ 言外意也.

'소이면진후인야(所以勉進後人也)'라고 한 것은 본문 말 밖의 뜻이다.

朱註

立, 能自立於斯道也; 不惑, 則無所疑矣; 知天命, 窮理盡性也; 耳順, 所聞皆通也; 從心所欲不踰矩, 則不勉而中矣."

입(立)은 스스로 이 도(道)에 서는 일이고, 불혹(不惑)은 의심하는 일이 없는 것이며, 지천명(知天命)은 리(理)를 궁구(窮究)하고 성(性)을 다 발휘하는 일이며, 이순(耳順)은 듣는 것을 모두 깨닫는 일이고, 마음으로 하려고 하는 것을 좇아도 법도를 넘지 않았다는 말은 힘써 노력하지 않아도 도(道)에 들어맞는 것이다."

---

67) '생이시자야(生而知者也)'는 『논어(論語)』「술이(述而)」에 보인다 : 『논어(論語)』「술이(述而)」에서 "공자가 말하였다. '나는 태어나면서 안 사람이 아니라, 옛것을 좋아하여 서둘러서 그것을 구하는 사람이다.'(子曰 : '我非生而知之者, 好古敏以求之者也.')"라고 하였다.

詳說

○ 大學之道也. 下四事皆不離於道, 故以此冠之.

'입, 능자립어사도야(立, 能自立於斯道也)'에서 '도(道)'자는 대학(大學)의 도(道)이다. 아래 네 가지 일들은 모두 도(道)를 떠나지 않기 때문에 이를 첫머리로 하였다.

○ 見『易』「說卦傳」.

'지천명, 궁리진성야(知天命, 窮理盡性也)'에서 '궁리진성(窮理盡性)'은 『역(易)』「설괘전(說卦傳)」에 보인다.68)

○ 朱子曰 : "物之所得爲性, 性之所具爲理."69)

'지천명, 궁리진성야(知天命, 窮理盡性也)'에 대해, 주자(朱子 : 朱熹)가 말하였다. "만물이 얻은 것이 성(性)이고, 성(性)이 갖춘 것이 리(理)이다."

○ '所具'猶言所從來.

앞의 주자의 말 가운데 '성지소구위리(性之所具爲理)'에서 '소구(所具 : 갖춘 것)'는 마치 '그것이 근거하는 바[所從來]'라고 말하는 것과 같다.

○ 歷論立以下.

'서른 살에 자립했다[三十而立]'라는 구절 이하를 두루 논의하였다.

朱註

又曰 : "孔子自言其進德之序如此者, 聖人未必然, 但爲學者立法, 使之盈科而後進, 成章而後達耳."

또 말하였다. "공자가 스스로 덕을 향상시키는 순서가 이와 같다고 말한 것은, 성인이 꼭 그렇게 한다는 뜻은 아니니, 단지 배우는 사람들을 위하여 법도를 세

68) '궁리진성(窮理盡性)'은 『역(易)』「설괘전(說卦傳)」에 보인다 : 『역(易)』「설괘(說卦)」 제1장에서 "음양에 변(變)하는 것을 보아 괘를 세우고, 강유(剛柔)에 발휘하여 효를 만들어 내니, 도덕에 순응하고 의(義)에 알맞게 하며, 이치를 궁구하고 성(性)을 다 발휘하여 명(命)에 이른다.(觀變於陰陽而立卦, 發揮於剛柔而生爻, 和順於道德而理於義, 窮理盡性以至於命.)"라고 하였다.

69) 『사서혹문(四書或問)』 권7 「논어혹문(論語或問)」에는 "物之所得是之謂性, 性之所具是之謂理. 其名雖殊, 其實則一而已. 故學至於不惑而又進焉, 則理無不窮, 性無不盡, 而有以知此矣.(만물이 얻은 것을 일러 성(性)이라 하고, 성이 갖춘 것을 일러 리(理)라고 한다. 그 명칭이 비록 다르지만 그 실질은 하나일 뿐이다. 그러므로 학문이 의혹이 없는 데 이르고 또 향상하면 리(理)에 궁구하지 않음이 없고 성(性)은 다 발휘하지 않음이 없어서 이것[天命]을 알게 된다.)"라고 되어 있다.

워서 그들에게 물이 흐를 때 웅덩이를 채운 뒤에 흘러가는 것처럼, 문장(文章)을 이룬 뒤에 도달하게 하신 것일 뿐이다."

詳說

○ 叔子.

'정자왈(程子曰)'에서 정자(程子)는 동생 정이(程頤)이다.

○ 變道言德者, 以其行道而得於心言也. '德'字尤親切.

'공자자언기진덕지서여차자(孔子自言其進德之序如此者)'라고 한 것에서, 도(道)를 변화시켜 덕을 말한 것은 그 도를 실행하여 마음에서 얻은 것으로 말한 것이다. '덕(德)'이라는 글자가 더욱 친밀하고 절실하다.

○ 與上'由學而至'之句意同.

'공자자언기진덕지서여차자(孔子自言其進德之序如此者)'라고 말한 것은 위 정이의 주석 가운데 '언역유학이지(言亦由學而至)'에서 '유학이지(由學而至)'라는 구절의 뜻과 같다.

○ 與上'生而知之'句意同.

'성인미필연(聖人未必然)'이라 말한 것은 위 정이의 주석 가운데 '공자생이지자야(孔子生而知者也)'에서 '생이지자(生而知者)'라는 구절의 뜻과 같다.

○ 去聲.

'단위학자입법(但爲學者立法)'에서 '위(爲)'자는 거성(去聲)이다.

○ 見『孟子』「離婁」及「盡心」.

'사지영과이후진, 성장이후달이(使之盈科而後進, 成章而後達耳)'이라는 구절은 『맹자(孟子)』「이루하(離婁下)」와 「진심상(盡心上)」에 보인다.[70]

○ '但'字以下與上'勉進後人'之句意同. 或稱'後人', 或稱'學者', 無別義耳.

'단위학자입법(但爲學者立法)'에서 '단(但)'자 이하는 위 정이의 주석 가운데 '소이면진후인야(所以勉進後人也)'에서 '면진후인(勉進後人)'이라는 구절의 뜻과 같다.

---

70) '사지영과이후진, 성장이후달이 …… 『맹자(孟子)』「이루(離婁)」와 「진심(盡心)」에 보인다 : 『맹자(孟子)』「이루하(離婁下)」에서 "서자(徐子)가 물었다. '중니(仲尼)께서 자주 물을 칭찬하면서 '물이여, 물이여!'라고 하였는데, 무엇 때문에 물에서 찾았습니까?'(徐子曰 : '仲尼亟稱於水曰, '水哉, 水哉!', 何取於水也?')"라고 하였다. 또 『맹자(孟子)』「진심상(盡心上)」에서 "흐르는 물은 웅덩이가 차지 않으면 흘러가지 않는다. 군자가 도(道)에 뜻을 두는 것에도 문장(文章)을 이루지 않으면 통달하지 못한다.(流水之爲物也, 不盈科不行, 君子之志於道也, 不成章不達.)"라고 하였다.

어떤 경우에는 '후세 사람'이라 일컬었고, 어떤 경우에는 '배우는 사람'이라 일컬었는데, 구별하는 의미는 없다.

朱註

胡氏曰:"聖人之教亦多術, 然其要使人不失其本心而已. 欲得此心者, 惟志乎聖人所示之學, 循其序而進焉. 至於一疵不存·萬理明盡之後, 則其日用之間, 本心瑩然, 隨所意欲, 莫非至理.

호씨(胡氏 : 胡寅)가 말하였다. "성인의 가르침도 또한 방법이 많지만, 그 요점은 사람들에게 그 본심(本心)을 잃지 않도록 하는 것일 뿐이다. 이 본심을 얻으려고 하는 사람은 오직 성인이 제시한 배움에 뜻을 두고 그 순서를 따라서 나아가야 할 뿐이다. 한 가지 흠도 남아 있지 않고 온갖 이치를 밝게 깨닫게 되면, 일상생활에서 본심이 환히 밝아져, 마음으로 하려는 것을 따라도 지극히 이치가 아닌 것이 없다.

詳說

○ 見『孟子』「告子」.

'성인지교역다술(聖人之教亦多術)'에서 '교역다술(教亦多術)'이라는 말은 『맹자(孟子)』「고자하(告子下)」에 보인다.71)

○ 取包者廣.

'성인지교역다술(聖人之教亦多術)'에서 '교역다술(教亦多術)'은 취해서 포괄하는 것이 넓다는 뜻이다.

○ 不曰'聖人之學'而曰'聖人之教'者, 蓋因程子說而又推之. 遂以言外意作正意, 使學者有以跂及耳.

'성인지교역다술(聖人之教亦多術)'에서 '성인의 학문[聖人之學]'이라 하지 않고 '성인의 가르침[聖人之教]'이라 한 것은 대개 정자(程子 : 程頤)의 말에 따라 또 미루어 간 것이다. 그리하여 마침내 말 밖의 뜻을 진정한 뜻으로 만들어 배우는 사람

71) '교역다술(教亦多術)'이라는 말은 『맹자(孟子)』「고자(告子)」에 보인다 : 『맹자(孟子)』「고자 하(告子下)」에서 "맹자가 말하였다. '가르침에는 또한 방법이 많으니, 내가 좋게 생각하지 않아서 거절함으로 가르치는 것은 이 또한 그를 가르치는 일일 뿐이다.'(孟子曰 : '教亦多術矣, 予不屑之教誨也者, 是亦教誨之而已矣.')"라고 하였다.

들에게 그것으로 발돋움하여 미치도록 하였다.

○ 先從'從心'之'心'字上說起.

'연기요사인부실기본심이이(然其要使人不失其本心而已)'라고 한 것은 먼저 '종심소욕(從心所欲)'의 '심(心)'자에서 말을 시작한 것이다.

○ 乃從'志學'上說下來. 蓋以末節之'心'字與前節之'志'字合而言之, 心體而志用也.

'욕득차심자, 유지호성인소시지학(欲得此心者, 惟志乎聖人所示之學)'은 곧 '학문에 뜻을 두었다'라는 뜻에서 말해 가는 것이다. 대개 끝 구절, 즉 '종심소욕(從心所欲)'의 '심(心)'자와 앞 구절 즉 '지우학(志于學)'의 '지(志)'자를 합쳐서 말했기 때문에, '심(心)'자는 본체이고, '지(志)'자는 작용이다.

○ 指中間四事.

'순기서이진언(循其序而進焉)'이라 한 것은 '지우학(志于學)'과 '종심소욕(從心所欲)' 사이의 네 가지 일, 즉 '립(立 : 자립)'과 '불혹(不惑)'과 '지천명(知天命)'과 '이순(耳順)'을 가리킨다.

○ '知命'·'耳順'之後.

'지어일자부존·만리명진지후(至於一疵不存·萬理明盡之後)'이라 한 것은 '지천명(知天命)'과 '이순(耳順)'의 뒤를 말한다.

○ 縈定反.

'본심영연(本心瑩然)'에서 '영(瑩)'은 '영(縈)'과 '정(定)'의 반절(反切)이다.

○ 從心不踰矩.

'수소의욕, 막비지리(隨所意欲, 莫非至理)'라고 한 것은 마음으로 하려는 것을 좇아도 법도를 넘지 않는다는 말이다.

○ 至此則不失本心又不足言矣.

'수소의욕, 막비지리(隨所意欲, 莫非至理)'라고 한 것에 이르면 본심(本心)을 잃지 않는 것은 말할 가치가 없다.

朱註

蓋心卽體, 欲卽用; 體卽道, 用卽義, 聲爲律而身爲度矣."

대개 심(心)은 곧 본체이고 욕(欲)은 곧 작용이며, 본체는 곧 도(道)이고 작용은 곧 의(義)이니, 소리를 내면 음률(音律)이 되고, 몸을 움직이면 법도가 되는 것이다."

詳說

○ 新安陳氏曰 : "渾淪之體, 隨事之用."[72]

'개심즉체, 욕즉용(蓋心卽體, 欲卽用)'에 대해, 신안 진씨(新安陳氏 : 陳櫟)가 말하였다. "도(道)는 혼륜(渾淪)한 본체이고, 의(義)는 일에 따라 적절함이 있는 작용이다."

○ '蓋'字以下又推明'心'·'欲'二字之義.

'개심즉체(蓋心卽體)'의 '개(蓋)'자 이하는 또 '심(心)'과 '욕(欲)'이라는 두 개의 글자의 뜻을 미루어 밝혔다.

○ 新安陳氏曰 : "以此形容'不踰矩.'"[73]

'성위율이신위도의(聲爲律而身爲度矣)'라고 한 것에 대해, 신안 진씨(新安陳氏 : 陳櫟)가 말하였다. "이것으로 '법도를 넘지 않았다'라는 말을 형용하였다."

○ '聲爲律, 身爲度', 出『史記』「夏紀」. 言禹之德非但聲合律·身中度而已, 引之以明聖人之心爲矩也, 自一疵不存. 以下是聖人事, 然學之之至, 亦可如聖人. 胡氏此說蓋專爲學聖者設耳.

'소리를 내면 음률(音律)이 되고, 몸을 움직이면 법도가 된다'라는 말은『사기(史記)』「하본기(夏本紀)」에 나온다.[74] 이는 우 임금의 덕이 단지 소리가 음률(音律)에 합치하고 몸의 움직임이 법도에 들어맞을 뿐 아니라, 그것을 인용하여 성인의 마음이 법도가 되어 저절로 한 가지 흠도 남아 있지 않다는 것을 말한다. 이 아래는 성인의 일이지만 성인이 되는 것을 배우는 일이 지극하면 또한 성인과 같아질 수 있다. 호씨(胡氏 : 胡寅)의 이 말은 대개 오로지 성인이 되는 것을 배우는

---

72) 호광 편(胡廣 編), 『논어집주대전(論語集註大全)』 권2에 진력(陳櫟)의 말로, "新安陳氏曰 : '道言渾淪之體, 義言隨事適宜之用.'(신안 진씨(新安陳氏 : 陳櫟)가 말하였다. '도(道)는 혼륜(渾淪)한 본체를 말하고, 의(義)는 일에 따라 적절함이 있는 작용을 말한다.')"라고 실려 있다.

73) 호광 편(胡廣 編), 『논어집주대전(論語集註大全)』 권2에 진력(陳櫟)의 말로, "聲卽天地中和之聲, 自然可以爲律; 身卽天地正大之體, 自然可以爲度, 以此形容不踰矩也.(소리는 곧 천지의 중화(中和)의 소리가 되어 저절로 그러하게 음률(音律)이 될 수 있고, 몸을 움직이면 곧 천지의 정대(正大)한 몸이 되어 저절로 그러하게 법도가 될 수 있으니, 이것으로 '법도를 넘지 않았다'라는 말을 형용하였다.)"라고 실려 있다.

74) '소리를 내면 음률(音律)이 되고, 몸을 움직이면 법도가 된다'라는 말은『사기(史記)』「하본기(夏本紀)」에 나온다 : 『사기(史記)』 권2 「하본기(夏本紀)」에 "우 임금의 사람됨은 민첩하고 부지런한데, 그 덕은 어긋나지 않고 그 인(仁)함은 친하게 할 만하며, 그 말은 믿을 만하였다. 소리를 내면 음률(音律)이 되고, 몸을 움직이면 법도가 되며, 표준이 거기에서 나왔다.(禹爲人敏給克勤, 其德不違, 其仁可親, 其言可信, 聲爲律, 身爲度, 稱以出.)"라고 하였다.

사람들을 위해 말했을 뿐이다.

朱註

又曰 : "聖人言此, 一以示學者當優遊涵泳, 不可躐等而進; 一以示學者當日就月將, 不可半途而廢也."

호씨(胡氏 : 胡寅)가 또 말하였다. "성인이 이를 말하여 한편으로는 배우는 사람들은 마땅히 침착하게 깊이 체인(體認)해야지 등급을 뛰어 넘어 나아가서는 안 된다는 것을 보여주었고, 또 한편으로는 배우는 사람들은 마땅히 나날이 나아가고 다달이 진전해야지 중도에 폐지해서는 안 된다는 것을 보여 주었다."

詳說

○ 此章.

'성인언차(聖人言此)'에서 '차(此)'자는 이 장(章)을 가리킨다.

○ 言不急之也.

'일이시학자당우유함영(一以示學者當優遊涵泳)'에서 '우유함영(優遊涵泳)'은 서두르지 않는다는 것을 말한다.

○ 慶源輔氏曰 : "亟者."[75]

'불가렵등이진(不可躐等而進)'에서 '렵등이진(躐等而進)'에 대해, 경원 보씨(慶源輔氏 : 輔廣)가 말하였다. "조급한 사람을 가리킨다."

○ 此段本程子下一說意.

'일이시학자당우유함영, 불가렵등이진(一以示學者當優遊涵泳, 不可躐等而進)'이라 한 단락은 정자(程子 : 程頤)의 뒤의 말 뜻[76]에 근본한다.

---

75) 호병문, 『사서통』「논어통」 권1에는 "亟者則躐等而進, 怠者則半途而止. 亟心亡, 則能優游涵泳, 逐級而進; 怠心亡, 則能日就月將, 不極不止.(조급한 사람은 등급을 뛰어 넘어 나아가고, 태만한 사람은 중도에 폐지한다. 조급한 마음이 없어지면 침착하게 깊이 체인(體認)할 수 있어서 등급을 좇아 나갈 수 있고, 태만한 마음이 없어지면 나날이 나아가고 다달이 전진할 수 있어 지극한 경지에 이르지 않으면 그치지 않는다.)"라고 되어 있다.

76) 정자(程子 : 程頤)의 뒤의 말 뜻 : 위의 정이의 주석 가운데 뒷부분 즉 "또 말하였다. '공자가 스스로 덕을 향상시키는 순서가 이와 같다고 말한 것은, 성인이 꼭 그렇게 한다는 뜻은 아니니, 단지 배우는 사람들을 위하여 법도를 세워서 그들에게 물이 흐를 때 웅덩이를 채운 뒤에 흘러가는 것처럼, 문장(文章)을 이룬 뒤에 도달하게 하신 것일 뿐이다.'(又曰 : '孔子自言其進德之序如此者, 聖人未必然, 但爲學者立法, 使之盈科而後進, 成章而後達耳.')"라는 말의 뜻을 가리킨다.

○ '一'作'二'.

'일이시학자당일취월장(一以示學者當日就月將)'에서 '일(一)'은 어떤 판본에는 '이(二)'자로 되어 있다.

○ 進也. 四字出『詩』「敬之」, 言不輟也.

'일이시학자당일취월장(一以示學者當日就月將)'에서 '일취월장(日就月將)'은 나아가는 일이다. 이 네 글자는 『시경(詩經)』「경지(敬之)」에 나오는데,[77] 그치지 않는다는 것을 말한다.

○ 見『中庸』.

'불가반도이폐야(不可半途而廢也)'에서 '반도이폐(半途而廢)'라는 구절은 『중용(中庸)』에 보인다.[78]

○ 慶源輔氏曰: "怠者."[79]

'불가반도이폐야(不可半途而廢也)'에서 '반도이폐(半途而廢)'에 대해, 경원 보씨(慶源輔氏: 輔廣)가 말하였다. "태만한 사람을 가리킨다."

○ 此段本程子上一說意.

'일이시학자당일취월장, 불가반도이폐야(一以示學者當日就月將, 不可半途而廢也)' 한 단락은 정자(程子: 程頤)의 앞의 말 뜻[80]에 근본한다.

---

77) 이 네 글자는 『시경(詩經)』「경지(敬之)」에 나오는데: 『시경(詩經)』·「주송(周頌)·경지(敬之)」에서 "나 소자(小子)가 총명하지 못하여 공경하지 못하지만, 나날로 나아가고 다달이 진전하여 배움에 이어 밝혀서 광명함에 이르려 하니, 내가 지고 있는 짐을 도와주어 나에게 두드러진 덕행을 보여주도록 하라.(小子, 不聰敬止; 日就月將, 學有緝熙于光明; 佛時仔肩, 示我顯德行.)"라고 하였다.

78) '반도이폐(半途而廢)'라는 구절은 『중용(中庸)』에 보인다: 『중용장구(中庸章句)』 제11장에서 "군자가 도(道)를 따라 실행하다가 중도에 폐지하는데, 나는 그만둘 수 없다.(君子遵道而行, 半塗而廢, 吾弗能已矣.)"라고 하였다.

79) 호병문, 『사서통』「논어통」 권1에는 "亟者則躐等而進, 怠者則半途而止. 亟心亡, 則能優游涵泳, 逐級而進; 怠心亡, 則能日就月將, 不極不止.(조급한 사람은 등급을 뛰어 넘어 나아가고, 태만한 사람은 중도에 폐지한다. 조급한 마음이 없어지면 침착하게 깊이 체인(體認)할 수 있어서 등급을 좇아 나갈 수 있고, 태만한 마음이 없어지면 나날이 나아가고 다달이 전진할 수 있어서 지극한 경지에 이르지 않으면 그치지 않는다.)"라고 되어 있다.

80) 정자(程子: 程頤)의 앞의 말 뜻: 위의 정이의 주석 가운데 뒷부분 즉 "정자(程子: 程頤)가 말하였다. '공자는 태어나면서 안 사람이다. 그런데도 학문으로 말미암아 이르렀다고 말한 것은 그것으로 후세 사람들을 권면하여 향상하도록 한 것이다. 입(立)은 스스로 이 도(道)에 서는 일이고, 불혹(不惑)은 의심하는 일이 없는 것이며, 지천명(知天命)은 이(理)를 궁구(窮究)하고 성

朱註

愚謂：聖人生知安行，固無積累之漸，然其心未嘗自謂已至此也。是其日用之間，必有獨覺其進而人不及知者。

내가 생각하건대, 성인은 나면서부터 알고 편안히 실행하니, 본디 점차적으로 누적하는 것이 없지만, 그 마음은 스스로 이미 이러한 경지에 이르렀다고 여긴 적이 없다. 이는 일상 생활하는 사이에 반드시 홀로 그 나아감을 깨달았겠지만, 다른 사람은 미처 알지 못하는 사안이 있었을 것이다.

詳說

○ 上聲.

'고무적루지점(固無積累之漸)'에서 '루(累)'자는 상성(上聲)이다.

○ 先抛本文但下'固'字，以輕說之．此下卽下'然'字，以反其說．

'고무적루지점(固無積累之漸)'이라 한 것은 먼저 본문을 버렸지만 '고(固 : 본디)'자를 쓴 것은 가볍게 말한 것이다. 그 아래에 곧 '연기심미상자위이지차야(然其心未嘗自謂已至此也)'에서 '연(然 : 그러나)'자를 써서 그 말을 뒤집었다.

○ 旣至於聖.

'연기심미상자위이지차야(然其心未嘗自謂已至此也)'에서 '이지차야(已至此也)'라는 말은 이미 성인의 경지에 이르렀다는 것이다.

○ 朱子曰："自覺有生熟之分."81)

'필유독각기진이인불급지자(必有獨覺其進而人不及知者)'에서 '독각기진(獨覺其進)'

(性)을 다 발휘하는 일이며, 이순(耳順)은 듣는 것을 모두 깨닫는 일이고, 마음으로 하려고 하는 것을 좇아도 법도를 넘지 않았다는 말은 힘써 노력하지 않아도 도(道)에 들어맞는 것이다.'(程子曰：'孔子生而知者也．言亦由學而至，所以勉進後人也．立，能自立於斯道也；不惑，則無所疑矣；知天命，窮理盡性也；耳順，所聞皆通也；從心所欲不踰矩，則不勉而中矣.')"라는 말의 뜻을 가리킨다.

81) 『주자어류(朱子語類)』 권23, 「논어5(論語五)」, 103조목에는 "問：''七十從心'一節，畢竟是如何?' 曰：'聖人生知，理固已明，亦必待十五而志于學．但此處亦非全如是，亦非全無實，但須自覺有生熟之分.'(물었다. ''일흔 살에 마음으로 하려는 것을 좇아도 법도를 넘지 않았다'라는 구절은 결국은 어떠한 경지입니까?' 주자(朱子 : 朱熹)가 대답하였다. '성인은 나면서부터 알아서 이치에 대해 이미 밝지만, 또한 반드시 열다섯 살에 학문에 뜻을 두는 것을 필요로 하였다. 그러나 이는 또한 완전히 이와 같다는 것도 아니고 또한 완전히 실제로 그런 일이 없었다는 것도 아니니, 모름지기 익숙한지 그렇지 못했는지의 구분이 있다는 것을 스스로 깨달았을 뿐이다.')"라고 되어 있다.

에 대해, 주자(朱子 : 朱熹)가 말하였다. "익숙한지 그렇지 못했는지의 구분이 있음을 스스로 깨달았다는 것이다."

○ 雲峰胡氏曰 : "十年一進, 聖人之心聖人自知之."[82)]

'필유독각기진이인불급지자(必有獨覺其進而人不及知者)'에 대해, 운봉 호씨(雲峯胡氏 : 胡炳文)가 말하였다. "10년에 한 번 향상한 것은 성인의 마음을 성인이 스스로 안 것이다."

○ 此四句當深味之, 可謂善形容得出聖人心事. 此乃朱先生平日所嘗自驗者, 故言之親切而有味如此云.

위의 주자의 말은 마땅히 깊이 음미해야 하니, 성인의 생각을 잘 형용해 냈다고 할 수 있다. 이는 곧 주 선생(朱先生 : 朱熹)이 평상시 스스로 증험한 사안이기 때문에 그 말이 이와 같이 절실하고 정취가 있다고 할 만하다.

朱註

故因其近似以自名, 欲學者以是爲則而自勉, 非心實自聖而姑爲是退託也. 後凡言謙辭之屬, 意皆放此.

그러므로 그 비슷한 것을 따라 스스로 이름 붙여, 배우는 사람들이 이것으로 법칙을 삼아 스스로 힘써 노력하도록 바란 것이니, 마음속으로 실제 스스로 성인이라 생각하면서 잠시 이런 겸양하는 말을 한 것이 아니다. 뒤의 모든 겸양하는 말투들은 그 뜻이 모두 이와 같다.

詳說

○ 其獨覺之妙, 言不能盡, 故云'近似'.

'고인기근사이자명(故因其近似以自名)'에서 '근사(近似)'라고 한 것은, 그 홀로 깨달은 오묘함은 말로는 다 표현할 수 없기 때문에 '근사(近似)'라고 말하였다.

---

82) 호병문, 『사서통』「논어통」 권1에는 "十年一進, 聖人之心聖人自知之. 故即其近似, 以語學者, 欲學者皆心夫聖人之心也. 忘者不用其心, 如何到聖處; 助者亟用其心, 亦如何便到聖處?(10년에 한 번 향상한 것은 성인의 마음을 성인이 스스로 안 것이다. 그러므로 10년에 한 번이라는 것과 근사한 것으로 배우는 사람들에게 일러주어 배우는 사람들이 모두 저 성인의 마음을 마음먹기를 바란 것이다. 그런데 그것을 잊은 사람은 그 마음을 쓰지 않으니 어떻게 성인의 경지에 이를 수 있겠으며, 조장하는 사람은 조급하게 그 마음을 쓰니 또한 어떻게 곧바로 성인의 경지에 이를 수 있겠는가?)"라고 되어 있다.

○ 新安陳氏曰 : "'立'·'不惑'等名."83)

'고인기근사이자명(故因其近似以自名)'에서 '명(名)'에 대해, 신안 진씨(新安陳氏 : 陳櫟)가 말하였다. "'명(名)'은 '삼십이립(三十而立)'의 '립(立)'과 '사십이불혹(四十而不惑)'의 '불혹(不惑)' 등과 같은 명칭이다."

○ '然'字以下至此, 此章之正意.

'연기심미상자위이지차야(然其心未嘗自謂已至此也)'에서 '연(然)'자 아래에서 여기까지 즉 '고인기근사이자명(故因其近似以自名)'까지가 이 장(章)의 진정한 뜻이다.

○ 言外意.

'욕학자이시위즉이자면(欲學者以是爲則而自勉)'이라 한 것은 말 밖의 뜻이다.

○ 勉齋黃氏曰 : "苟惟謂聖人謙辭以勉人, 則皆架空之虛辭耳."84)

'욕학자이시위즉이자면, 비심실자성이고위시퇴탁야(欲學者以是爲則而自勉, 非心實自聖而姑爲是退託也)'에 대해, 면재 황씨(勉齋黃氏 : 黃榦)가 말하였다. "만약 오직 성인이 겸양하는 말로, 사람들을 권면했다고 말하면 이는 모두 허공에 걸려 있는 맹랑한 말일 뿐이다."

○ 又申'其心未嘗自謂已至此'一句之意.

'욕학자이시위즉이자면, 비심실자성이고위시퇴탁야(欲學者以是爲則而自勉, 非心實自聖而姑爲是退託也)'라고 한 것은 또 그 마음은 스스로 이미 이러한 경지에 이르렀다고 여긴 적이 없다라는 구절의 뜻을 거듭 밝힌 것이다.

○ 上聲.

'의개방차(意皆放此)'에서 '방(放)'자는 상성(上聲)이다.

○ 指心實自聖二句也. 又明凡『語』中夫子自道處皆非心實自聖姑爲退託也, 必有所近似耳.

---

83) 호광 편(胡廣 編), 『논어집주대전(論語集註大全)』 권2에 진력(陳櫟)의 말로, "自爲'立'與'不惑'等名.(스스로 '삼십이립(三十而立)'의 '립(立)'과 '사십이불혹(四十而不惑)'의 '불혹(不惑)' 등과 같은 명칭을 붙였다.)"라고 실려 있다.

84) 조순손(趙順孫), 『논어찬소(論語纂疏)』 권1에는 황간(黃榦)의 말로, "說者以爲聖人立法謙辭以勉人, 則聖人皆是架空虛誕之辭, 豈聖人正大之心哉? 故『集註』雖以勉人爲辭, 而又以獨覺其進爲說, 亦可見矣.(주장하는 사람이 성인이 법칙을 세워 겸양하는 말로 사람들을 권면했다고 여긴다면 성인의 말은 모두 허공에 걸려 있는 황당무계한 말이니 어찌 성인의 바르고 당당한 마음이겠는가? 그러므로 『논어집주(論語集註)』에서는 비록 사람들을 권면하는 것을 겸양하는 말로 여겼지만, 또 홀로 그 나아감을 깨달은 것으로 주장했음을 또한 알 수 있다.)"라고 실려 있다.

‘의개방차(意皆放此)’에서 ‘차(此)’자는 ‘비심실자성이고위시퇴탁야(非心實自聖而姑爲是退託也)’라는 구절을 가리킨다. 이는 또 무릇『논어(論語)』가운데 공자가 스스로 말한 곳은 모두 마음속으로 실제로 스스로 성인이라 생각하면서 잠시 이런 겸양하는 말을 한 것이 아니라, 반드시 비슷한 점이 있다는 것을 밝혔을 뿐이다.

[2-5-1]

孟懿子問孝. 子曰 : "無違."
맹의자(孟懿子)가 효(孝)에 대해 물었다. 공자가 대답하였다. "어김이 없는 것이다."

朱註

孟懿子, 魯大夫, 仲孫氏, 名何忌.
맹의자(孟懿子)는 노(魯)나라 대부로서, 성은 중손(仲孫)이고 이름은 하기(何忌)이다.

詳說

○ 句.
'노대부(魯大夫)'에서 구절이 끊어진다.

○ 『左傳』曰 : "僖子之子學禮於孔子."[85]
'맹의자(孟懿子)'에 대해, 『춘추좌전(春秋左傳)』에서 말하였다. "희자(僖子)의 아들로서 공자에게 예(禮)를 배웠다."

○ 齋氏曰 : "僖子沒已久, 而懿子猶問孝, 可謂賢矣."[86]
'맹의자(孟懿子)'에 대해, 재씨(齋氏 : 齊夢龍[87])가 말하였다. "희자(僖子)가 죽은 것이 이미 오래되었는데, 의자(懿子)는 여전히 효에 대해 물었으니, 현명한 사람이라 할 수 있다."

○ 懿子雖亦最初學於夫子, 然其學不及其兄南容, 故不列於七十子云.
맹의자(孟懿子)는 비록 맨 처음에는 공자에게 배웠지만 그 학문이 그의 형인 남용

---

85) 『춘추좌전(春秋左傳)』 소공(昭公) 8년 조목에, 맹희자(孟僖子)가 임종 전에 "我若獲沒, 必屬說與·何忌於夫子, 使事之, 而學禮焉, 以定其位.(내가 만약 죽으면 반드시 설여(說與)와 하기(何忌 : 孟懿子)를 공자를 위촉하여 그를 섬기도록 하고 그에게 예(禮)를 배워서 그 지위를 정립하도록 하라.)"라고 말했다고 한다. 또 "孟懿子與南宮敬叔師事仲尼.(맹의자와 남궁경숙(南宮敬叔)이 공자를 스승으로 섬겼다.)"라고 되어 있다.

86) 호병문, 『사서통』「논어통」 권1에는 "僖子歿且三十六年, 而懿子猶問孝, 可謂賢矣.(희자(僖子)가 죽은 지 36년이 되었는데 의자(懿子)는 여전히 효에 대해 물었으니, 현명한 사람이라 할 수 있다.)"라고 되어 있다.

87) 제몽룡(齊夢龍, 생몰년 미상) : 자는 각옹(覺翁)이고 호는 절초(節初)이며, 원(元)나라 때 파양(鄱陽 : 현 강소성 파양현) 사람이다. 주희의 4전(傳) 제자로서 『역(易)』과 『효경(孝經)』 등에 관련 저술이 있었다고 한다.

(南容)에게 미치지 못했기 때문에, 공자의 제자 70명에 들어가지 못했다고 한다.

○ 父已沒而問孝, 是汎問也. 問旣汎, 則答亦當汎, 故此章程子一以告衆人斷之.

아버지가 이미 죽었는데 효에 대해서 묻는 것은 일반적인 질문이다. 질문이 이미 일반적이면 대답 또한 마땅히 일반적이어야 하기 때문에, 이 장(章)에 대해 정자(程子 : 程頤)도 마찬가지로 많은 사람들에게 말해준 것이라 단정하였다.[88]

朱註

無違, 謂不背於理.

'어김이 없는 것이다'라는 뜻은 도리에 위배되지 않음을 말한다.

詳說

○ 音佩.

'위불배어리(謂不背於理)'에서 '배(背)'자는 음이 패(佩)이다.

○ 朱子曰 : "'無違', 通上下而言. 蓋有苟且以事親而違禮, 有以僭事親而違禮."[89]

---

88) 이 장(章)에 대해 정자(程子 : 程頤)도 마찬가지로 많은 사람들에게 말해준 것이라 단정하였다 : 정호 · 정이(程顥 · 程頤), 『하남정씨유서』(河南程氏遺書)』 권9에서 "맹의자가 효에 대해 물은 사안에 대답한 것은 많은 사람들에게 말해준 것이다. 맹무백에게 대답한 것은 맹무백이 우려할 만한 일이 많기 때문이다. 자유(子游)는 봉양은 잘하지만 간혹 공경함을 잃기도 하고, 자하(子夏)는 정의를 곧게 실행하는 것은 잘 하지만 간혹 온순한 기색이 적었으니, 각각 그 사람의 자질의 높고 낮은 정도와 잘못하는 것에 따라서 그들을 가르쳤다.(對孟懿子問孝, 告衆人者也. 對孟武伯者, 以武伯多可憂之事也. 子游能養, 而或失於敬 ; 子夏能直義, 而或少溫潤之色 ; 各因其人材高下與所失而教之也.)"라고 하였다.

89) 『주자어류(朱子語類)』 권23, 「논어5(論語五)」, 114조목에는 "子曰'無違', 此亦通上下而言. 三家僭禮, 自犯違了. 不當爲而爲, 固爲不孝; 若當爲而不爲, 亦不孝也. 詳味'無違'一語, 一齊都包在裹. 『集注』所謂'語意渾然者, 所以爲聖人之言.'(공자가 '어김이 없다'라고 말했는데, 이는 또한 위아래로 관통하여 말한 것이다. 삼가(三家 : 노(魯)나라의 대부(大夫) 맹손씨(孟孫氏)와 숙손씨(叔孫氏)와 계손씨(季孫氏)를 가리킨다)에서 예(禮)를 참람하게 어긴 것은 본래 법도를 위반한 것이다. 마땅히 하지 말아야 할 일을 하는 것은 본디 불효이고, 이같이 마땅히 해야 할 일인데도 하지 않는 것 또한 불효이다. '어김이 없는 것이다'라는 말을 상세하게 음미해보면, 모든 것이 그 안에 포괄된다. 이는 『논어집주(論語集註)』에서 이른바 '말의 뜻이 혼연한 것은 이 때문에 성인의 말이 된다.'라는 것이다.)"라고 하였으며, 또 113조목에는 "問'無違.' 曰 : '未見得聖人之意在. 且說不以禮蓋亦多端, 有苟且以事親而違禮, 有以僭事親而違禮. 自有箇道理, 不可違越. 聖人雖所以告懿子者意在三家僭禮, 然語意渾全, 又若不專爲三家發也.'('어김이 없는 것이다'라는 구절에 대해 물었다. 주자(朱子 : 朱熹)가 대답하였다. '성인의 뜻이 있는 곳을 아직 알지

이 구절에 대해 주자(朱子 : 朱熹)가 말하였다. "'어김이 없는 것이다'는 구절은 위아래로 관통하여 말한 것이다. 대개 구차하게 부모를 섬겨 예(禮)를 어기는 경우도 있고, 부모를 참람하게 섬기다가 예를 어기는 경우도 있다."

○ '理'字已含'禮'字.

'위불배어리(謂不背於理)'에서 '리(理)'자는 이미 '예(禮)'자를 함유하고 있다.

○ 訓兼釋.

훈고에 경문의 풀이를 겸하였다.

[2-5-2]

樊遲御, 子告之曰 : "孟孫問孝於我, 我對曰'無違'."

번지(樊遲)가 수레를 몰고 있었는데, 공자가 말하였다. "맹손씨(孟孫氏)가 나에게 효(孝)에 대해 묻기에, 나는 '어김이 없는 것이다'라고 대답하였다."

朱註

樊遲, 孔子弟子, 名須. 御, 爲孔子御車也. 孟孫卽仲孫也.

번지(樊遲)는 공자의 제자로서 이름은 수(須)이다. 어(御)는 공자를 위하여 수레를 모는 것이다. 맹손(孟孫)은 곧 중손(仲孫)이다.

詳說

○『家語』曰 : "魯人."90)

'번지, 공자제자, 명수(樊遲, 孔子弟子, 名須)'에 대해,『공자가어(孔子家語)』에서

못하였다. 또 예(禮)로 하지 않으면 대개 또한 많은 문제가 발생하니, 예컨대 구차하게 부모를 섬겨 예를 어기는 경우도 있고, 부모를 참람하게 섬기다가 예를 어기는 경우도 있다. 본래 이 도리가 있으니 어겨서는 안 된다. 성인이 비록 맹의자에게 말해준 것이 그 뜻은 삼가(三家)가 예(禮)를 참람하게 어긴 것에 있지만, 말뜻이 혼연히 온전하니 또한 마치 삼가(三家)만을 위해서 말한 것 같지는 않다.)"라고 하였다.

90)『공자가어(孔子家語)』「칠십이제자해(七十二弟子解)」 제38에는 "樊須, 魯人, 字子遲. 少孔子四十六歲, 弱仕於季氏.(번수(樊須)는 노(魯)나라 사람으로 자는 자지(子遲)이다. 공자보다 46세 적은데, 약관에 계씨에게 벼슬하였다.)"라고 되어 있다.

말하였다. "노(魯)나라 사람이다."

○ 『史記』「仲尼弟子傳」曰 : "少孔子三十六歲."[91)]

'번지, 공자제자, 명수(樊遲, 孔子弟子, 名須)'에 대해, 『사기(史記)』「중니제자열전(仲尼弟子列傳)」에서 말하였다. "공자보다 36세 적다."

○ 去聲.

'위공자어거야(爲孔子御車也)'에서 '위(爲)'자는 거성(去聲)이다.

○ 杜氏預曰 : "仲慶父弑君, 故改爲'孟'."[92)]

'맹손즉중손야(孟孫卽仲孫也)'에 대해, 두예(杜預)[93)]가 말하였다. "중경보(仲慶父)[94)]가 군주를 시해했기 때문에 '맹(孟)'이라 고쳤다."

○ 訓畢.

훈고가 끝났다.

---

91) 『사기(史記)』 권67 「중니제자열전(仲尼弟子列傳)」에는 "樊須, 字子遲. 少孔子三十六歲.(번수(樊須)는 자가 자지(子遲)이다. 공자보다 36세 적다.)"라고 되어 있다.

92) 호병문, 『사서통』「논어통」 권1에는 "杜預作『公子譜』云, '仲慶父弑君, 故改爲'孟'.'(두예는 『공자보(公子譜)』를 지어 다음과 같이 말하였다. '중경보(仲慶父)가 군주를 시해했기 때문에 '맹(孟)'이라 고쳤다.')"라고 되어 있다.

93) 두예(杜預, 222~284) : 자는 원개(元凱)이며, 경조두릉(京兆杜陵 : 현 섬서성 장안현(長安縣)) 사람이다. 중국 진(晉)나라 때의 학자·정치가이며 벼슬은 하남윤(河南尹), 진주자사(秦州刺史), 진남대장군(鎭南大將軍) 등을 역임하였다. 유일하게 삼국 시대의 명맥을 유지하고 있던 오(吳)나라를 공격하여 평정(280년)하였으며 뛰어난 군사전략가로서 실력을 발휘하였다. 만년에는 학문과 저술에 힘을 기울였다. 저서에 『춘추좌씨경전집해(春秋左氏經傳集解)』, 『춘추석례(春秋釋例)』 등이 있는데, 특히 『춘추좌씨경전집해』는 종래 별개의 책으로 되었던 『춘추(春秋)』의 경문(經文)과 『좌씨전(左氏傳)』을 한 권의 책으로 정리하여, 경문에 대응하도록 『좌씨전』의 문장을 분류하여 춘추의례설(春秋義例說)을 확립하고, 춘추학으로의 좌씨학을 집대성하였다. 또한 훈고에서도 선대 유학자들의 학설의 좋은 점을 모아 『좌씨전』을 춘추학의 정통적 지위로 올려놓았다. 이 저서는 현재에도 가장 기본적인 주석으로 꼽힌다.

94) 중경보(仲慶父, ?~B.C.660) : 희(姬) 성(姓)이고 시호가 공(共)이다. 공중(共仲) 또는 경보(慶父)라고도 불린다. 춘추 시대 노(魯)나라 환공(桓公)의 아들로서 이후 노나라 삼환(三桓) 중의 하나인 맹손씨(孟孫氏)의 시조이다. 이복형인 장공(莊公)이 죽자 제후의 자리를 노리고 장공의 아들인 민공(閔公)을 시해하였으나, 민공의 외삼촌인 제(齊) 환공(桓公)에 의해 궁지에 몰리다가 자살하였다.

朱註

夫子以懿子未達而不能問, 恐其失指, 而以從親之命爲孝. 故語樊遲以發之.
공자는 맹의자(孟懿子)가 이해하지 못하면서도 묻지 않았기 때문에, 그가 '어김이 없는 것이다'라는 말의 취지를 잃고 부모의 명령을 따르는 것을 효(孝)로 여길까 염려하였다. 그러므로 번지(樊遲)에게 말하여 그 취지를 드러내었다.

詳說

○ 未達, '無違'二字之義也. 使其達, 則必有如曾子之'唯!'矣.
'부자이의자미달이불능문(夫子以懿子未達而不能問)'에서 '미달(未達)'은 '어김이 없는 것이다'라는 말의 의미를 이해하지 못했다는 뜻이다. 가령 그가 이해했다면 반드시 증자(曾子)가 '예!'라고 대답한 것[95]과 같은 말이 있었을 것이다.

○ 未達且不能問.
'부자이의자미달이불능문(夫子以懿子未達而不能問)'에서 '이불능문(而不能問)'은 이해하지 못하면서도 또 묻지 않았다는 것이다.

○ 新安陳氏曰 : "以從親之命爲'無違', 則失其本指."[96]
'공기실지, 이이종친지영위효(恐其失指, 而以從親之命爲孝)'라는 구절에 대해, 신안진씨(新安陳氏 : 陳櫟)가 말하였다. "부모의 명령을 따르는 것을 '어김이 없는 것이다'라고 여기면 그 본래의 취지를 잃는다."

○ 先推明夫子所不言之微意.
'공기실지, 이이종친지영위효(恐其失指, 而以從親之命爲孝)'라는 구절은 먼저 공자가 말하지 않은 은미한 뜻을 미루어 밝힌 것이다.

○ 去聲.
'고어번지이발지(故語樊遲以發之)'에서 '어(語)'자는 거성(去聲)이다.

○ 新安陳氏曰 : "冀懿子得聞之."[97]

---

95) 증자(曾子)가 '예!'라고 대답한 것 : 『논어(論語)』「이인(里仁)」에서 "공자가 말하였다. '삼(參)아! 나의 도(道)는 하나의 이치로 모든 것을 꿰뚫었다.' 증자가 대답하였다. '예!'(子曰 : '參乎! 吾道, 一以貫之.' 曾子曰 : '唯!')"라고 하였다.

96) 호광 편(胡廣 編), 『논어집주대전(論語集註大全)』 권2에 진력(陳櫟)의 말로, "恐其以從親之命爲'無違', 則失其本指.(그가 부모의 명령을 따르는 것을 '어김이 없는 것이다'라고 여기면, 그 본래의 취지를 잃게 될까 염려한 것이다.)"라고 실려 있다.

97) 호광 편(胡廣 編), 『논어집주대전(論語集註大全)』 권2.

‘고어번지이발지(故語樊遲以發之)’라는 구절에 대해, 신안 진씨(新安陳氏 : 陳櫟)가 말하였다. “이 말은 맹의자가 그것을 알아듣기를 바란 것이다.”

○ 釋兼論.

경문의 풀이에 의미 설명을 겸하였다.

[2-5-3]

樊遲曰 : “何謂也?” 子曰 : “生, 事之以禮; 死, 葬之以禮, 祭之以禮.”

번지(樊遲)가 물었다. “무엇을 말하는 것입니까?” 공자가 대답하였다. “살아 계실 때는 예(禮)로 섬기고, 돌아가시면 예로 장사 지내고, 예로 제사 지내는 것이다.”

詳說

○ ‘死’字蒙至‘祭之以禮’.

‘사, 장지이례(死, 葬之以禮)’에서 ‘사(死)’자는 ‘제지이례(祭之以禮)’까지 이어진다.

朱註

生事葬祭, 事親之始終具矣. 禮, 卽理之節文也. 人之事親, 自始至終, 一於禮而不苟, 其尊親也至矣.

살아 계실 때 섬기고 돌아가시면 장사 지내고 제사 지내는 것은, 부모를 섬기는 처음과 끝이 갖추어진 것이다. 예(禮)는 곧 이치의 절문(節文 : 꾸밈을 절도에 맞게 함)이다. 사람이 부모를 섬김에 처음부터 끝까지 예에 한결같고 구차하지 않아야 부모를 높임이 지극한 것이다.

詳說

○ 慶源輔氏曰 : “指‘不背於理’之‘理’字.”[98]

---

98) 호병문, 『사서통』「논어통」 권1에는 “此‘理’字, 卽指前‘不背於理’之‘理’字言也. 禮是先王據事物之理, 品節之以成文者.(이 ‘리(理)’자는 곧 앞의 ‘불배어리(不背於理)’라고 할 때의 ‘리(理)’자를

'예, 즉리지절문야(禮, 卽理之節文也)'에서 '리(理)'자에 대해, 경원 보씨(慶源輔氏 : 輔廣)가 말하였다. "앞의 주자 주석 '무위, 위불배어리(無違, 謂不背於理)'에서 '불배어리(不背於理)'라고 할 때의 '리(理)'자를 가리킨다."

○ 以'卽'字而知其然也.

'예, 즉리지절문야(禮, 卽理之節文也)'에서 '즉(卽)'자는 그것이 그러하다는 것을 알 수 있다는 말이다.

○ 訓畢.

'예, 즉리지절문야(禮, 卽理之節文也)'에서 훈고가 끝났다.

○ '禮'字, 此章之綱領.

'예(禮)'자가 이 장(章)의 강령이다.

○ 汎就衆人而言, 此正意也. 蓋以救一世之苟, 有急於救三家之僭故耳.

'인지사친(人之事親)'이라 한 것은 널리 많은 사람들 입장에서 말한 것이니 이것이 진정한 뜻이다. 이는 대개 한 세대의 구차함을 구제하는 것으로 삼가(三家)의 참람함을 구제하는 데 급했기 때문이다.

○ '苟', 指得爲而不爲也. 衆人多失於苟簡, 故特著'不苟'字.

'일어예이불구(一於禮而不苟)'에서 '구(苟)'자는 할 수 있는 데도 하지 않는 것이다. 사람들이 대부분 구차하고 간단하게 하는 데서 실수하기 때문에 다만 '구차하지 않음'이라는 글자를 드러냈다.

○ 正意釋畢.

'일어예이불구(一於禮而不苟)'에서 진정한 뜻에 대한 풀이가 끝났다.

○ 『孟子』「萬章」曰 : "孝子莫大乎尊親."[99]

'기존친야지의(其尊親也至矣)'에 대해, 『맹자(孟子)』「만장상(萬章上)」에서 말하였다. "효자는 부모를 높이는 것보다 더 큰 것이 없다."

○ 至此乃釋'孝'字. 蓋答人問孝, 當曰'如此則孝'矣. 本文之末雖無此語, 已有其意. 故『集註』以此六字補其言外未足之語.

가리켜 말한 것이다. 예(禮)는 선왕이 사물의 이치에 의거하여 품절(品節 : 등급에 따라 조절함)해서 문채를 이룬 것이다.)"라고 되어 있다.

99) 『맹자(孟子)』「만장상(萬章上)」에서 "孝子之至, 莫大乎尊親; 尊親之至, 莫大乎以天下養.(효자의 지극함은 부모를 높이는 것보다 더 큰 것이 없고, 부모를 높이는 것의 지극함은 천하로 봉양하는 것보다 더 큰 것이 없다.)"라고 하였다.

'기존친야지의(其尊親也至矣)'라고 한 것에 이르러 곧 '효(孝)'자를 풀이하였다. 효에 대해 물은 사람에게 대답할 때는 마땅히 '이와 같이 하면 효이다'라고 말해야 한다. 본문의 끝에 비록 이러한 말이 없지만 이미 그러한 뜻이 있었다. 그러므로 『논어집주(論語集註)』에서는 이 여섯 글자로 그 말 밖의 부족한 내용을 보충하였다.

朱註

是時三家僭禮, 故夫子以是警之. 然語意渾然, 又若不專爲三家發者, 所以爲聖人之言也.

이때 삼가(三家)들이 예(禮)를 참람했기 때문에 공자는 이를 가지고 경계한 것이다. 그러나 말의 뜻이 혼연하고, 또 오로지 삼가만을 위하여 말하지는 않은 것 같으니, 이 때문에 성인의 말이 되는 것이다.

詳說

○ **又專就三家而言, 此餘意也. 三家失於僭踰, 故特著'僭'字.**

'시시삼가참례(是時三家僭禮)'라고 한 것은 또 오로지 삼가(三家)에서만 말한 것이니 이는 나머지 뜻이다. 삼가가 참람하게 행동하는 실수를 저질렀기 때문에 특별히 '참(僭)'자를 드러내었다.

○ **指'生事'以下.**

'고부자이시경지(故夫子以是警之)'에서 '시(是)'자는 본문 '생, 사지이례(生, 事之以禮)' 아래를 가리킨다.

○ **餘意說畢.**

'고부자이시경지(故夫子以是警之)'라고 하여 나머지 뜻에 대한 설명이 끝났다.

○ **上聲.**

'연어의혼연(然語意渾然)'에서 '혼(渾)'자는 상성(上聲)이다.

○ **新安陳氏曰 : "含蓄深意."**[100]

'연어의혼연(然語意渾然)'라는 구절에 대해, 신안 진씨(新安陳氏 : 陳櫟)가 말하였

---

100) 호광 편(胡廣 編), 『논어집주대전(論語集註大全)』 권2에 진력(陳櫟)의 말로, "孔子此言, 雖若告衆人, 實警孟孫; 雖警孟孫, 仍可用於衆人. 含蓄深切, 所以爲聖人之言也.(공자의 이 말은 비록 많은 사람들에게 알려주는 것 같지만 실은 맹손씨에게 경계를 준 것이고, 비록 맹손씨에게 경계를 준 것 같지만 여전히 많은 사람들에게 적용될 수 있다. 함축한 의미가 매우 절실하기 때문에 성인의 말이 된 것이다.)"라고 실려 있다.

다. "깊은 뜻을 함축하고 있다."

○ 去聲.

'우약부전위삼가발자(又若不專爲三家發者)'에서 '위(爲)'자는 거성(去聲)이다.

○ 又合餘意·正意而嘆美其語意. 但餘意爲主, 正意反爲客, 此則以方承三家僭禮之下而言故也.

'우약부전위삼가발자, 소이위성인지언야(又若不專爲三家發者, 所以爲聖人之言也)'는 또 나머지 뜻과 진정한 뜻에 합치되어 그 말뜻을 찬미한 것이다. 그러나 나머지 뜻이 주인이 되고 진정한 뜻이 도리어 손님이 되니, 이는 막 삼가(三家)가 예(禮)를 참람하게 한 것 아래를 이어서 말했기 때문이다.

朱註

○ 胡氏曰: "人之欲孝其親, 心雖無窮, 而分則有限. 得爲而不爲, 與不得爲而爲之, 均於不孝. 所謂以禮者, 爲其所得爲者而已矣."

호씨(胡氏: 胡寅)가 말하였다. "사람이 부모에게 효도하려고 하는데, 마음은 비록 끝이 없지만 분수(分數)는 한계가 있다. 분수에 할 수 있는데도 하지 않는 것과 분수에 할 수 없는데도 하는 것은 똑같이 불효이다. 이른바 예(禮)로 한다는 뜻은 자기 분수에 할 수 있는 일을 하는 것일 뿐이다."

詳說

○ 去聲.

'이분즉유한(而分則有限)'에서 '분(分)'자는 거성(去聲)이다.

○ 專就僭禮者說起.

'이분즉유한(而分則有限)'은 오로지 예(禮)를 참람한 측면에서 말하기 시작한 것이다.

○ 『大全』曰: "苟簡儉陋者."

'득위이불위(得爲而不爲)'에 대해, 『논어집주대전』에서 말하였다. "경솔하고 초라하며 거칠고 비루한 사람이다."

○ 『大全』曰: "僭禮者."

'부득위이위지(不得爲而爲之)'에 대해, 『논어집주대전』에서 말하였다. "예(禮)를 참람하게 한 사람이다."

○ 苟·僭對說.

'균어불효(均於不孝)'는 구차한 것과 참람한 것을 짝지어 말하였다.

○ 又專就僭禮者收結.

'위기소득위자이이의(爲其所得爲者而已矣)'라고 한 것은 또 오로지 예(禮)를 참람한 측면에서 결론을 맺었다.

○ 按: 胡氏於此又以餘意作正意, 蓋只作爲衆人設而已, 則於問者身上不甚緊著. 如夫子自道處, 若只作自道而已, 則於學者身上都無交涉. 故『集註』每於此等處, 寧小違本文之面目, 常就聖門教人實效上立言. 此節『集註』下一半說亦此意也. 雖然, 本文正意亦不可不講也.

내가 생각하건대, 호씨(胡氏 : 胡寅)는 여기까지 또 나머지 뜻으로 진정한 뜻을 만들었는데, 대개 다만 많은 사람들을 위해 그렇게 한 것일 뿐이라면 질문한 사람의 입장에서는 별로 긴요하지 않다. 예컨대 공자가 스스로 말한 것에 대해 만약 다만 스스로 말한 것일 뿐이라 한다면 배우는 사람들의 입장에서는 전혀 관계되는 것이 없을 것이다. 그러므로 『논어집주(論語集註)』에서는 매번 이러한 곳들에 대해 차라리 본문의 면목을 조금 위배할지언정 항상 성인문하에서 사람들을 가르치는 실제적인 효험 측면에서 주장을 세웠다. 이 절(節)에 대한 『논어집주(論語集註)』의 아래 절반의 설명은 또한 이러한 뜻이다. 비록 그러하지만 본문의 진정한 뜻은 또한 강론하지 않을 수 없다.

[2-6-1]

孟武伯問孝. 子曰 : "父母唯其疾之憂."
맹무백(孟武伯)이 효(孝)에 대해 물었다. 공자가 대답하였다. "부모는 오직 자식이 병드는 것을 근심한다."

朱註

武伯, 懿子之子, 名彘.
맹무백(孟武伯)은 맹의자(孟懿子)의 아들로, 이름이 체(彘)이다.

詳說

○ 音滯.
'명체(名彘)'에서 '체(彘)'자는 음이 체(滯)이다.

○ 蓋亦學於孔子者.
대개 맹무백(孟武伯)도 또한 공자에게 배운 사람일 것이다.

○ 訓畢.
훈고가 끝났다.

朱註

言父母愛子之心, 無所不至, 惟恐其有疾病, 常以爲憂也.
부모가 자식을 사랑하는 마음은 이르지 않는 데가 없지만, 오직 자식에게 질병이 있을까 염려하여 항상 그것을 근심한다는 말이다.

詳說

○ 先推說本文上面所未言之語. 此所謂文上語, 亦言外意也. 此二句蓋因'唯'字而說出.
'언부모애자지심, 무소부지(言父母愛子之心, 無所不至)'라고 한 것은 먼저 본문에서 말하지 않은 내용을 미루어 말한 것이다. 이것이 이른바 글을 넘어서는 내용이고 또한 말을 넘어서는 뜻이다. 이 두 구절은 대개 '부모유기질지우(父母唯其疾之憂)'에서 '유(唯)'자에 따라 말한 것이다.

○ 以父而指子.
'유공기유질병(惟恐其有疾病)'에서 '기(其)'자는 아버지의 입장에서 자식을 가리킨다.

○ 釋畢.

경문의 풀이가 끝났다.

朱註

人子體此, 而以父母之心爲心, 則凡所以守其身者, 自不容於不謹矣. 豈不可以爲孝乎?

자식이 이를 체인하여 부모의 마음을 내 마음으로 삼는다면, 그 몸을 지키는 모든 것이 스스로 삼가지 않음을 용납하지 않을 것이다. 이를 어찌 효(孝)라고 하지 않을 수 있겠는가?

詳說

○ 憂疾.

'인자체차(人子體此)'에서 '차(此)'자는 병드는 것을 걱정한다는 말이다.

○ 體者, 設以身居其地也.

'인자체차(人子體此)'에서 '체(體)'자는 자신이 그 입장이 되어보는 것을 강구하는 일이다.

○ 從'愛子之心'字來.

'이이부모지심위심(而以父母之心爲心)'에서 '부모지심(父母之心)'은 앞 구절의 '자식을 사랑하는 마음[愛子之心]'에서 온 것이다.

○ 雙峰饒氏曰: "下一'凡'字, 蓋不獨謹疾而已, 已包後說之意."101)

'즉범소이수기신자(則凡所以守其身者)'에 대해, 쌍봉 요씨(雙峰饒氏 : 饒魯)가 말하였다. "'범(凡 : 모든)'자를 쓴 것은 단지 질병을 삼가는 것뿐만이 아니니, 이미 뒤에서 말하는 뜻을 포함하고 있다."

○ 謹身則無疾.

'자불용어불근의(自不容於不謹矣)'라고 한 것은 몸을 삼가면 질병이 없다는 뜻이다.

---

101) 호광 편(胡廣 編), 『논어집주대전(論語集註大全)』 권2에 요로(饒魯)의 말로, "'凡所以守其身', 下一'凡'字, 蓋不獨謹疾而已. 愚謂已包後說之意, 在其中矣.('범소이수기신(凡所以守其身 : 그 몸을 지키는 모든 것)'이라 하여 '범(凡 : 모든)'자를 쓴 것은 단지 질병을 삼가는 것뿐만이 아니기 때문이다. 내 생각에, 그 가운데 이미 뒤에서 말하는 뜻을 포함하고 있다고 본다.)"라고 실려 있다.

○ 新安陳氏曰："此五句發言外之意, 方見子之孝."102)

위의 다섯 구절에 대해, 신안 진씨(新安陳氏 : 陳櫟)가 말하였다. "이 다섯 구절은 말을 넘어서는 뜻을 드러낸 것이니, 그래야 비로소 자식의 효(孝)를 알 수 있다."

○ 添此五句, 然後本文之意乃足. 末句與上章註'其尊親也至矣'語同.

위의 이 다섯 구절을 보탠 뒤에야 본문의 뜻이 충족된다. 끝 구절 즉 '기불가이위효호(豈不可以爲孝乎)'는 위 장(章)의 주석 '기존친야지의(其尊親也至矣 : 그 부모를 높임이 지극한 것이다)'라는 말과 같다.

朱註

舊說 : '人子能使父母不以其陷於不義爲憂, 而獨以其疾爲憂, 乃可爲孝.' 亦通.
옛 주석에 '자식이 부모에게 자식이 불의(不義)에 빠지는 것으로 근심하도록 하지 않고, 오직 자식의 질병만을 근심하도록 해야 효(孝)가 될 수 있다.'라고 하였으니, 이 또한 통한다.

詳說

○ 指注疏. 後凡言'舊說'放此.

'구설(舊說)'은 주소(注疏 : 주석)를 가리킨다. 뒤에 '구설(舊說)'이라 말한 것은 모두 이와 같다.

○ 下一'使'字, 而文義全換面目.

'인자능사부모불이기함어불의위우(人子能使父母不以其陷於不義爲憂)'에서 하나의 '사(使)'자는 그 글자를 써서 문장의 의미를 완전히 바꾸었다.

○ 文上意也, 亦從'唯'字說出.

'인자능사부모불이기함어불의위우(人子能使父母不以其陷於不義爲憂)'에서 '불이기함어불의위우(不以其陷於不義爲憂)'는 본문의 뜻이고 또한 본문 '부모유기질지우(父母唯其疾之憂)'의 '유(唯)'자에서 말한 것이다.

---

102) 호광 편(胡廣 編), 『논어집주대전(論語集註大全)』 권2에 진력(陳櫟)의 말로, "孔子此言, 雖若告衆人, 實警孟孫; 雖警孟孫, 仍可用於衆人. 含蓄深切, 所以爲聖人之言也.(공자의 이 말은 비록 많은 사람들에게 알려주는 것 같지만 실은 맹손씨에게 경계를 준 것이고, 비록 맹손씨에게 경계를 준 것 같지만 여전히 많은 사람들에게 적용될 수 있다. 함축한 의미가 매우 절실하기 때문에 성인의 말이 된 것이다.)"라고 실려 있다.

○ 變'唯'言'獨'.

'이독이기질위우(而獨以其疾爲憂)'에서 '독(獨)'자는 본문 '부모유기질지우(父母唯其疾之憂)'에서 '유(唯)'자를 변화시켜 '독(獨)'이라 말한 것이다.

○ 以子而自指.

'이독이기질위우(而獨以其疾爲憂)'에서 '기(其)'자는 자식으로 스스로를 가리킨 것이다.

○ 本文釋畢.

'이독이기질위우(而獨以其疾爲憂)'에서 경문에 대한 풀이가 끝났다.

○ 未足之語.

'내가위효(乃可爲孝)'라고 한 것은 아직 충분하지는 않다는 말이다.

○ 舊說止此.

'내가위효(乃可爲孝)'에서 구설(舊說)이 끝난다.

○ 朱子曰:"舊說全用上添一句. 新說雖用下添一句, 然常得父母之心如此, 便也."[103]

주자(朱子:朱熹)가 말하였다. "구설(舊說)은 완전히 위로 한 구절을 보태는 방법을 쓴 것이다. 신설(新說:주자의 주석)은 비록 아래로 한 구절을 보태는 방법을 쓴 것이지만, 항상 부모의 마음이 이와 같은 것을 알았으니 편안하다."

○ 新安陳氏曰:"舊說以衍餘意則可, 以解正意則迂晦矣."[104]

신안 진씨(新安陳氏:陳櫟)가 말하였다. "구설은 나머지 뜻을 확장시키는 것으로 볼 수 있지만, 진정한 뜻을 풀이한다고 하면 곡절이 있어 알기 어렵다."

---

103) 『주자어류(朱子語類)』 권23, 「논어5(論語五)」, 120조목에서 "問:'『集注』中舊說意旨如何?' 曰:'舊說似不說背面, 卻說背後一句相似, 全用上添一句. 新說雖用下添一句, 然常得父母之心如此, 便也自不爲不孝. 故雖添句, 已不多添.'(물었다. '『논어집주(論語集註)』에서 구설(舊說)의 취지는 어떤 것입니까?' 주자(朱子:朱熹)가 대답하였다. '구설은 뒷면을 말하지 않으면서도 도리어 뒤편의 한 구절을 말하는 것과 비슷하니, 완전히 위로 한 구절을 보태는 방법을 쓴 것이다. 신설(新說:주자의 주석)은 비록 아래로 한 구절을 보태는 방법을 쓴 것이지만, 항상 부모의 마음이 이와 같은 것을 알았으니 또한 그 자체로 불효를 하지 않는 것이다. 그러므로 비록 한 구절을 보탠다고 하더라도 이미 많이 보태지는 않았다.')"라고 되어 있다. 박문호(朴文鎬)가 이 문장을 요약하여 끝부분을 '便也(편안하다)'라고 마무리한 것은 『주자어류(朱子語類)』 원문의 뜻과는 거리가 있다.

104) 호광 편(胡廣 編), 『논어집주대전(論語集註大全)』 권2에 진력(陳櫟)의 말로, "前說爲佳. 後說以衍餘意則可, 以解正意則迂晦矣.(앞의 설명이 훌륭하다. 뒤의 설명은 나머지 뜻을 확장시키는 것으로 볼 수 있지만, 진정한 뜻을 풀이한다고 하면 곡절이 있어 알기 어렵다.)"라고 실려 있다.

○ 舊說於解本文之義似爲捷徑. 然以文勢, 則無子使父母之意; 以孝理, 則有貽憂父母之端, 不如前說. 雖疾病之憂亦不可貽, 況不義之憂乎?

구설은 경문의 의미를 풀이하는 데는 지름길이 되는 것 같다. 그러나 경문 문장의 형세로 볼 때, 자식이 부모에게 어떻게 하도록 하는 뜻이 없고, 효(孝)의 이치로 볼 때도 부모에게 근심을 끼치는 단서가 있으니 앞의 설명만 같지 못하다. 부모에게는 비록 질병의 근심이라 할지라도 끼쳐서는 안 되는데, 하물며 의롭지 못한 근심은 어떻겠는가?

[2-7-1]

子游問孝. 子曰:"今之孝者, 是謂能養. 至於犬馬, 皆能有養; 不敬, 何以別乎?"
자유(子游)가 효(孝)에 대해 물었다. 공자가 대답하였다. "지금의 효라는 것은 오직 잘 봉양하는 것을 말한다. 그러나 개나 말의 경우도 모두 잘 길러줌이 있으니, 공경하지 않으면 무엇으로 구별하겠는가?"

朱註

'養', 去聲. '別', 彼列反.
'시위능양(是謂能養)'에서 '양(養)'자는 거성(去聲)이다. '하이별호(何以別乎)'에서 '별(別)'은 '피(彼)'와 '열(列)'의 반절(反切)이다.

詳說

○ 以'今之'二字冠之, 可見其汎指世俗.
'금지효자(今之孝者)'에서 '금지(今之)'라는 두 글자를 첫머리에 둔 것으로 볼 때, 그것이 널리 세속을 가리키는 것임을 알 수 있다.

朱註

子游, 孔子弟子, 姓言, 名偃. '養', 謂飮食供奉也. 犬馬待人而食, 亦若養然.
자유(子游)는 공자의 제자이니, 성은 언(言)이고, 이름은 언(偃)이다. '양(養)'이라는 글자는 음식으로 공양함을 말한다. 개나 말이 사람에게 의지하여 먹는 것도, 또한 봉양하는 일과 비슷하다.

詳說

○『家語』曰:"魯人."[105]
'자유, 공자제자, 성언, 명언(子游, 孔子弟子, 姓言, 名偃)'에 대해,『공자가어(孔子家語)』에서 말하였다. "노(魯)나라 사람이다."

---

105)『공자가어(孔子家語)』「칠십이제자해(七十二弟子解)」제38에는 "言偃, 魯人, 字子游. 以文學著名.(언언(言偃)은 노(魯)나라 사람으로 자는 자유(子游)이다. 문학(文學)으로 이름을 떨쳤다.)"라고 되어 있다.

○ 『史記』「仲尼弟子傳」曰：“吳人, 少孔子四十五歲.”[106]

‘자유, 공자제자, 성언, 명언(子游, 孔子弟子, 姓言, 名偃)’에 대해, 『사기(史記)』「중니제자열전(仲尼弟子列傳)」에서 말하였다. “오(吳)나라 사람으로 공자보다 45세 적다.”

○ 訓上‘養’字.

‘양, 위음식공봉야(養, 謂飮食供奉也)’라고 한 것은 앞의 ‘양(養)’자 즉 ‘시위능양(是謂能養)’에서 ‘양(養)’자를 훈고한 것이다.

○ 此等‘然’字非反辭, 蓋與上‘若’字合爲一意.

‘역약양연(亦若養然)’에서 ‘연(然)’자에 대해, 이러한 ‘연(然)’자는 반대하는 말이 아니니, 대개 앞의 ‘약(若)’자와 합쳐 하나의 뜻이 된다.

○ 訓下‘養’字. 蓋單言犬馬則可直下‘養’字, 而此方因養親而及之, 故添‘亦若然’三字以回護之. 本文‘有’字亦有此意.

‘견마대인이식, 역약양연(犬馬待人而食, 亦若養然)’이라 한 것은 뒤의 ‘양(養)’자 즉 ‘개능유양(皆能有養)’에서 ‘양(養)’자를 훈고한 것이다. 대개 단독으로 개나 말이라 말하면 곧바로 ‘양(養)’자를 쓸 수 있지만 여기까지는 부모를 봉양하는 일을 따라서 언급했기 때문에 ‘역약양연(亦若養然)’에서 ‘약양연(若養然)’이라는 세 글자를 보태어서 그것을 비호하였다. 본문 ‘지어견마, 개능유양(至於犬馬, 皆能有養)’에서 ‘유(有)’자도 또한 이러한 뜻이 있다.

○ 訓畢.

훈고가 끝났다.

朱註

言“人畜犬馬, 皆能有以養之, 若能養其親而敬不至, 則與養犬馬者何異?” 甚言不敬之罪, 所以深警之也.

“사람이 개나 말을 기를 때 모두 그것을 잘 길러줌이 있으니, 만약 그 부모를 봉양만 하고 공경함이 지극하지 않으면, 개나 말을 기르는 자와 무엇이 다르겠는가?”라고 말하였다. 공경하지 않는 죄를 심하게 말하여 그를 깊이 경계한 것이다.

---

106) 『사기(史記)』 권67 「중니제자열전(仲尼弟子列傳)」에는 “言偃, 吳人, 字子游. 少孔子四十五歲(언언(言偃)은 오(吳)나라 사람으로 자는 자유(子游)이다. 공자보다 45세 적다.)”라고 되어 있다.

詳說

○ 許六反.

'인휵견마(人畜犬馬)'에서 '휵(畜)'은 '허(許)'와 '육(六)'의 반절(反切)이다.

○ 朱子曰 : "此設戒之言, 故特以尊卑懸絶之甚者明之."107)

'인휵견마, 개능유이양지(人畜犬馬, 皆能有以養之)'에 대해, 주자(朱子 : 朱熹)가 말하였다. "이는 경계를 하기 위한 말이기 때문에, 특별히 그 높고 낮음이 매우 현격한 것으로 비교하여 밝혔다."

○ 後釋'能養'以便於文.

'약능양기친이경부지(若能養其親而敬不至)'에서 '약능양기친(若能養其親)'이라 한 것은 뒤에 '능양(能養 : 잘 봉양한다)'이라는 말을 풀이하여 경문을 읽기에 편리하도록 한 것이다.

○ 朱子曰 : "尊敬之心一有不至."108)

'약능양기친이경부지(若能養其親而敬不至)'에서 '경부지(敬不至)'에 대해, 주자(朱子 : 朱熹)가 말하였다. "존경하는 마음이 한 번이라도 이르지 않음이 있다."

○ 朱子曰 : "聖人之警人子, 未有若是之切者."109)

'약능양기친이경부지, 즉여양견마자하이?(若能養其親而敬不至, 則與養犬馬者何異?)'에 대해, 주자(朱子 : 朱熹)가 말하였다. "성인이 자식 된 자를 경계하는 것에 이와 같이 절실한 일은 없었다."

○ 雙峰饒氏曰 : "言養親之人與養犬馬之人無分別, 非謂父母與犬馬無別也. 『集註』'者'字卽是'人'字."110)

---

107) 『사서혹문(四書或問)』 권7 「논어혹문(論語或問)」에는 "或問 : '父母至尊親, 犬馬至卑賤, 聖人之言, 豈若是之不倫乎?' 曰 : '此設戒之言也, 故特以其尊卑懸絶之甚者明之.'(어떤 사람이 물었다. '부모는 지극히 존경하고 따라야 하며, 개나 말은 지극히 비천한데, 성인의 말이 어찌 이와 같이 조리가 없습니까?' 주자(朱子 : 朱熹)가 대답하였다. '이는 경계를 하기 위한 말이기 때문에, 특별히 그 높고 낮음이 매우 현격한 것으로 비교하여 밝혔다.')"라고 되어 있다.

108) 주희, 『연평답문(延平答問)』에는 "人雖至愚, 孰忍以犬馬視其親者? 然不知幾微之間, 尊敬之心一有不至, 則是所以視其親者實無以異於犬馬, 而不自知也.(사람이 비록 지극히 어리석다고 하더라도 그 누가 차마 개나 말로, 그 부모를 보겠는가? 그러나 은미한 사이에 한 번이라도 존경하는 마음이 이르지 않음이 있으면, 이는 그 부모를 보는 것이 실로 개나 말과 다를 것이 없는데도 스스로 알지 못하는 것이다.)"라고 되어 있다.

109) 주희, 『연평답문(延平答問)』에는 "聖人之言警乎人子, 未有若是之切者.(성인이 자식 된 자에게 경계하는 말에 이와 같이 절실한 일은 없었다.)"라고 되어 있다.

‘약능양기친이경부지, 즉여양견마자하이?(若能養其親而敬不至, 則與養犬馬者何異?)’에 대해, 쌍봉 요씨(雙峰饒氏 : 饒魯)가 말하였다. “이는 부모를 봉양하는 사람과 개나 말을 기르는 사람이 구별할 것이 없음을 말하지, 부모와 개나 말이 구별이 없음을 말하는 것이 아니다. 『논어집주(論語集註)』 ‘여양견마자하이?(與養犬馬者何異?)’에서 ‘자(者)’자는 곧 ‘인(人 : 사람)’자이다.”

○ 釋畢.

‘약능양기친이경부지, 즉여양견마자하이?(若能養其親而敬不至, 則與養犬馬者何異?)’라고 한 것에서 풀이가 끝났다.

○ 此下又申論之.

이 아래는 또 그것을 거듭 밝혀서 논하였다.

○ 汎言世俗.

‘심언불경지죄(甚言不敬之罪)’라고 한 것은 널리 세속을 말하였다.

○ 切戒子游, 蓋能養能敬可以謂孝之意已足.

‘심언불경지죄, 소이심경지야(甚言不敬之罪, 所以深警之也)’라고 한 것은 자유(子游)에게 절실하게 경계한 것이니, 대개 잘 봉양하고 잘 공경하는 것을 효(孝)라고 말할 수 있다는 뜻이 이미 충족되었다.

朱註

○ 胡氏曰 : “世俗事親, 能養足矣. 狎恩恃愛, 而不知其漸流於不敬, 則非小失也.

호씨(胡氏 : 胡寅)가 말하였다. “세속에서 부모를 섬기는 것은 잘 봉양하면 충분하다. 은혜에 친압(親狎)하고 사랑을 믿어서, 점점 공경하지 않는 데로 흐르는 것을 알지 못하면 작은 잘못이 아니다.

---

110) 호광 편(胡廣 編), 『논어집주대전(論語集註大全)』 권2에 요로(饒魯)의 말로, “是謂能養, 皆能有養. 看兩箇‘能’字, 便見是說養親之人與養犬馬之人. 言養親之人能養而不能敬, 則與養犬馬之人無所分別. 非謂父母與犬馬無別也. 『集註』云, ‘與養犬馬者何異?’ 卽是‘人’字.(이는 잘 봉양하는 일은 모두 봉양함이 있다는 것을 말한다. 여기까지 두 개의 ‘능(能)’자를 보면, 이는 부모를 봉양하는 사람과 개나 말을 기르는 사람을 말하는 것임을 알 수 있다. 이는 부모를 봉양하는 사람이 잘 봉양하지만 공경하지 않으면 개나 말을 기르는 사람과 구별할 것이 없음을 말하지, 부모와 개나 말이 구별이 없음을 말하는 것이 아니다. 『논어집주(論語集註)』에서 ‘개나 말을 기르는 자와 무엇이 다르겠는가?’라고 하였는데, 여기까지 ‘자(者)’자는 곧 ‘인(人 : 사람)’자이다.)”라고 실려 있다.

詳說

○ 釋今之至能養.

'세속사친, 능양족의(世俗事親, 能養足矣)'라고 한 것은 지금의 지극히 잘 봉양하는 일을 풀이하였다.

○ 不敬之本.

'압은시애(狎恩恃愛)'라고 한 것은 공경하지 않음의 근본이다.

○ 釋'不敬'.

'이부지기점류어불경, 칙비소실야(而不知其漸流於不敬, 則非小失也)'는 본문의 '불경(不敬 : 공경하지 않음)'을 풀이한 것이다.

○ 此下乃就子游身上論斷之.

이 아래는 곧 자유(子游)의 상황에서 '불경(不敬 : 공경하지 않음)'을 논하여 단정한 것이다.

朱註

子游聖門高弟, 未必至此. 聖人直恐其愛踰於敬, 故以是深警發之也."

자유(子游)는 성인 문하의 뛰어난 제자이니 꼭 이러한 지경에 이르지는 않았을 것이다. 성인은 다만 그의 애정이 공경보다 지나칠까 염려했기 때문에, 이것으로 깊이 경계하여 그를 일깨웠다."

詳說

○ 延平李氏曰 : "當時之人習矣而不察, 雖孔門學者亦恐未免如此."[111]

'자유성문고제, 미필지차(子游聖門高弟, 未必至此)'에 대해, 연평 이씨(延平李氏 : 李侗)[112]가 말하였다. "당시 사람들이 익숙하면서도 살피지 못했으니, 비록 공자

111) 주희, 『연평답문(延平答問)』에는 "此一段恐當時之人習矣而不察, 只以能養爲孝. 雖孔門學者亦恐未免如此, 故夫子警切以告之, 使之反諸心也.(이 단락은 당시 사람들이 익숙하면서도 살피지 못하여 다만 잘 봉양하는 일을 효도로 여기는 것에 대해 염려한 것이다. 비록 공자 문하에서 배우는 사람들마저도 또한 이와 같이 함을 모면하지 못한 것 같기 때문에, 공자는 경계하여 알려주고 그들에게 마음속으로 반성하도록 하였다.)"라고 되어 있다.

112) 이동(李侗, 1093~1163) : 자는 원중(愿中)이고, 세칭 연평선생(延平先生)이라 하며, 시호는 문정(文靖)이다. 송나라 때 남검주 검포(南劍州劍浦 : 현 복건성 남평(南平)) 사람으로 양시(楊時)·나종언(羅從彦)과 함께 '남검삼선생(南劍三先生)'이라 불렸다. 나종언에게서 이정(二程)

문하에서 배우는 사람들마저도 또한 이와 같이 함을 모면하지 못한 것 같다.”

○ **至此而微逼子游, 然‘恐’·‘發’二字終是含回護意.**

‘성인직공기애유어경, 고이시심경발지야(聖人直恐其愛踰於敬, 故以是深警發之也)’ 라고 한 데 이르러 자유(子游)를 조금 다그쳤지만, ‘공(恐 : 염려하다)’과 ‘발(發 : 일깨우다)’이라는 두 글자는 끝내 비호하는 뜻을 머금고 있다.

○ **‘敬’字, 此章之綱領.**

‘경(敬 : 공경함)’자가 이 장(章)의 강령이다.

의 학문을 배우고, 40여 년간 세속을 끊고 연구한 뒤에 ‘리일분수(理一分殊)’ 등 이정의 학문을 주희에게 전수해 주었다. 저서에 『연평문집(延平文集)』이 있다.

[2-8-1]

子夏問孝. 子曰 : “色難. 有事弟子服其勞, 有酒食先生饌, 曾是以爲孝乎?”
자하(子夏)가 효(孝)에 대해 물었다. 공자가 대답하였다. “얼굴빛을 온화하게 하는 것이 어렵다. 부형(父兄)에게 일이 있으면 자제들이 그 수고로움을 대신하고, 술과 음식이 있으면 부형이 드시도록 하는 것을 일찍이 효라고 할 수 있겠는가?”

朱註

‘食’, 音嗣.
‘유주사선생찬(有酒食先生饌)’에서 ‘사(食)’자는 음이 사(嗣)이다.

朱註

色難, 謂事親之際, 惟色爲難也. 食, 飯也. 先生, 父兄也. 饌, 飮食之也. 曾, 猶嘗也.
색난(色難)은 부모를 섬길 때 오직 얼굴빛을 온화하게 함이 어렵다는 것을 말한다. 사(食)는 밥이다. 선생은 부형이다. 찬(饌)은 마시게 하고 먹게 하는 일이다. 증(曾)은 상(嘗 : 일찍이)과 같다.

詳說

○ 勉齋黃氏曰 : “色非可以强爲也.”113)
‘색난, 위사친지제, 유색위난야(色難, 謂事親之際, 惟色爲難也)’에 대해, 면재 황씨(勉齋黃氏 : 黃榦)가 말하였다. “얼굴빛을 온화하게 함은 억지로 할 수 있는 것이 아니다.”

113) 조순손(趙順孫), 『논어찬소(論語纂疏)』 권1에는 황간(黃榦)의 말로, “事親之道, 非貴於聲音笑貌也, 而以色爲難者, 色非可以强爲也. 非其眞有深愛存乎心, 惟恐一毫拂其親之意者, 安能使愉婉之狀貌見於面顔哉?(부모를 섬기는 도리는 목소리를 예쁘게 하고 웃는 모습을 귀하게 여기는 것이 아니라 얼굴빛을 온화하게 함이 어렵다는 것은 얼굴빛을 온화하게 함은 억지로 할 수 있는 것이 아니기 때문이다. 진정으로 깊이 사랑하는 마음을 보존하여 오직 조금이라도 부모를 어기는 뜻이 있을까 걱정하는 사람이 아니면, 어찌 온화한 모습이 얼굴에 나타나도록 할 수 있겠는가?)”라고 실려 있다.

○ '色難'二字之訓釋, 頗覺費力.

'색난, 위사친지제, 유색위난야(色難, 謂事親之際, 惟色爲難也)'이라 한 것은 '색난(色難)'이라는 두 글자에 대한 훈고와 풀이에 자못 힘을 기울였다고 보여진다.

○ 經中'弟'字, 註中'兄'字, 不必泥看, 蓋帶說也. '弟子'猶『孟子』「盡心」言'子弟'耳.

경전 본문 가운데 '유사제자복기노(有事弟子服其勞)'에서 '제(弟)'자와 주석 가운데 '선생, 부형야(先生, 父兄也)'에서 '형(兄)'자는 굳이 글자에 얽매여 볼 필요가 없으니, 대개 붙여서 말하는 것일 뿐이다. '제자(弟子)'라는 말은 마치 『맹자(孟子)』「진심상(盡心上)」에서 '자제(子弟)'라고 말한 것과 비슷하다.[114]

○ '先生'二字, 本天屬之稱, 又通作'師長'之稱, 幷借'弟子'二字作門人之稱.

'선생, 부형야(先生, 父兄也)'에서 '선생(先生)'이라는 두 글자는 본래 혈연 관계의 친속을 일컫고, 또 '사장(師長 : 스승과 어르신)'으로도 통칭하며, 아울러 '제자(弟子)'라는 두 글자를 빌어 문인(門人)의 호칭으로 삼았다.

○ 去聲.

'찬, 음식지야(饌, 飮食之也)'에서 '음(飮)'자는 거성(去聲)이다.

○ 於先生乎饌之也.

'찬, 음식지야(饌, 飮食之也)'라고 한 것은 선생(先生 : 부형)에게 드시게 한다는 것이다.

○ 訓畢.

훈고가 끝났다.

朱註

蓋孝子之有深愛者, 必有和氣; 有和氣者, 必有愉色; 有愉色者, 必有婉容. 故事親之際, 惟色爲難耳. 服勞奉養未足爲孝也.

---

114) '제자(弟子)'라는 말은 마치 『맹자(孟子)』「진심상(盡心上)」에서 '자제(子弟)'라고 말한 것과 비슷하다 : 『맹자(孟子)』「진심상(盡心上)」에서 "공손추(公孫丑)가 말하였다. '『시경(詩經)』에서 '공짜로 밥을 얻어먹지 않는다.'라고 말했는데, 군자가 밭을 갈지 않고 먹는 것은 어떻게 된 일입니까?' 맹자가 말하였다. '군자가 이 나라에 거주함에 그 군주가 등용하면 나라가 편안하고 부유해지며 높아지고 영화로우며, 그 자제들이 따르면 자제들이 효(孝)·제(弟)·충(忠)·신(信)하니, 공짜로 밥을 얻어먹지 않는다는 것이 무엇이 이보다 더 크겠는가?'(公孫丑曰 : '詩曰'不素粲兮', 君子之不耕而食, 何也?' 孟子曰 : '君子居是國也, 其君用之, 則安富尊榮, 其子弟從之, 則孝弟忠信, 不素餐兮, 孰大於是?')"라고 하였다.

대개 효자로서 깊은 애정이 있는 자는 반드시 온화한 기색이 있고, 온화한 기색이 있는 자는 반드시 즐거운 안색이 있고, 즐거운 안색이 있는 자는 반드시 부드러운 용모가 있다. 그러므로 부모를 섬길 때 오직 얼굴빛을 온화하게 하는 것만이 어려움이 될 뿐이고, 수고로운 일을 대신하고 음식을 봉양하는 것은 효가 되기에 부족하다.

詳說

○ 出『禮記』「祭義」.

'효자지유심애자, 필유화기; 유화기자, 필유유색; 유유색자, 필유완용(孝子之有深愛者, 必有和氣; 有和氣者, 必有愉色; 有愉色者, 必有婉容)'은 『예기(禮記)』「제의(祭義)」에 나온다.

○ 新安陳氏曰: "色, 見於面者; 容, 擧一身. 言深愛之心根於中, 而後愉婉之色容見於外."115)

'유유색자, 필유완용(有愉色者, 必有婉容)'에 대해, 신안 진씨(新安陳氏 : 陳櫟)가 말하였다. "색(色)은 얼굴에 나타난 것이고, 용(容)은 온 몸을 들어 말한 것이다. 이는 깊은 애정을 지닌 마음이 안에 뿌리박은 뒤에야 즐거운 안색과 부드러운 용모가 밖으로 나타남을 말한다."

○ 將釋'色難', 先引此證, 而'愛'字實此章正義之所在也. 本文雖無'愛'字, 其義已包於'色'字耳.

'효자지유심애자, 필유화기; 유화기자, 필유유색; 유유색자, 필유완용(孝子之有深愛者, 必有和氣; 有和氣者, 必有愉色; 有愉色者, 必有婉容)'이라 한 것은 그것으로 '색난(色難)'을 풀이하려고 먼저 이러한 증거를 인용한 것이지만, '애(愛)'자가 실로 이 장(章)의 진정한 의미가 있는 곳이다. 경문에는 비록 '애(愛)'자가 없지만 그 의미는 이미 '색(色)'자에 포함되어 있었다.

---

115) 호광 편(胡廣 編), 『논어집주대전(論語集註大全)』 권2에 진력(陳櫟)의 말로, "愉, 悅也; 色, 見於面者. 婉, 順也; 容, 擧一身之容儀言之. 此三句, 『禮記』「祭義」篇之文. 色非可以僞爲也, 惟深愛之心根於中, 而後愉婉之色容見於外.(유(愉)는 기뻐하는 것이고 색(色)은 얼굴에 나타난 것이다. 완(婉)은 유순한 것이고 용(容)은 온 몸의 용모와 위의(威儀)를 들어서 말한 것이다. 이 세 구절은 『예기』「제의(祭義)」의 글이다. 색(色)은 거짓으로 지어낼 수 있는 것이 아니니, 오직 깊은 애정을 지닌 마음이 안에 뿌리박은 뒤에야 즐거운 안색과 부드러운 용모가 밖으로 나타난다.)"라고 실려 있다.

○ '事'也.

'복로봉양미족위효야(服勞奉養未足爲孝也)'에서 '복(服)'자는 '사(事 : 섬긴다)'라는 뜻이다.

○ 去聲. 下同.

'복로봉양미족위효야(服勞奉養未足爲孝也)'에서 '양(養)'자는 거성(去聲)이다. 아래도 마찬가지이다.

○ 『大全』曰 : "此事親之常事."

'복로봉양미족위효야(服勞奉養未足爲孝也)'에서 '복로봉양(服勞奉養)'에 대해, 『논어집주대전』에서 말하였다. "이는 부모를 섬김에 일상적인 일이다."

○ 服勞奉養矣, 又能色愉, 則可以謂孝之意已足矣.

'복로봉양미족위효야(服勞奉養未足爲孝也)'라고 한 것은, 수고로운 일을 대신하고 음식을 봉양하며 게다가 얼굴빛이 즐거우면, 효(孝)의 뜻이 이미 충분하다고 할 수 있다는 것이다.

○ 釋畢.

경문의 풀이가 끝났다.

朱註

舊說 : '承順父母之色爲難.' 亦通.

옛 주석에 '부모의 얼굴빛을 받들어 따르는 것이 어렵다.'라고 하였으니, 또한 통한다.

詳說

○ 新安陳氏曰 : "添'承順父母'字, 方可解."[116)]

'승순부모지색위난(承順父母之色爲難)'에 대해, 신안 진씨(新安陳氏 : 陳櫟)가 말하였다. "이 말은 본문에 '승순부모(承順父母)'라는 네 글자를 보태어야 비로소 풀이가 된다."

○ 如此, 則尤覺費力.

이와 같은 것은 풀이에 더욱 힘을 낭비했다고 생각된다.

116) 호광 편(胡廣 編), 『논어집주대전(論語集註大全)』 권2.

朱註

○ 程子曰："告懿子，告衆人者也. 告武伯者，以其人多可憂之事. 子游能養而或失於敬，子夏能直義而或少溫潤之色.

정자(程子)가 말하였다. "맹의자(孟懿子)에게 말한 것은 많은 사람들에게 말한 것이다. 맹무백(孟武伯)에게 말한 것은 그 사람이 근심할 만한 일이 많았기 때문이다. 자유(子游)는 봉양은 잘하지만 간혹 공경함에 잘못이 있었고, 자하(子夏)는 정의를 곧게 실행하는 것은 잘 하지만 간혹 온화한 얼굴빛이 부족했던 것 같다.

詳說

○ 當考.

'정자왈(程子曰)'에서 '정자(程子)'는 형 정호인지 동생 정이인지 마땅히 살펴보아야 한다.

○ 不謹疾，不謹行，諸凡貽憂之事.

'고무백자，이기인다가우지사(告武伯者，以其人多可憂之事)'에서 '다가우지사(多可憂之事)'라고 한 것은, 질병을 삼가지 않고 행동을 삼가지 않는 등 여러 가지로 근심을 끼치는 일이 있다는 말이다.

○ 欠也.

'자유능양이혹실어경(子游能養而或失於敬)'에서 '실(失)'자는 모자라다는 뜻이다.

○ 朱子曰："於事親時無甚回互處."117)

'자하능직의이혹소온윤지색(子夏能直義而或少溫潤之色)'에서 '직의(直義)'에 대해, 주자(朱子 : 朱熹)가 말하였다. "부모를 섬길 때 그다지 완곡한 점이 없다는 뜻이다."

○ 上一半皆下'能'字而揚之，下一半則抑也. 先揚後抑，抑爲正意. 然二'或'字終含回護意.

'자유능양이혹실어경，자하능직의이혹소온윤지색(子游能養而或失於敬，子夏能直義而或少溫潤之色)'이라 한 것에서, 전반부에서는 두 곳 모두 '능(能)'자를 써서 올려주고

---

117) 『주자어류(朱子語類)』 권23, 「논어5(論語五)」, 127조목에는 "問：''子夏能直義，而或少溫潤之色'，直義，莫是說其資之剛方否?' 曰：'只是於事親時無甚回互處.'(물었다. ''자하(子夏)는 정의를 곧게 실행하는 것은 잘 하지만 간혹 온화한 얼굴빛이 부족했던 것 같다.'라고 했는데, 정의를 곧게 실행하는 것은 그 자질이 강직하고 방정함을 말하는 것이 아닙니까?' 주자(朱子 : 朱熹)가 대답하였다. '다만 부모를 섬길 때 그다지 완곡한 점이 없다는 것일 뿐이다.')"라고 되어 있다.

후반부에서는 억눌렀다. 앞에서 올려주고 뒤에서 억눌렀으니, 억누른 것이 진정한 뜻이 된다. 그러나 후반부 두 곳에서 '혹(或)'자는 끝내 비호하는 뜻을 머금고 있다.

○ 歷述四章之義, 此下又統論之.

여기까지는 앞의 네 개의 장(章), 즉 제5장부터 제8장까지의 뜻을 두루 서술했고, 이 아래는 또 그것을 총괄해서 논의한다.

朱註

> 各因其材之高下, 與其所失而告之, 故不同也."
>
> 각각 그 재질의 높고 낮음과 그의 결함에 따라서 말해 주었기 때문에 알려준 말이 똑같지 않았다."

詳說

○ 以資稟言.

'각인기재지고하(各因其材之高下)'에서 '기재지고하(其材之高下)'는 품부받은 자질로 말한 것이다.

○ 以所行言.

'여기소실이고지(與其所失而告之)'에서 '기소실(其所失)'은 행동한 사안으로 말한 것이다.

○ 朱子曰 : "聖人藥各中其病."118)

주자(朱子 : 朱熹)가 말하였다. "성인은 각각 그 병통에 맞추어서 약을 주었다."

○ 勉齋黃氏曰 : "述者聚而次之, 警人深矣. 於此四者而深體之, 事親之大義盡矣."119)

---

118) 『주자어류(朱子語類)』 권23, 「논어5(論語五)」, 135조목에는 "子夏之病, 乃子游之藥; 子游之病, 乃子夏之藥. 若以色難告子游, 以敬告子夏, 則以水濟水, 以火濟火. 故聖人藥各中其病.(자하(子夏)의 병은 곧 자유의 약이고, 자유(子游)의 병은 곧 자하의 약이다. 만약 자유에게 색난(色難)으로 자유에게 말해주고, 경(敬)으로 자하에게 말해 준다면, 물로 물을 구제하고 불로 불을 구제하는 것이다. 그러므로 성인은 각각 그 병통에 맞추어서 약을 준 것이다.)"라고 되어 있다.

119) 호광 편(胡廣 編), 『논어집주대전(論語集註大全)』 권2에 황간(黃榦)의 말로, "四章問孝 : 其一則不辱其親, 其二則不辱其身, 三則敬, 四則愛. 學者於此四者而深體之, 事親之大義盡於此矣. 述『論語』者聚而次之, 警人之意深矣.(여기까지 네 개의 장(章)에서 효(孝)에 대해 물은 것은 다음과 같다. 그 첫 번째는 부모를 욕되게 하지 않도록 하는 것이고, 그 두 번째는 자신을 욕되게 하지 않도록 하는 것이며, 세 번째는 경(敬)이고, 네 번째는 애(愛)이다. 배우는 사람들이 이 네 가지에 대해 깊이 체인하면 부모를 섬기는 큰 도리가 여기까지 다할 것이다. 『논어

면재 황씨(勉齋黃氏 : 黃榦)가 말하였다. "『논어(論語)』를 서술한 사람이 그것을 모아서 순서 지은 것이 사람들에게 경계하는 뜻이 깊다. 이 네 가지(제5장부터 제8장까지의 뜻)에 대해 깊이 체인하면 부모를 섬기는 큰 도리가 다할 것이다."

○ **新安陳氏曰 : "聖人之言, 如化工, 隨物賦形. 一部『論語』, 其教人不同, 及問同答異者, 皆如此, 不但此四章而已."**[120)]

신안 진씨(新安陳氏 : 陳櫟)가 말하였다. "성인의 말은 조물주와 같아 사물에 따라 형체를 부여한다. 『논어(論語)』에서 사람들을 가르치는 방식이 같지 않아, 질문은 같은데 대답이 다른 것에 이른 사안이 모두 이와 같으니, 단지 이 네 개의 장(章)뿐만이 아니다."

○ **通論前章, 亦'圈'註之一例也.**

앞의 장(章)들을 총괄해서 논의했으니, 또한 '○(圈)'주석의 한 가지 사례이다.

(論語)』를 서술한 사람이 그것을 모아서 순서 지은 것이 사람들에게 경계하는 뜻이 깊다.)"라고 실려 있다.

120) 호광 편(胡廣 編), 『논어집주대전(論語集註大全)』 권2에 진력(陳櫟)의 말로, "問孝四章, 乃記者以類序次之. 一則欲不違禮以事親, 二則欲謹守身以不憂其親, 三則欲其敬親, 四則欲其愛親. 學者合四章而深體之, 事親之孝可得矣. 聖人之言, 如化工, 隨物賦形. 凡一部『論語』中, 其教人不同, 及問同答異者, 皆如此, 不但此四章也.(여기까지 네 개의 장(章)에서 효(孝)에 대해 물은 것은 곧 기록한 사람이 그 부류에 따라서 순서를 지은 것이다. 첫 번째는 예(禮)를 어기면서 부모를 섬기지 않도록 하려는 것이고, 두 번째는 자신을 지키기를 삼가서 그 부모를 근심시키지 않도록 하려는 것이며, 세 번째는 그 부모에게 공경하도록 하려는 것이고, 네 번째는 그 부모를 사랑하도록 하려는 것이다. 배우는 사람이 이 네 개의 장을 합하여 깊이 체인하면 부모를 섬기는 효도를 얻을 수 있을 것이다. 성인의 말은 조물주와 같아 사물에 따라서 형체를 부여한다. 무릇 『논어(論語)』에서 사람들을 가르치는 방식이 같지 않음이 질문은 같은데 대답이 다른 것에 이른 사안이 모두 이와 같으니, 단지 이 네 개의 장뿐만이 아니다.)"라고 실려 있다.

[2-9-1]

子曰 : "吾與回言終日, 不違如愚. 退而省其私, 亦足以發. 回也不愚."
공자가 말하였다. "내가 안회(顏回)와 종일토록 이야기해 보니, 내 말을 어기지 않는 것이 마치 어리석은 사람인 것 같았다. 물러간 뒤에 그의 사생활을 살펴보니, 또한 내가 말한 것의 이치를 충분히 드러내 밝히고 있었다. 안회는 어리석지 않다."

朱註

回, 孔子弟子, 姓顏, 字子淵.
회(回)는 공자의 제자로 성은 안(顏)이고, 자는 자연(子淵)이다.

詳說

◯ 弟子之首.
'회, 공자제자(回, 孔子弟子)'에서 '제자(弟子)'는 제자들 가운데 으뜸을 말한다.

◯ 『家語』曰 : "魯人."121)
'성안, 자자연(姓顏, 字子淵)'에 대해, 『공자가어(孔子家語)』에서 말하였다. "노(魯)나라 사람이다."

◯ 『史記』「仲尼弟子傳」曰 : "少孔子三十歲."122)
'성안, 자자연(姓顏, 字子淵)'에 대해, 『사기(史記)』「중니제자열전(仲尼弟子列傳)」에서 말하였다. "공자보다 30세 적다."

朱註

不違者, 意不相背, 有聽受而無問難也. 私, 謂燕居獨處, 非進見請問之時. 發, 謂發明所言之理.
어기지 않는다는 것은 의견이 서로 어긋나지 않아 듣기만 하고 질문과 논란이

121) 『공자가어(孔子家語)』「칠십이제자해(七十二弟子解)」 제38에는 "顏回, 魯人, 字子淵. 年二十九而髮白, 三十一早死.(안회는 노(魯)나라 사람이고, 자는 자연(子淵)이다. 29세에 백발이 되어 31세에 요절하였다.)"라고 되어 있다.

122) 『사기(史記)』 권67 「중니제자열전(仲尼弟子列傳)」에는 "顏回者, 魯人也, 字子淵. 少孔子三十歲.(안회는 노(魯)나라 사람이고, 자는 자연(子淵)이다. 공자보다 30세 적다.)"라고 되어 있다.

없다는 뜻이다. 사(私)는 한가히 혼자 거처하는 것을 말하니, 나아가 뵙고 묻는 때가 아니다. 발(發)은 말한 것의 이치를 드러내 밝힘을 말한다.

詳說

○ 音'佩'.

'의불상배(意不相背)'에서 '배(背)'자는 음이 '패(佩)'이다.

○ 去聲.

'유청수이무문난야(有聽受而無問難也)'에서 '난(難)'자는 거성(去聲)이다.

○ 上聲.

'위연거독처(謂燕居獨處)'에서 '처(處)'자는 상성(上聲)이다.

○ 音現.

'비진현청문지시(非進見請問之時)'에서 '현(見)'자는 음이 현(現)이다.

○ 朱子曰:"將聖人之言發見於行事."123)

'발, 위발명소언지리(發, 謂發明所言之理)'에 대해, 주자(朱子:朱熹)가 말하였다. "장차 성인의 말씀이 일을 처리하는 데 발현되었음을 말한다."

○ 訓畢.

훈고가 끝났다.

朱註

愚聞之師曰:"顏子深潛純粹, 其於聖人體段已具. 其聞夫子之言, 默識心融, 觸處洞然, 自有條理.

나는 스승(李侗을 가리킴)이 다음과 같이 말하는 것을 들었다. "안자(顏子:顏回)는 자질이 깊이 있고 순수하여, 성인의 형상[體段]을 이미 갖추었다. 그는 공자의 말을 들으면 묵묵히 이해되고 마음으로 융회하여 어떤 측면이든지 모두 훤하게

123) 『주자어류(朱子語類)』 권24, 「논어6(論語六)」, 5조목에는 "問: '「亦足以發」, 是顏子於燕私之際, 將聖人之言發見於行事否?' 曰: '固是. 雖未盡見於行事, 其理亦當有發見處. 然燕私之際, 尤見顏子踐履之實處.'(물었다. ''또한 내가 말한 것의 이치를 충분히 드러내 밝히고 있었다.'라는 것은 안자(顏子:顏回)가 평소의 사생활에서 성인의 말씀으로 일을 처리하는 데 발현했다는 것입니까?' 주자(朱子:朱熹)가 대답하였다. '참으로 그렇다. 비록 일을 처리하는 데 다 드러내지는 못했지만, 그 이치는 또한 마땅히 발현하는 곳이 있을 것이다. 그러나 평소의 사생활에서는 더욱 안자가 실천한 실제 내용을 잘 볼 수 있었을 것이다.')"라고 되어 있다.

이해했으니, 본래 조리(條理)가 있었다.

詳說

○ 『大全』曰 : "朱子之師, 姓李氏, 名侗, 字愿仲, 號延平先生."

'우문지사왈(愚聞之師曰)'에서 사(師)에 대해, 『논어집주대전』에서 말하였다. "주자의 스승으로 성은 이(李)씨이고 이름은 동(侗)이며, 자는 원중(愿仲)이고 연평선생(延平先生)이라 불렀다."

○ 『孟子』註又或稱'李氏'. 蓋有著說者, 則稱'李氏', 無著說而得於言論者, 稱'愚聞之師'.

『맹자(孟子)』의 주석에서 또 간혹 '이씨(李氏 : 李郁)'[124]라고 일컬은 것이 있다. 대개 저술이 있는 경우라면 '이씨(李氏)'라 일컫고, 저술은 없지만 담론에서 얻은 경우라면 '내가 스승에게 들었다'라고 일컫는다.

○ 此以所聞師說而釋其義.

'우문지사왈(愚聞之師曰)'이라 한 것은 스승에게서 들은 말로 그 의미를 풀이한다는 말이다.

○ 慶源輔氏曰 : "德性不淺露, 氣質無瑕疵."[125]

'안자심잠순수(顔子深潛純粹)'에서 '심잠순수(深潛純粹)'에 대해, 경원 보씨(慶源輔氏 : 輔廣)가 말하였다. "덕성이 천박하게 드러나지 않고, 기질이 흠이 없다는 것이다."

○ 朱子曰 : "顔子生知之次, 比聖人已具九分九釐."[126]

---

124) 이욱(李郁) : 자는 광조(光祖)이고 호는 서산(西山)이며, 양시의 사위이다. 송나라 때 소무군 광택현(邵武軍光澤縣 : 현 복건성 서북부) 사람이다.

125) 조순손(趙順孫), 『논어찬소(論語纂疏)』 권1에는 보광(輔廣)의 말로, "深潛, 謂不淺露而德性淵宏. 純粹, 謂無瑕疵而氣質明淨也.(심잠(深潛 : 깊이 있다)이라 한 것은 천박하게 드러나지 않아 그 덕성이 심원하고 광대하다는 것을 말한다. 순수하다고 한 것은 흠이 없어 그 기질이 맑고 깨끗함을 말한다.)"라고 되어 있다.

126) 『주자어류(朱子語類)』 권24, 「논어6(論語六)」, 2조목에는 "文蔚曰 : '顔子已具聖人體段.' 曰 : '何處是他具聖人體段?' 文蔚無答. 曰 : '顔子乃生知之次, 比之聖人已是九分九釐, 所爭處只爭一釐. 孔子只點他這些, 便與他相湊, 他所以深領其言而不再問也.'(진문울(陳文蔚 : 주자 문인)이 말하였다. '안자(顔子 : 顔回)는 이미 성인의 형상[體段]을 갖추었습니다.' 주자(朱子 : 朱熹)가 물었다. '어떠한 점이 그가 성인의 형상을 갖추었다는 것인가?' 진문울이 대답을 못하였다. 주자(朱子 : 朱熹)가 말하였다. '안자(顔子 : 顔回)는 곧 나면서부터 아는 성인의 경지에 버금가니, 성인과 비교하면 이미 백에 아흔아홉 정도여서, 모자라는 곳은 다만 백에 하나일 뿐이었다. 공자는 다만 그의 이러한 작은 부분을 지적해 주면서 그와 만났는데, 그는 그 말을 깊이

'기어성인체단이구(其於聖人體段已具)'에 대해, 주자(朱子 : 朱熹)가 말하였다. "안자(顏子 : 顏回)는 나면서부터 아는 성인의 경지에 버금가니, 성인과 비교하면 이미 백에 아흔 아홉을 갖추었다."

○ '具體', 見『孟子』「公孫丑」.

'기어성인체단이구(其於聖人體段已具)'에서 '구체(具體 : 성인의 형상[體段]을 이미 갖추었다)'는 『맹자(孟子)』「공손추상(公孫丑上)」에추 보인다.[127]

○ 先從文上論顏子之本領.

'안자심잠순수, 기어성인체단이구(顏子深潛純粹, 其於聖人體段已具)'라고 한 것은 먼저 본문에 따라서 안자(顏子)의 본령(本領 : 본래 가지고 있는 특질)을 논하였다.

○ 如字.

'촉처통연(觸處洞然)'에서 '처(處)'는 본래의 음으로 읽는다.

○ 南軒張氏曰 : "此於聖人'耳順'一般趣味."[128]

'기문부자지언, 묵식심융, 촉처통연, 자유조리(其聞夫子之言, 默識心融, 觸處洞然, 自有條理)'에 대해, 남헌 장씨(南軒張氏 : 張栻)가 말하였다. "이는 성인의 '이순(耳順)'과 마찬가지 느낌이다."

○ 曾子之'唯', 抑其次也.

'기문부자지언, 묵식심융, 촉처통연, 자유조리(其聞夫子之言, 默識心融, 觸處洞然, 自有條理)'라고 한 것을 보면, 증자가 '유(唯 : 예!)'라고 대답한 것[129]은 도리어 그 다음이다.

깨달았기 때문에 다시 묻지 않았다.')"라고 되어 있다.

127) '구체(具體 : 성인의 형상[體段]을 이미 갖추었다)'는 『맹자(孟子)』「공손추상(公孫丑上)」에 보인다 : 『맹자(孟子)』「공손추상(公孫丑上)」에서 "예전에 제(公孫丑를 가리킴)가 들으니, '자하(子夏) · 자유(子游) · 자장(子張)은 모두 성인의 일부분만을 가지고 있었고, 염우(冉牛) · 민자(閔子) · 안연(顏淵)은 전체를 갖추고 있었으나 미약하다.' 하였습니다. 선생님께서 편안히 자처하는 것에 대해 감히 묻습니다.(昔者竊聞之, '子夏 · 子游 · 子張, 皆有聖人之一體; 冉牛 · 閔子 · 顏淵, 則具體而微.' 敢問所安.)"라고 하였다.

128) 호병문, 『사서통』「논어통」 권1에는 장식(張栻)의 말로, "默識心融, 此於聖人'耳順'地位, 雖未幾及, 而已同是一般趣味矣.(묵묵히 이해되고 마음으로 융회하는 것은 성인의 '이순(耳順)'의 경지에는 아직 조금 미치지 못했지만 이미 그것과 마찬가지 느낌인 것이다.)"라고 되어 있다.

129) 증자가 '유(唯 : 예!)'라고 대답한 것 : 『논어(論語)』「이인(里仁)」에서 "공자가 말하였다. '삼(參)아! 나의 도(道)는 하나의 이치로 모든 것을 꿰뚫었다.' 증자가 대답하였다. '예!'(子曰 : '參乎! 吾道, 一以貫之.' 曾子曰 : '唯!')"라고 하였다.

○ 此三句, 知也, '不違'之本.

'묵식심융, 촉처통연, 자유조리(默識心融, 觸處洞然, 自有條理)'라고 한 세 개의 구절은 앎에 관한 것이니, 본문 '불위여우(不違如愚)'에서 '불위(不違 : 어기지 않는다)'의 근본이다.

朱註

故終日言, 但見其不違如愚人而已. 及退省其私, 則見其日用動靜語默之間, 皆足以發明夫子之道, 坦然由之而無疑, 然後知其不愚也."

그러므로 종일토록 말을 해도 다만 그 어기지 않는 것이 마치 어리석은 사람과 같음을 볼 뿐이었다. 물러간 뒤에 그의 사생활을 살펴보게 되면, 일상생활의 행동거지에서 모두 공자의 도(道)를 드러내어 밝히기에 충분하여, 평온하게 그것을 실천하고도 의심이 없는 것을 볼 수 있었다. 그런 뒤에 공자는 그가 어리석지 않다는 것을 알았다."

詳說

○ 范氏曰 : "及其退."

'급퇴성기사(及退省其私)'에서 '급퇴(及退)'에 대해, 범씨(范氏)가 말하였다. "안회가 물러간 뒤를 말한다."

○ 朱子曰 : "顔子退也."130)

'급퇴성기사(及退省其私)'에서 '급퇴(及退)'에 대해, 주자(朱子 : 朱熹)가 말하였다. "안자(顔子 : 顔回)가 물러간 것을 말한다."

○ 以'及退'二字易'退而'二字, 以隔斷'退''省'二字之間者, 見其爲顔子退也. 『諺』釋得之. 若曰孔子退, 則孔子於門人每言出不當言退. 不必泥'而'字文勢也. 『漢書』「循吏傳」'退而考察所行', 亦用此文勢耳.

'급퇴성기사(及退省其私)'에서 '급퇴(及退)'라는 두 글자는 주자(朱子 : 朱熹)가 그것으로 본문 '퇴이성기사(退而省其私)'에서 '퇴이(退而)'라는 두 글자를 바꾸어서, '퇴(退)'와 '성(省)'이라는 두 글자 사이를 갈라놓음으로, 그것은 안자(顔子 : 顔回)

---

130) 주희(朱熹), 『주문공문집(朱文公文集)』 권39 「답범백숭(答范伯崇)」에는 "退, 非夫子退, 乃顔子退也.('급퇴성기사(及退省其私)'에서 '퇴(退)'는 공자가 물러간 것이 아니라 곧 안자(顔子 : 顔回)가 물러간 것이다.)"라고 되어 있다.

가 물러갔다는 것을 보여준다. 『언해』의 풀이가 잘 되었다.[131] 만약 공자가 물러났다고 말하면, 공자는 문인들에게 매번 나갔다고 말해야지 물러났다고 말해서는 안 된다. 굳이 '퇴이성기사(退而省其私)'에서 '이(而)'자의 문장 형세에 얽매일 필요가 없다. 『한서(漢書)』「순리전(循吏傳)」에서 '물러간 뒤에 행동한 것을 살펴본다'라고 한 것도 또한 이러한 문장 형세를 쓴 것일 뿐이다.

○ 悉井反.

'퇴이성기사(退而省其私)'에서 '성(省)'은 '실(悉)'과 '정(井)'의 반절(反切)이다.

○ 本文之下當著音訓而偶闕者, 註中著之. 後多放此.

본문 '퇴이성기사(退而省其私)'의 '성(省)'자 아래에 마땅히 음(音)과 훈(訓)을 붙여야 하는데 어쩌다 빠트린 것에 대해 주석 가운데서 바로 위와 같이 그것을 밝힌다. 뒤에도 이와 같이 한 것이 많다.

○ 孔子省也.

'급퇴성기사(及退省其私)'에서 '성(省)'자는 공자가 살펴보았다는 말이다.

○ 此三句, 行也, 不違之效.

'견기일용동정어묵지간, 개족이발명부자지도, 탄연유지이무의(見其日用動靜語默之間, 皆足以發明夫子之道, 坦然由之而無疑)'라고 한 이 세 개의 구절은 실행한 것이니, 공자의 가르침을 어기지 않은 효험이다.

○ 致堂胡氏曰 : "夫子久已知不愚, 必曰退省者, 以見非無證之空言, 且欲學者之謹獨也."[132]

'연후지기불우야(然後知其不愚也)'에 대해, 치당 호씨(致堂胡氏 : 胡寅)가 말하였다. "공자는 오래전에 이미 안회가 어리석지 않은 줄 알았지만, 굳이 물러간 뒤에 그의 사생활을 살펴보았다고 말함으로 증거가 없는 빈 말이 아님을 보여준 것이니, 또한 배우는 사람들에게 홀로 있을 때를 삼가도록 하려는 뜻이다."

---

131) 『언해』의 풀이가 잘 되었다 : 교정청(校正廳) 『언해』본에 '退커든'이라 되어 있는 것을 가리킨다. 참고로 율곡 『언해』본에는 '退ᄒᆞ야'라고 되어 있다. 이 구절에 대해 박문호(朴文鎬)는 교정청 『언해』본의 주장을 따랐다.

132) 호병문, 『사서통』「논어통」 권1에는 호인(胡寅)의 말로, "夫子久已知顏子之不愚, 必曰退省其私者, 以見非無證之空言, 且以明進德之功, 必由內外相符, 隱顯一致, 欲學者之謹其獨也.(공자는 오래전에 이미 안회가 어리석지 않은 줄 알았지만, 굳이 물러간 뒤에 그의 사생활을 살펴보았다고 한 것은 증거가 없는 빈 말이 아님을 보여준 것이니, 또한 덕을 향상시키는 공부는 반드시 안팎이 서로 부합하고 은미함과 두드러짐이 일치하는 것으로부터 말미암는다는 사실을 밝혀서 배우는 사람들에게 홀로 있을 때를 삼가도록 하려는 뜻이다.)"라고 실려 있다.

○ 朱子曰："如今人說與人做一器，他聽之全然似不曉．及明日做得，却與昨日所說無分毫不似．"[133)]

'연후지기불우야(然後知其不愚也)'에 대해, 주자(朱子：朱熹)가 말하였다. "지금 어떤 사람이 다른 사람에게 그릇 만드는 방법을 말해주는데, 그는 듣고도 전혀 이해하지 못하는 것 같았다. 그러나 다음날 만들어 놓은 것은 오히려 어제 말해준 것과 조금이라도 같지 않음이 없었다."

○ 覺軒蔡氏曰："再以不愚而信之，所以深喜之．"[134)]

'연후지기불우야(然後知其不愚也)'에 대해, 각헌 채씨(覺軒蔡氏：蔡模)가 말하였다. "공자는 다시는 안회가 어리석지 않다고 믿었기 때문에 깊이 기뻐한 것이다."

○ '不愚'二字，此章之題目．

'불우(不愚：어리석지 않다)'라는 두 글자가 이 장(章)의 제목이다.

---

133) 『주자어류(朱子語類)』 권24, 「논어6(論語六)」, 11조목에는 "問：''亦足以發'，是顏子退有所省發否?' 曰：'不然．『集注』已說得分明了．蓋與之言，顏子都無可否，似箇愚者．及退而觀其所行，皆夫子與之言者，一一做得出來不差，豈不是足以發明得夫子之道? 其語勢只如此．恰如今人說與人做一器用，方與他說箇尺寸高低形製，他聽之全然似不曉底．及明日做得來，卻與昨日所說底，更無分毫不似．'(물었다. ''또한 충분히 드러내 밝히고 있었다'라는 것은 안자(顏子：顏回)가 물러가서 살피고 발명한 것이 있었다는 것입니까?' 주자(朱子：朱熹)가 대답하였다. '그렇지 않다. 『논어집주(論語集註)』에서 이미 분명하게 설명하였다. 대개 그와 함께 말할 때 안자(顏子：顏回)는 전혀 가타부타하는 것이 없어 마치 어리석은 사람 같았다. 그러나 물러났을 때 그가 행동하는 것을 살펴보면 모두 공자가 그에게 얘기했던 것을 일일이 실천하여 어긋나지 않았으니 어찌 공자의 도를 충분히 드러내어 밝힌 것이 아니겠는가? 그 말의 형세는 다만 이와 같을 뿐이다. 마치 지금 어떤 사람이 다른 사람에게 그릇 만드는 방법을 말해주는 것과 같으니, 막 그에게 그릇의 길이와 높이와 형태를 말해주는데, 그는 듣고도 전혀 이해하지 못하는 것 같았다. 그러나 다음날 만들어 놓은 것은 오히려 어제 말해준 것과 조금의 차이도 없는 것과 같다.')"라고 되어 있다.

134) 호광 편(胡廣 編), 『논어집주대전(論語集註大全)』 권2.

[2-10-1]

子曰："視其所以,
공자가 말하였다. "그 행하는 것을 보고,

朱註

以, 爲也. 爲善者爲君子, 爲惡者爲小人.
'이(以)'는 행하는 것이다. 선(善)을 행하는 자는 군자가 되고, 악(惡)을 행하는 자는 소인이 된다.

詳說

○ 勉齋黃氏曰："兼君子·小人視之."[135]
'시기소이(視其所以)'에 대해, 면재 황씨(勉齋黃氏 : 黃榦)가 말하였다. "이는 군자와 소인을 겸해서 본 것이다."

○ 訓兼論.
훈고에 의미 설명을 겸하였다.

[2-10-2]

觀其所由,
그 연유한 곳을 살피며,

朱註

觀, 比視爲詳矣. 由, 從也. 事雖爲善, 而意之所從來者有未善焉, 則亦不得爲君子矣.
관(觀)은 시(視)에 비하여 자세한 것이다. 유(由)는 따르는 것이다. 일은 비록 선(善)을 행하지만 뜻이 연유한 곳에 선하지 않음이 있다면, 또한 군자가 될 수 없을 것이다.

135) 호병문, 『사서통』「논어통」 권1.

詳說

○ 承上.

'비시위상의(比視爲詳矣)'에서 '시(視)'자는 위 본문 '시기소이(視其所以)'에서 '시(視)'자를 이어받았다.

○ 勿軒態氏曰: "發端處."136)

'이의지소종래자유미선언(而意之所從來者有未善焉)'에서 '소종래(所從來)'에 대해, 물헌 웅씨(勿軒熊氏: 熊禾)가 말하였다. "이는 발단이 되는 곳이다."

○ 幷承上註.

여기의 주자 주석은 위의 주석을 아울러 이어받았다.

○ 勉齋黃氏曰: "小人不復觀."137)

'관기소유(觀其所由)'에 대해, 면재 황씨(勉齋黃氏: 黃榦)가 말하였다. "소인은 다시 살펴보지 않는다는 뜻이다."

○ 訓兼論.

훈고에 의미 설명을 겸하였다.

朱註

> 或曰: "由, 行也, 謂所以行其所爲者也."
>
> 어떤 사람이 말하였다. "유(由)는 실행하는 일이니, 그 행하는 것을 실행하는 근거를 말한다."

詳說

○ 與'一說'同.

'혹왈(或曰)'이라 한 것은 '어떤 주장에는'이라 말하는 것과 같다.

○ 承上.

'위소이행기소위자야(謂所以行其所爲者也)'에서 '위(爲)'자는 위 주석 '이, 위야(以,

136) 호병문, 『사서통』「논어통」 권1에는 웅화(熊禾)의 말로, "'所由'言意之所來, '所安'言心之所安. 意是發端處, 心是全體處.('연유한 곳'은 뜻이 생겨나온 곳을 말하고, '편안히 여기는 곳'은 마음이 편안한 곳을 말한다. 뜻은 발단이 되는 곳이고, 마음은 전체가 되는 곳이다.)"라고 실려 있다.

137) 호병문, 『사서통』「논어통」 권1.

爲也)'에서 '위(爲)'자를 이어받았다.

○ **朱子曰 : "'由', 後說不如前說, 就他心術上看."**[138]

이 구절에 대해 주자(朱子 : 朱熹)가 말하였다. "'관기소유(觀其所由)'에서 '유(由)'에 대해서는 뒤의 설명은 앞의 설명만 못하니 그의 마음가짐에서 본 것이다."

○ **'行' · '爲'二字, 意涉重複, '所以 · 其 · 者'四字語亦模糊, 備一說而已.**

'위소이행기소위자야(謂所以行其所爲者也)'에서 '행(行)'자와 '위(爲)'자 두 글자는 뜻이 서로 중복되고, '소이(所以)'자와 '기(其)'자와 '자(者)'자 네 글자는 그 말뜻이 또한 모호하기 때문에 어떤 주장으로 구비해 두었을 뿐이다.

[2-10-3]

察其所安.

그 편안히 여기는 것을 살펴보아야 한다.

朱註

察, 則又加詳矣. 安所樂也. 所由雖善, 而心之所樂者, 不在於是, 則亦僞耳, 豈能久而不變哉?

찰(察)은 또 더 자세한 것이다. 안(安)은 즐거워함이다. 연유한 곳이 비록 선(善)하지만 마음에 즐거워하는 것이 여기에 있지 않다면 또한 거짓일 뿐이니, 어찌 오래되어도 변하지 않을 수 있겠는가?

---

138) 『주자어류(朱子語類)』 권24, 「논어6(論語六)」, 30조목에는 "問 : ''觀其所由', 『集注』兩說, 如何?' 曰 : ''意之所從來', 如讀書是好, 須看所讀何書. '行其所爲', 或强勉有所爲. 後說不如前說. 蓋'行其所爲'只是就上面細看過, 不如'意之所從來'是就他心術上看.'(물었다. ''그 연유한 곳을 살핀다'는 구절에 대해 『논어집주(論語集註)』에 두 가지로 설명이 있는데, 어떻습니까?' 주자(朱子 : 朱熹)가 대답하였다. ''뜻이 연유한 곳'이라 말한 것은 예컨대 책을 읽는 것이 좋은 일이지만, 모름지기 읽는 책이 어떤 책인지를 보아야 한다는 뜻이다. '그 행하는 것을 실행한다'라고 말한 것은 혹 억지로 힘써서 행하는 것이 있다는 뜻이다. 뒤의 설명은 앞의 설명만 못하다. '그 행하는 것을 실행한다'라는 것은 다만 행한 것에서 세밀하게 보았다는 것일 뿐이니, '뜻이 연유한 곳'이라 한 것이 그의 마음가짐에서 보는 것인 만큼은 못하기 때문이다.)"라고 되어 있다.

詳說

○ 照上二節.

'찰, 칙우가상의(察, 則又加詳矣)'라고 한 것은 위 두 절(節)을 비추어 본 것이다.

○ 音洛, 下同.

'안소락야(安所樂也)'에서 '락(樂)'자는 음이 '락(洛)'이고 아래도 같다.

○ 承上二註.

'소유수선(所由雖善)'이라 한 것은 위 두 개의 주석을 이어받았다.

○ 勿軒熊氏曰 : "全體處."[139]

'이심지소락자(而心之所樂者)'에 대해, 물헌 웅씨(勿軒熊氏 : 熊禾)가 말하였다. "이는 전체가 되는 곳이다."

○ 善也.

'부재어시(不在於是)'에서 '시(是)'자는 선(善)을 가리킨다.

○ 應上'雖'字.

'즉역위이(則亦僞耳)'에서 '역(亦)'자는 위 '소유수선(所由雖善)'에서 '수(雖)'자에 호응한다.

○ 朱子曰 : "樂處便是誠實, 不是勉强."[140]

'이심지소락자, 부재어시, 즉역위이(而心之所樂者, 不在於是, 則亦僞耳)'에 대해, 주자(朱子 : 朱熹)가 말하였다. "즐거워하는 것은 곧 성실함이지 억지로 힘쓰는 것이 아니다."

○ 朱子曰 : "次第依舊又從熟處去."[141]

---

139) 호병문, 『사서통』「논어통」 권1에는 웅화(熊禾)의 말로, "'所由'言意之所來, '所安'言心之所安. 意是發端處, 心是全體處.('연유한 곳'은 뜻이 생겨나온 곳을 말하고, '편안히 여기는 곳'은 마음이 편안한 곳을 말한다. 뜻은 발단이 되는 곳이고, 마음은 전체가 되는 곳이다.)"라고 실려 있다.

140) 『주자어류(朱子語類)』 권24, 「논어6(論語六)」, 23조목에는 "於樂處, 便是誠實爲善. '如好好色, 如惡惡臭', 不是勉强做來. 若以此觀人, 亦須以此自觀. 看自家爲善, 果是爲己, 果是樂否?(즐거워하는 것은 바로 성실하게 선을 행하는 것이다. '마치 좋은 색깔을 좋아하는 것 같고, 나쁜 냄새를 싫어하는 것 같은 일'은 억지로 힘써서 그렇게 해내는 것이 아니다. 만약 이것으로 사람을 살펴본다면 또한 반드시 이를 가지고 스스로를 살펴보아야 한다. 스스로 선을 행하는 것이 과연 자기를 위한 것인지, 과연 즐거워하는 것인지의 여부를 보아야 한다.)"라고 되어 있다.

141) 『주자어류(朱子語類)』 권24, 「논어6(論語六)」, 30조목에는 "'所安', 『集註』下得'樂'字不穩. 安,

'기능구이불변재(豈能久而不變哉)'에 대해, 주자(朱子 : 朱熹)가 말하였다. "점차적으로 예전과 같아지고 또 익숙한 곳으로 따라갈 것이다."

○ 勉齋黃氏曰 : "君子所由之未善者, 亦不復察."142)

'찰기소안(察其所安)'에 대해, 면재 황씨(勉齋黃氏 : 黃榦)가 말하였다. "군자가 연유하는 바가 선하지 않은 것도 또한 다시 자세히 살펴보지 않았기 때문이다."

○ 訓兼論.

훈고에 의미 설명을 겸하였다.

[2-10-4]

人焉廋哉, 人焉廋哉!"

사람들이 어떻게 자신을 숨길 수 있겠는가, 사람들이 어떻게 자신을 숨길 수 있겠는가!"

朱註

焉, 於虔反. 廋, 所留反.143) 焉, '何'也. 廋, '匿'也. 重言以深明之.

'언(焉)'은 '어(於)'와 '건(虔)'의 반절(反切)이다. '수(廋)'자는 '소(所)'와 '유(留)'의 반절(反切)이다. 언(焉)은 '어찌'이다. 수(廋)는 '숨기다'이다. 거듭 말하여 깊이 밝힌 것이다.

大率是他平日存主習熟處. 他本心愛如此, 雖所由偶然不如此, 終是勉强, 必竟所樂不在此, 次第依舊又從熟處去.('편안히 여기는 것'에 대해 『논어집주(論語集註)』에서 '락(樂 : 즐거워한다)'이라는 글자를 쓴 것은 타당하지 않다. 편안한 것은 대체로 그가 평소에 주된 것으로 보존하면서 익숙하게 익힌 것이다. 그의 본마음이 이와 같은 것을 좋아한다면 비록 연유하는 것이 우연히 이와 같지 않다고 하더라도 끝내 억지로 힘쓰는 것이고, 결국 즐거워하는 것이 여기에 있지 않으니, 점차적으로 예전과 같아지고 또 익숙한 곳으로 따라갈 것이다.)"라고 되어 있다.

142) 호병문, 『사서통』「논어통」 권1에는 황간(黃榦)의 말로 실려 있다.

143) 焉, 於虔反. 廋, 所留反 : 이 두 반절에 대해 『논어집주대전』 주자 주석은 없다. 그러나 박문호(朴文鎬)의 『논어집주상설(論語集註詳說)』에는 추가되어 있다.

詳說

○ 去聲.

'중언이심명지(重言以深明之)'에서 '중(重)'자는 거성(去聲)이다.

○ 訓兼論.

훈고에 의미 설명을 겸하였다.

朱註

程子曰 : "在己者能知言窮理, 則能以此察人如聖人也.

정자(程子 : 程顥)가 말하였다. "자신에게 있는 것을 지언(知言 : 말을 잘 이해함)하고 궁리(窮理 : 이치를 궁구함)할 수 있다면, 이로써 사람 관찰하기를 성인과 같이 할 수 있을 것이다."

詳說

○ 伯子.

'정자왈(程子曰)'에서 '정자(程子)'는 형 정호(程顥)이다.

○ 二字出『孟子』「公孫丑」.

'재기자능지언궁리(在己者能知言窮理)'에서 '지언(知言)'은 『맹자(孟子)』「공손추상(公孫丑上)」에 나온다.[144]

○ 出『易』「說卦傳」.

'재기자능지언궁리(在己者能知言窮理)'에서 '궁리(窮理)'는 『역(易)』「설괘전」에 나온다.[145]

○ 洪氏曰 : "此夫子觀人之法. 聽言 · 觀眸, 孟子觀人之法."[146]

---

144) '지언(知言)'은 『맹자(孟子)』「공손추상(公孫丑上)」에 나온다 : 『맹자(孟子)』「공손추상(公孫丑上)」에서 "나는 다른 사람의 말을 잘 이해하고, 나는 나의 호연지기(浩然之氣)를 잘 기른다.(我知言, 我善養吾浩然之氣.)"라고 하였다.

145) '궁리(窮理)'는 『역(易)』「설괘전」에 나온다 : 『주역(周易)』「설괘전」 제1장에서 "음양에 변(變)하는 것을 보아 괘를 세우고, 강유(剛柔)에 발휘하여 효를 만들어 내니, 도덕에 순응하고 의(義)에 알맞게 하며, 이치를 궁구하고 성(性)을 다 발휘하여 명(命)에 이른다.(觀變於陰陽而立卦, 發揮於剛柔而生爻, 和順於道德而理於義, 窮理盡性以至於命.)"라고 하였다.

146) 호광 편(胡廣 編), 『논어집주대전(論語集註大全)』 권2에는 "此夫子觀人之法. 聽其言觀眸子, 人焉廋哉? 此孟子觀人之法.(이는 공자가 사람을 살펴보는 방법이다. 그 말을 들어보고 눈을

홍씨(洪氏 : 洪興祖)가 말하였다. "이는 공자가 사람을 살펴보는 방법이다. 말을 들어보고 눈을 살펴보는 것은 맹자가 사람을 살펴보는 방법이다."

○ **新安陳氏曰 : "引程子言以補本文之意. 在我者不明, 則何以察人?"**147)

신안 진씨(新安陳氏 : 陳櫟)가 말하였다. "정자(程子 : 程顥)의 말을 인용하여 본문의 뜻을 보충하였다. 나에게 있는 것을 밝히지 않으면 또한 어찌 남을 자세히 살펴볼 수 있겠는가?"

살펴보면 사람들이 어떻게 자신을 숨길 수 있겠는가! 이는 맹자가 사람을 살펴보는 방법이다.)"라고 되어 있다.

147) 호광 편(胡廣 編), 『논어집주대전(論語集註大全)』 권2에 진력(陳櫟)의 말로, "在我者不明, 則亦何以察人? 『集註』引程子之言, 以補本文之意. 知言, 如孟子'我知言', 能知人言之是非; 窮盡事物之理, 則心如明鏡, 方能如聖人觀人之法以察人也.(나에게 있는 것을 밝히지 않으면 또한 어찌 남을 자세히 살펴볼 수 있겠는가? 『논어집주(論語集註)』에서는 정자(程子 : 程顥)의 말을 인용하여 본문의 뜻을 보충하였다. 말을 잘 이해한다는 것은 맹자가 '나는 다른 사람의 말을 잘 이해한다'라고 한 것과 같으니, 다른 사람의 말의 옳고 그름을 알 수 있다는 것이고, 사물의 이치를 모두 궁구하면 마음이 밝은 거울과 같아서 그제야 비로소 마치 성인이 사람들을 살펴보는 방법으로 남들을 자세히 살펴보는 것과 같을 수 있다.)"라고 실려 있다.

[2-11-1]

子曰 : "溫故而知新, 可以爲師矣."
공자가 말하였다. "예전에 배운 것을 익히고, 새로운 것을 터득하면, 스승이 될 수 있다."

朱註

溫, 尋繹也. 故者, 舊所聞. 新者, 今所得.
온(溫)은 찾고 연역하는 일이다. 고(故)는 예전에 들은 것이다. 신(新)은 지금 터득한 것이다.

詳說

○ 與'習'字意同.
'온, 심역야(溫, 尋繹也)'라고 한 것은 '습(習)'자의 의미와 같다.

○ 訓畢.
훈고가 끝났다.

朱註

言學能時習舊聞, 而每有新得, 則所學在我, 而其應不窮, 故可以爲人師.
배움이 예전에 들은 것을 때때로 익히고 매번 새로 터득함이 있을 수 있으면, 배운 것이 나에게 있고 그 대응하는 것이 끝이 없기 때문에, 스승이 될 수 있다고 말한 것이다.

詳說

○ 卽儒者之學.
'언학능시습구문(言學能時習舊聞)'에서 '학(學)'자는 바로 유교의 학문이다.

○ 本文'而'字有'以'字意, 與'就有道而正'之'而'字同. 但'就有道'註則'以'易'而', 此則仍用'而'字者, 以'溫故''知新'意雖相因, 語實對待故耳.
본문 '온고이지신(溫故而知新)'에서 '이(而)'자에는 '이(以)'자의 뜻이 있으니, 「학이(學而)」편 '취유도이정언(就有道而正焉 : 도(道))를 갖춘 사람에게 찾아가서 질정(質正)한다'에서 '이(而)'자와 같다. 다만 '취유도이정언(就有道而正焉)'에 대한 주자 주석에서는 '필취유도지인, 이정기시비(必就有道之人, 以正其是非)'라고 하여 '이(而)'자를 '이(以)'자로 바꾸었는데, 여기까지 '학능시습구문, 이매유신득(學能時習舊聞, 而每有新得)'이라 하여 여전히 '이(而)'자를 쓴 것은 '온고(溫故)'와 '지신(知新)'의 뜻이 서로 이어지지만 '고(故)'와 '신(新)'이라는 낱말이 실로 대대(對待 : 대립하면서 서로 기다림)하기 때문이다.

○ 朱子曰 : "就溫故中見得這道理愈精, 勝似舊時."148)

'언학능시습구문, 이매유신득(言學能時習舊聞, 而每有新得)'에 대해, 주자(朱子 : 朱熹)가 말하였다. "예전에 배운 것을 익히는 가운데 이 도리가 더욱 정밀해지는 것을 알아, 예전보다 나아지는 것이다."

○ 又曰 : "溫故, 聞見之在外者; 知新, 義理之得於己者."149)

'언학능시습구문, 이매유신득(言學能時習舊聞, 而每有新得)'에 대해, 주자(朱子 : 朱熹)가 또 말하였다. "예전에 배운 것을 익힌다는 것은 바깥에 있는 것을 보고 듣는다는 뜻이고, 새로운 것을 터득한다는 것은 자신에게서 도리를 터득한다는 뜻이다."

○ 又曰 : "『中庸』'溫故知新', 乃是'溫故'重, 此却是'知新'重."150)

'언학능시습구문, 이매유신득(言學能時習舊聞, 而每有新得)'에 대해, 주자(朱子 : 朱熹)가 또 말하였다. "『중용(中庸)』에서 '예전에 배운 것을 익히고, 새로운 것을 터

---

148) 『주자어류(朱子語類)』 권24, 「논어6(論語六)」, 38조목에는 "問'溫故知新.' 曰 : '是就溫故中見得這道理愈精, 勝似舊時所看.'('예전에 배운 것을 익히고, 새로 배운 것을 안다'라는 것에 대해 물었다. 주자(朱子 : 朱熹)가 대답하였다. '이는 예전에 배운 것을 익히는 가운데 이 도리가 더욱 정밀해지는 것을 알아서, 예전에 보았던 내용보다 더 나아지는 상황이다.')"라고 되어 있다.

149) 『주자어류(朱子語類)』 권24, 「논어6(論語六)」, 40조목에는 "問 : '溫故, 聞見之在外者; 知新, 義理之得於己者. 若溫故而不知新, 則徒聞見而已. 惟知新, 則是在我之義理, 因溫故而有以自得之, 其應無窮, 故可以爲師乎?' 曰 : '然.'(물었다. '예전에 배운 것을 익힌다는 말은 바깥에 있는 것을 보고 듣는다는 뜻이고, 새로운 것을 터득한다는 말은 자신에게서 도리를 터득한다는 뜻입니다. 만약 예전에 배운 것을 익히기만 하고 새로운 것을 터득하지 못한다면 한갓 보고 들은 일일 뿐입니다. 오직 새로운 것을 터득해야만 나에게 있는 도리가 예전에 배운 것을 익히는 것에 따라서 스스로 터득할 수 있게 되고, 그 대응이 끝이 없기 때문에 스승이 될 수 있는 것입니까?' 주자(朱子 : 朱熹)가 대답하였다. '그렇다.')"라고 되어 있다.

150) 『주자어류(朱子語類)』 권24, 「논어6(論語六)」, 42조목에는 "'溫故而知新', 此處'知新'是重. 中庸'溫故而知新'乃是'溫故'重. 聖人言語自有意思, 一箇這頭重, 一箇那頭重.('예전에 배운 것을 익히고, 새로운 것을 터득한다'라는 구절은 여기까지는 '새로운 것을 터득한다'라는 것이 중요하다. 『중용(中庸)』에서 '예전에 배운 것을 익히고, 새로운 것을 터득한다'라고 한 것은 곧 '예전에 배운 것을 익힌다'라는 것이 중요하다. 성인의 말은 본디 의미가 있으니, 하나는 여기를 중시했다면, 다른 하나는 저기를 중시한다.)"라고 되어 있다.

득한다'라고 한 것[151])은 곧 '예전에 배운 것을 익힌다'라는 뜻이 중요하지만, 여기에서는 도리어 '새로운 것을 터득한다'라는 뜻이 중요하다."

○ '溫故'之效.

'즉소학재아(則所學在我)'는 '예전에 배운 것을 익힌다'는 것의 효험이다.

○ '知新'之效.

'이기응불궁(而其應不窮)'은 '새로운 것을 터득한다'는 것의 효험이다.

○ 朱子曰 : "'可'者, 非有餘也."[152])

'고가이위인사(故可以爲人師)'에 대해, 주자(朱子 : 朱熹)가 말하였다. "여기에서 '가(可)'자는 남음이 있다는 말이 아니다."

○ 釋畢.

경문의 풀이가 끝났다.

○ 此下又論言外意, 以救世俗之弊.

이 아래는 또 말 밖의 뜻을 논하여 세속의 폐단을 구제하였다.

朱註

若夫記問之學, 則無得於心, 而所知有限. 故「學記」譏其不足以爲人師, 正與此意互相發也.

그런데 질문에 대답하기 위해 미리 외워두는 학문이라면, 마음에 터득함이 없어서 아는 것이 한계가 있다. 그러므로 『예기』「학기(學記)」에서 질문에 대답하기 위해 미리 외워두는 학문으로는 스승이 되기에 충분하지 않다고 비판했으니,[153])

151) 『중용(中庸)』에서 '예전에 배운 것을 익히고, 새로운 것을 터득한다'라고 한 것 : 『중용장구(中庸章句)』 제27장에서 "그러므로 군자는 덕성(德性)을 높이고 학문을 말미암으니, 광대함을 지극히 하고 정미(精微)함을 다 발휘하며, 숭고하고 명석함을 다하고 중용을 따르며, 예전에 배운 것을 익히고 새로운 것을 터득하며, 두터움을 돈독하게 하고 예(禮)를 높인다.(故君子尊德性而道問學, 致廣大而盡精微, 極高明而道中庸하, 溫故而知新, 敦厚以崇禮.)"라고 하였다.

152) 『사서혹문(四書或問)』 권7 「논어혹문(論語或問)」에는 "所謂'可'云者, 正所以明夫未至此者, 不足以爲師, 非以爲能如是而爲師有餘也.(이른바 '가(可 : 될 수 있다)'라고 말한 것은 바로 여기에 이르지 못한 사람은 스승이 되기에 충분하지 못하다는 사안을 밝힌 것이지, 이와 같이 할 수 있으면 스승이 되기에 남음이 있다고 여긴 것은 아니다.)"라고 되어 있다.

153) 『예기』「학기(學記)」에서 질문에 대답하기 …… 스승이 되기에 충분하지 않다고 비판했으니 : 『예기』「학기(學記)」에는 "질문에 대답하기 위해 미리 외워두는 학문으로는 스승이 되기에 충

바로 이 뜻과 서로 드러내 밝히는 것이다.

詳說

○ 音扶.

'약부기문지학(若夫記問之學)'에서 '부(夫)'자는 음이 부(扶)이다.

○ 卽訓詁之學.

'약부기문지학(若夫記問之學)'에서 '기문지학(記問之學)'은 곧 훈고하는 학문[訓詁學]이다.

○ 新安陳氏曰: "與'每有新得'相反."[154)]

'즉무득어심(則無得於心)'에 대해, 신안 진씨(新安陳氏: 陳櫟)가 말하였다. "이는 '매번 새로 터득함이 있다'라는 것과 상반된다."

○ 朱子曰: "記得一事, 更推第二事不去."[155)]

'이소지유한(而所知有限)'에 대해, 주자(朱子: 朱熹)가 말하였다. "한 가지 일을 외우면 다시 두 번째 일을 유추해 내지 못한다는 것이다."

○ 新安陳氏曰: "與'其應不窮'相反."[156)]

'이소지유한(而所知有限)'에 대해, 신안 진씨(新安陳氏: 陳櫟)가 말하였다. "이는 '그 대응하는 것이 끝이 없다'라는 것과 상반된다."

○『禮記』.

'고「학기」기기부족이위인사(故「學記」譏其不足以爲人師)'에서 '「학기(學記)」'는『예기』의 편명이다.

○ 指記問之學.

'고「학기」기기부족이위인사(故「學記」譏其不足以爲人師)'에서 '기(其)'는 질문에 대답하기 위해 미리 외워두는 학문을 가리킨다.

분하지 않으니, 굳이 질문을 듣고서야 말할 필요가 있겠는가?(記問之學不足以爲人師, 必也其聽語乎?)"라고 되어 있다.

154) 호광 편(胡廣 編),『논어집주대전(論語集註大全)』권2.

155)『주자어류(朱子語類)』권24,「논어6(論語六)」, 43조목에는 "且如記問之學, 記得一事, 更推第二事不去; 記得九事, 便說十事不出, 所以不足爲人師.(예컨대 질문에 대답하기 위해 미리 외워두는 학문은 한 가지 일을 외우면 다시 두 번째 일을 유추해 내지 못하고, 아홉 가지 일을 외우고도 곧 열 가지 일을 말하지 못하기 때문에 다른 사람의 스승이 되기에 충분하지 못하다.)"라고 되어 있다.

156) 호광 편(胡廣 編),『논어집주대전(論語集註大全)』권2.

○ 此章.

'정여차의호상발야(正與此意互相發也)'에서 '차(此)'는 이 장(章)을 가리킨다.

○ 朱子曰:"記問之學, 温故而不知新, 口耳文字之外, 略無意見."157)

주자(朱子:朱熹)가 말하였다. "질문에 대답하기 위해 미리 외워두는 학문은 예전에 배운 것을 익히기는 하지만, 새로운 것을 터득하지 못하니, 그것은 문자를 귀로 듣고 입으로 말하는 것 이외에는 거의 자신의 의견이 없다."

157) 『사서혹문(四書或問)』 권7 「논어혹문(論語或問)」에는 "然徒能温故而不能索其義理之所以然者, 則見聞雖富, 誦說雖勤, 而口耳文字之外, 略無毫髮意見.(그러나 다만 예전에 배운 것을 익히기만 하고 그 의리의 근원을 찾아내지 못하면 보고 들은 것이 비록 풍부하고 외워서 강설하는 것이 비록 부지런하더라도 문자를 귀로 듣고 입으로 말하는 것 이외에는 거의 조금도 자신의 의견이 없다.)"라고 되어 있다.

[2-12-1]

子曰："君子不器."
공자가 말하였다. "군자는 그릇처럼 국한되지 않는다."

朱註

器者, 各適其用而不能相通. 成德之士體無不具, 故用無不周, 非特爲一才一藝而已.
기(器)는 각각 그 용도에만 적합하지 서로 통용될 수 없는 것이다. 덕을 이룬 선비는 체(體)가 갖추어지지 않음이 없기 때문에 용(用)이 두루 하지 않음이 없으니, 다만 한 가지 재주나 한 가지 기예(技藝)만을 갖춘 사람이 아니다.

詳說

○ 訓畢.
'각적기용이불능상통(各適其用而不能相通)'에서 훈고가 끝났다.

○ 君子.
'성덕지사체무불구(成德之士體無不具)'에서 '성덕지사(成德之士)'는 군자를 가리킨다.

○ 勉齋黃氏曰："所以不器."[158)]
'성덕지사체무불구(成德之士體無不具)'에 대해, 면재 황씨(勉齋黃氏 : 黃榦)가 말하였다. "이는 그릇처럼 국한되지 않는 까닭이다."

○ 程子曰："一才一藝則器也."[159)]
'비특위일재일예이이(非特爲一才一藝而已)'에 대해, 정자(程子 : 程頤)가 말하였다. "한 가지 재주나 한 가지 기예(技藝)만을 갖추었다면 그릇처럼 국한된 것이다."

---

158) 호병문, 『사서통』「논어통」 권1에는 황간(黃榦)의 말로, "體無不具, *原君子之所以不器也*(체(體)가 갖추어지지 않음이 없다는 것은 군자가 그릇처럼 국한되지 않는 까닭을 추구할 수 있는 것이다.)"라고 실려 있다.

159) 나종언(羅從彦), 『예장문집(豫章文集)』 권10에 정이(程頤)의 말로, "*君子不器, 無所不施也. 若一才一藝則器也.*(군자는 그릇처럼 국한되지 않으니 그 어느 것에도 베풀지 않음이 없다. 만약 한 가지 재주나 한 가지 기예(技藝)만을 갖추었다면 그릇처럼 국한된 것이다.)"라고 실려 있다.

○ 朱子曰 : "君子才德出衆. 德, 體也; 才, 用也."[160]

주자(朱子 : 朱熹)가 말하였다. "군자는 재주와 덕이 뛰어난 사람이다. 덕은 체(體)이고, 재주는 쓰임[用]이다."

○ 釋畢.

경문의 풀이가 끝났다.

160) 『주자어류(朱子語類)』 권24, 「논어6(論語六)」, 50조목에는 "或問 : ''君子不器', 如孔門德行之外, 乃爲器否?' 曰 : '若偏於德行, 而其用不周, 亦是器. 君子者, 才德出衆之名. 德者, 體也; 才者, 用也. 君子之人, 亦具聖人之體用; 但其體不如聖人之大, 而其用不如聖人之妙耳.'(어떤 사람이 물었다. ''군자는 그릇처럼 국한되지 않는다'라고 했는데, 만약 공자 문하의 덕행 이외의 일은 바로 그릇처럼 국한된 것이라는 말입니까?' 주자(朱子 : 朱熹)가 대답하였다. '만약 덕행에 치우쳐서 그 쓰임이 두루 하지 않는다면 이는 또한 그릇처럼 국한된 것이다. 군자는 재주와 덕이 뛰어난 사람에 대한 명칭이다. 덕은 체(體)이고, 재주는 쓰임[用]이다. 군자인 사람은 또한 성인의 체(體)와 쓰임을 갖추고 있지만, 다만 그 체(體)가 성인만큼 위대하지 못하고 그 쓰임도 성인만큼 오묘하지 못할 뿐이다.')"라고 되어 있다.

[2-13-1]

子貢問君子. 子曰 : "先行其言而後從之."
자공(子貢)이 군자에 관해 물었다. 공자가 대답하였다. "말에 앞서 실행하고, 그 뒤에 말이 행동을 따르게 하는 것이다."

詳說

○ 此及下章, 皆因上章君子而類記之.
이 장(章)과 아래 장(章)은 모두 위 장(章)의 군자를 논의한 사안에 따라서 같은 부류로 기록한 것이다.

朱註

周氏曰 : "'先行其言'者, 行之於未言之前; '而後從之'者, 言之於旣行之後."
주씨(周氏 : 周孚先)[161]가 말하였다. "'선행기언(先行其言)'은 말하기 전에 실행하는 것이고, '이후종지(而後從之)'는 이미 실행한 뒤에 말하는 것이다."

詳說

○ 『大全』曰 : "名孚先, 字伯忱, 毗陵人."
'주씨왈(周氏曰)'에서 '주씨(周氏)'에 대해, 『논어집주대전』에서 말하였다. "이름은 부선(孚先)이고 자는 백침(伯忱)이며, 비릉(毗陵)사람이다."

○ '從之', 謂從而言之.
'이후종지자(而後從之者)'에서 '종지(從之)'는 실행한 것을 좇아서 말함을 일컫는다.

○ 訓兼釋.
훈고에 경문에 풀이를 겸하였다.

○ 如此, 則可謂君子之意已足矣.
이와 같이 하면 군자의 뜻이 이미 충분하다고 말할 수 있을 것이다.

---

161) 주부선(周孚先) : 자는 백침(伯忱)이고, 송나라 때 비릉(毗陵 : 현 강소성 상주시(常州市)) 사람이다. 동생(恭先)과 함께 정이(程頤) 문하에서 17년간 수학하고 임안교관(臨安敎官)을 지냈다. 정이(程頤)는 그들 형제를 기질이 순수하고 맑아서 도(道)에 들어갈 만하다고 평가했다고 한다. 저서에 『논어해(論語解)』가 있다.

朱註

○ 范氏曰："子貢之患, 非言之艱而行之艱, 故告之以此.

범씨(范氏 : 范祖禹)가 말하였다. "자공(子貢)의 근심은 말하는 것에서 어려움이 아니라 실행하는 것에서 어려움이었기 때문에 공자는 이것으로 말해주었다."

詳說

○ 所自患者.

'자공지환(子貢之患)'에서 '환(患)'은 자공이 스스로 근심한 것이다.

○ 能言.

'비언지간이행지간(非言之艱而行之艱)'에서 '비언지간(非言之艱)'은 말은 잘했다는 뜻이다.

○ 未必能行.

'비언지간이행지간(非言之艱而行之艱)'에서 '행지간(行之艱)'은 꼭 잘 실행하지는 못했다는 말이다.

○ 切於其身上.

'고고지이차(故告之以此)'에서 '차(此)'는 그 자신에게 절실한 것을 말한다.

[2-14-1]

子曰："君子周而不比, 小人比而不周."

공자가 말하였다. "군자는 두루 조화롭지만 편당(偏黨)하지 않으며, 소인은 편당하여 두루 조화롭지 못한다."

詳說

○ 比, 必二反.

'군자주이불비(君子周而不比)'에서 '비(比)'는 '필(必)'과 '이(二)'의 반절(反切)이다.

○ 此之'必二', 『詩』之毗至, 當參互看.

위에서 말한 '필이반(必二反)'에서 '필이(必二)'는 『시경(詩經)』에서 '비지(毗至)'[162] 와 서로 참조해서 보아야 한다.

朱註

周, 普徧也; 比, 偏黨也. 皆與人親厚之意, 但周公而比私爾.

주(周)는 두루 널리 함이고, 비(比)는 편당(偏黨)하는 것이다. 이것들은 모두 다른 사람들과의 친밀한 관계를 의미하지만, 주(周)는 공적(公的)인 일이고, 비(比)는 사적(私的)인 것이다.

詳說

○ 其意則同.

'개여인친후지의(皆與人親厚之意)'는 그 뜻은 같다는 말이다.

○ 周則公.

'단주공이비사이(但周公而比私爾)'에서 '주공(周公)'은 두루 널리 하면 공적(公的)인 일이 된다.

○ 比則私.

'단주공이비사이(但周公而比私爾)'에서 '비사(比私)'는 편당하면 사적(私的)인 것이

---

162) 『시경(詩經)』에서 '비지(毗至)' : 『시경(詩經)』「대아(大雅) · 황의(皇矣)」의 "문왕(文王)에 이르러 그 덕에 여한이 없으니(比于文王, 其德靡悔)"라는 구절에 대해, 주자는 『시경집전(詩經集傳)』에서 '비(比)'자를 '비지반(毗至反)'이라 훈고하였다.

된다.

○ 其心則異.

'단주공이비사이(但周公而比私爾)'에서 '비사(比私)'는 편당하면 그 마음이 다르다.

○ 有訓無釋.

훈고는 있으나 경문의 풀이는 없다.

朱註

君子小人所爲不同, 如陰陽晝夜, 每每相反. 然究其所以分, 則在公私之際, 毫釐之差耳.

군자와 소인의 행위가 같지 않은 것은 마치 음(陰)과 양(陽), 밤과 낮처럼 매번 상반된다. 그러나 그 나누어지는 까닭을 궁구해 보면 공(公)과 사(私)의 사이에 아주 작은 차이가 있을 뿐이다.

詳說

○ 雲峰胡氏曰 : "相反者易知."163)

'여음양주야, 매매상반(如陰陽晝夜, 每每相反)'에 대해, 운봉 호씨(雲峯胡氏 : 胡炳文)가 말하였다. "상반되는 것은 쉽게 알 수 있다."

○ 汎論行事, 所包者廣.

'군자소인소위부동, 여음양주야, 매매상반(君子小人所爲不同, 如陰陽晝夜, 每每相反)'이라 한 것은 널리 일반적인 행위를 논한 것이니, 포괄하는 뜻이 넓다.

○ 初分處.

'연구기소이분(然究其所以分)'에서 '기소이분(其所以分)'은 처음 나누어지는 곳이다.

○ 雲峰胡氏曰 : "相似者未易察."164)

'즉재공사지제, 호리지차이(則在公私之際, 毫釐之差耳)'에 대해, 운봉 호씨(雲峯胡氏 : 胡炳文)가 말하였다. "서로 비슷한 것은 쉽게 살펴보지 못한다."

---

163) 호병문, 『사서통』「논어통」 권1에는 "蓋相反者, 其情易知; 相似者, 其幾未易察也. 故拳拳欲學者致審焉(대개 상반된 것은 그 실정을 쉽게 알 수 있지만, 서로 비슷한 것은 그 기미를 쉽게 살피지 못한다. 그러므로 성인은 간절하게 배우는 사람들이 자세히 살피기를 바랐다.)"라고 되어 있다.

164) 호병문, 『사서통』「논어통」 권1.

○ 究論幾微, 以入本章意.

'즉재공사지제, 호리지차이(則在公私之際, 毫釐之差耳)'라고 한 것은 기미를 끝까지 논의하여 이 장(章)의 뜻에 집어넣었다.

朱註

故聖人於周比 · 和同 · 驕泰之屬, 常對擧而互言之, 欲學者察乎兩間, 而審其取舍之幾也.

그러므로 성인은 주(周)와 비(比), 화(和)와 동(同),[165] 교(驕 : 교만함)와 태(泰 : 태연함)[166]의 등속에 대해 항상 짝을 들어 서로 말했으니, 이는 배우는 사람들에게 이 두 가지 사이를 관찰하여 취하거나 버리는 기미를 살피도록 하려는 것이다.

詳說

○ 此章.

'고성인어주비 · 화동 · 교태지속(故聖人於周比 · 和同 · 驕泰之屬)'에서 '주비(周比)'는 이 장(章)에서 말한 것이다.

○ 幷見「子路」.

'고성인어주비 · 화동 · 교태지속(故聖人於周比 · 和同 · 驕泰之屬)'에서 '화동 · 교태(和同 · 驕泰)'는 모두 「자로(子路)」에 보인다.

○ '周而' · '比而'.

'상대거이호언지(常對擧而互言之)'에서 '대거(對擧)'는 본문 '군자주이불비, 소인비이부주(君子周而不比, 小人比而不周)'에서 '주이(周而)' · '비이(比而)'라고 한 것을 가리킨다.

○ '不比' · '不周'.

'상대거이호언지(常對擧而互言之)'에서 '호언지(互言之)'는 본문 '군자주이불비, 소인비이부주(君子周而不比, 小人比而不周)'에서 '불비(不比)' · '부주(不周)'라고 한

---

165) 화(和)와 동(同) : 『논어(論語)』「자로(子路)」에서 "공자가 말하였다. '군자는 화(和)하고 동(同)하지 않으며, 소인은 동(同)하고 화(和)하지 않는다.'(子曰 : '君子, 和而不同; 小人, 同而不和.')"라고 하였다.

166) 교(驕 : 교만함)와 태(泰 : 태연함) : 『논어(論語)』「자로(子路)」에서 "공자가 말하였다. '군자는 태연하되 교만하지 않고, 소인은 교만하되 태연하지 못하다.'(子曰 : '君子, 泰而不驕; 小人, 驕而不泰.')"라고 하였다.

것을 가리킨다.

○ 所分之際.

'욕학자찰호량간(欲學者察乎兩間)'에서 '량간(兩間)'은 나누어지는 사이를 가리킨다.

○ 上聲.

'이심기취사지기야(而審其取舍之幾也)'에서 '사(舍)'자는 거성(去聲)이다.

○ 新安陳氏曰 : "'和同 · 驕泰'亦當如是看. 以此章居首, 故於此包括言之."167)

신안 진씨(新安陳氏 : 陳櫟)가 말하였다. "'화동 · 교태(和同 · 驕泰)' 또한 '주비(周比)'의 관계와 같이 보아야 한다. 이 장(章)이 앞에 자리 잡았기 때문에 이것으로 그것들을 포괄하여 말하였다."

167) 호광 편(胡廣 編), 『논어집주대전(論語集註大全)』 권2.

[2-15-1]

> **子曰："學而不思則罔, 思而不學則殆."**
> 공자가 말하였다. "배우기만 하고 생각하지 않으면 얻음이 없고, 생각하기만 하고 배우지 않으면 위태롭다."

詳說

○ 朱子曰："學其事, 思這道理."[168]

주자(朱子 : 朱熹)가 말하였다. "그 일을 배우고 그 도리를 생각해야 한다."

朱註

> 不求諸心, 故昏而無得; 不習其事, 故危而不安.
> 마음에서 구하지 않기 때문에 혼미하여 얻음이 없고, 그 일에 익숙하지 않기 때문에 위태로워 불안하다.

詳說

○ 不思.

'불구제심(不求諸心)'이라는 말은 생각하지 않는 것이다.

○ 此句及下'不習'上, 當各有'學而'·'思而'二字, 蓋蒙本文而省之耳. 後多有此例.

'불구제심(不求諸心)'이라는 구절은 아래 '불습기사(不習其事)'의 '불습(不習)' 앞에까지 미친다. '불구제심(不求諸心)'과 '불습기사(不習其事)' 앞에는 마땅히 각각 '학이(學而)'와 '사이(思而)'라는 두 글자가 있어야 하지만, 본문과 이어져 생략했을 뿐이다. 뒤에도 이와 같은 사례가 많이 있다.

---

168) 『주자어류(朱子語類)』 권24, 「논어6(論語六)」, 75조목에는 "學, 是學其事, 如讀書便是學, 須緩緩精思其中義理方得. 且如做此事是學, 然須思此事道理是如何, 只恁下頭做, 不思這事道理, 則昧而無得. 若只空思索, 卻又不傍所做事上體察, 則心終是不安穩. 須是事與思互相發明.(배운다는 말은 그 일을 배우는 것이니, 예컨대 독서는 곧 배우는 일이지만 모름지기 그 가운데 의리를 천천히 정밀하게 생각해야만 될 것이다. 또 어떤 일을 하는 것도 배우는 것이지만, 모름지기 그 일의 도리가 어떠한지를 생각해야지 다만 그 일의 밑바닥부터 처리해 나가기만 하고 그 일의 도리를 생각하지 않는다면, 분명하게 알지 못해서 얻는 것이 없다. 만약 다만 공허하게 생각만 하면서 또한 처리하는 일에 따라서 체찰(體察)하지 않는다면, 마음은 끝내 평온하지 못할 것이다. 모름지기 일과 생각이 서로 드러내 밝혀야 한다.)"라고 되어 있다.

○ 則罔.

'고혼이무득(故昏而無得)'이라 한 것은 그러면 얻음이 없다는 말이다.

○ 不學.

'불습기사(不習其事)'라는 것은 배우지 않는다는 뜻이다.

○ 則殆.

'고위이불안(故危而不安)'이라 한 것은 그러면 위태롭다는 말이다.

○ 釋兼訓.

경문 풀이에 훈고를 겸하였다.

朱註

○ 程子曰 : "博學 · 審問 · 愼思 · 明辨 · 篤行, 五者廢其一, 非學也."

정자(程子)가 말하였다. "박학(博學 : 널리 배움) · 심문(審問 : 깊이 물어봄) · 신사(愼思 : 신중하게 생각함) · 명변(明辨 : 분명하게 변별함) · 독행(篤行 : 독실하게 실행함), 이 다섯 가지 가운데 하나만 폐지하여도 배움이 아니다."

詳說

○ 叔子.

'정자왈(程子曰)'에서 '정자(程子)'는 동생 정이(程頤)이다.

○ 見『中庸』.

'박학 · 심문 · 신사 · 명변 · 독행(博學 · 審問 · 愼思 · 明辨 · 篤行)'은 『중용(中庸)』에 보인다.169)

○ 新安陳氏曰 : "程子本論『中庸』, 朱子采之於此, 以廣此章之意."170)

신안 진씨(新安陳氏 : 陳櫟)가 말하였다. "정자(程子 : 程頤)는 본래 『중용(中庸)』을 논했는데, 주자(朱子 : 朱熹)가 여기에 끌어와서 이 장(章)의 뜻을 넓혔다."

---

169) '박학 · 심문 · 신사 · 명변 · 독행(博學 · 審問 · 愼思 · 明辨 · 篤行)'은 『중용(中庸)』에 보인다 : 『중용장구(中庸章句)』 제20장에서 "성(誠)스럽게 하는 조목을 널리 배우고, 깊이 물으며, 신중하게 생각하고, 분명하게 변별하며, 독실하게 실행해야 한다.(博學之, 審問之, 愼思之, 明辨之, 篤行之.)"라고 하였다.

170) 호광 편(胡廣 編), 『논어집주대전(論語集註大全)』 권2.

○ 雲峰胡氏曰 : "朱子釋『中庸』以學爲知之事, 此則以學爲行之事, 要之, 學兼知行."[171]

운봉 호씨(雲峯胡氏 : 胡炳文)가 말하였다. "주자는 『중용(中庸)』을 풀이하면서, 배움[學]을 지(知)의 일로 삼았는데, 여기에서는 배움을 행(行)의 일로 여겼으니, 요컨대 배움은 지(知)와 행(行)을 겸한다."

○ 五者皆可謂學, 故曰'廢其一, 非學也.'

'박학 · 심문 · 신사 · 명변 · 독행(博學 · 審問 · 愼思 · 明辨 · 篤行)' 다섯 가지는 모두 배움이라 말할 수 있기 때문에 '이 다섯 가지 가운데 하나만 폐지하여도 배움이 아니다'라고 말하였다.

○ 朱子曰 : "學 · 行, 是學之始終; 問 · 思 · 辨, 是思之始終."[172]

주자(朱子 : 朱熹)가 말하였다. "배움과 실행은 배움의 처음과 끝이고, 묻고, 생각하고, 분별하는 것은 생각의 처음과 끝이다."

---

171) 호병문, 『사서통』「논어통」 권1에는 "朱子釋『中庸』, 學問 · 思辨屬擇善, 知之事也; 篤行屬固執, 行之事也. 此則以學爲習其事, 是行之事; 以思爲求諸心, 是知之事. 至若'學而時習之', 又引程子之言, 曰, '時復思繹', 則思又是學習之事, 若有不同者. 要之, 專言學則學兼知與行, '思繹'亦是學. 分學與思, 則思字屬知, 學字屬行. 『中庸』五者, 朱子謂學與行, 是學之終始; 問與辨, 是思之終始, 是也.(주자는 『중용(中庸)』을 풀이하면서, 학문(學問)과 사변(思辨)은 선(善)함을 가리는 것에 속하니 지(知)의 일이고, 독행(篤行)은 굳게 잡아지키는 것에 속하니 행(行)의 일이라 하였다. 여기에서는 배움[學]을 그 일을 익숙하게 하는 것으로 여겼으니 이는 행(行)의 일이고, 생각[思]을 마음에서 구하는 것으로 여겼으니 이는 지(知)의 일이다. 주자는 '학이시습지(學而時習之)'를 풀이할 때 또 정자(程子 : 程頤)의 말을 인용하여 '때때로 다시 사색하고 찾아낸다.'라고 하였으니, 생각[思]은 또 배우고 익히는 일이라서 서로 같지 않음이 있는 것 같다. 요컨대 오로지 배움만을 말하면 배움은 지(知)와 행(行)을 겸하니, '사색하고 찾아낸다'라는 것은 또한 배움이다. 그러나 배움과 생각을 나누면 생각은 지(知)에 속하고 배움은 행(行)에 속한다. 『중용(中庸)』의 이 다섯 가지에 대해 주자(朱子 : 朱熹)가 배움과 행위는 배움의 시작과 끝이고, 물음과 변별함은 생각의 시작과 끝이라 말한 것이 이것이다.)"라고 되어 있다.

172) 『주자어류(朱子語類)』 권24, 「논어6(論語六)」, 81조목에는 "叔蒙問 : '『集注』卻擧『中庸』學 · 問 · 思 · 辨與行之語. 據某看, 學與行, 是學之始終; 問 · 思 · 辨, 是思之始終.' 曰 : '然.'(숙몽(叔蒙)이 물었다. '『논어집주(論語集註)』에서 또한 『중용(中庸)』의 「박학 · 심문 · 신사 · 명변 · 독행(博學 · 審問 · 愼思 · 明辨 · 篤行)」이라는 말을 제기했습니다. 제가 보기에는, 배움과 실행은 배움의 처음과 끝이고, 묻고, 생각하고, 분별하는 것은 생각의 처음과 끝입니다.' 주자(朱子 : 朱熹)가 대답하였다. '그렇다.')"라고 되어 있다.

[2-16-1]

子曰 : "攻乎異端, 斯害也已!"
공자가 말하였다. "이단(異端)을 전문적으로 연구하면 오직 해로울 뿐이다."

朱註

范氏曰 : "攻, 專治也. 故治木石金玉之工曰攻. 異端, 非聖人之道, 而別爲一端, 如楊·墨是也.

범씨(范氏 : 范祖禹)가 말하였다. "공(攻)은 전문적으로 연구하는 일이다. 그러므로 나무와 돌, 금(金)과 옥(玉)을 다루는 전문가를 공(攻)이라 한다. 이단은 성인의 도(道)가 아니고, 별도로 하나의 학파가 된 것이니, 양주(楊朱)와 묵적(墨翟) 같은 것이 이에 해당한다.

詳說

◯ 朱子曰 : "講習之謂."[173]

'공, 전치야(攻, 專治也)'에 대해, 주자(朱子 : 朱熹)가 말하였다. "강론하고 익히는 것을 말한다."

◯ 『周禮』「考工記」曰, '攻木之工, 攻金之工.'[174]

'공, 전치야(攻, 專治也)'에 대해, 『주례』「고공기(考工記)」에서 '나무를 다루는 전문가, 쇠를 다루는 전문가'라고 말하였다.

◯ 西山眞氏曰 : "異端之名, 始見於此. 孔子所指未知爲誰, 老聃·楊朱·墨翟, 皆孔子同時. 如悖德悖禮之訓闢墨, 潔身亂倫之訓闢楊."[175]

---

173) 『주자어류(朱子語類)』 권24, 「논어6(論語六)」, 84조목에는 "或問'攻乎異端.' 曰 : '攻者, 是講習之謂, 非攻擊之攻.'(어떤 사람이 '이단(異端)을 전문적으로 연구하는 것'에 대해 물었다. 주자(朱子 : 朱熹)가 대답하였다. '공(攻)은 강론하고 익히는 것을 말하니, 공격한다고 할 때의 공(攻)이 아니다.')"라고 되어 있다.

174) 『주례』「동관고공기(冬官考工記)」 제6에서 "凡攻木之工七, 攻金之工六, 攻皮之工五, 設色之工五, 刮摩之工五, 搏埴之工二.(나무를 다루는 전문가가 일곱 명이고, 쇠를 다루는 전문가가 여섯 명이며, 가죽을 다루는 전문가가 다섯 명이고, 색칠하는 전문가가 다섯 명이며, 광택 내는 전문가가 다섯 명이고, 도자기 전문가가 두 명이다)"라고 하였다.

175) 진덕수(眞德秀), 『대학연의(大學衍義)』 권13에는 "異端之名, 始見于此. …… 或疑是時異端未作, 孔子所指未知爲誰. 臣謂老聃·楊朱·墨翟, 皆與孔子同時. 特以洙泗之教方明, 故其說未得

'이단, 비성인지도, 이별위일단, 여양·묵시야(異端, 非聖人之道, 而別爲一端, 如楊·墨是也)'에 대해, 서산 진씨(西山眞氏 : 眞德秀)가 말하였다. "이단이라는 명칭은 여기까지 처음 보인다. 공자가 가리키는 사람이 누구인지 알지 못하겠지만, 노담(老聃)·양주(楊朱)·묵적(墨翟)은 모두 공자와 같은 시대이다. 예컨대 덕을 어그러뜨리고 예(禮)를 어그러뜨렸다는 훈계로 묵적을 물리쳤으며, 자기 몸을 깨끗이 하려고 하여 윤리를 어지럽혔다는 훈계로 양주를 물리쳤다."

○ 新安陳氏曰 : "鄕原亦異端也.[176] 孔子問禮老聃, 聃在當時, 未可以異端目之.[177] 蒙莊出而祖老氏, 自此以後, 始爲虛無之祖而爲異端."[178]

위 구절에 대해 신안 진씨(新安陳氏 : 陳櫟)가 말하였다. "향원(鄕原) 또한 이단이다.[179] 공자가 노담에게 예(禮)에 대해 물었으니, 노담은 당시에 아직 이단으로 지목할 수 없었다. 몽장(蒙莊 : 莊周)이 나와서 노담을 계승했다고 한 뒤부터 비로소 노담이 허무(虛無)를 주장하는 시조가 되어 이단이 되었다."

○ 朱子曰 : "隱遁長往, 皆老之類. 楊氏與老相似, 孟子闢楊, 便是闢老."[180]

肆耳.(이단이라는 명칭은 여기에서 처음 보인다. …… 어떤 사람이 공자의 시대에는 이단이 아직 일어나지 않았으니 공자가 가리키는 사람이 누구인지 알지 못하겠다고 의심하였다. 이에 나는 노담(老聃)·양주(楊朱)·묵적(墨翟)은 모두 공자와 같은 시대인데, 다만 공자의 가르침이 막 나타났기 때문에 그 주장이 아직 두드러지지 않았을 뿐이다.)"라고 되어 있다. 또 진덕수(眞德秀), 『서산독서기(西山讀書記)』 권35에는 "姑以楊墨論之, 如墨氏之無父, 則'悖德悖禮'之訓, 固已深闢之; 楊氏之無君, 則'潔身亂倫'之戒, 又已深闢之矣.(우선 양주와 묵적으로 논의했으니, 예컨대 묵적의 부모가 없는 경우에 대해서는 '덕을 어그러뜨리고 예(禮)를 어그러뜨렸다'라는 훈계로 이미 깊게 그것을 물리쳤으며, 양주의 군주가 없는 경우에 대해서는 『논어(論語)』「미자(微子)」에서 '자기 몸을 깨끗이 하려고 윤리를 어지럽혔다'라는 경계로서 또 이미 깊게 그것을 물리쳤다.)"라고 되어 있다.

176) 鄕原亦異端也 : 호광 편(胡廣 編), 『논어집주대전(論語集註大全)』 권2에는 이 구절 앞에 '而不可與入堯舜之道(요순의 도에 함께 들어갈 수 없으니)'라는 말이 더 있다.

177) 未可以異端目之 : 호광 편(胡廣 編), 『논어집주대전(論語集註大全)』 권2에는 이 구절 뒤에 '今之『老子』書, 先儒謂後人託爲之.(지금의 『노자』라는 책에 대해 선대 학자들은 후세 사람이 가탁했다고 여겼다.)'라는 말이 더 있다.

178) 호광 편(胡廣 編), 『논어집주대전(論語集註大全)』 권2.

179) 향원(鄕原) 또한 이단이다 : 『논어(論語)』「양화(陽貨)」에서 "공자가 말하였다. '향원(鄕原)은 덕(德)의 적(賊)이다.'(子曰 : '鄕原, 德之賊也.')"라고 하였다.

180) 『주자어류(朱子語類)』 권24, 「논어6(論語六)」, 89조목에는 "問 : '『集注』何以言佛而不言老?' 曰 : '老便只是楊氏. 人嘗以孟子當時只闢楊墨, 不闢老, 不知闢楊便是闢老. 如後世有隱遯長往而不來者, 皆是老之流. 他本不是學老, 只是自執所見, 與此相似.'(물었다. '『논어집주(論語集註)』

주자(朱子 : 朱熹)가 말하였다. "은둔하여 한 번 숨으면 다시는 되돌아 나오지 않으려는 자들은 모두 노자의 부류이다. 양주와 노자는 서로 비슷하니, 맹자가 양주를 물리친 것은 곧 노자를 물리친 것이다."

○ 不可必其指楊·墨, 故下'如'字.
'여양·묵시야(如楊·墨是也)'라고 한 것은 꼭 양주와 묵적만을 가리킬 수는 없기 때문에 '여(如 : 예컨대)'자를 썼다.

○ 訓畢. 因而釋義.
훈고가 끝났다. 이어서 의미를 풀이한다.

朱註

其率天下至於無父無君, 專治而欲精之, 爲害甚矣."
그들은 천하 사람들을 거느려 부모가 없고 군주가 없는 지경에 이르게 하였으니, 그것을 전문적으로 연구하여 정밀히 알려고 하면, 해로움이 심하게 된다."

詳說

○ 楊·墨.
'기솔천하지어무부무군(其率天下至於無父無君)'에서 '기(其)'는 양주와 묵적을 가리킨다.

○ 見『孟子』「滕文公」. 是楊·墨所以爲異端之目也.
'기솔천하지어무부무군(其率天下至於無父無君)'이라 한 것은 『맹자(孟子)』「등문공하(滕文公下)」에 보인다. 이는 양주와 묵적이 이단이 되는 근거 항목이다.[181]

○ 本文'乎'字不必深泥以文勢.

에서 무엇 때문에 불교는 말하고 노자는 말하지 않았습니까?' 주자(朱子 : 朱熹)가 대답하였다. '노자는 바로 다만 양씨(楊氏 : 楊朱)일 뿐이다. 사람들은 맹자가 당시에 다만 양주와 묵적만을 물리치고 노자를 물리치지 않았다고 여기는데, 이는 양주를 물리치는 것이 바로 노자를 물리치는 일임을 몰랐던 것이다. 예컨대 후세에 은둔하여 한 번 숨으면 다시는 되돌아 나오지 않으려는 자들은 모두 노자의 부류이다. 양주는 본래 노자를 배운 것이 아니라, 다만 자신의 견해만을 고집하는 것일 뿐이지만 이와 서로 비슷하다.')"라고 되어 있다.

181) 이는 양주와 묵적이 이단이 되는 근거 항목이다 : 『맹자(孟子)』「등문공하(滕文公下)」에서 "양씨(楊氏 : 楊朱)는 자신만을 위하니 이는 군주가 없는 것이고, 묵씨(墨氏 : 墨翟)는 모든 사람을 한결같이 사랑하니 이는 아버지가 없는 것이다. 아버지가 없고 군주가 없으면 이는 짐승이다.(楊氏爲我, 是無君也; 墨氏兼愛, 是無父也. 無父無君, 是禽獸也.)"라고 하였다.

‘전치이욕정지(專治而欲精之)’라고 한 것은 본문 ‘공호이단(攻乎異端)’에서 ‘호(乎)’자를 문장의 어세에서 깊이 구애받을 필요가 없다는 말이다.

○ 本文‘已’字有‘甚’字意.

‘위해심의(爲害甚矣)’라고 했으니, 본문 ‘사해야이(斯害也已)’에서 ‘이(已)’자에는 ‘심(甚 : 매우)’자의 뜻이 있다.

○ 朱子曰 : “不惟說不可專治, 便略去理會他也不得.”182)

주자(朱子 : 朱熹)가 말하였다. “다만 전문적으로 연구해서는 안 된다고 말하는 것일 뿐 아니라, 대충이라도 그것을 이해하려고 해서는 안 된다는 뜻이다.”

○ 又曰 : “或有以‘攻’爲‘擊’, 言異端不必深排者. 正道異端, 如水火之相勝, 熟視異端之害, 而不一言以正之, 何以祛習俗之蔽哉?”183)

주자(朱子 : 朱熹)가 또 말하였다. “혹 ‘공호이단(攻乎異端)’에서 ‘공(攻)’을 공격하는 것으로 여겨 이단을 깊이 배척할 필요는 없다고 하는 사람이 있다. 그러나 정도(正道)와 이단은 마치 물과 불이 서로를 이기는 것과 같으니, 이단의 해로움을 잘 알면서 그것을 바로잡는 데 한마디 말도 하지 않는다면, 어찌 습속의 폐단을 제거할 수 있겠는가?”

---

182) 『주자어류(朱子語類)』 권24, 「논어6(論語六)」, 87조목에는 “問 : ‘『集注』云 : 「攻, 專治之也.」若爲學, 便當專治之; 異端, 則不可專治也.’ 曰 : ‘不惟說不可專治, 便略去理會他也不得. 若是自家學有定止, 去看他病痛, 卻得. 也是自家眼目高, 方得. 若是凭地, 則也奈他不何.’(물었다. ‘『논어집주(論語集註)』에서 「공(攻)은 그것을 전문적으로 연구하는 일이다.」라고 했습니다. 만약 학문을 한다면 마땅히 전문적으로 연구해야 하지만, 이단은 전문적으로 연구해서는 안 된다는 것입니다.’ 주자(朱子 : 朱熹)가 대답하였다. ‘다만 전문적으로 연구해서는 안 된다고 말하는 것일 뿐 아니라, 대충이라도 그것을 이해하려고 해서는 안 된다는 뜻이다. 만약 스스로의 배움이 안정되고 그치는 곳이 있다면 그들의 병폐를 살피는 것은 또한 괜찮다. 그러나 이 또한 스스로의 안목이 높아야만 괜찮을 것이다. 만약 이렇게만 한다면 또한 어떻게 할 수 없을 것이다.’)”라고 되어 있다.

183) 『사서혹문(四書或問)』 권7 「논어혹문(論語或問)」에는 “蓋不務反經而徒與之角其無涯之辨, 固所以自苦, 然熟視異端之害, 而不一言以正之, 則亦何以祛習俗之蔽而反之於經哉? 蓋正道異端, 如水火之相勝, 彼盛則此衰, 此強則彼弱.(대개 유가경전으로 돌아오는 데 힘쓰지 않고 한갓 그들과 끝이 없는 논변을 다투는 것은 본디 스스로 사서 고생을 하는 일이다. 그러나 이단의 해로움을 잘 알면서 그것을 바로잡는 데 한 마디 말도 하지 않는다면, 이 또한 어찌 습속의 폐단을 제거해서 유가경전으로 돌이키겠는가? 대개 정도(正道)와 이단은 마치 물과 불이 서로를 이기는 것과 같아 저것이 왕성하면 이것이 쇠퇴하고 이것이 강하면 저것이 약해진다.)”라고 되어 있다.

○ 本文所論異端, 雖未知的指楊 · 墨, 然楊 · 墨旣與孔子同時, 且他無可以異端目之者, 故取 范氏此說以作此章之正釋.

본문에서 논한 이단에 대해 비록 양주와 묵적을 확실히 가리키는지는 알 수 없지만, 양주와 묵적이 이미 공자와 같은 시대 인물이었고 그들을 이단으로 지목할 만한 것도 없었기 때문에 범씨(范氏 : 范祖禹)의 이 주장으로 이 장(章)의 진정한 풀이로 삼았다.

○ 釋畢.

경문의 풀이가 끝났다.

朱註

○ 程子曰 : "佛氏之言, 比之楊 · 墨, 尤爲近理, 所以其害爲尤甚.

정자(程子 : 程顥)가 말하였다. "불씨(佛氏 : 불교)의 말은 양주(楊朱) · 묵적(墨翟)에 비해 더욱 이치에 가깝기 때문에 그 해로움이 더욱 심하다.

詳說

○ 伯子.

'정자왈(程子曰)'에서 '정자(程子)'는 형 정호(程顥)이다.

○ 楊 · 墨之學仁義, 本近理, 故於此下'尤'字.

'불씨지언, 비지양 · 묵, 우위근리(佛氏之言, 比之楊 · 墨, 尤爲近理)'에 대해, 양주와 묵적은 인(仁)과 의(義)를 배워 본래 이치에 가깝기 때문에, 여기에서 '우(尤 : 더욱)'자를 썼다.

○ 照上'甚'字.

'소이기해위우심(所以其害爲尤甚)'에서 '심(甚)'자는 위의 '위해심의(爲害甚矣)'에서 '심(甚)'자에 비추어 보라.

○ 朱子曰 : "本朝許多好人, 如李文靖 · 王文正 · 謝上蔡 · 楊龜山 · 游先生, 無不陷佛."[184)]

---

184) 『주자어류(朱子語類)』 권24, 「논어6(論語六)」, 88조목에는 "問 : '程子曰, '佛氏之言近理, 所以害甚於楊墨.' 看來爲我疑於義, 兼愛疑於仁, 其禍已不勝言. 佛氏如何又卻甚焉?' 曰 : '楊 · 墨只是硬恁地做. 佛氏最有精微動得人處, 本朝許多極好人無不陷焉. 如李文靖 · 王文正 · 謝上蔡 · 楊龜山 · 游先生諸人.'(물었다. '정자(程子 : 程顥)는 '불씨(佛氏 : 불교)의 말은 양주(楊朱) · 묵적(墨翟)에 비해 더욱 이치에 가깝기 때문에 그 해로움이 더욱 심하다.'라고 했습니다. 내가 보건대 위아(爲我)설은 의(義)에 유사하고, 겸애(兼愛)설은 인(仁)에 유사하니, 그 위해(危害)가

주자(朱子 : 朱熹)가 말하였다. "우리 왕조(宋나라를 가리킴)의 많은 뛰어난 인물들, 예컨대 이문정(李文靖 : 李沆),[185] 왕문정(王文正 : 王旦),[186] 사상채(謝上蔡 : 謝良佐), 양구산(楊龜山 : 楊時), 유선생(游先生 : 游酢) 등이 불교에 빠지지 않은 사람이 없었다."

朱註

學者當如淫聲美色以遠之, 不爾, 則駸駸然入於其中矣.

배우는 사람들은 마땅히 마치 음탕한 음악과 아름다운 여색처럼 그것을 멀리해야 할 것이다. 그렇지 않으면 차츰차츰 그 속으로 빠져 들어가고 말 것이다."

詳說

○ 易惑.

'학자당여음성미색이원지(學者當如淫聲美色以遠之)'에서 '음성미색(淫聲美色)'은 미혹되기 쉽다.

이미 말로 표현할 수 없습니다. 그런데 불교는 무엇 때문에 또 더욱 심합니까?' 주자(朱子 : 朱熹)가 대답하였다. '양주와 묵적은 다만 억지로 그렇게 주장할 뿐이다. 그러나 불교는 매우 정밀하고 은미해서 사람을 움직이게 하는 점이 있다. 우리 왕조(宋나라를 가리킴)의 많은 아주 뛰어난 인물들이 거기에 빠지지 않은 사람이 없었다. 예컨대 이문정(李文靖 : 李沆), 왕문정(王文正 : 王旦), 사상채(謝上蔡 : 謝良佐), 양구산(楊龜山 : 楊時), 유선생(游先生 : 游酢) 등 여러 사람이다.')"라고 되어 있다.

185) 이항(李沆, 947~1004) : 자는 태초(太初)이고, 북송(北宋) 시대의 명주(洺州) 비향(肥鄕 : 현 하북성 비향현) 사람이다. 시호는 문정(文靖)이다. 태종(太宗)·진종(眞宗) 시기의 명신(名臣)으로 태종 태평흥국(太平興國) 5년(980)에 진사시에 갑과로 급제하여 우찬선(右贊善), 저작랑(著作郎), 한림학사(翰林學士), 참지정사(參知政事) 등을 역임하고, 진종 때는 재상에 올랐다. 성품이 강직하고 신실(信實)하며 언행이 한결같았으며, 대체를 알아 원대한 생각과 선견지명이 있어서 당시에 성상(聖相)이라 일컬어졌다. 매우 청렴하여 집이 말을 겨우 돌릴 정도로 좁았다고 한다. 저서로 『하동선생집(河東先生集)』이 있다.

186) 왕단(王旦, 957~1017) : 자는 자명(子明)이고, 북송 시대의 대명(大名) 신현(莘縣 : 현 산동성 요성(聊城)시) 사람이다. 태종 태평흥국(太平興国) 5년(980)에 23세의 나이로 진사에 급제하여 대리시평사(大理寺評事), 저작좌랑(著作佐郎), 상서좌승(尚書左丞), 동중서문하평장사(同中書門下平章事)를 거쳐 진종(眞宗) 때에 재상에 올랐다. 위국공(魏國公)에 봉해졌고 시호는 문정(文正)이다. 송대 청백리의 대표적인 인물로 꼽힌다. 저술로는 『양조국사(兩朝國史)』를 감수했고, 『문집(文集)』 20권이 있었다고 한다.

○ 去聲.

'학자당여음성미색이원지(學者當如淫聲美色以遠之)'에서 '원(遠)'자는 거성(去聲)이다.

○ '如此'.

'불이(不爾)'에서 '이(爾)'자는 '이와 같다'라는 말이다.

○ 音侵.

'즉침침연입어기중의(則駸駸然入於其中矣)'에서 '침침(駸駸)'은 음이 침(侵)이다.

○ 不知不覺.

'즉침침연입어기중의(則駸駸然入於其中矣)'에서 '침침연(駸駸然)'은 '자기도 모르는 사이에'라는 뜻이다.

○ 孔子之時, 佛未入中國, 程子此說初非爲釋此章之義, 蓋汎以闢佛也. 而程·朱時之異端, 佛氏爲最有甚於孔子時之楊·墨, 故特著此說於'圈'下, 以補本文, 亦憂世之意也.

공자의 시대에 불교는 아직 중국에 들어오지 않았지만, 정자(程子 : 程顥)가 이렇게 말한 것은 애초에 이 장(章)의 뜻을 풀이하려는 것이 아니라 널리 불교를 물리치려는 의도이다. 그런데 정자와 주자 시대의 이단은 공자 시대의 양주와 묵적보다 불교가 가장 심했기 때문에 특별히 '○(圈)' 아래에 이 말을 드러내어 본문의 내용을 보충했으니, 또한 세상을 우려하는 뜻이다.

[2-17-1]

子曰 : "由! 誨女知之乎. 知之爲知之, 不知爲不知, 是知也."
공자가 말하였다. "유(由)야! 너에게 앎에 대해 가르쳐 주겠다. 아는 것을 안다고 하고, 모르는 것을 모른다고 하는 것, 이것이 앎이다."

朱註

女音汝.
'회여지지호(誨女知之乎)'에서 '여(女)'자는 음이 여(汝)이다.

朱註

由, 孔子弟子, 姓仲, 字子路.
유(由)는 공자의 제자(弟子)로, 성은 중(仲)이고, 자는 자로(子路)이다.

詳說

○ 『尸子』曰, "卞之野人."
중유(仲由)에 대해, 『시자(尸子)』에서 말하였다. "변(卞) 땅의 야인이다."[187]

○ 『史記』「仲尼弟子傳」曰 : "少孔子九歲."[188]
중유(仲由)에 대해, 『사기(史記)』「중니제자열전(仲尼弟子列傳)」에서 말하였다. "공자보다 9세 적다."

○ 『索隱』曰 : "一字季路."
『사기색은(史記索隱)』에서 말하였다. "중유(仲由)의 또 다른 자(字)는 계로(季路)이다."

○ 訓畢.
훈고가 끝났다.

---

187) 『시자(尸子)』에서 말하였다. "변(卞) 땅의 야인이다 : 『사기(史記)』 권67, 「중니제자열전(仲尼弟子列傳)」 제7의 집해(集解)에 있는 말이다.

188) 『사기(史記)』 권67 「중니제자열전(仲尼弟子列傳)」에는 "仲由, 字子路, 卞人也. 少孔子九歲.(중유는 자는 자로이고 변(卞) 땅 사람이다. 공자보다 9세 적다.)"라고 되어 있다.

朱註

子路好勇，蓋有强其所不知以爲知者．故夫子告之曰："我敎女以知之之道乎! 但所知者則以爲知，所不知者則以爲不知."

자로는 용감함을 좋아하였으니, 아마 알지 못하는 사안을 안다고 억지를 부리는 일이 있었을 것이다. 그러므로 공자가 다음과 같이 일러 주었다. "내가 너에게 아는 방법을 가르쳐 주겠다! 단지 안 것을 안다고 여기고, 알지 못한 것을 모른다고 여겨라."

詳說

○ 去聲.

'자로호용(子路好勇)'에서 '호(好)'자는 거성(去聲)이다.

○ 上聲.

'개유강기소부지이위지자(蓋有强其所不知以爲知者)'에서 '강(强)'자는 상성(上聲)이다.

○ 朱子曰:"知與不知，終無界限."189)

'자로호용, 개유강기소부지이위지자(子路好勇，蓋有强其所不知以爲知者)'에 대해, 주자(朱子:朱熹)가 말하였다. "앎과 알지 못함이 끝내 경계가 없어지게 될 것이다."

○ 新安陳氏曰:"此必子路初見孔子時."190)

'자로호용, 개유강기소부지이위지자(子路好勇，蓋有强其所不知以爲知者)'에 대해, 신안 진씨(新安陳氏:陳櫟)가 말하였다. "이는 반드시 자로가 처음 공자를 뵈었을 때 일 것이다."

---

189) 『주자어류(朱子語類)』 권24, 「논어6(論語六)」, 96조목에는 "要之，聖人之言，只是說緊切底事．只爲今人知之以爲知，將那不知者亦說是知，終至於知與不知都無界限了．若人能於其知者以爲知，於不知者以爲不知，而不强以爲知，此便是知了.(요컨대 성인의 말은 다만 긴밀하고 절실한 일을 말할 뿐이다. 다만 오늘날 사람들이 아는 것을 안다고 여기고 저 알지 못하는 것도 또한 안다고 말한다면, 끝내 앎과 알지 못함에 전혀 경계가 없어지게 될 것이다. 만약 사람들이 그가 아는 것에 대해 안다고 여기고, 알지 못하는 것에 대해 알지 못한다고 여겨서 억지로 안다고 하지 않을 수 있다면, 이것이 바로 아는 것이다.)"라고 되어 있다.

190) 호광 편(胡廣 編), 『논어집주대전(論語集註大全)』 권2.

○ 先從文上論子路病痛, 以作本文張本.

'자로호용, 개유강기소부지이위지자(子路好勇, 蓋有强其所不知以爲知者)'라고 한 것은 먼저 문장의 형세상 자로의 병통을 논의하여 본문의 연유(緣由)로 삼았다.

○ 凡『語』中特呼弟子以發之者, 皆切於其人身上之語也, 亦丁寧致意之辭也.

'유! 회여지지호(由! 誨女知之乎)'에 대해, 무릇 『논어(論語)』에서 특별히 제자를 부르면서 말하는 것은 모두 그 사람 자신에게 절실한 말이고 또한 간곡하게 정성을 다하는 말이다.

○ 添'之道'二字.

'아교여이지지지도호(我敎女以知之之道乎)'라고 한 것은 본문 '회여지지호(誨女知之乎)'에 '지도(之道)'라는 두 글자를 보탠 것이다.

朱註

如此則雖或不能盡知, 而無自欺之蔽, 亦不害其爲知矣.

이와 같이 하면 비록 간혹 다 알지는 못하더라도 스스로 속이는 폐단은 없고, 또한 그것이 앎이 되는 데 해롭지 않을 것이다.

詳說

○ 或知之, 或不知.

'여차즉수혹불능진지(如此則雖或不能盡知)'라고 한 것은 혹은 알기도 하고 혹은 알지 못한다는 말이다.

○ 必爲知之, 必爲不知.

'이무자기지폐(而無自欺之蔽)'라고 하면 반드시 알게 되거나 반드시 알지 못하게 될 것이다.

○ 朱子曰 : "自知則甚明."

'역불해기위지의(亦不害其爲知矣)'에 대해, 주자(朱子 : 朱熹)가 말하였다. "스스로 알면 매우 분명할 것이다."

○ 正釋'是知也'.

'역불해기위지의(亦不害其爲知矣)'는 바로 본문 '시지야(是知也)'를 풀이한 것이다.

○ '如此'以下申論'知之爲知之, 不知爲不知'二句, 以釋'是知也'三字. 雖幷論二句, 而於釋'不知爲不知'意重. 蓋'知之爲知之', 固可謂知, 不消復釋. 惟'不知爲不知', 疑於不可謂知, 故釋之如此頗覺費力. 而'亦不害爲知'一句, 已包'固可謂知之'意在其中.

‘여차즉수혹불능진지(如此則雖或不能盡知)’에서 ‘여차(如此)’ 아래는 ‘지지위지지, 부지위부지(知之爲知之, 不知爲不知)’ 두 구절을 거듭 밝혀 논의해서 ‘시지야(是知也)’라는 세 글자를 풀이하였다. 비록 두 구절을 함께 논의했지만 ‘부지위부지(不知爲不知)’의 뜻을 풀이한 것에 중점이 있다. ‘지지위지지(知之爲知之)’는 본디 안다고 할 수 있어서 다시 풀이할 필요가 없기 때문이다. 오직 ‘부지위부지(不知爲不知)’는 안다고 말할 수 없다는 것과 유사하기 때문에, 풀이하는 데 이와 같이 자못 힘을 기울였다고 생각된다. 그리고 ‘역불해위지(亦不害爲知)’라는 구절은 이미 ‘고가위지지(固可謂知之)’의 뜻을 그 안에 포함하고 있다.

朱註

> **況由此而求之, 又有可知之理乎?**
> 하물며 이것으로 말미암아 알기를 구하고 또 알 수 있는 이치가 있으니 어떻겠는가?

詳說

○ 又進一步之辭.
‘황유차이구지(況由此而求之)’에서 ‘황(況)’자는 또 한 걸음 더 나아간다는 말이다.

○ 指‘不能盡知’·‘無自欺’二句.
‘황유차이구지(況由此而求之)’에서 ‘유차(由此)’는 ‘불능진지(不能盡知)’와 ‘무자기(無自欺)’라는 두 구절을 가리킨다.

○ 是工夫下手處.
‘황유차이구지(況由此而求之)’라고 한 것은 공부를 착수하는 곳이라는 말이다.

○ 朱子曰: “旣不失於自欺, 又不失於自晝. 程子說出此意, 經意方完.”[191]

---

191) 『주자어류(朱子語類)』 권24, 「논어6(論語六)」, 95조목에는 “或問‘誨汝知之乎’章. 曰: ‘惟伊川便說得盡, 別人只說得一邊. ‘知之爲知之, 不知爲不知’, 則無自欺之蔽, 其知固自明矣. 若不說求其知一著, 則是使人安於其所不知也. 故程子又說出此意, 其說方完, 上不失於自欺, 下不失於自勉.’(어떤 사람이 ‘너에게 앎에 대해 가르쳐 주겠다’는 장(章)에 대해 물었다. 주자(朱子: 朱熹)가 대답하였다. ‘오직 이천(伊川: 程頤)만이 충분히 설명했으니, 다른 사람들은 다만 한 측면만을 설명했을 뿐이다. ‘아는 것을 안다고 하고, 모르는 것을 모른다고 한다면’ 스스로를 속이는 폐단이 없을 것이니 그 앎은 본디 저절로 명백해지는 것이다. 만약 앎을 추구하는 일을 말하지 않는다면, 이는 사람들에게 그가 알지 못하는 것에 편안하도록 하는 것이다. 그러므로 정자(程子: 程頤)가 또 이런 뜻을 말하여 그 말이 비로소 완전하게 되었으니, 위로는 스스로

‘황유차이구지, 우유가지지리호(況由此而求之, 又有可知之理乎)’에 대해, 주자(朱子 : 朱熹)가 말하였다. “이미 스스로를 속이는 잘못을 저지르지 않고 또 스스로를 제한하는 잘못을 저지르지 않는다. 정자(程子 : 程頤)가 또 이런 뜻을 말하여 경(經)의 뜻이 비로소 완전하게 되었다.”

○ 自知其不知者, 是所已知也, 其知小; 期欲知其不知者, 是所將知也, 其知大. 故著‘況’字以歸重焉.

‘황유차이구지, 우유가지지리호(況由此而求之, 又有可知之理乎)’라는 구절의 경우, 자신이 모르는 부분을 아는 것은 이미 알았으나 그 앎이 작은 것이고, 자신이 모르는 부분을 알려고 추구하는 것은 장차 알려고 하는 사안으로 볼 때 그 앎이 큰 것이다. 그러므로 ‘황(況)’자를 붙여서 중점을 귀착시켰다.

○ 究釋‘是知也’.

결국 본문의 ‘시지야(是知也)’를 풀이하였다.

○ 釋畢.

경문의 풀이가 끝났다.

를 속이는 잘못을 저지르지 않고 아래로는 스스로 힘쓰는 데서 잘못을 저지르지 않게 되었다.’)”라고 되어 있다.

[2-18-1]

子張學干祿.

자장(子張)이 녹봉(祿俸)을 구하는 방법을 배우려고 하였다.

朱註

子張, 孔子弟子, 姓顓孫, 名師. 干, 求也. 祿, 仕者之奉也.

자장(子張)은 공자의 제자이니, 성은 전손(顓孫)이고, 이름은 사(師)이다. 간(干)은 구하는 것이다. 녹(祿)은 벼슬하는 사람의 녹봉(祿俸)이다.

詳說

○ 『家語』曰 : "陳人."[192]

전손사(顓孫師)에 대해, 『공자가어(孔子家語)』에서 말하였다. "진(陳)나라 사람이다."

○ 『史記』「仲尼弟子傳」曰 : "少孔子四十八歲."[193]

전손사(顓孫師)에 대해, 『사기(史記)』「중니제자열전(仲尼弟子列傳)」에서 말하였다. "공자보다 48세 적다."

○ 俸通.

'사자지봉야(仕者之奉也)'에서 '봉(奉)'자는 '봉(俸)'자와 서로 통한다.

○ 雲峰胡氏曰 : "本文無'問'字意, 編次者先之以此五字, 以見夫子爲子張干祿發."[194]

'자장학간록(子張學干祿)'에 대해, 운봉 호씨(雲峯胡氏 : 胡炳文)가 말하였다. "본문 '자장학간록(子張學干祿)'에는 '문(問 : 질문한다)'자의 뜻이 없는데, 차례를 편성하

---

192) 『공자가어(孔子家語)』「칠십이제자해(七十二弟子解)」 제38에는 "顓孫師, 陳人, 字子張, 少孔子四十八歲.(전손사는 진(陳)나라 사람이고, 자는 자장(子張)이며, 공자보다 48세 적다.)"라고 되어 있다.

193) 『사기(史記)』 권67 「중니제자열전(仲尼弟子列傳)」에는 "顓孫師, 陳人, 字子張. 少孔子四十八歲.(전손사는 진(陳)나라 사람이고, 자는 자장(子張)이며, 공자보다 48세 적다.)"라고 되어 있다.

194) 호병문, 『사서통』「논어통」 권1에는 "本文無問字意, 編次者因夫子救子張之失, 故先之以此五字, 以見夫子爲子張干祿發.(본문 '자장학간록(子張學干祿)'에는 '문(問 : 질문한다)'자의 뜻이 없는데, 차례를 편성하는 사람이 공자가 자장(子張)의 잘못을 구제하려고 한 것에 따랐기 때문에 이 다섯 글자를 앞세워 공자가 자장이 녹봉을 구하려는 일을 위해 말한 것임을 드러내었다.)"라고 되어 있다.

는 사람이 이 다섯 글자를 앞세워 공자가 자장(子張)이 녹봉을 구하려는 일을 위해 말한 것임을 드러내었다."

○ 又曰 : "學干祿, 卽修天爵以要人爵者."[195]

'자장학간록(子張學干祿)'에 대해, 운봉 호씨(雲峯胡氏 : 胡炳文)가 또 말하였다. "녹봉을 구하는 방법을 배우는 것은 곧 천작(天爵 : 천부적인 작위)을 닦아서 인작(人爵 : 사람이 정한 작위)을 추구하는 것이다.[196]"

○ 言學以求仕也, 與後篇'學志穀'當參看. 是其所爲之事也, 非其所問之言也. 『諺解』作'欲學干祿', 更詳之.

'자장학간록(子張學干祿)'에 대해, 이는 배워서 벼슬을 구하려는 것이니 뒤 편 학지곡장(學志穀章)[197]과 참조해서 보아야 한다. 이는 그가 하려는 일이지 묻는 말이 아니다. 『논어언해』에서 '욕학간록(欲學干祿 : 녹봉을 구하는 것을 배우려고 하다)'이라 한 것[198]은 그것을 더욱 자세히 설명한 것이다.

○ 有訓無釋.

훈고는 있으나 경문의 풀이는 없다.

○ '祿'字, 此章之題目.

'녹(祿 : 녹봉)'자가 이 장(章)의 제목이다.

---

195) 호광 편(胡廣 編), 『논어집주대전(論語集註大全)』 권2.

196) 천작(天爵 : 천부적인 작위)을 닦아서 인작(人爵 : 사람이 정한 작위)을 추구하는 것이다 : 『맹자(孟子)』「고자상(告子上)」에서 "맹자가 말하였다. '천작(天爵)이 있으며, 인작(人爵)이 있으니, 인의와 충신을 실행하고 선함을 즐거워하며 게을리하지 않음이 바로 천작(天爵)이고, 공경(公卿)과 대부(大夫)는 바로 인작(人爵)이다.'(孟子曰 : '有天爵者, 有人爵者, 仁義忠信樂善不倦, 此天爵也, 公卿大夫, 此人爵也.')"라고 하였다.

197) 학지곡장(學志穀章) : 『논어(論語)』「태백(泰伯)」에서 "공자가 말하였다. '삼년을 배우고서도 녹봉에 뜻을 두지 않는 사람을 쉽게 얻지 못하겠다.'(子曰 : '三年學, 不至(志)於穀, 不易得也.')"라고 하였다.

198) 『논어언해』에서 '욕학간록(欲學干祿 : 녹봉을 구하는 것을 배우려고 하다)'이라 한 것 : 교정청(校正廳) 『언해』본에 '祿을 干홈을 學호려 훈대'라고 되어 있다. 참고로 율곡본에는 '祿을 干호물 學훈대'라고 되어 있다. 이 구절에 대해 박문호(朴文鎬)는 교정청 『언해』본의 주장을 따랐다.

[2-18-2]

子曰："多聞闕疑, 愼言其餘, 則寡尤; 多見闕殆, 愼行其餘, 則寡悔. 言寡尤, 行寡悔, 祿在其中矣."

공자가 말하였다. "많이 듣고서 그 가운데 의심나는 것을 빼놓고 그 나머지를 삼가서 말하면 허물이 적을 것이다. 많이 보고서 그 가운데 위태로운 것을 빼놓고 그 나머지를 삼가서 행위하면 후회하는 일이 적을 것이다. 말에 허물이 적고 행위에 후회할 일이 적으면 녹봉이 그 가운데 있을 것이다."

朱註

'行寡'之'行', 去聲.

'행과회(行寡悔)'에서 '행(行)'자는 거성(去聲)이다

詳說

○ 朱子曰："聞人之言, 見人之行."[199]

주자(朱子 : 朱熹)가 말하였다. "사람의 말을 듣고 사람의 행위를 보는 것이다."

○ 又曰："聞言見行, 亦互相發, 不可泥看."[200]

주자(朱子 : 朱熹)가 또 말하였다. "말을 듣고 행위를 보는 것은 또한 서로 드러내

---

199) 『주자어류(朱子語類)』 권24, 「논어6(論語六)」, 101조목에는 "問'干祿'章'聞見'字義. 曰 : '聞, 是聞人之言; 見, 是見人之行. 聞, 亦屬自家言處; 見, 亦屬自家做處. 聞見當闕其疑殆, 而又勿易言易行之.'('간록(干祿)' 장(章) '문(聞)'과 '견(見)'이라는 글자의 의미에 대해 물었다. 주자(朱子 : 朱熹)가 대답하였다. '문(聞)은 사람의 말을 듣는 것이고, 견(見)은 사람의 행위를 보는 것이다. 문(聞)은 또한 자신이 말하는 것에 속하고 견(見)은 또한 자신이 일하는 것에 속한다. 보고 듣는 것에 대해서는 마땅히 그 의심나는 것과 위태로운 것을 빼놓고, 또 쉽게 말하지 말고 쉽게 행위해서는 안 된다.')"라고 되어 있다.

200) 『주자어류(朱子語類)』 권24, 「논어6(論語六)」, 100조목에는 "聞見亦是互相發明, 如'學干祿'章言'多聞闕疑, 愼言其餘; 多見闕殆, 愼行其餘.' 聞固是主於言, 見固是主於行, 然亦有聞而行者, 見而言者, 不可泥而看也.(보고 듣는 것은 또한 서로 드러내어 밝히니, 예컨대 '학간록장(學干祿章)'에서는 '많이 듣고서 그 가운데 의심나는 것을 빼놓고 그 나머지를 삼가서 말하며, 많이 보고서 그 가운데 위태로운 것을 빼놓고 그 나머지를 삼가서 행위하라.'라고 말하였다. 듣는 것은 본디 말을 중심으로 한 것이고, 보는 것은 본디 행위를 중심으로 한 것이지만, 또한 듣고서 행위하는 사람이 있고, 보고서 말하는 사람이 있으니, 구애되어 보어서는 안 된다.)"라고 되어 있다.

어 밝히니 구애되어 보아서는 안 된다."

○ 又曰 : "'其餘', 指無疑殆處."201)

주자(朱子 : 朱熹)가 또 말하였다. "'그 나머지'라는 것은 의심나는 점과 위태로운 점이 없는 것을 가리킨다."

朱註

呂氏曰 : "疑者所未信, 殆者所未安."

여씨(呂氏 : 呂大臨)202)가 말하였다. "의(疑 : 의심나는 것)는 아직 자신할 수 없는 것이고, 태(殆 : 위태로운 것)는 아직 안정되지 못한 것이다."

詳說

○ 『大全』曰 : "名大臨, 字與叔, 藍田人."

'여씨왈(呂氏曰)'에서 '여씨(呂氏)'에 대해, 『논어집주대전』에서 말하였다. "이름은 대림(大臨)이고 자는 여숙(與叔)이며 남전(藍田 : 현 섬서성 소속) 사람이다."

○ 皆指心言.

'의자소미신, 태자소미안(疑者所未信, 殆者所未安)'은 모두 마음을 가리켜 말한 것이다.

朱註

程子曰 : "'尤', 罪自外至者也; '悔', 理自內出者也."

정자(程子 : 程頤)가 말하였다. "'우(尤)'는 죄가 밖으로부터 이르는 것이고, '회(悔)'는 이치가 마음속으로부터 나오는 것이다."

---

201) 『주자어류(朱子語類)』 권24, 「논어6(論語六)」, 102조목에는 "或問 : '愼其餘, 只是指無疑·無殆處否?' 曰 : '固是.'(어떤 사람이 물었다. '그 나머지를 삼가라는 것은 다만 의심나는 점이 없고, 위태로운 점이 없는 것을 가리킬 뿐입니까?' 주자(朱子 : 朱熹)가 대답하였다. '참으로 그렇다.')"라고 되어 있다.

202) 여대림(呂大臨, 1040~1092) : 자는 여숙(與叔)이고, 당시 예각선생(藝閣先生)으로 불리었다. 송나라 때 남전(藍田 : 현 섬서성 소속) 사람으로 『여씨향약(呂氏鄉約)』을 쓴 여대균(呂大鈞)의 동생이다. 장재(張載)가 처음으로 관중(關中)에 와서 강학할 때 형들과 함께 장재를 스승으로 모셨으나, 장재가 죽은 뒤 이정(二程)에게 배워 사량좌(謝良佐)·유초(游酢)·양시(楊時)와 함께 '정문4선생(程門四先生)'이라 일컫는다. 태학박사(太學博士)·비서성정자(秘書省正字)를 역임하였다. 저서는 『예기전(禮記傳)』, 『고고도(考古圖)』 등이 있다.

詳說

○ 叔子.

'정자왈(程子曰)'에서 '정자(程子)'는 동생 정이(程頤)이다.

○ 新安陳氏曰 : "人以我爲尤."[203)]

'우, 죄자외지자야(尤, 罪自外至者也)'에 대해, 신안 진씨(新安陳氏 : 陳櫟)가 말하였다. "남이 나를 허물하는 것이다."

○ 新安陳氏曰 : "我自知其非理."[204)]

'회, 리자내출자야(悔, 理自內出者也)'에 대해, 신안 진씨(新安陳氏 : 陳櫟)가 말하였다. "내가 스스로 그것이 이치가 아님을 아는 것이다."

○ 張子曰 : "歸罪爲尤, 罪己爲悔."[205)]

'회, 리자내출자야(悔, 理自內出者也)'에 대해, 장자(張子 : 張載)가 말하였다. "죄로 귀결되는 것은 허물이고, 자신을 죄주는 것은 후회이다."

朱註

愚謂 : 多聞見者學之博, 闕疑殆者擇之精, 愼言行者守之約.

내가 생각건대, 듣고 보는 것을 많이 하는 것은 배움이 넓은 것이고, 의심나는 것과 위태로운 것을 빼버리는 것은 가리기를 정밀히 하는 것이며, 말과 행위를 삼가는 것은 지키기를 단속하는 것이다.

詳說

○ 朱子曰 : "多聞見, 此正是合用功處, 不然, 聞見孤寡."[206)]

---

203) 호광 편(胡廣 編), 『논어집주대전(論語集註大全)』 권2.

204) 호광 편(胡廣 編), 『논어집주대전(論語集註大全)』 권2.

205) 장재(張載), 『정몽(正蒙)』「유덕편(有德篇)」 제12.

206) 『주자어류(朱子語類)』 권24, 「논어6(論語六)」, 97조목에는 "戴智老說干祿章. 曰 : ''多聞·多見'二字, 人多輕說過了, 將以爲偶然多聞多見耳. 殊不知此正是合用功處, 聖人所以爲「好古, 敏以求之」.' 又曰 : ''多聞, 擇其善者而從之, 多見而識之', 皆欲求其多也. 不然, 則聞見孤寡, 不足以爲學矣.'(대지로(戴智老)가 '간록장(干祿章)'을 말하였다. 주자(朱子 : 朱熹)가 말하였다. ''다문(多聞)·다견(多見)'이라는 말에 대해 사람들은 대부분 가볍게 말하면서 그것을 우연히 많이 듣고 많이 보게 된 것일 뿐이라 생각한다. 그러나 이는 바로 마땅히 노력해야 되는 것이니, 이 때문에 성인도 '옛것을 좋아해서 그것을 구하기에 급급하다'라고 한 뜻을 전혀 모르는 것

'다문견자학지박(多聞見者學之博)'에 대해, 주자(朱子 : 朱熹)가 말하였다. "많이 듣고 보는 것은 바로 마땅히 노력해야 하는 것이니, 그렇게 하지 않으면 듣고 보는 것이 적다."

○ 蔡氏曰 : "聞見孤寡, 將何據以爲擇精守約之地耶?"207)

'다문견자학지박(多聞見者學之博)'에 대해, 채씨(蔡氏)가 말하였다. "듣고 보는 것이 적으면 무엇에 의거해서 가리기를 정밀히 하고 지키기를 단속할 것이 있겠는가?"

○ 一作謹.

'신언행자수지약(愼言行者守之約)'에서 '신(愼)'자는 어떤 판본에는 '근(謹)'자로 되어 있다.

○ 去聲, 下同.

'신언행자수지약(愼言行者守之約)'에서 '행(行)'자는 거성(去聲)이고, 아래도 마찬가지이다.

○ 朱子曰 : "其反身亦切至矣, 猶僅足以寡尤悔而已, 未敢必其絶無也."208)

주자(朱子 : 朱熹)가 말하였다. "자신을 돌이켜보는 것은 또한 절실하고 지극하지만 여전히 허물과 후회를 적게 하기에 충분할 뿐이니, 감히 그것이 완전히 없어지기를 기약할 수 없다."

○ 新安陳氏曰 : "夫子分言之, 朱子合而解之. '學之博, 擇之精, 守之約'九字斷盡此一章. '約'字自'精'字來, 與'博'字對."209)

이다.' 주자(朱子 : 朱熹)가 또 말하였다. ''많이 듣고, 그 가운데 선한 것을 골라서 따르며, 많이 보고서 그것을 안다'라는 말은 모두 그 많은 것을 구하려는 것이다. 그렇지 않으면 보고 듣는 것이 적어서 배운다고 하기에 충분하지 못하다.')"라고 되어 있다.

207) 조순손(趙順孫), 『논어찬소(論語纂疏)』 권1에는 채씨(蔡氏)의 말로, "聞見孤陋, 亦且何所據以爲擇精守約之地也.(듣고 보는 것이 적으면 또한 무엇에 의거해서 가리기를 정밀히 하고 지키기를 단속할 것이 있겠는가?)"라고 실려 있다.

208) 『사서혹문(四書或問)』 권7 「논어혹문(論語或問)」에는 "其反身亦切矣, 而聖人之訓, 猶曰僅足以寡尤悔而已, 蓋未敢以爲絶無也.(자신을 돌이켜보는 것은 또한 절실하지만, 성인의 가르침에 여전히 허물과 후회를 적게 하기에 충분할 뿐이라 했으니, 감히 그것으로 허물과 후회가 완전히 없어지는 것으로 삼을 수는 없다.)"라고 되어 있다.

209) 호광 편(胡廣 編), 『논어집주대전(論語集註大全)』 권2에 진력(陳櫟)의 말로, "夫子分聞見 · 言行 · 疑殆對言之, 朱子合而解之. …… '約'字與'博'字對, '約'字又自'精'字來. …… '學之博, 擇之精, 守之約'九字斷盡此一章. 三者不可闕一.(공자는 문견(聞見 : 들음과 봄)과 언행(言行 : 말과 행위)과 의태(疑殆 : 의심함과 위태로움)를 나누어 짝으로 말했는데, 주자는 합쳐서 풀이하

신안 진씨(新安陳氏 : 陳櫟)가 말하였다. "공자는 나누어서 말했는데, 주자는 합쳐서 풀이하였다. '배움이 넓은 것, 가리기를 정밀히 하는 것, 지키기를 단속하는 것'이라는 구절은 이 장(章)을 다 구분지은 것이다. '약(約)'자는 '정(精)'자로부터 왔고, '박(博)'자와 짝이 된다."

○ 右呂·程·朱子三說, 皆錯擧而合解之, 是訓詁之一例也.

이상은 여대림(呂大臨)·정이(程頤)·주자 세 사람의 주장을 모두 참조해 열거하고 합쳐서 풀이한 것이니, 훈고의 한 사례이다.

○ 寡尤悔是其效也. 非用功之事, 故略之.

허물이 적고 후회할 일이 적어지는 것은 그 효험이다. 노력해야 할 일이 아니기 때문에 간략하게 서술하였다.

朱註

凡言'在其中'者, 皆不求而自至之辭. 言此以救子張之失而進之也.

무릇 '그 가운데 있다'라고 말하는 것은 모두 구하지 않아도 저절로 이른다는 말이다. 이를 말해서 자장(子張)의 잘못을 구제하여 향상하도록 한 것이다.

詳說

○ 凡『語』中言'在其中'者六, 而言'祿在其中'者居二.

'범언재기중자(凡言'在其中'者)'에서 '재기중(在其中)'에 대해, 무릇 『논어(論語)』에서 '재기중(在其中)'이라 말한 것은 여섯 군데가 있는데, '녹재기중(祿在其中)'이라 말한 것은 그 가운데 두 번이다.[210]

였다. …… '약(約)'자와 '박(博)'자는 짝이 되고 '약(約)'자는 또 '정(精)'자로부터 왔다. …… '배움이 넓은 것, 가리기를 정밀히 하는 것, 지키기를 단속하는 것'이라는 구절은 이 장(章)을 다 구분지은 것이다. 이 세 가지는 그 가운데 하나라도 빠트려서는 안 된다.)"라고 실려 있다.

210) 무릇 『논어(論語)』에서 '재기중(在其中)'이라 ……… 그 가운데 두 번이다 : 이 장(章)을 포함하여 『논어(論語)』에 다음과 같이 여섯 군데이고, '녹재기중(祿在其中)'이라 말한 것은 그 가운데 두 번이다. 『논어(論語)』「술이(述而)」에서 "공자가 말하였다. '거친 밥을 먹고 물을 마시며 팔을 굽혀 베더라도 즐거움 또한 그 가운데 있으니, 의(義)롭지 못하면서 부유하고 또 귀한 것은 나에게 있어 뜬구름과 같다.'(子曰 : '飯疏食飮水, 曲肱而枕之, 樂亦在其中矣, 不義而富且貴, 於我如浮雲.')"라고 했고, 「자로(子路)」에서 "공자가 말하였다. '우리 무리의 정직한 사람은 이와 다르다. 아버지가 자식을 위하여 숨겨주고 자식이 아버지를 위하여 숨겨주니, 정직함은 그 가운데 있다.'(孔子曰 : '吾黨之直者, 異於是, 父爲子隱, 子爲父隱, 直在其中矣.')"라

○ 朱子曰 : "本爲此而反得彼之辭."211)

'개불구이자지지사(皆不求而自至之辭)'에 대해, 주자(朱子 : 朱熹)가 말하였다. "본래 이것 때문인데 도리어 저것에서 얻는다는 말이다."

○ 新安陳氏曰 : "祿在 · 餒在 · 仁在 · 直在 · 樂亦在其中. 其訓皆同."212)

'개불구이자지지사(皆不求而自至之辭)'에 대해, 신안 진씨(新安陳氏 : 陳櫟)가 말하였다. "녹봉이 그 가운데 있다고 한 것과 굶주림이 그 가운데 있다고 한 것과 인(仁)이 그 가운데 있다고 한 것과 정직함이 그 가운데 있다는 것과 즐거움이 그 가운데 있다고 한 것은 그 훈고가 모두 같다."

○ 仁 · 直 · 樂各見「子張」·「子路」·「述而」.

'개불구이자지지사(皆不求而自至之辭)'에서, 인(仁)이 그 가운데 있다고 한 것과 정직함이 그 가운데 있다는 것과 즐거움이 그 가운데 있다고 한 것은 각각 「자장(子張)」·「자로(子路)」·「술이(述而)」에 있다.

○ 訓畢.

'개불구이자지지사(皆不求而自至之辭)'라고 한 것에서 훈고가 끝났다.

○ 文義更無可釋, 故以此二字作省文釋法.

'언차이구자장지실이진지야(言此以救子張之失而進之也)'에서 '언차(言此)'라고 한 것은 문장의 의미는 더 풀이할 만한 것이 없기 때문에 이 두 글자로 문장을 생략하는 풀이 방법으로 삼았다.

○ 新安胡氏曰213) : "子張有務外求聞之失, 故教以反求諸內也."214)

'언차이구자장지실이진지야(言此以救子張之失而進之也)'에 대해, 신안 진씨(新安陳

고 했으며, 「위령공(衛靈公)」에서 "공자가 말하였다. '군자는 도(道)를 도모하지 먹는 것을 도모하지 않는다. 농사를 짓는데도 굶주림이 그 가운데 있고, 학문을 함에도 녹봉이 그 가운데 있는 것이니, 군자는 도(道)를 걱정하지 가난함을 걱정하지 않는다.'(子曰 : '君子謀道, 不謀食. 耕也, 餒在其中矣; 學也, 祿在其中矣. 君子憂道, 不憂貧.')"라고 하여 두 차례 '재기중(在其中)'을 말했고, 「자장(子張)」에서 "자하(子夏)가 말하였다. '배우기를 널리 하고 뜻을 독실히 하며, 절실하게 묻고 가까운 것에서 생각하면 인(仁)이 그 가운데 있다.'(子夏曰 : '博學而篤志, 切問而近思, 仁在其中矣.')"라고 하였다.

211) 『사서혹문(四書或問)』 권7 「논어혹문(論語或問)」.

212) 호광 편(胡廣 編), 『논어집주대전(論語集註大全)』 권2.

213) 新安胡氏曰 : 호광 편(胡廣 編), 『논어집주대전(論語集註大全)』 권2에는 '신안진씨왈(新安陳氏曰)'로 되어 있다. 여기에서는 '신안진씨왈(新安陳氏曰)'로 바로잡는다.

214) 호광 편(胡廣 編), 『논어집주대전(論語集註大全)』 권2.

氏 : 陳櫟)가 말하였다. "자장(子張)에게는 밖을 힘써서 듣기를 추구하는 잘못이 있기 때문에 안으로 돌이켜 구하라고 가르쳤다."

○ '進', 卽下文'定其心不爲利祿動'是也.

'언차이구자장지실이진지야(言此以救子張之失而進之也)'에서 '진(進 : 향상됨)'은 곧 아래 글의 '정기심불위이록동(定其心不爲利祿動 : 그 마음을 안정시켜 이익과 녹봉에 동요되지 않는다)라는 구절이 이것이다.

○ 此句乃言外之正意.

'언차이구자장지실이진지야(言此以救子張之失而進之也)'라는 구절은 본문 말 밖의 진정한 뜻이다.

朱註

○ 程子曰 : "修天爵則人爵至, 君子言行能謹, 得祿之道也. 子張學干祿, 故告之以此, 使定其心而不爲利祿動. 若顏·閔則無此問矣.

정자(程子)가 말하였다. "천작(天爵)을 닦으면, 인작(人爵)이 이르는 것이니, 군자가 말과 행동을 삼가는 것은 녹봉을 얻는 방법이다. 자장(子張)이 녹봉을 구하는 방법을 배우려고 했기 때문에, 이것으로 일러주어 그 마음을 안정시켜 이익과 녹봉에 동요되지 않도록 하였다. 만약 안회(顏回)와 민손(閔損)이라면 이런 질문이 없었을 것이다.

詳說

○ '問矣'以上叔子, '或疑'以下伯子.

'정자왈(程子曰)'에서 '정자(程子)'에 대해, '약안·민즉무차문의(若顏·閔則無此問矣)'까지는 동생 정이(程頤)의 말이고, '혹의여차역유부득록자(或疑如此亦有不得祿者)'로부터 아래는 형 정호(程顥)의 말이다.

○ 見『孟子』「告子」.

'수천작칙인작지(修天爵則人爵至)'라는 말은 『맹자(孟子)』「고자상(告子上)」에 보인다.215)

215) '수천작칙인작지(修天爵則人爵至)'라는 말은 『맹자(孟子)』「고자상(告子上)」에 보인다 : 『맹자(孟子)』「고자 상(告子上)」에서 "옛사람은 그 천작(天爵)을 닦음에 인작(人爵)이 뒤따랐다.(古之人, 修其天爵而人爵從之.)"라고 하였다.

○ 以天爵·人爵襯愼言行與得祿.

'수천작칙인작지(修天爵則人爵至)'는 천작(天爵)과 인작(人爵)으로 말과 행동을 삼가는 것과 녹봉을 얻는 것에 결부시킨 것이다.

○ 此二句因本文而汎論之. '得之道'三字含'在其中'之義.

'군자언행능근, 득록지도야(君子言行能謹, 得祿之道也)'라고 한 것은 본문 '언과우, 행과회, 녹재기중의(言寡尤, 行寡悔, 祿在其中矣)'라는 말에 따라서 일반적으로 논한 것이다. '득지도(得之道)'라는 세 글자는 '재기중(在其中 : 그 가운데 있다)'이라는 말의 의미를 포함하고 있다.

○ 統指此節.

'고고지이차(故告之以此)'에서 '차(此)'는 이 구절 전체를 총괄해서 가리킨다.

○ 此二句甚有力, 是此章正意.

'고고지이차, 사정기심이불위리록동(故告之以此, 使定其心而不爲利祿動)'이라 한 구절은 매우 힘이 있으니, 이 장(章)의 진정한 뜻이다.

○ 新安陳氏曰 : "顔子終身簞瓢, 閔子辭費宰."[216]

'약안·민즉무차문의(若顔·閔則無此問矣)'에 대해, 신안 진씨(新安陳氏 : 陳櫟)가 말하였다. "안자(顔子 : 顔回)는 평생 거친 밥을 먹었고,[217] 민자(閔子 : 閔損)는 비읍(費邑)의 읍재(邑宰)를 사양하였다.[218]"

○ 又進顔·閔以厲子張, 以廣此章之義.

'약안·민즉무차문의(若顔·閔則無此問矣)'라고 한 것은 또 안회(顔回)와 민손(閔損)으로 나아가 자장(子張)을 권면하여 이 장(章)의 의미를 넓혔다.

○ 此及'志穀'註, 楊氏說皆謂之問, 蓋偶未及察耳.

'약안·민즉무차문의(若顔·閔則無此問矣)'라고 한 것은 '지곡장(志穀章)'에 대한

---

216) 호광 편(胡廣 編), 『논어집주대전(論語集註大全)』 권2.

217) 안자(顔子 : 顔回)는 평생 거친 밥을 먹었고 : 『논어(論語)』「옹야(雍也)」에서 "공자가 말하였다. '현명하다, 안회(顔回)여! 한 그릇의 밥과 한 표주박의 물로 누추한 시골에 있는 것을 다른 사람들은 그 근심을 견디지 못하는데, 안회는 그 즐거움을 변치 않았다. 현명하다, 안회여!'(子曰 : '賢哉! 回也. 一簞食, 一瓢飮, 在陋巷, 人不堪其憂, 回也不改其樂. 賢哉! 回也.')"라고 하였다.

218) 민자(閔子 : 閔損)는 비읍(費邑)의 읍재(邑宰)를 사양했다 : 『논어(論語)』「옹야(雍也)」에서 "계씨(季氏)가 민자건(閔子騫)을 비읍(費邑)의 읍재(邑宰)로 삼으려 하였다. 민자건(閔子騫 : 閔損)이 사자(使者)에게 말하였다. '나를 위해 잘 말해 주시오. 만약 다시 나를 부르러 온다면 나는 반드시 노(魯)나라를 떠나 제(齊)나라의 문수(汶水)가에 있을 것입니다.'(季氏使閔子騫, 爲費宰. 閔子騫曰 : '善爲我辭焉. 如有復我者, 則吾必在汶上矣.')"라고 하였다.

주석에 이르러 양씨(楊氏 : 楊時)가 말한 것을 모두 질문으로 보았으니,[219] 이는 우연히 살펴보지 못했기 때문일 뿐이다.

朱註

或疑如此亦有不得祿者. 孔子蓋曰, '耕也餒在其中', 惟理可爲者爲之而已矣."

어떤 사람은 이와 같이 하고도 또한 녹봉을 얻지 못하는 자가 있음을 의심한다. 그러나 공자는 '농사를 짓는데도 굶주림이 그 가운데 있다'[220]라고 말했으니, 오직 이치상 할 만한 것을 할 따름이다."

詳說

○ 設爲問辭.

'혹의여차역유부득록자(或疑如此亦有不得祿者)'에서 '혹의(或疑)'는 질문하는 말을 설정한 것이다.

○ 指謹言行.

'혹의여차역유부득록자(或疑如此亦有不得祿者)'에서 '여차(如此)'는 말과 행동을 삼가는 것을 가리킨다.

○ 或人之疑止此. 此下又設爲答辭.

'혹의여차역유부득록자(或疑如此亦有不得祿者)'라고 한 것에서 어떤 사람의 의문은 여기까지이다. 이 아래는 또 답변하는 말을 설정한 것이다.

---

219) '지곡장(志穀章)'에 대한 주석에 이르러 ……… 모두 질문으로 보았으니 : 『논어(論語)』「태백(泰伯)」에서 "공자가 말하였다. '삼 년을 배우고서도 녹봉에 뜻을 두지 않는 사람을 쉽게 얻지 못하겠다.'(子曰 : '三年學, 不至(志)於穀, 不易得也.')"라고 하였다. 이 구절에 대해 『논어집주(論語集註)』에서 "양씨(楊氏 : 楊時)가 말하였다. '자장(子張)의 현명함으로도 오히려 녹봉을 구하는 것을 물었으니, 하물며 그보다 못한 자는 어떻겠는가? 그렇다면 3년을 배우고도 녹봉에 뜻을 두지 않는 자를 쉽게 얻지 못함이 마땅하다.'(楊氏曰 : '雖子張之賢, 猶以干祿爲問, 況其下者乎? 然則三年學而不至於穀, 宜不易得也.)"라고 하였다.

220) 농사를 짓는데도 굶주림이 그 가운데 있다 : 『논어(論語)』「위령공(衛靈公)」에서 "공자가 말하였다. '군자는 도(道)를 도모하지 먹는 것을 도모하지 않는다. 농사를 짓는데도 굶주림이 그 가운데 있고, 학문을 함에도 녹봉이 그 가운데 있는 것이니, 군자는 도를 걱정하지 가난함을 걱정하지 않는다.'(子曰 : '君子謀道, 不謀食. 耕也, 餒在其中矣; 學也, 祿在其中矣. 君子憂道, 不憂貧.')"라고 하였다.

○ 與'若曰'·'猶言'同.

'공자개왈(孔子蓋曰)'에서 '개왈(蓋曰)'은 '약왈(若曰 : ~와 같이 말하다)'이나 '유언(猶言 : ~라고 말하는 것과 같다)'이라 하는 것과 같다.

○ '耕也餒在其中, 學也祿在其中', 見「衛靈公」.

'경야뇌재기중, 학야록재기중(耕也餒在其中, 學也祿在其中)'이라는 말이 「위령공(衛靈公)」에 보인다.

○ 朱子曰 : "耕本求飽, 却有時而餒; 學本爲道, 然自可以得祿."221)

'경야뇌재기중(耕也餒在其中)'에 대해, 주자(朱子 : 朱熹)가 말하였다. "농사를 짓는 것은 본래 배부르기를 추구하는 것이지만 도리어 때로는 굶주린다. 학문은 본래 도(道)를 위한 것이지만 그 자체로 녹봉을 얻을 수 있다."

○ 此八字論孔子之語也, 謂此'祿在其中'之語, 與彼'耕也餒在其中'之語, 文勢正相類. 言有得祿之道, 而未必有得祿之事, 但其言含蓄不放耳.

'경본구포, 학본위도(耕本求飽, 學本爲道)'라는 여덟 글자는 공자의 말을 논한 것이니, 이 '녹재기중(祿在其中)'이라는 말이 저 '경야뇌재기중(耕也餒在其中)'이라는 말과 글의 형세가 서로 비슷하다는 것을 뜻한다. 이는 녹봉을 얻는 도리는 있지만 그것이 꼭 녹봉을 얻은 일이 있다는 것은 아니니, 단지 그 말이 함축하여 놓아버리지는 않을 뿐임을 말한다.

---

221) 『주자어류(朱子語類)』 권24, 「논어6(論語六)」, 106조목에는 "又問 : ''祿在其中', 只此便可以得祿否?' 曰 : '雖不求祿, 若能無悔尤, 此自有得祿道理. 若曰'耕也餒在其中矣'. 耕本求飽, 豈是求餒? 然耕卻有水旱凶荒之虞, 則有時而餒. 學本爲道, 豈是求祿? 然學旣寡尤悔, 則自可以得祿. 如言'直在其中矣', '父爲子隱, 子爲父隱', 本不是直. 然父子之道, 卻要如此, 乃是直. 凡言「在其中矣」者, 道理皆如此.'(또 물었다. ''녹봉이 그 가운데 있다'라는 말은 다만 이것이 곧 녹봉을 얻을 만하다는 것일 뿐입니까?' 주자(朱子 : 朱熹)가 대답하였다. '비록 녹봉을 구하지 않더라도 만약 후회와 근심을 없게 할 수 있다면 이는 그 자체로 녹봉을 얻을 수 있는 도리가 있는 것이다. 이는 마치 '농사를 짓더라도 굶주림이 그 안에 있다'라고 말하는 것과 같다. 농사를 짓는 것은 본래 배부르기를 추구하는 것이니, 어찌 굶주리기를 구하는 것이겠는가? 그러나 농사를 짓더라도 또한 수해나 가뭄, 흉년이 드는 걱정이 있으니 때로는 굶주리는 것이다. 학문은 본래 도(道)를 위한 것이지 어찌 녹봉을 구하는 것이겠는가? 그러나 학문에 이미 근심과 후회가 적다면 그 자체로 녹봉을 얻을 수 있는 것이다. 예컨대 '정직함은 그 가운데 있다'라고 말하는 것과 같으니, '아버지가 자식을 위해 숨겨주고, 자식이 아버지를 위해 숨겨주는 것'은 본래 정직한 것이 아니다. 그러나 아버지와 자식의 도는 오히려 이와 같이 해야만 정직한 것이다. 무릇 '그 가운데 있다'라고 하는 것은 도리가 모두 이와 같다.')"라고 되어 있다.

○ 朱子曰："聖人只教他謹言行. 因帶著祿說, 云得祿之道在其中. 正是要抹殺了他'干'字."[222)]

'유리가위자위지이이의(惟理可爲者爲之而已矣)'에 대해, 주자(朱子：朱熹)가 말하였다. "성인은 다만 그에게 말과 행동을 삼가라고 시켰다. 그리고 이에 따라 녹봉이 있게 될 것이라 하여 녹봉을 얻는 방법이 그 가운데 있다고 하였다. 이는 바로 그가 '구한다'라고 하는 말을 없애버린 것이다."

○ 雲峰胡氏曰："富貴在天, 無可求之理; 言行在我, 有反求之道. 惟當求其在我者."[223)]

'유리가위자위지이이의(惟理可爲者爲之而已矣)'에 대해, 운봉 호씨(雲峯胡氏：胡炳文)가 말하였다. "부귀는 하늘에 달려 있으니 구할 수 있는 이치가 없고, 말과 행동은 나에게 달려 있으니 돌이켜 구하는 도리가 있다. 오직 나에게 있는 것을 구해야만 된다."

○ 此十字又推明孔子之意.

'유리가위자위지이이의(惟理可爲者爲之而已矣)'라는 구절은 또 공자의 뜻을 미루어 밝히는 것이다.

---

222) 호병문, 『사서통』「논어통」 권1에 『주자어류(朱子語類)』의 말이라 하여 인용하고 있다. 하지만 현행 『주자어류(朱子語類)』에는 이 말이 보이지 않는다.

223) 호병문, 『사서통』「논어통」 권1.

[2-19-1]

哀公問曰："何爲則民服?" 孔子對曰："擧直錯諸枉, 則民服; 擧枉錯諸直, 則民不服."
애공(哀公)이 물었다. "어떻게 하면 백성이 복종합니까?"공자께서 대답하였다. "정직한 사람을 들어 쓰고 많은 굽은 사람을 버려두면 백성들이 복종하며, 굽은 사람을 들어 쓰고 많은 정직한 사람을 버려두면 백성들이 복종하지 않습니다."

朱註

哀公, 魯君, 名蔣. 凡君問, 皆稱'孔子對曰'者, 尊君也. 錯, 捨置也. 諸, 衆也.
애공(哀公)은 노(魯)나라 군주이고 이름은 장(蔣)이다. 무릇 임금의 물음에 모두 '공자대왈(孔子對曰)'이라 쓴 것은 임금을 높인 것이다. 조(錯)는 버려두는 것이다. 제(諸)는 많은 사람들이다.

詳說

○ 凡魯君不著國名, 此亦記者之一例.
'애공문왈(哀公問曰)'에서 '애공(哀公)'에서 볼 때 모든 노(魯)나라 군주에 대해 나라 이름을 쓰지 않는 것은 또한 기록하는 방법 가운데 한 가지 사례이다.

○ 子兩反.
'명장(名蔣)'에서 '장(蔣)'은 '자(子)'와 '량(兩)'의 반절(反切)이다.

○ 音措, 下同.
'조, 사치야(錯, 捨置也)'에서 '조(錯)'자는 음이 조(措)이고 아래도 마찬가지이다.

○ 謂不擧用.
'조, 사치야(錯, 捨置也)'에서 '사치야(捨置也)'는 들어서 기용하지 않는다는 말이다.

○ 恐人將'諸'字作'於'字義讀, 故特訓之.
'제, 중야(諸, 衆也)'라고 한 것은 사람들이 '제(諸)'자를 '어(於 : ~에)'자의 의미로 읽을까 염려했기 때문에 특별히 훈고하였다.

○ 二'擧'字下亦有'諸'字, 意蓋下蒙也. 或曰："所措者常多於所擧, 故獨言'諸'."
'거직조제왕(擧直錯諸枉)'과 '거왕조제직(擧枉錯諸直)'에서 두 개의 '거(擧)'자는 아래에 또한 '제(諸)'자가 있으니, 뜻이 아래로 이어지기 때문이다. 어떤 사람이 말하였다. "버려두는 사람이 항상 선발하는 사람보다 많기 때문에 유독 '제(諸 : 많은)'라고 말하였다.

○ 訓畢.

훈고가 끝났다.

朱註

程子曰 : "擧錯得義, 則人心服."

정자(程子 : 程頤)가 말하였다. "들어 쓰거나 버려두는 것이 마땅함을 얻으면 인심(人心)이 복종한다."

詳說

○ 叔子.

'정자왈(程子曰)'에서 '정자(程子)'는 동생 '정이(程頤)'이다.

○ 一作'宜'.

'거조득의(擧錯得義)'에서 '의(義)'자는 어떤 판본에는 '의(宜)'자로 되어 있다.

○ 朱子曰 : "是是直, 非是枉."[224]

'거조득의(擧錯得義)'에 대해, 주자(朱子 : 朱熹)가 말하였다. "옳은 것은 곧은 사람이고 그른 것은 굽은 사람이다."

○ 朱子曰 : "哀公問只是要得人畏服他, 聖人却告以人心自服者."[225]

'거착득의, 즉인심복(擧錯得義, 則人心服)'에 대해, 주자(朱子 : 朱熹)가 말하였다. "애공이 물은 것은 다만 사람들이 그를 겁내서 복종하도록 하려는 것일 뿐이었는

224) 『주자어류(朱子語類)』 권24, 「논어6(論語六)」, 112조목에는 "或問'擧直錯諸枉.' 曰 : '是便是直, 非便是枉.'(어떤 사람이 '정직한 사람을 들어 쓰고 많은 굽은 사람을 버려둔다.'라는 것에 대해 물었다. 주자(朱子 : 朱熹)가 대답하였다. '옳은 것은 바로 곧은 사람이고, 그른 것은 곧 굽은 사람이다.')"라고 되어 있다.

225) 『주자어류(朱子語類)』 권24, 「논어6(論語六)」, 114조목에는 "問 : '哀公問「何爲則民服」, 往往只是要得人畏服他. 聖人卻告之以進賢退不肖, 乃是治國之大本, 而人心自服者. ……' 曰 : '說得分明.'(물었다. '애공(哀公)은 「어떻게 하면 백성이 복종합니까」하고 물었는데, 애공은 종종 다만 사람들이 그를 겁내서 복종하기만을 바랄 뿐이었습니다. 그런데 공자는 도리어 현명한 사람을 나아가게 하고 못난 사람을 물리치라는 것으로 일러 주었으니, 이는 나라를 다스리는 큰 근본이고 인심(人心)이 스스로 복종하는 것입니다. ……' 주자(朱子 : 朱熹)가 대답하였다. '설명한 것이 분명하다.')"라고 되어 있다.

데, 성인(공자)은 도리어 인심(人心)이 스스로 복종하는 것으로 일러 주었다."

○ 只釋上一半, 而下一半之意自明. 蓋本文上一半其答哀公之意已足, 下一半特反說之以致丁寧之意耳.

위 구절은 다만 윗부분 절반[226]만을 풀이했지만 아래 부분 절반[227]의 뜻은 저절로 밝혀졌다. 대개 본문의 윗부분 절반에서 애공에게 대답하는 뜻이 이미 충족되었고, 아래 부분 절반은 다만 뒤집어 말하여 그 간절한 뜻을 다했을 뿐이기 때문이다.

朱註

○ 謝氏曰: "好直而惡枉, 天下之至情也. 順之則服, 逆之則去, 必然之理也.

사씨(謝氏: 謝良佐)가 말하였다. "곧은 것을 좋아하고 굽은 것을 미워함은 천하의 지극한 인정이다. 이를 순조롭게 따르면 백성들이 복종하고, 거스르면 백성들이 배반한다는 것은 필연적인 이치이다.

詳說

○ 去聲.

'호직이오왕(好直而惡枉)'에서 '호(好)'자는 거성(去聲)이다.

○ 去聲.

'호직이오왕(好直而惡枉)'에서 '오(惡)'자는 거성(去聲)이다.

○ 朱子曰: "人之正情."[228]

---

226) 윗부분 절반: 본문 '거직조저왕, 즉민복(擧直錯諸枉, 則民服)'을 가리킨다.

227) 아래 부분 절반: 본문 '거왕조저직, 즉민불복(擧枉錯諸直, 則民不服)'을 가리킨다.

228) 人之正情: 『주자어류(朱子語類)』 권24, 「논어6(論語六)」, 114조목에는 '人之正性(사람들의 바른 성품)'이라 되어 있다. 호광 편(胡廣 編), 『논어집주대전(論語集註大全)』 권2에서 '인지정정(人之正情)'이라 잘못 편집하였는데, 박문호(朴文鎬)는 그대로 따랐다. 여기에서는 원전인 『주자어류(朱子語類)』에 따른다. 앞뒤 문맥은 다음과 같다. "問: '哀公問'何爲則民服', 往往只是要得人畏服他. 聖人卻告之以進賢退不肖, 乃是治國之大本, 而人心自服者. 蓋好賢而惡不肖, 乃人之正性; 若擧錯得宜, 則人心豈有不服?……' 曰: '說得分明.'(물었다. '애공(哀公)은 '어떻게 하면 백성이 복종합니까'하고 물었는데, 애공은 종종 다만 사람들이 그를 겁내서 복종하기만을 바랄 뿐이었습니다. 그런데 공자는 도리어 현명한 사람을 나아가게 하고 못난 사람을 물리치라는 것으로 일러 주었으니, 이는 나라를 다스리는 큰 근본이고 인심(人心)이 스스로 복종하는 것입니다. 현명한 사람을 좋아하고, 못난 사람을 미워하는 것은 사람들의 바른 성품

'천하지지정야(天下之至情也)'에서 '지정(至情)'에 대해, 주자(朱子 : 朱熹)가 말하였다. "이는 사람의 바른 성품이다."

○ 先總提.

'호직이오왕, 천하지지정야(好直而惡枉, 天下之至情也)'라고 한 것은 먼저 총괄하여 제시한 것이다.

○ 上一半.

'순지즉복(順之則服)'은 본문 윗부분 절반이다.

○ 好直.

'순지즉복(順之則服)'이라 한 것은 곧은 것을 좋아한다는 말이다.

○ '去'謂不服.

'역지즉거(逆之則去)'에서 '거(去)'자는 복종하지 않음을 말한다.

○ 下一半.

'역지즉거(逆之則去)'는 본문 아래 부분 절반이다.

○ 惡枉.

'역지즉거(逆之則去)'는 굽은 것을 미워한다는 말이다.

○ 照'至情'句.

'필연지리야(必然之理也)'라고 한 것은 '천하지지정야(天下之至情也)'라는 구절에 비추어 보라.

○ 此下又推本知人上言之.

이 아래는 또 근본을 미루어 사람을 아는 것에서 말한다.

朱註

然或無道以照之, 則以直爲枉, 以枉爲直者多矣, 是以君子大居敬而貴窮理也."

그러나 간혹 도(道)로 밝히지 않는다면, 곧은 사람을 굽은 사람으로 여기고 굽은 사람을 곧은 사람으로 여기는 경우가 많을 것이니, 이 때문에 군자는 거경(居敬 : 공경함에 머무는 것)을 중시하고 궁리(窮理 : 이치를 궁구함)를 귀하게 여긴다."

입니다. 만약 들어 쓰거나 버려두는 것이 마땅함을 얻는다면 사람들의 마음에 어찌 복종하지 않음이 있겠습니까? …… ' 주자(朱子 : 朱熹)가 대답하였다. '설명한 것이 분명하다.')"

詳說

○ 道, 居敬窮理是也, 言無道可以照之者.

'연혹무도이조지(然或無道以照之)'에서 '도(道)'는 거경(居敬)과 궁리(窮理)가 이것이고, 이 구절은 비출 수 있는 도가 없음을 말한다.

○ 二字見「雍也」.

'시이군자대거경이귀궁리야(是以君子大居敬而貴窮理也)'에서 '거경(居敬)'이라는 두 글자는 「옹야(雍也)」에 보인다.[229)]

○ 朱子曰:"此又極本原而, 言人君知人之明."[230)]

'시이군자대거경이귀궁리야(是以君子大居敬而貴窮理也)'에 대해, 주자(朱子 : 朱熹)가 말하였다. "이 또한 근원을 끝까지 추구하여 인군이 사람의 밝음을 알아봄을 말하였다."

○ 新安陳氏曰:"以居敬爲大, 而窮理爲貴也. 居敬窮理, 吾心照枉直之本, 而居敬又爲窮理之本. 本文無此意, 乃推本之論也."[231)]

---

229) '거경(居敬)'이라는 두 글자는 「옹야(雍也)」편에 보인다 : 『논어(論語)』「옹야(雍也)」에서 "중궁(仲弓)이 자상백자(子桑伯子)에 대하여 물었다. 공자가 대답하였다. '그의 간략함도 괜찮다.' 중궁이 말하였다. '공경함에 머물면서 간략함을 실행하여 백성들에게 임한다면 괜찮지 않겠습니까? 간략함에 머물면서 간략함을 실행한다면 너무 간략한 것이 아니겠습니까?' 공자가 말하였다. '옹(雍)의 말이 옳다.'(仲弓, 問子桑伯子. 子曰 : '可也簡.' 仲弓曰 : '居敬而行簡, 以臨其民, 不亦可乎? 居簡而行簡, 無乃大簡乎?' 子曰 : '雍之言, 然.')"라고 하였다.

230) 『주자어류(朱子語類)』 권24, 「논어6(論語六)」, 114조목에는 "問 : '哀公問'何爲則民服?', 往往只是要得人畏服他. …… 謝氏又謂'若無道以照之, 則以直爲枉, 以枉爲直, 此君子大居敬而貴窮理', 此又極本原而言. 若人君無知人之明, 則枉直交錯, 而擧錯未必得宜矣.' 曰 : '說得分明.'(물었다. '애공(哀公)은 '어떻게 하면 백성이 복종합니까?'하고 물었는데, 애공은 종종 다만 사람들이 그를 겁내서 복종하기만을 바랄 뿐이었습니다. …… 사씨(謝氏 : 謝良佐)는 또 '만약 도(道)로 비춰 보지 못한다면 곧은 사람을 굽었다고 여기고 굽은 사람을 곧다고 여길 것이니, 이 때문에 군자는 거경(居敬 : 공경함에 머무는 것)을 중시하고 궁리(窮理 : 이치를 궁구함)를 귀하게 여긴다'고 했으니, 이 또한 근원을 끝까지 추구해서 말한 것입니다. 만약 군주가 사람을 알아보는 밝음이 없다면 굽은 사람과 곧은 사람이 서로 뒤섞여 들어 쓰거나 버려두는 것이 꼭 마땅함을 얻지 못할 것입니다.' 주자(朱子 : 朱熹)가 대답하였다. '설명한 것이 분명하다.')"라고 되어 있다.

231) 호광 편(胡廣 編), 『논어집주대전(論語集註大全)』 권2에 진력(陳櫟)의 말로, "居敬窮理者, 明吾心以照枉直之本, 而居敬又爲窮理之本. 本文無此意, 乃謝氏推本之論也. 大居敬, 法『公羊傳』'君子大居正'之文, 以居敬爲大, 而又窮理爲貴也.(거경(居敬)과 궁리(窮理)는 우리 마음을 밝혀

'시이군자대거경이귀궁리야(是以君子大居敬而貴窮理也)'에 대해, 신안 진씨(新安陳氏 : 陳櫟)가 말하였다. "거경을 중시하고 또 궁리를 귀하게 여겼다. 거경(居敬)과 궁리(窮理)는 우리 마음이 그것으로 굽은 사람과 곧은 사람을 비춰 보는 근본이지만, 거경이 또 궁리의 근본이 된다. 본문에는 이러한 뜻이 없으니, 이는 근본을 미루어 논의한 것이다."

○ '居敬 · 窮理'四字, 非徒爲知人之本而已, 實吾儒爲學之頭顱云.

'시이군자대거경이귀궁리야(是以君子大居敬而貴窮理也)'에서 '거경 · 궁리(居敬 · 窮理)'라는 네 글자는 한갓 사람을 아는 근본이 될 뿐 아니라 실로 우리 유학에서 학문을 하는 핵심이라 말할 수 있다.

서 그것으로 굽은 사람과 곧은 사람을 비춰보는 근본이지만 거경이 또 궁리의 근본이 된다. 본문에는 이러한 뜻이 없으니, 이는 사씨(謝氏 : 謝良佐)가 근본을 미루어 논의한 것이다. 거경을 중시한다는 것은 『춘추공양전(春秋公羊傳)』에서 '군자는 거처함이 바른 것을 중시한다'라는 글을 본받아서 거경을 중시한 것인데, 거기에 또 궁리를 귀한 것으로 삼았다.)"라고 실려 있다.

[2-20-1]

季康子問 : "使民敬 · 忠以勸, 如之何?" 子曰 : "臨之以莊則敬, 孝慈則忠, 擧善而敎不能則勸."
계강자(季康子)가 물었다. "백성들에게 윗사람을 공경하고 충성하도록 하며, 그것을 서로 권면하게 하려면 어떻게 해야 되겠습니까?" 공자가 대답하였다. "백성을 대하기를 장엄하게 하면 백성들이 공경하고, 자신이 부모에게 효도하고 많은 사람들에게 자애로우면 백성들이 충성할 것이며, 선한 사람을 등용하여 선하지 못한 사람들을 가르치면 권면될 것입니다."

詳說

○ '以勸'之'以'字不必深泥.
'이권(以勸)'의 '이(以)'자는 심각하게 구애될 필요가 없다.

朱註

季康子, 魯大夫, 季孫氏, 名肥. 莊, 謂容貌端嚴也. 臨民以莊, 則民敬於己. 孝於親, 慈於衆, 則民忠於己. 善者擧之而不能者敎之, 則民有所勸而樂於爲善.
계강자(季康子)는 노(魯)나라 대부이니, 계손씨(季孫氏)이고 이름은 비(肥)이다. 장(莊)은 용모가 단정하고 엄숙한 것이다. 백성에게 대하기를 장엄하게 하면 백성들이 자기를 공경(恭敬)할 것이다. 자신이 부모에게 효도하고 많은 사람들에게 자애로우면 백성이 자기에게 충성(忠誠)할 것이다. 선한 사람을 등용하여 선하지 못한 사람들을 가르치면 백성이 권면하게 되어 선(善)을 실천하기를 즐거워할 것이다.

詳說

○ 句.
'계강자, 노대부(季康子, 魯大夫)'에서 구절이 끊어진다.

○ 訓畢.
'장, 위용모단엄야(莊, 謂容貌端嚴也)'에서 훈고가 끝났다.

○ '己'指康子.

'즉민경어기(則民敬於己)'에서 '기(己)'자는 계강자를 가리킨다.

○ 添'於己'二字, 下同.

'즉민경어기(則民敬於己)'라고 한 것은 본문 '임지이장즉경(臨之以莊則敬)'에 '어기(於己)'라는 두 글자를 보탰으니, 아래도 마찬가지이다.

○ 自勸.

'즉민유소권이락어위선(則民有所勸而樂於爲善)'에서 '권(勸)'자는 백성들이 스스로 권면하는 것이다.

○ 音'洛'.

'즉민유소권이락어위선(則民有所勸而樂於爲善)'에서 '락(樂)'자는 음이 '락(洛)'이다.

○ 朱子曰 : "康子之意, 必要使人能如此, 聖人但告之以己所當爲而民自應者."232)

주자(朱子 : 朱熹)가 말하였다. "계강자(季康子)의 뜻은 백성들이 꼭 이렇게 할 수 있도록 하려는 것이었는데, 성인은 자신이 마땅히 해야 할 일을 가지고 백성들이 저절로 호응하는 것을 일러 주었다."

○ 添'樂於爲善'一句, 是勸之目也.

'즉민유소권이락어위선(則民有所勸而樂於爲善)'이라 하여 본문 '거선이교불능즉권(擧善而敎不能則勸)'에서 '권(勸)'자에 '락어위선(樂於爲善)'이라는 구절을 보탠 것은 권면의 항목을 보여준 것이다.

○ 釋畢.

경문의 풀이가 끝났다.

---

232) 『주자어류(朱子語類)』 권24, 「논어6(論語六)」, 119조목에는 "問 : '康子之意, 必要使民能如此, 聖人但告之以己所當爲, 而民自應者. 方其端莊孝慈, 擧善敎不能, 不是要民如此而後爲. 做得自己工夫, 則民不期然而然者.' 曰 : '也是如此.'(물었다. '계강자의 뜻은 백성들이 꼭 이렇게 할 수 있도록 하려는 것이었는데, 성인은 자신이 마땅히 해야 할 일을 가지고 백성들이 저절로 호응하는 것을 일러 주었습니다. 다만 단정하고 장엄하며 효도하고 자애로우며, 선한 사람을 등용하여 선하지 못한 사람을 가르친다고 하는 것은 백성들에게 이와 같이 하라고 한 뒤에 하는 것이 아닙니다. 자신이 그렇게 노력을 하면 백성들은 그렇게 하도록 기약하지 않아도 그렇게 될 것입니다.' 주자(朱子 : 朱熹)가 대답하였다. '또한 이와 같다.')"라고 되어 있다.

朱註

○ 張敬夫曰:"此皆在我所當爲, 非爲欲使民敬忠以勸而爲之也. 然能如是, 則其應蓋有不期然而然者矣."

장경부(張敬夫 : 張栻)가 말하였다. "이는 모두 내가 마땅히 해야 할 것에 달려 있다는 것이지, 백성들에게 자기를 공경하고 충성하게 하며 그것을 권면(勸勉)하여 그렇게 하도록 하려는 것이 아니다. 그러나 이와 같이 할 수 있으면 그 호응은 대개 그렇게 하도록 기약하지 않아도 그렇게 될 것이다."

詳說

○ '義'也.

'차개재아소당위(此皆在我所當爲)'에서 '소당위(所當爲)'는 '의(義 : 마땅함)'이다.

○ 去聲.

'비위욕사민경충이권(非爲欲使民敬忠以勸)'에서 '위(爲)'자는 거성(去聲)이다.

○ 利也.

'비위욕사민경충이권이위지야(非爲欲使民敬忠以勸而爲之也)'라고 한 것은 이로운 것임을 말한다.

○ 先就本文言外立論. '然'字下又還本文正意.

'차개재아소당위, 비위욕사민경충이권이위지야(此皆在我所當爲, 非爲欲使民敬忠以勸而爲之也)'라고 한 것은 먼저 본문의 말 밖에서 논의를 세운 것이다. '연능여시(然能如是)' 아래는 또 본문의 진정한 뜻으로 되돌렸다.

○ 指臨莊·孝慈·擧敎.

'연능여시(然能如是)'에서 '여시(如是)'는 백성을 대하기를 장엄하게 하고, 자신이 부모에게 효도하고 많은 사람들에게 자애로우며, 선한 사람을 등용하여 선하지 못한 사람들을 가르치는 것을 가리킨다.

○ 指敬·忠·勸.

'즉기응개유불기연이연자의(則其應蓋有不期然而然者矣)'에서 '기응(其應)'은 백성들이 공경하고 충성하며 권면하는 것을 가리킨다.

○ 慶源輔氏曰 : "凡聖賢之言與事, 其有本效感應處, 皆當以此意推之, 庶無謀利計功之私矣."[233]

'즉기응개유불기연이연자의(則其應蓋有不期然而然者矣)'에 대해, 경원 보씨(慶源輔氏 : 輔廣)가 말하였다. "무릇 성현의 말과 일에는 본래 감응을 본받을 점이 있는데, 그것들은 모두 이러한 뜻으로 미루어 보아야 하니, 그렇게 한다면 이익을 도모하고 공로를 계산하는 사사로움이 거의 없을 것이다."

○ 新安陳氏曰 : "不期而然, 何暇於使之然哉?"[234]

'즉기응개유불기연이연자의(則其應蓋有不期然而然者矣)'에 대해, 신안 진씨(新安陳氏 : 陳櫟)가 말하였다. "기약하지 않아도 그렇게 되니 어찌 그렇게 되도록 기다릴 필요가 있겠는가?"

○ 本文三'則'字, 所以答'使'字, 而'使'字太費心力, '則'字泯然無迹.

본문 공자의 대답에서 세 개의 '즉(則)'자는 그것으로 질문의 '사(使)'자에 대답한 것이지만, '사(使)'자는 매우 신경을 써야 되는 것인 반면 '즉(則)'자는 깨끗하게 자취도 없다.

---

233) 호광 편(胡廣 編), 『논어집주대전(論語集註大全)』 권2.

234) 호광 편(胡廣 編), 『논어집주대전(論語集註大全)』 권2에 진력(陳櫟)의 말로, "不期而然, 乃自然之感應, 何假於使之然哉? 莊·孝慈·擧善而敎, 蓋不使之使也.(기약하지 않아도 그렇게 되는 것은 바로 저절로 그러하게 감응하는 것이니, 어찌 그렇게 되도록 기다릴 필요가 있겠는가? 백성을 대하기를 장엄하게 하고, 자신이 부모에게 효도하고 많은 사람들에게 자애로우며, 선한 사람을 등용하여 선하지 못한 사람들을 가르치는 것은 대개 그렇게 하도록 시키지 않았는데도 그렇게 하도록 시킨 것과 같기 때문이다.)"라고 실려 있다.

[2-21-1]

或謂孔子曰 : "子奚不爲政?"
어떤 사람이 공자에게 물었다. "선생님께서는 어찌하여 정사(政事)를 하지 않습니까?"

詳說

○ 稱孔子者外, 或人之辭也.
위 글에서 공자라고 일컬은 것 이외는 모두 어떤 사람의 말이다.

朱註

定公初年, 孔子不仕, 故或人疑其不爲政也.
정공(定公) 즉위 첫해에 공자가 벼슬하지 않았기 때문에, 어떤 사람이 정사를 하지 않는다고 의아해 한 것이다.

詳說

○ 『史記』「世家」曰 : "陽貨作亂, 故不仕."[235]
'정공초년, 공자불사(定公初年, 孔子不仕)'에 대해, 『사기(史記)』「공자세가(孔子世家)」에서 말하였다. "양화(陽貨)가 난리를 일으켰기 때문에 벼슬하지 않았다."

---

235) 『사기(史記)』 권47 「공자세가(孔子世家)」 제17에는 "桓子嬖臣曰仲梁懷, 與陽虎有隙. 陽虎欲逐懷, 公山不狃止之. 其秋, 懷益驕, 陽虎執懷. 桓子怒, 陽虎因囚桓子, 與盟而醳之. 陽虎由此益輕季氏. 季氏亦僭於公室, 陪臣執國政. 是以魯自大夫以下皆僭離於正道. 故孔子不仕, 退而脩詩書禮樂, 弟子彌衆, 至自遠方, 莫不受業焉.(계환자가 총애하는 신하 가운데 중양회(仲梁懷)라는 사람이 있었는데, 양호(陽虎)와 사이가 좋지 않았다. 양호는 중양회를 내쫓으려고 하였으나 공산불뉴(公山不狃)가 그것을 제지하였다. 그해 가을에 중양회가 더욱 교만해지니 양호는 중양회를 체포하였다. 계환자가 그 일을 노여워하자 양호는 그로 인해 계환자를 가두었고, 그와 맹약을 하고서야 그를 풀어 주었다. 양호는 이일로 말미암아 계씨(季氏)를 더욱 가볍게 여겼다. 계씨 또한 공실(公室)보다 참람했기 때문에 배신(陪臣)이 국정을 잡게 되었다. 이로 노나라에서는 대부(大夫) 이하 모두가 참람하게 정도(正道)를 어긋나게 되었다. 그 때문에 공자는 벼슬하지 않고 물러나 『시(詩)』, 『서(書)』, 『예(禮)』, 『악(樂)』을 편찬하였다. 제자들은 더욱 늘어나고 먼 곳에서 찾아와 수업을 듣지 않은 사람이 없었다.)"라고 되어 있다.

○ 新安陳氏曰 : "定五年以前, 以平子逐君也; 五年以後, 以陽貨也."[236]

'정공초년, 공자불사(定公初年, 孔子不仕)'에 대해, 신안 진씨(新安陳氏 : 陳櫟)가 말하였다. "정공 5년 이전에 공자가 벼슬하지 않았던 것은 평자(平子)가 군주를 몰아냈기 때문이고,[237] 정공 5년 이후에 벼슬하지 않았던 것은 양화(陽貨) 때문이었다."

○ 有釋無訓.

경문의 풀이는 있으나 훈고는 없다.

○ 政字, 此章之題目.

'정(政 : 정사)'자가 이 장(章)의 제목이다.

[2-21-2]

子曰 : "『書』云孝乎, '惟孝, 友于兄弟, 施於有政.' 是亦爲政, 奚其爲爲政?"
공자께서 말씀하셨다. "『서경(書經)』에서 효(孝)에 대하여 '부모에게 효도하며 형제간에 우애하여 정사(政事)에 베푼다.'라고 하였다. 이 또한 정사를 하는 것이니, 어찌 꼭 벼슬하는 것만이 정사를 하는 일이 되겠는가?"

詳說

○ 二'奚'字, 呼應也. '其'字指或人所稱國政也. 此句二'爲'字, 其義不同.

이전의 본문 '자해불위정(子奚不爲政)'과 위 본문 '해기위위정(奚其爲爲政)'에서 두 개의 '해(奚)'자는 서로 호응한다. '해기위위정(奚其爲爲政)'에서 '기(其)'자는 이전의 본문에서 어떤 사람이 일컫는 국정(國政)을 가리킨다. '해기위위정(奚其爲爲政)'에서 두 개의 '위(爲)'자는 그 의미가 같지 않다.

---

236) 호광 편(胡廣 編), 『논어집주대전(論語集註大全)』 권2에 진력(陳櫟)의 말로, "定五年以前, 夫子不仕者以平子; 而定五年以後不仕者, 以陽貨也.(정공 5년 이전에 공자가 벼슬하지 않았던 것은 평자(平子) 때문이고, 정공 5년 이후에 벼슬하지 않았던 것은 양화(陽貨) 때문이었다.)"라고 실려 있다.

237) 정공 5년 이전에 공자가 벼슬하지 않았던 것은 평자(平子)가 군주를 몰아냈기 때문이고 : 이 사실은 『춘추좌전(春秋左傳)』 정공 원년의 기사에 나온다.

朱註

『書』, 「周書 · 君陳」篇. '『書』云孝乎'者, 言『書』之言孝如此也.

『서(書)』는 「주서(周書) · 군진(君陳)」 편이다. '『서경(書經)』운효호(『書』云孝乎)'라는 것은 『서경(書經)』에서 효도(孝道)를 말한 것이 이와 같다는 것을 말한다.

詳說

○ 指所引『書』.

'언『서』지언효여차야(言『書』之言孝如此也)'에서 '여차(如此)'는 『서경(書經)』에서 인용한 것을 가리킨다.

○ 新安倪氏曰: "『書』言孝友, 而起語獨言孝者, 孝可包友也."[238]

'『서』운효호자, 언『서』지언효여차야(『書』云孝乎者, 言『書』之言孝如此也)'에 대해, 신안 예씨(新安倪氏: 倪士毅)가 말하였다. "『서경(書經)』에서는 효도와 우애를 말했는데, 여기에서 말을 시작하면서 다만 효도만을 말한 것은 효도가 우애를 포괄할 수 있기 때문이다."

○ '『書』云孝乎'四字起發下文之語也, 如『孟子』'子未學禮乎'等語勢, 蓋本此云.

'『서경(書經)』운효호자, 언『서경(書經)』지언효여차야(『書』云孝乎者, 言『書』之言孝如此也)'에서 '『서경(書經)』운효호(『書』云孝乎)'라는 네 글자는 아래의 글을 일으키는 말이니, 예컨대 『맹자(孟子)』에서 '자미학례호(子未學禮乎: 그대는 예(禮)를 배우지 않았는가)'[239] 등으로 말한 어세(語勢)가 대개 여기에 근본한다고 말할 수 있을 것이다.

---

238) 호광 편(胡廣 編), 『논어집주대전(論語集註大全)』 권2에 예사의(倪士毅)의 말로, "『書』言孝友, 而起語獨言孝者, 友乃孝之推, 孝可包友也.(『서경(書經)』에서는 효도와 우애를 말했는데, 여기에서 말을 시작하면서 다만 효도만을 말한 것은 우애가 곧 효도를 미루어 가는 것이라서 효도가 우애를 포괄할 수 있기 때문이다.)"라고 되어 있다.

239) 자미학례호(子未學禮乎: 그대는 예(禮)를 배우지 않았는가): 『맹자(孟子)』「등문공하(滕文公下)」에서 "맹자가 말하였다. '이 어찌 대장부라 할 수 있겠는가? 그대는 예(禮)를 배우지 않았는가? 장부(丈夫)가 관례(冠禮)를 할 때 아버지가 그에게 명(命: 훈계)하고, 여자가 시집갈 때 어머니가 명(命)한다. 시집감에 문에서 전송하면서 '네 집에 가서 반드시 공경하고 반드시 경계하여 남편을 어기지 말라.'라고 경계하여 말하니, 순종함을 정도(正道)로 삼는 것은 부녀자의 도(道)이다.'(孟子曰: '是焉得爲大丈夫乎? 子未學禮乎? 丈夫之冠也, 父命之; 女子之嫁也, 母命之. 往, 送之門, 戒之曰, '往之女家, 必敬必戒, 無違夫子.' 以順爲正者, 妾婦之道也.')"라고 하였다.

朱註

善兄弟曰友. 『書』言“君陳能孝於親, 友於兄弟, 又能推廣此心, 以爲一家之政.”
형제간에게 잘하는 것이 우애(友愛)이다. 『서(書)』에서 “군진(君陳)[240]이 부모에게 효도하고 형제간에 우애하며, 또 이러한 마음을 미루어 넓혀서 한 집안의 정사(政事)를 하였다.”라고 말하였다.

詳說

○ 專言弟曰‘悌’, 通兄弟而言曰‘友’.

‘선형제왈우(善兄弟曰友)’에 대해, 오로지 아우만을 말할 때는 ‘제(悌)’라 하고, 형제를 통틀어 말할 때는 ‘우(友)’라고 한다.

○ 訓畢.

‘선형제왈우(善兄弟曰友)’에서 훈고가 끝났다.

○ 周之臣名.

‘『서』언“군진능효어친(『書』言“君陳能孝於親)’에서 ‘군진(君陳)’은, 주(周)나라 신하의 이름이다.

○ ‘於’·‘又’字可見孝友之於有政爲二串事.

‘『서경(書經)』언군진능효어친, 우어형제, 우능추광차심(『書』言君陳能孝於親, 友於兄弟, 又能推廣此心)’에서 ‘어(於)’자와 ‘우(又)’자를 통해 볼 때, 효도와 우애가 정사(政事)를 하는 것과 두 방면으로 연관되고 있다는 것을 알 수 있다.

○ 朱子曰 : “此全在‘推’字上.”[241]

---

240) 군진(君陳) : 본명은 희군진(姬君陳)이고, 서주(西周) 시대 주공단(周公旦)의 둘째 아들로서 주평공(周平公)이다. 성왕(成王) 때 대부(大夫)를 지냈다. 주공이 죽자 그에게 주공의 뜻을 계속 잇도록 하였다. 충신으로 성왕이 그의 효우(孝友)를 칭찬했다고 한다.

241) 『주자어류(朱子語類)』 권24, 「논어6(論語六)」, 123조목에는 “問 : ‘惟孝友于兄弟, 可以施於有政.’ 曰 : ‘此全在‘推’字上, 言‘擧斯心加諸彼’. 今人只爲不能善推其所爲耳. 范『唐鑑』言唐明皇能友愛兄弟, 而殺其三子, 正以其不能推此心耳.’(물었다. ‘부모에게 효도하며 형제간에 우애하는 것을 가지고 정사(政事)에 베풀 수 있습니까?’ 주자(朱子 : 朱熹)가 대답하였다. ‘이는 전적으로 ‘추(推 : 미루어 간다)’라는 글자에 달려 있으니, ‘이 마음을 들어서 저기에 더한다.’라는 것을 말한다. 요즘 사람들은 다만 그들이 하는 일을 잘 미루어 나가지 못할 따름이다. 범조우(范祖禹)의 『당감(唐鑑)』에서는 당나라 명황(明皇 : 玄宗)이 형제들에게 우애로웠으면서도 셋째 아들을 죽였다고 말하는데, 이는 바로 이 마음을 미루어 나가지 못했기 때문일 뿐이다.’)”라고 되어 있다.

‘『서경(書經)』언군진능효어친, 우어형제, 우능추광차심(『書』言君陳能孝於親, 友於兄弟, 又能推廣此心)’에 대해, 주자(朱子 : 朱熹)가 말하였다. “이는 전적으로 ‘추(推 : 미루어 간다)’라는 글자에 달려 있다.”

○ 朱子曰 : “緣下面有一箇‘是亦爲政’, 故不是國政.”242)

‘이위일가지정(以爲一家之政)’에 대해, 주자(朱子 : 朱熹)가 말하였다. “이는 아래에 있는 ‘이 또한 정사(政事)를 하는 것이다’라는 구절과 이어지기 때문에 국정(國政)이 아니다.”

○ 新安陳氏曰 : “孝友行於家者, 施政行於國者, 『書』之本意不過如此, 朱子特發家政之意.”243)

‘이위일가지정(以爲一家之政)’에 대해, 신안 진씨(新安陳氏 : 陳櫟)가 말하였다. “효도와 우애는 집안에서 행해지는 것이고, 그것을 정사(政事)에 베푸는 것은 나라에서 행해지는 것이니, 『서경(書經)』의 본래 뜻은 이와 같은 것에 지나지 않는다. 주자는 특히 집안에서 정사(政事)의 뜻을 드러내었다.”

○ 非朱子始發此意, 夫子引『書』之意蓋已如此, 此斷章取義耳.

위 구절의 내용은 주자(朱子 : 朱熹)가 처음으로 이러한 뜻을 드러내 밝힌 것이 아니라 공자가 『서경(書經)』를 인용한 뜻이 이미 이와 같았으니, 이는 다만 단장취의일 뿐이다.

朱註

孔子引之, 言“如此, 則是亦爲政矣, 何必居位乃爲爲政乎?”

공자가 이를 인용한 것은 “이와 같이 하면 이 또한 정사(政事)를 하는 것이니,

---

242) 『주자어류(朱子語類)』 권24, 「논어6(論語六)」, 122조목에는 “‘推廣此心, 以爲一家之政’, 便是齊家. 緣下面有一箇‘是亦爲政’, 故不是國政.(‘이 마음을 미루어 나가 넓혀서 한 집안의 정사(政事)를 한다’라는 말은 바로 집안을 가지런하게 한다는 것이다. 아래에 있는 ‘이 또한 정사를 하는 것이다’는 구절과 이어지기 때문에 국정(國政)이 아니다.)”라고 되어 있다.

243) 사백선(史伯璿), 『사서관규(四書管窺)』 권2에 진력(陳櫟)의 말로, “孝友兄弟, 行於家者; 施於有政, 行於國者. 居家理故治可移於官, 『書』之本意不過如此. 朱子特發出推廣以爲家政之意.(부모에게 효도하고 형제와 우애로운 것은 집안에서 행해지는 것이고, 그것을 정사(政事)에 베푸는 것은 나라에서 행해지는 것이다. 집안에 있을 때 다스려지기 때문에 그 다스림이 벼슬살이에로 옮겨 갈 수 있으니, 『서경(書經)』의 본래 뜻은 이와 같은 것에 지나지 않는다. 주자는 특히 그것을 미루어 나가 넓혀서 집안에서 정사(政事)의 뜻으로 삼는 것을 드러내어 밝혔다.)”라고 실려 있다.

어찌 반드시 관직의 자리에 있어야만 정사(政事)를 하는 것이 되겠는가?"라는 것을 말한다.

詳說

○ 指所引『書』.

'언"여차(言"如此)'에서 '여차(如此)'는 『서경(書經)』에서 인용한 것을 가리킨다.

○ 二字釋'其'字.

'하필거위내위위정호(何必居位乃爲爲政乎)'에서 '거위(居位)'라는 두 글자는 본문 '해기위위정(奚其爲爲政)'에서 '기(其)'자를 풀이한 것이다.

○ 添'必'·'乃'二字.

'하필거위내위위정호(何必居位乃爲爲政乎)'이라 한 것은 본문 '해기위위정(奚其爲爲政)'에 '필(必)'자와 '내(乃)'자를 보탠 것이다.

○ 『諺』釋未瑩.

'해기위위정(奚其爲爲政)'에 대한 『언해』의 풀이가 명백하지 못하다.244)

○ 上'爲'字, 『諺解』不別釋之, 後多類此.

'해기위위정(奚其爲爲政)'에서 앞의 '위(爲)'자에 대해 『논어언해』에서 구별해서 풀이하지 않았는데, 뒤에도 이와 유사한 것이 많다.

○ 釋畢.

경문의 풀이가 끝났다.

○ 此下又推明言外意.

이 아래는 또 말 밖의 뜻을 미루어 밝혔다.

朱註

蓋孔子之不仕, 有難以語或人者, 故託此以告之. 要之至理亦不外是.

대개 공자가 벼슬하지 않은 것을 어떤 사람에게 말하기 어려운 점이 있었을 것이기 때문에, 이것에 의탁하여 일러준 것이다. 요컨대 지극한 이치는 또한 이를 벗어나지 않는다.

---

244) '해기위위정(奚其爲爲政)'에 대한 『언해』의 풀이가 명백하지 못하다 : 교정청 『언해』본에는 "엇디ᄒᆞ야사 그 政을 ᄒᆞ다 ᄒᆞ리오."라고 되어 있다. 참고로 율곡 『언해』본에도 꼭 같다.

詳說

◯ 平子逐君, 陽貨作亂.

'개공자지불사(蓋孔子之不仕)'라는 것은 평자(平子)가 군주를 몰아냈고, 양화(陽貨)가 반란을 일으켰기 때문이다.[245)]

◯ 去聲.

'유난이어혹인자(有難以語或人者)'에서 '어(語)'자는 거성(去聲)이다.

◯ '居是邦, 不非其大夫'之意也.

'유난이어혹인자(有難以語或人者)'는 '어떤 나라에 살 때는 그 나라의 대부(大夫)를 비난하지 않는다'[246)]라는 말의 뜻이다.

◯ 指孝友是亦爲政. 下'是'字同.

'고탁차이고지(故託此以告之)'에서 '차(此)'자는 효도와 우애가 또한 정사를 하는 것임을 가리킨다. 아래의 '요지지리역불외시(要之至理亦不外是)'에서 '시(是)'자도 마찬가지이다.

◯ 以本文作託辭, 此正意也.

'고탁차이고지(故託此以告之)'는 본문으로 의탁하는 말을 만든 것이니, 이것이 진정한 뜻이다.

◯ 平聲.

'요지지리역불외시(要之至理亦不外是)'에서 '요(要)'자는 평성(平聲)이다.

◯ 猶言'思之'.

'요지지리역불외시(要之至理亦不外是)'에서 '지(之)'자는 마치 '생각하건대'라고 말하는 것과 같다.

---

245) 평자(平子)가 군주를 몰아냈고, 양화(陽貨)가 반란을 일으켰기 때문이다 : 이 일은 『춘추좌전(春秋左傳)』 정공(定公) 원년의 기사와 『사기(史記)』「공자세가(孔子世家)」에 나온다.

246) 어떤 나라에 살 때에는 그 나라의 대부(大夫)를 비난하지 않는다 : 『순자(荀子)』 제29, 「자도(子道)」에서 "예(禮)에 따르면 어떤 고을에 살 때에는 그 고을의 대부(大夫)를 비난하지 않는 것이다.(禮, 居是邑, 不非其大夫.)"라고 하였다. 또한 『논어(論語)』「위령공(衛靈公)」에는 "자공(子貢)이 인(仁)을 실행하는 것에 대해 물었다. 공자가 대답하였다. '공인(工人)이 그 일을 잘하려면 반드시 먼저 그 연장을 예리하게 해야 하는 것이니, 어떤 나라에 살 때에는 그 나라 대부(大夫) 가운데 현명한 사람을 섬기고, 그 나라의 선비 가운데 인(仁)한 사람을 친구로 삼아야 한다.'(子貢問爲仁. 子曰 : '工欲善其事, 必先利其器, 居是邦也, 事其大夫之賢者, 友其士之仁者.')"라고 하였다.

○ 南軒張氏曰 : "或人勉以爲政之事, 夫子告以爲政之道."247)

'요지지리역불외시(要之至理亦不外是)'에 대해, 남헌 장씨(南軒張氏 : 張栻)가 말하였다. "어떤 사람이 공자에게 정사(政事)를 하는 일로 권면하였지만, 공자는 정사를 하는 도(道)로 일러준 것이다."

○ 又以託辭作爲眞說, 此則推本之論也.

'요지지리역불외시(要之至理亦不外是)'라고 한 것은 또 의탁하는 말로 진실 된 주장을 하였으니, 이는 근본을 미루어 나간 논의이다.

---

247) 장식(張栻), 『계사논어해(癸巳論語解)』 권1에는 "孝於親, 則必友于兄弟也. 孝友篤於家, 則其施於有政, 亦是心而已. 然則雖不爲政, 而在家庭之間躬行孝友之行, 爲政之道固在是矣. 何待夫爲政哉? 盖或者勉夫子以爲政之事, 而夫子告之以爲政之道也.(부모에게 효도하면 반드시 형제애가 우애롭다. 효도와 우애가 집안에서 돈독하면 그것을 정사를 하는 데 베푸는 것도 또한 이 마음일 뿐이다. 그렇다면 비록 정사를 하지 않고 집안에 있을 때 몸소 효도와 우애를 실행한다면 정사를 하는 도(道)는 본디 여기에 달려 있는 것이다. 어찌 정사를 할 필요가 있겠는가? 대개 어떤 사람이 공자에게 정사를 하는 일로 권면하였지만 공자는 정사를 하는 도로 일러준 것이다.)"라고 되어 있다.

[2-22-1]

子曰 : "人而無信, 不知其可也. 大車無輗, 小車無軏, 其何以行之哉?"
공자가 말하였다. "사람으로 신의(信義)가 없으면 괜찮은지 모르겠다. 큰 수레에 수레채 마구리가 없고, 작은 수레에 멍에막이가 없다면, 어떻게 수레가 갈 수 있겠는가?"

朱註

輗, 五兮反. 軏, 音月.

'대거무예(大車無輗)'에서 '예(輗)'는 '오(五)'와 '혜(兮)'의 반절(反切)이다. '소거무월(小車無軏)'에서 '월(軏)'은 음이 월(月)이다.

詳說

○ '不知其可', 言不知其可行.

'부지기가(不知其可)'라고 한 것은 그렇게 할 수 있는지 모르겠다는 말이다.

朱註

大車, 謂平地任載之車. 輗, 轅端橫木, 縛軛以駕牛者. 小車, 謂田車·兵車·乘車. 軏, 轅端上曲, 鉤衡以駕馬者.

대거(大車)는 평지에서 짐을 싣는 수레를 말한다. 예(輗)는 멍에 끝에 가로지른 나무이니, 멍에를 묶어 소에게 메우는 것이다. 소거(小車)는 전거(田車 : 사냥할 때 쓰는 수레)와 병거(兵車 : 전투용 수레)와 승거(乘車 : 승용 수레)이다. 월(軏)은 멍에 끝에 위로 구부러진 것이니, 가로 댄 나무에 멍에를 걸어서 말에 메우는 것이다.

詳說

○ 如載穀·載薪.

'평지임재지거(平地任載之車)'는 예컨대 곡물을 싣거나 땔감을 싣는 것과 같은 것이다.

○ 牛車.

'평지임재지거(平地任載之車)'는 소가 끄는 수레이다.

○ 音厄, 卽衡也.

'전액이가우자(縛軛以駕牛者)'에서 '액(軛)'자는 음이 액(厄)이고, 곧 '형(衡 : 수레채 끝에 댄 횡목)'이다.

○ 獵也.

'위전거(謂田車)'에서 '전(田)'자는 사냥하는 것이다.

○ 去聲.

'승거(乘車)'에서 '승(乘)'자는 거성(去聲)이다.

○ 皆馬車.

'전거 · 병거 · 승거(田車 · 兵車 · 乘車)'는 모두 말이 끄는 수레이다.

○ 稍上而向下曲. 『詩』「小戎」註可考.

'원단상곡(轅端上曲)'은 약간 위에서 아래로 구부러진 것이다. 『시경(詩經)』「소융(小戎)」의 주석을 참고할 만하다.248)

○ 牽也.

'구형이가마자(鉤衡以駕馬者)'에서 '구(鉤)'자는 끌어당긴다는 뜻이다.

○ 訓畢.

훈고가 끝났다.

朱註

車無此二者, 則不可以行. 人而無信, 亦猶是也.

수레에 이 두 가지가 없으면 움직일 수 없다. 사람으로 신의가 없으면 또한 이와 같다.

詳說

○ 釋畢.

'즉불가이행(則不可以行)'에서 경문의 풀이가 끝났다.

---

248) 『시경(詩經)』「소융(小戎)」의 주석을 참고할 만하다 : 『시경(詩經)』「소융(小戎)」의 '양주(梁輈)'에 대한 주석에서 주자는 "양주(梁輈 : 굽은 끌채)는 앞의 진(軫)으로부터 앞으로 점점 구부러져 올라가 형(衡)에 이르면 아래를 향하여 갈고리를 걸어서 형(衡)을 주(輈 : 끌채)의 아래에 가로대니, 주(輈)의 형상이 높이 솟아 위가 굽은 것이 지붕의 들보와 같다.(梁輈 從前軫以前, 稍曲而上, 至衡則向下鉤之, 橫衡於輈下, 而輈形穹隆上曲, 如屋之梁.)"라고 하였다.

○ **指車無二句.**

‘역유시야(亦猶是也)’에서 ‘시(是)’자는 ‘거무차이자, 즉불가이행(車無此二者, 則不可以行)’이라는 구절을 가리킨다.

○ **朱子曰 : “人無眞實誠心, 則所言不可行, 與‘言不忠信, 州里行乎?’之意同.”**[249)]

‘인이무신, 역유시야(人而無信, 亦猶是也)’에 대해, 주자(朱子 : 朱熹)가 말하였다. “사람으로 진실되고 정성스러운 마음이 없으면 말한 것이 실행되지 않으니, 이는 ‘말이 충신(忠信 : 진실되고 믿음직함)하지 못하면 비록 자신이 거주하는 고을에서라도 실행될 수 있겠는가?’[250)]라는 뜻과 같다.”

○ **此二句補本文之意而足之.**

‘인이무신, 역유시야(人而無信, 亦猶是也)’라는 구절은 본문의 뜻을 보충하여 그 의미를 충족시킨 것이다.

○ **‘信’字, 此章之題目.**

‘신(信 : 믿음)’자가 이 장(章)의 제목이다.

---

249) 『주자어류(朱子語類)』 권24, 「논어6(論語六)」, 125조목에는 “問‘人而無信, 不知其可也.’ 曰 : ‘人而無眞實誠心, 則所言皆妄, 今日所言要往東, 明日走在西去, 這便是言不可行.’(‘사람으로 신의(信義)가 없으면 괜찮은지 모르겠다’라는 구절에 대해 물었다. 주자(朱子 : 朱熹)가 대답하였다. ‘사람으로 진실되고 정성스러운 마음이 없으면 말하는 것이 모두 망령되어, 오늘 동쪽으로 가려고 한다고 말해 놓고 내일 서쪽으로 향해 가니, 이것이 바로 말이 실행되지 않는다는 것이다.’)”라고 하였고, 또 126조목에는 “問 : ‘先生但謂‘車無此二者, 則不可以行. 人而無信, 亦猶是也’, 而不及無信之所以不可行, 何也?’ 曰 : ‘若人無信, 則語言無實, 何處行得? 處家則不可行於家, 處鄕黨則不可行於鄕黨.’ 曰 : ‘此與‘言不忠信, 雖州里行乎哉?’之意同.’ 曰 : ‘然.’(물었다. ‘선생님께서는 다만 ‘수레에 이 두 가지가 없으면 움직일 수 없다. 사람으로 신의가 없으면 또한 이와 같다.’라고만 하고, 신의가 없으면 말이 실행될 수 없는 까닭을 언급하지 않은 것은 무엇 때문입니까?’ 주자(朱子 : 朱熹)가 대답하였다. ‘만약 사람으로 신의가 없으면, 말에 실질적인 것이 없는데 어디에서 실행될 수 있겠는가? 집안에 머물 때는 집안에서 실행할 수 없고, 고을에 머물 때는 고을에서 행할 수 없다.’ 물었다. ‘이는 ‘말이 충신(忠信 : 진실 되고 믿음직함)하지 못하면 비록 자신이 거주하는 고을에서라도 실행될 수 있겠는가?’라는 말의 뜻과 같습니까?’ 주자(朱子 : 朱熹)가 대답하였다. ‘그렇다.’)”라고 되어 있다.

250) 말이 충신(忠信 : 진실 되고 믿음직함)하지 못하면 …… 실행될 수 있겠는가 : 『논어(論語)』「위령공(衛靈公)」에서 “자장(子張)이 실행됨에 대해 물었다. 공자가 말하였다. ‘말이 충신(忠信 : 진실되고 믿음직함)하고 행동이 독경(篤敬 : 돈독하고 공경함)하면 비록 오랑캐의 나라라고 하더라도 실행될 수 있겠지만, 말이 충신(忠信)하지 못하고 행동이 독경(篤敬)하지 못하면 비록 자신이 거주하는 고을에서라도 실행될 수 있겠는가?’(子張問行. 子曰 : ‘言忠信, 行篤敬, 雖蠻貊之邦, 行矣, 言不忠信, 行不篤敬, 雖州里, 行乎哉?’)”라고 하였다.

[2-23-1]

子張問 : "十世可知也?"
자장(子張)이 물었다. "10개의 왕조 뒤의 일을 미리 알 수 있습니까?"

詳說

○ 此下二章論禮.
여기서부터 아래 두 개의 장(章)은 예(禮)를 논한다.

朱註

陸氏曰 : "'也', 一作'乎'."
육씨(陸氏 : 陸德明)[251]가 말하였다. "'야(也)'자는 어떤 판본에는 '호(乎)'자로 되어 있다."

詳說

○ 『大全』曰 : "名元朗, 字德明, 唐蘇州人."
'육씨(陸氏)'에 대해, 『논어집주대전』에서 말하였다. "이름은 원랑(元朗)이고, 자가 덕명(德明)이다. 당나라 때 소주(蘇州 : 현 강소성 소주시 남쪽) 사람이다."

○ 以字行.
'육씨(陸氏)'는 자(字)인 덕명(德明)으로 널리 알려져 있다.

○ '也'字亦有作'乎'字意者. 如『孟子』'子聞之也'之類是也.
'야, 일작호('也', 一作'乎')'에서 '야(也)'자는 또한 '호(乎)'자의 뜻으로 삼는 경우가 있다. 예컨대 『맹자(孟子)』에서 '그대는 들었는가?'[252]라고 말한 따위가 이것

251) 육덕명(陸德明, 약550~630) : 본명은 원랑(元朗)이고, 자가 덕명(德明)이다. 당나라 때 소주오현(蘇州吳縣 : 현 강소성 소주시 남쪽) 사람으로 현묘한 이치를 잘 말했고, 경학(經學)에 밝았다. 진(陳)나라와 수나라 때 국자조교(國子助敎)를 지냈다. 당나라에 들어 진왕부(秦王府) 문학관학사(文學館學士)가 되고, 국자박사(國子博士)에 올랐다. 한·위·육조(漢·魏·六朝) 시대 230여 가(家)의 음절(音切)과 한(漢)나라 학자들의 훈고(訓詁)를 채집하여, 그 같고 다름을 정리하고 원류를 따져 『경전석문(經典釋文)』 30권을 편찬하였다. 이 책은 당나라 의소(義疏)의 선구자 역할을 했고 현재까지도 경학 연구에 필수적인 참고서이다. 그 밖의 저서에 『노자소(老子疏)』와 『역소(易疏)』 등이 있다.

252) 그대는 들었는가 : 『맹자(孟子)』「이루상(離婁上)」에서 "악정자(樂正子)가 자오(子敖)를 따라

이다.

○ 先正'也'字.

'야, 일작호(也, 一作乎)'라고 한 것은 먼저 '야(也)'자를 바로잡은 것이다.

朱註

王者易姓受命爲一世. 子張問'自此以後十世之事, 可前知乎?'

왕(王)이 성(姓)을 바꾸어 천명을 받는 것을 1세(世)라고 한다. 자장(子張)은 '지금으로부터 10세(世) 뒤의 일을 미리 알 수 있습니까?'하고 물은 것이다.

詳說

○ 此圈無他義. 只恐『集註』說與陸說相混, 故置圈以間之耳.

여기[王者 앞]의 '○(圈)'는 다른 뜻이 없다. 다만 『논어집주(論語集註)』의 말이 육덕명의 말과 서로 뒤섞일 것을 염려했기 때문에 '○'를 두어서 사이를 띄웠을 뿐이다.

○ 新安陳氏曰 : "此與三十年爲一世之世不同."253)

'왕자역성수명위일세(王者易姓受命爲一世)'에 대해, 신안 진씨(新安陳氏 : 陳櫟)가 말하였다. "이는 30년을 1세(世)로 삼는 세(世 : 代)와는 같지 않다."

○ 訓畢.

'왕자역성수명위일세(王者易姓受命爲一世)'에서 훈고가 끝났다.

○ 子張之意, 蓋如後世術數家所謂知來. 此正其少時好高苟難之病. 是知聖人其知如神, 而不知聖人之知以理而不以數也. 使其不遇聖師爲之裁之, 不陷於術數之學也幾希矣.

제(齊)나라에 갔다. 악정자가 맹자를 뵈었다. 맹자가 말하였다. '그대도 나를 찾아와 보는가?' 악정자가 말하였다. '선생님은 어찌하여 이런 말을 하십니까?' 맹자가 말하였다. '그대는 이곳에 온 지가 며칠인가?' 악정자가 대답하였다. '전일(前日)입니다.' 맹자가 말하였다. '전일(前日)이라면 내가 이러한 말을 하는 것이 당연하지 않은가?' 악정자가 대답하였다. '머무를 관사(館舍)를 정하지 못해서였습니다.' 맹자가 말하였다. '그대는 들었는가? 관사를 정한 뒤에 웃어른을 찾아본다 하던가?' 악정자가 말하였다. '제가 죄를 졌습니다.'(樂正子從於子敖, 之齊. 樂正子見孟子. 孟子曰 : '子亦來見我乎?' 曰 : '先生何爲出此言也?' 曰 : '子來幾日矣?' 曰 : '昔者.' 曰 : '昔者, 則我出此言也, 不亦宜乎?' 曰 : '舍館未定.' 曰 : '子聞之也? 舍館定然後, 求見長者乎?' 曰 : '克有罪.')"라고 하였다.

253) 호광 편(胡廣 編), 『논어집주대전(論語集註大全)』 권2.

'자장문자차이후십세지사, 가전지호?(子張問'自此以後十世之事, 可前知乎?')'에서 볼 때, 자장(子張)의 뜻은 대개 후세 술수가(術數家)들의 이른바 미래를 아는 것과 같다. 바로 그가 젊었을 때 고원한 것과 구차하게 어려운 일을 하기를 좋아했던 병통이다.[254] 이는 공자의 앎이 귀신과 같다는 것을 알았지만 공자의 앎이 이치로 안 것이지 술수로 안 것이 아님을 몰랐던 것이다. 만일 자장이 공자의 가르침을 만나지 못했다면 술수의 학문에 빠지지 않기가 어려웠을 것이다.

○ 釋畢.

경문의 풀이가 끝났다.

[2-23-2]

子曰: "殷因於夏禮, 所損益, 可知也; 周因於殷禮, 所損益, 可知也. 其或繼周者, 雖百世可知也."

공자가 말하였다. "은(殷)나라는 하(夏)나라의 예(禮)를 바탕으로 했으니 덜거나 보탠 것을 알 수 있고, 주(周)나라는 은나라의 예를 바탕으로 했으니 덜거나 보탠 것을 알 수 있다. 혹시라도 주나라를 계승하는 자가 있다면, 비록 백세 뒤의 일이라도 알 수 있을 것이다."

詳說

○ 二'可知也', 以文勢則似獨蒙'所損益', 而其義則實並蒙'因於禮'. 觀於『集註』可見.

위 본문에서 두 개의 '가지야(可知也 : 알 수 있다)'는 문장의 형세로 보면 다만 '소손익(所損益 : 덜거나 보탠 것)'에 이어지는 것 같지만, 그 의미는 사실 둘 다 '인어

254) 그가 젊었을 때 고원한 것과 구차하게 어려운 일을 하기를 좋아했던 병통이다 : 『논어(論語)』「선진(先進)」에서 "자공(子貢)이 물었다. '사(師 : 子張)와 상(商 : 子夏)은 누가 낫습니까?' 공자가 대답하였다. '사(師)는 지나치고, 상(商)은 미치지 못한다.'(子貢問 : '師與商也孰賢?' 子曰 : '師也過, 商也不及.')"라고 하였다. 이 구절에 대해 주자는 "자장(子張)은 재주가 높고 뜻이 넓었으나 구차하게 어려운 일하기를 좋아했기 때문에 항상 중도(中道)에 지나쳤고, 자하(子夏)는 독실히 믿고 지키기를 삼갔으나 규모가 좁았기 때문에 항상 미치지 못하였다.(子張才高意廣而好爲苟難, 故常過中; 子夏篤信謹守而規模狹隘, 故常不及.)"라고 주석하였다.

예(因於禮 : 예를 바탕으로 했음)'에 이어진다. 『논어집주(論語集註)』를 살펴보면 알 수 있다.

○ 夫子周人, 故不敢必其然, 而著'其或'二字. 蓋謹也.

공자는 주(周)나라 사람이었기 때문에 감히 반드시 주나라를 계승하는 자가 있다면 비록 백세 뒤의 일이라도 알 수 있을 것이라 하지 못하고, '기혹계주자(其或繼周者)'에서 '기혹(其或 : 혹시라도)'이라는 두 글자를 붙였다. 이는 삼갔기 때문이다.

朱註

馬氏曰 : "所因, 謂三綱五常; 所損益, 謂文質三統."

마씨(馬氏 : 馬融)[255]가 말하였다. "바탕으로 한 것은 삼강(三綱)과 오상(五常)을 일컫고, 덜거나 보탠 것은 문(文 : 문채) · 질(質 : 질박함)과 삼통(三統)을 일컫는다."

詳說

○ 『大全』曰 : "名融, 東漢扶風人."

'마씨(馬氏)'에 대해, 『논어집주대전』에서 말하였다. "이름은 융(融)이고 동한 시대 부풍(扶風 : 현 섬서성 흥평(興平)) 사람이다.

○ 訓畢.

훈고가 끝났다.

○ 下'愚按'至'天統', 又訓馬氏說, 此是訓之訓也, 別一例也.

아래 '우안(愚按)'에서 '천통(天統)'까지는 또 마융의 말을 훈고한 것이니, 이는 훈고에 대한 훈고로서 별도의 한 가지 사례이다.

---

255) 마융(馬融, 79~166) : 자는 계장(季長)이고, 부풍 무릉(扶風茂陵 : 현 섬서성 흥평(興平)) 사람이다. 중국 동한(東漢) 시대의 저명한 경학가로서 고문경학(古文經學)에 밝았다. 안제(安帝)와 환제(桓帝) 때에 벼슬하여 교서랑(校書郎), 남군태수(南郡太守), 의랑(議郎) 등을 역임하였다. 학식이 해박하고 재능이 높아 천여 명의 문도들을 가르쳤는데, 당대의 석학인 정현(鄭玄), 노식(盧植) 등이 그 문하에서 배출되었다. 『춘추삼전이동설(春秋三傳異同說)』을 짓고, 『효경(孝經)』·『논어(論語)』·『시경(詩經)』·『주역(周易)』·『삼례』·『상서(尙書)』·『열녀전』·『노자』·『회남자』·『이소(離騷)』 등을 주석하였다. 문집 21편이 있었으나 지금은 그 단편(斷片)만이 남아 있다.

朱註

愚按：三綱，謂君爲臣綱，父爲子綱，夫爲妻綱．五常，謂仁·義·禮·智·信．文質，謂夏尙忠，商尙質，周尙文．三統謂夏正建寅爲人統，商正建丑爲地統，周正建子爲天統．

내가 생각하건대, 삼강은, 임금은 신하의 벼리가 되고, 아버지는 자식의 벼리가 되고, 남편은 아내의 벼리가 됨을 일컫는다. 오상은 인(仁)·의(義)·예(禮)·지(智)·신(信)을 일컫는다. 문(文)·질(質)은 하(夏)나라는 충(忠)을 숭상하고, 상(商)나라는 질(質)을 숭상하고, 주(周)나라는 문(文)을 숭상한 것을 말한다. 삼통(三統)은 하나라의 정월(正月)은 인월(寅月)로 하였으니 인통(人統)이 되고, 상나라의 정월은 축월(丑月)로 하였으니 지통(地統)이 되고, 주나라의 정월은 자월(子月)로 하였으니 천통(天統)이 됨을 말한다.

詳說

○ 上聲，諸經幷同．

'위하상충(謂夏尙忠)'에서 '하(夏)'자는 상성(上聲)이고, 여러 경전에서 모두 같다.

○ 凡'殷'字，註皆易作'商'，避國諱也．亦如易'愼'作'謹'耳．

'상상질(商尙質)'에서 '상(商)'에 대해, 모든 '은(殷)'자를 주석에서 모두 '상(商)'자로 바꾸어 썼으니, 이는 나라 이름을 피휘(避諱)한 것이다. 이는 또한 '신(愼)'자를 바꾸어서 '근(謹)'자로 쓴 것과 같다.

○ 朱子曰："忠是朴實白直，質則漸有形質制度，文則就制度上加文采．天下之勢自有此三者，非聖人欲尙忠·尙質·尙文也．彼時亦無此名，後人見得如此，故命此名."256)

---

256) 『주자어류(朱子語類)』 권24, 「논어6(論語六)」, 130조목에는 "忠·質·文·忠，只是樸實頭白直做將去；質，則漸有形質制度，而未及於文采；文，則就制度上事事加文采．然亦天下之勢自有此三者，非聖人欲尙忠，尙質，尙文也．夏不得不忠，商不得不質，周不得不文．彼時亦無此名字，後人見得如此，故命此名.(충(忠)·질(質)·문(文)에서, 충(忠)은 다만 소박하고 담백하게 해 나가는 것이고, 질(質)은 점점 형식과 제도가 있지만 아직 문채 있는 데는 미치지 못한 것이며, 문(文)은 제도에 일마다 문채가 더해진 것이다. 그러나 또한 천하의 형세에는 본래 이 세 가지가 있는 것이지, 성인인 충을 숭상하고, 질을 숭상하고, 문을 숭상하려고 한 것이 아니다. 하나라는 충을 숭상하지 않을 수 없었고, 상나라는 질을 숭상하지 않을 수 없었으며, 주나라는 문을 숭상하지 않을 수 없었다. 그 시대에는 또한 이러한 명칭이 없었지만 후대 사람들이 이와 같이 보았기 때문에 이러한 명칭을 붙였다.)"라고 되어 있다.

'문질, 위하상충, 상상질, 주상문(文質, 謂夏尙忠, 商尙質, 周商文)'에 대해, 주자(朱子 : 朱熹)가 말하였다. "충(忠)은 다만 소박하고 담백한 것이고, 질(質)은 점점 형식과 제도가 있게 되는 것이며, 문(文)은 제도에 문채가 더해진 것이다. 천하의 형세에는 본래 이 세 가지가 있는 것이지, 성인이 충을 숭상하고, 질을 숭상하고, 문을 숭상하려고 한 것이 아니다. 그 시대에는 또한 이러한 명칭이 없었지만 후대 사람들이 이와 같이 보았기 때문에 이러한 명칭을 붙였다."

○ 音征, 下幷同.

'삼통위하정건인위인통(三統謂夏正建寅爲人統)'에서 '정(正)'자는 음이 정(征)이고 아래에도 모두 같다.

○ 邵子曰 : "天開於子, 地闢於丑, 人生於寅."257)

'삼통위하정건인위인통(三統謂夏正建寅爲人統)'에서 '삼통(三統)'에 대해, 소자(邵子 : 邵雍)258)가 말하였다. "하늘은 자(子)의 자리에서 열리고, 땅은 축(丑)의 자리에서 열리며, 사람은 인(寅)의 자리에서 생겨난다."

○ 朱子曰 : "天 · 地 · 人始於此, 故三代卽其始處建以爲正."259)

---

257) 『주자어류(朱子語類)』 권45, 「논어27(論語二十七)」, 30조목에서 "至之問 : '康節說'天開於子, 地闢於丑, 人生於寅', 是否?' 曰 : '模樣也是如此.'(지지(至之 : 주자 문인 楊至)가 물었다. '강절(康節 : 邵雍)이 '하늘은 자(子)의 자리에서 열리고, 땅은 축(丑)의 자리에서 열리며, 사람은 인(寅)의 자리에서 생겨난다.'라고 말했는데, 맞습니까?' 주자(朱子 : 朱熹)가 대답하였다. '형세는 또한 그와 같다.')"라고 하였다.

258) 소옹(邵雍, 1011~1077) : 자는 요부(堯夫)이고, 호는 안락선생(安樂先生)이며, 소문산 백원(蘇文山 百源)가에 은거하여 백원선생(百源先生)이라도 불리었다. 시호는 강절(康節)이다. 송나라 때 범양(范陽 : 현 하북성 탁현(涿縣)) 사람으로 만년에는 낙양(洛陽)에 거주하였는데, 이때 사마광(司馬光) · 여공저(呂公著) · 부필(富弼) 등이 그를 존경하여 함께 교류하면서 대저택을 증여하였다. 이지재(李之才)에게 도서선천상수학(圖書先天象數學)을 배웠다고 한다. 그는 도가사상의 영향을 받고 유가의 역철학(易哲學)을 발전시켜 독특한 수리철학(數理哲學)을 완성하였다. 역(易)이 음과 양의 2원(二元)으로 우주의 모든 현상을 설명하고 있음에 대하여, 그는 음(陰) · 양(陽) · 강(剛) · 유(柔)의 4원(四元)을 근본으로 하고, 4의 배수(倍數)로서 모든 것을 설명하였다. 그의 역학(易學)은 주희(朱熹)에게 큰 영향을 주었다. 저서는 『황극경세(皇極經世)』, 『이천격양집(伊川擊壤集)』, 『어초문답(漁樵問答)』 등이 있다.

259) 『주자어류(朱子語類)』 권45, 「논어27(論語二十七)」, 31조목에는 "周問 : '三正之建不同, 如何?' 曰 : '康節分十二會, 言到子上方有天, 未有地; 到丑上方有地, 未有人; 到寅上方始有人. 子 · 丑 · 寅皆天 · 地 · 人之始, 故三代卽其始處建以爲正.'(주(周)가 물었다. '삼정(三正)을 세우는 것이 다른 것은 무엇 때문입니까?' 주자(朱子 : 朱熹)가 대답하였다. '강절(康節 : 邵雍)은 12회(會)를 나누어, 자(子)의 자리에 이르러 비로소 하늘이 있게 되는데 아직 땅은 없고, 축

'삼통위하정건인위인통(三統謂夏正建寅爲人統)'에서 '삼통(三統)'에 대해, 주자(朱子 : 朱熹)가 말하였다. "하늘과 땅과 사람이 여기에서 시작했기 때문에 삼대(三代)는 곧 그 시작하는 곳을 세워 정(正)으로 삼았다."

朱註

三綱五常, 禮之大體, 三代相繼, 皆因之而不能變. 其所損益, 不過文章制度小過不及之間, 而其已然之迹, 今皆可見. 則自今以往, 或有繼周而王者, 雖百世之遠, 所因所革, 亦不過此, 豈但十世而已乎?

삼강(三綱)과 오상(五常)은 예(禮)의 큰 몸체이니, 삼대(三代)가 서로 계승하여 모두 바탕으로 하지 변화시킬 수 없었다. 그 덜거나 보탠 것은 문장(文章 : 예악 법도)과 제도에 조금 지나치거나 미치지 못한 것의 차이에 지나지 않았으니, 이미 그러한 자취를 이제 모두 다 볼 수 있다. 그렇다면 지금 이후 혹시라도 주(周)나라를 이어 왕이 된 사람이 있다면, 비록 백세나 되도록 멀리 떨어져 있어도 바탕으로 하고 변혁(變革)시키는 일은 또한 이를 넘어서지는 않을 것이니, 어찌 다만 10세(世)뿐이겠는가?

詳說

○ **朱子曰 : "是天做底."**[260]

'삼강오상, 예지대체(三綱五常, 禮之大體)'에서 '예지대체(禮之大體)'에 대해, 주자(朱子 : 朱熹)가 말하였다. "이는 하늘이 만든 것이다."

○ **朱子曰 : "此章'因'字最重."**[261]

'삼대상계, 개인지이불능변(三代相繼, 皆因之而不能變)'에 대해, 주자(朱子 : 朱熹)가 말하였다. "이 장(章)은 '인(因 : 바탕으로 함)'자가 가장 중요하다.

(丑)의 자리에 이르러 비로소 땅이 있게 되는데 아직 사람은 없으며, 인(寅)의 자리에 이르러 비로소 사람이 있게 된다고 하였다. 자·축·인은 모두 하늘과 땅과 사람의 시작이다. 그러므로 삼대(三代)는 시작하는 곳을 세워 정(正)으로 삼았다.')"라고 되어 있다.

260) 『주자어류(朱子語類)』 권24, 「논어6(論語六)」, 128조목에는 "所因之禮, 是天做底, 萬世不可易; 所損益之禮, 是人做底, 故隨時更變.(바탕으로 한 예(禮)는 하늘이 만든 것이니, 영원토록 바꿀 수 없다. 덜거나 보탠 예는 사람이 만든 것이기 때문에 때에 따라 바뀌고 변한다.)"라고 되어 있다.

261) 『주자어류(朱子語類)』 권24, 「논어6(論語六)」, 139조목.

○ 朱子曰 : "是人做底."[262)]

'기소손익, 불과문장제도(其所損益, 不過文章制度)'에 대해 ,주자(朱子 : 朱熹)가 말하였다. "이는 사람이 만든 것이다."

○ 指文質三統等.

'기소손익, 불과문장제도(其所損益, 不過文章制度)'에서 '문장제도(文章制度)'는, 문(文 : 문채)·질(質 : 질박함)과 삼통(三統) 등을 가리킨다.

○ 新安陳氏曰 : "損其過, 益其不及."[263)]

'기소손익, 불과문장제도소과불급지간(其所損益, 不過文章制度小過不及之間)'에 대해, 신안 진씨(新安陳氏 : 陳櫟)가 말하였다. "그 지나친 것을 덜고, 그 미치지 못한 것을 보탠다."

○ '可見'卽本文之'可知'.

'금개가견(今皆今皆可見)'에서 '가견(可見)'은 곧 본문의 '가지(可知)'이다.

○ 此以上合而解之, 與干祿章釋法同.

여기에서는 합쳐서 풀이했으니, 위 '간록장(干祿章)'의 풀이 방법과 같다.

○ 去聲.

'혹유계주이왕자(或有繼周而王者)'에서 '왕(王)'자는 거성(去聲)이다.

○ 朱子曰 : "繼周者秦, 雖損益有所未當, 然三綱五常終變不得."[264)]

'혹유계주이왕자(或有繼周而王者)'에 대해, 주자(朱子 : 朱熹)가 말하였다. "주(周)나라를 이은 것은 진(秦)이니, 비록 덜어내거나 보탠 것에 합당하지 못한 것이 있

---

262) 『주자어류(朱子語類)』 권24, 「논어6(論語六)」, 128조목에는 "所因之禮, 是天做底, 萬世不可易; 所損益之禮, 是人做底, 故隨時更變.(바탕으로 한 예(禮)는 하늘이 만든 것이니, 영원토록 바꿀 수 없다. 덜거나 보탠 예는 사람이 만든 것이기 때문에 때에 따라 바뀌고 변한다.)"라고 되어 있다.

263) 호광 편(胡廣 編), 『논어집주대전(論語集註大全)』 권2.

264) 『주자어류(朱子語類)』 권24, 「논어6(論語六)」, 139조목에는 "此一章'因'字最重. 所謂損益者, 亦是要扶持箇三綱·五常而已. 如秦之繼周, 雖損益有所不當, 然三綱·五常終變不得. 君臣依舊是君臣, 父子依舊是父子, 只是安頓得不好爾.(이 장(章)은 '인(因)'자가 가장 중요하다. 이른바 덜어내거나 보탠다고 하는 것도 또한 삼강오상을 유지하도록 뒷받침하려는 것일 뿐이다. 예컨대 진(秦)나라가 주(周)나라를 이어서, 비록 덜어내거나 보탠 것에 합당하지 못한 것이 있었지만 삼강·오상은 끝내 변화시킬 수 없었다. 군주와 신하는 예전대로 군주와 신하였고, 아버지와 자식은 예전대로 아버지와 자식이었으니, 다만 안배한 것이 좋지 못했을 뿐이었다.)"라고 되어 있다.

었지만 삼강오상은 끝내 변화시킬 수 없었다."

○ 指三代之迹可見者.

'수백세지원, 소인소혁, 역불과차(雖百世之遠, 所因所革, 亦不過此)'는 삼대의 자취를 볼 수 있다는 것을 가리킨다.

○ 釋畢.

'수백세지원, 소인소혁, 역불과차(雖百世之遠, 所因所革, 亦不過此)'라고 한 것에서 경문의 풀이가 끝났다.

○ 補本文未盡之言如此, 然後答子張之意乃足. 此下又申論之, 以破子張之問, 而戒後世之學者.

여기에서 본문이 다 발휘하지 못한 말을 이와 같이 보충한 뒤에야 공자가 자장(子張)에게 대답한 뜻이 충분해진다. 이 아래는 또 그것을 거듭 밝혀 논의해서, 자장의 질문 자체를 논파하여 후세에 배우는 사람들을 경계한다.

朱註

聖人所以知來者蓋如此, 非若後世讖緯術數之學也.

성인이 앞으로 올 것을 미리 아는 것은 대체로 이와 같으니, 후세의 참위(讖緯)나 술수(術數)의 학설과는 같지 않다.

詳說

○ 此節.

'성인소이지래자개여차(聖人所以知來者蓋如此)'에서 구절이 끊어진다..

○ 楚禁反.

'비약후세참위술수지학야(非若後世讖緯術數之學也)'에서 '참(讖)'은 '초(楚)'와 '금(禁)'의 반절(反切)이다.

○ 首節所問之意.

'비약후세참위술수지학야(非若後世讖緯術數之學也)'에서 '참위술수지학(讖緯術數之學)'은 이 장(章) 첫 구절에서 자장(子張)이 질문한 뜻이다.

○ 新安陳氏曰 : "纖緯, 如錄圖 · 赤伏及諸緯書, 術數如望氣 · 風角等."265)

265) 호광 편(胡廣 編), 『논어집주대전(論語集註大全)』 권2에 진력(陳櫟)의 말로, "讖緯, 如'亡秦者胡'之讖, 及赤伏符等, 及諸經之緯書. 術數, 如望氣 · 厭勝 · 風角等皆是.(참위는 예컨대 '진나라

'비약후세참위술수지학야(非若後世讖緯術數之學也)'에 대해, 신안 진씨(新安陳氏 : 陳櫟)가 말하였다. "참위는 예컨대 녹도(錄圖)[266]와 적복(赤伏)[267] 및 여러 위서(緯書)와 같은 것이고, 술수는 예컨대 망기(望氣)[268]와 풍각(風角)[269] 등과 같은 것이다."

朱註

○ 胡氏曰 : "子張之問, 蓋欲知來, 而聖人言其旣往者以明之也. 夫自修身以至於爲天下, 不可一日而無禮. 天敍天秩, 人所共由, 禮之本也.

호씨(胡氏 : 胡寅)가 말하였다. "자장(子張)의 질문은 대개 미래를 알려고 한 것이었는데, 성인은 이미 지나간 일을 말하여 그것을 밝혔다. 무릇 자신을 수양하는 일에서 천하를 다스리는 데 이르기까지 하루라도 예(禮)가 없을 수 없다. 하늘의 순서와 하늘의 질서는 사람이 공통적으로 따라야 하는 것이니, 예의 근본이다.

詳說

○ 先總提此章, 此下乃詳釋此節.

'자장지문, 개욕지래, 이성인언기기왕자이명지야(子張之問, 蓋欲知來, 而聖人言其

를 망칠 자는 호(胡)이다'라는 도참과 적복부(赤伏符) 등 및 여러 경전에 대한 위서(緯書)와 같은 것이다. 술수는 예컨대 망기(望氣)와 압승(厭勝)과 풍각(風角) 등과 같은 것이 모두 이것이다.)"라고 실려 있다.

266) 녹도(錄圖) : 대표적인 참위서의 하나이다. 진시황 32년(B.C. 215), 동방의 해상(海上)에서 돌아온 연인(燕人) 노생(盧生)이 비결이라 하며 『녹도서(錄圖書)』를 바쳤는데, 그 속에 '진나라를 망칠 자는 호(胡)이다[亡秦者胡也]'라는 말이 있었다. 진시황은 그 호가 북방의 오랑캐라 생각하고 몽염을 시켜 만리장성을 쌓고 막대한 군사도 동원했던 것인데, 2세인 호해(胡亥)에 의해 멸망되었으니, 그 '호(胡)'라는 것이 오랑캐인 '호(胡)'가 아니라 호해(胡亥)의 '호(胡)'였던 것이다.

267) 적복(赤伏) : 후한의 광무제(光武帝)가 황제가 되기 전 장안(長安)에 있을 때, 동사생(同舍生)인 강화(彊華)가 관중(關中)에서 가져온 예언의 부적을 말한다. 강화(彊華)가 적복부를 바치며 "유수가 군사를 일으키니 사이(四夷)가 운집하고 사칠(四七) 즈음에 화(火)가 임금이 된다고 쓰여 있습니다."라고 하였다. 이는 광무제가 천자가 된다는 것을 가리킨다고 신하들이 말하였다. 이에 광무제는 유사(有司)에게 단장(壇場)을 설치하라고 명했다고 한다.

268) 망기(望氣) : 망운(望雲)이라도 하며, 운기(雲氣)를 관찰하여 장래의 길흉을 예측하던 옛날 방사(方士)들의 일종의 점후술(占候術)이다. 구름을 보고 길흉을 예언하는 점술을 말한다.

269) 풍각(風角) : 중국 고대 점법(占法)의 하나로서, 사방(四方)과 네 모퉁이의 바람을 궁(宮)·상(商)·각(角)·치(徵)·우(羽)의 오음(五音)으로 감별하여 길흉을 점치는 것이다.

旣往者以明之也)'는 먼저 이 장(章)을 총괄적으로 제시한 것이고, 이 아래는 곧 이 구절을 상세하게 풀이한 것이다.

○ 音扶.

'부자수신이지어위천하(夫自修身以至於爲天下)'에서 '부(夫)'자는 음이 부(扶)이다.

○ '天敍有典, 天秩有禮', 出『書』「皐陶謨」.

'천서천질(天敍天秩)'에 대해, '천서(天敍)에는 전(典 : 준칙)이 있고, 천질(天秩)에는 예(禮)가 있다.'라고 하였으니, 『서경(書經)』「고요모(皐陶謨)」에 나온다.270)

朱註

商不能改乎夏, 周不能改乎商, 所謂'天地之常經'也. 若乃制度文爲, 或太過則當損, 或不足則當益. 益之損之, 與時宜之, 而所因者不壞, 是古今之通義也. 因往推來, 雖百世之遠, 不過如此而已矣."

상나라가 하나라의 것을 고칠 수 없었고, 주나라가 상나라의 것을 고칠 수 없었으니, 이른바 '천지의 불변하는 법도'라는 뜻이다. 그렇지만 제도와 문식의 경우는, 간혹 너무 지나치면 마땅히 덜어내야 하고 간혹 부족하면 마땅히 더해야 할 것이다. 더하거나 덜어내는 것은 시대에 따라 적절하게 하였고, 바탕으로 할 것은 무너뜨리지 않았으니, 이는 예로부터 지금까지 보편적으로 적용되는 도리이다. 지나간 일을 따라서 미래를 추측하면 비록 백세 뒤의 먼 것이라도 이와 같음에 지나지 않을 따름이다."

詳說

○ '乎'字不必泥.

'상불능개호하(商不能改乎夏)'에서 '호(乎)'자는 굳이 얽매일 필요가 없다.

○ 猶事也.

'약내제도문위(若乃制度文爲)'에서 '위(爲)'자는 '사(事)'자와 같다.

---

270) 천서(天敍)에는 전(典 : 준칙)이 있고 …… 『서경(書經)』「고요모(皐陶謨)」에 나온다 : 『서경(書經)』「우서(虞書) · 고요모(皐陶謨)」에서 "천서(天敍)에는 전(典 : 준칙)이 있으니 우리 오전(五典)을 바로잡아 다섯 가지를 도탑게 하고, 천질(天秩)에는 예(禮)가 있으니 우리 오례(五禮)에서 다섯 가지를 떳떳하게 하십시오!(天敍有典, 勅我五典, 五惇哉; 天秩有禮, 自我五禮, 五庸哉!)"라고 하였다.

○ 此三句本文無此意, 而特發之以責重於人謀上.

‘익지손지, 여시의지, 이소인자불괴(益之損之, 與時宜之, 而所因者不壞)’라는 세 구절은 본문에는 이러한 뜻이 없지만 특별히 드러내 밝혀서 사람이 도모해야 하는 일에 책임을 맡겼다.

○ 上旣著‘所謂’二字, 故此只著‘是’字.

‘시고금지통의야(是古今之通義也)’라고 한 것은 위에서 이미 ‘소위천지지상경야(所謂天地之常經也)’라고 하여 ‘소위(所謂)’라는 두 글자를 썼기 때문에 여기에서는 다만 ‘시(是)’자를 썼다.

○ ‘天地之常經’ · ‘古今之通義’, 出『漢書』「董仲舒傳」.

‘소위천지지상경야(所謂‘天地之常經’也)’에서 ‘천지지상경(天地之常經)’과 ‘시고금지통의야(是古今之通義也)’에서 ‘고금지통의(古今之通義)’라는 구절은 『한서(漢書)』「동중서전(董仲舒傳)」에 나온다.

○ 承上.

‘인왕추래(因往推來)’에서 ‘인왕(因往)’은 위를 이어받는다는 말이다.

○ 生下.

‘인왕추래(因往推來)’에서 ‘추래(推來)’는 아래를 낳는다는 뜻이다.

○ 與圈上釋法同.

‘불과여차이이의(不過如此而已矣)’라고 한 것은 본 주석 ‘○(圈)’위의 주자 주석인 ‘수백세지원, 소인소혁, 역불과차(雖百世之遠, 所因所革, 亦不過此)’라는 풀이 방법과 같다.

[2-24-1]

子曰 : "非其鬼而祭之, 諂也.
공자가 말하였다. "그 제사 지내어야 할 귀신이 아닌 것을 제사 지내는 것은 아첨함이다.

朱註

非其鬼, 謂非其所當祭之鬼. 諂, 求媚也.
그 귀신이 아니라는 것은 마땅히 제사 지내어야 할 귀신이 아님을 일컫는다. 첨(諂)은 잘 보이기를 구하는 일이다.

詳說

○ **厚齋馮氏曰 : "'其', 指祭者."**[271)]
'비기귀(非其鬼)'에서 '기(其)'자에 대해, 후재 풍씨(厚齋馮氏 : 馮椅)가 말하였다. "'기(其)'자는 제사 지내야 할 것을 가리킨다."

○ **朱子曰 : "庶人祭五祀, 大夫祭山川, 諸侯祭天地, 又如今人祭甚麽廟神, 如用僧尼道士之屬, 都是非其鬼. 如土地之神, 人家却可祭之."**[272)]

---

271) 호병문, 『사서통』「논어통」 권1.

272) 『주자어류(朱子語類)』 권24, 「논어6(論語六)」, 146조목에는 "'非其鬼而祭之', 如天子祭天地, 諸侯祭山川, 大夫祭五祀, 庶人祭其先, 上得以兼乎下, 下不得以兼乎上也. 庶人而祭五祀, 大夫而祭山川, 諸侯而祭天地, 此所謂'非其鬼'也.('그 제사 지내어야 할 귀신이 아닌 것을 제사 지낸다'는 말은 예컨대 천자는 하늘과 땅에 제사지내고, 제후는 산과 하천에 제사지내며, 대부는 오사(五祀)에 제사지내고, 서인은 그 선조들에게 제사지내는데, 위에서는 아래에서 지내는 제사를 겸할 수 있지만, 아래에서는 위에서 지내는 제사를 겸할 수 없는 것과 같다. 서인이면서 오사에 제사 지내고, 대부이면서 산과 하천에 제사 지내고 제후이면서 하늘과 땅에 제사 지내는 것은 이른바 '그 제사 지내어야 할 귀신이 아닌 것'이다.)"라고 하였고, 147조목에는 "問 : ''非其鬼而祭之', 如諸侯僭天子, 大夫僭諸侯之類. 又如士庶祭其旁親遠族, 亦是非其鬼否?' 曰 : '是. 又如今人祭甚麽廟神, 都是非其鬼.' 問 : '如用僧尼道士之屬, 都是非其鬼.' 曰 : '亦是.' (물었다. ''그 제사 지내어야 할 귀신이 아닌 것을 제사 지낸다'는 것은 예컨대 제후가 천자를 참칭하고, 대부가 제후를 참칭하는 것과 같습니다. 또 예컨대 사(士)나 서인이 곁가지의 먼 친족을 제사 지내는 것과 같은 것도 또한 그 제사 지내야 할 귀신이 아닌 것입니까?' 주자(朱子 : 朱熹)가 대답하였다. '그렇다. 또 예컨대 요즘 사람들이 어떠한 사당의 신이든지 제사를 지내는 것도 모두 그 제사 지내어야 할 귀신이 아닌 것이다.' 물었다. '예컨대 승려나 도사와 같은 부류를 사용하는 것도 모두 그 제사 지내어야 할 귀신이 아닌 것입니까?' 주자(朱子 : 朱

'비기귀, 위비기소당제지귀(非其鬼, 謂非其所當祭之鬼)'에 대해, 주자(朱子 : 朱熹)가 말하였다. "서인이 오사(五祀)[273]에 제사 지내고, 대부가 산과 하천에 제사 지내며 제후가 하늘과 땅에 제사 지내는 것, 또 예컨대 요즘 사람들이 어떠한 사당의 신이든지 제사를 지내는 것과 예컨대 승려나 도사와 같은 부류를 사용하는 것도 모두 그 제사 지내어야 할 귀신이 아닌 것이다. 만약 토지의 신이라면 일반 사람들이 또한 제사 지낼 수 있다."

○ 有訓無釋.

훈고는 있으나 경문의 풀이는 없다.

[2-24-2]

見義不爲, 無勇也."

의로운 일을 보고 하지 않는 것은 용기가 없는 것이다."

朱註

知而不爲, 是無勇也.

알면서도 하지 않는 것은 용기가 없는 것이다.

熹)가 대답하였다. '또한 그러하다.')"라고 하였으며, 148조목에는 "又問 : '土地山川之神, 人家在所不當祭否?' 曰 : '山川之神, 季氏祭之尚以爲僭, 況士庶乎? 如土地之神, 人家卻可祭之.'(또 물었다. '토지와 산천의 신은 일반 사람들이 그들이 있는 곳에서 제사 지내지 않아야 하는 것이지 않습니까?' 주자(朱子 : 朱熹)가 대답하였다. '산천의 신은 계씨(季氏)가 제사를 지내도 오히려 참람하다고 할 것인데 하물며 사(士)나 서인은 어떻겠는가? 만약 토지의 신이라면 일반 사람들이 또한 제사 지낼 수 있다.')"라고 하였다.

273) 오사(五祀) : 다섯 가지 제사로, 봄에는 호신(戶神), 여름에는 조신(竈神), 계하(季夏)에는 중류신(中霤神), 가을에는 문신(門神), 겨울에는 행신(行神)에게 제사하는 것을 말한다. 『예기』「제법(祭法)」에는 왕(王)은 칠사(七祀), 제후(諸侯)는 오사(五祀), 대부(大夫)는 삼사(三祀)라고 했고, 사(士) 서인(庶人)은 일사(一祀)라고 하였다. 『예기』나 『주자어류(朱子語類)』의 기록으로 볼 때, 주자(朱子 : 朱熹)가 '서인이 오사에 제사지내는 것'은 부합하지 않는 부분이 있다.

詳說

○ 朱子曰 : "知之未至, 所以爲之不力."[274]

'지이불위(知而不爲)'에 대해, 주자(朱子 : 朱熹)가 말하였다. "앎이 지극하지 못하기 때문에 힘껏 하지 못한다."

○ 朱子曰 : "'見義不爲', 不須連上句. 不獨說祭祀也."[275]

주자(朱子 : 朱熹)가 말하였다. "'의로운 일을 보고 하지 않는다'라는 말은 위 구절과 연결시킬 필요가 없다. 유독 제사의 경우만을 말하는 것이 아니다."

○ 勉齋黃氏曰 : "非鬼而祭, 見義不爲, 事非其類而對言之, 亦告樊遲問知之意. 一則不當爲而爲, 一則當爲而不爲."[276]

면재 황씨(勉齋黃氏 : 黃榦)가 말하였다. "제사 지내어야 할 귀신이 아닌 것을 제사 지내는 것과 의로운 일을 보고 하지 않는 것은 일이 같은 부류가 아닌데도 짝을 지어 말했으니, 또한 번지(樊遲)가 앎에 대해 질문한 것에 알려주는 뜻이다.[277] 하나는 마땅히 해서는 안 되는데 하는 것이고, 하나는 마땅히 해야 되는데 하지

---

274) 『주자어류(朱子語類)』 권24, 「논어6(論語六)」, 150조목에는 "子善問 : ''見義不爲無勇', 這亦不爲無所見, 但爲之不力, 所以爲無勇也.' 曰 : '固是見得是義而爲之不力, 然也是先時見得未分明. 若已見得分明, 則行之自有力. 這般處著兩下並看 : 就「見義不爲」上看, 固見得知之而不能爲; 若從源頭上看下來, 乃是知之未至, 所以爲之不力.'(자선(子善 : 주자문인 潘時擧)이 물었다. ''의로운 일을 보고 하지 않는 것은 용기가 없는 것이다'라는 말은 또한 본 것이 없는 것은 아니지만, 힘껏 하지 않기 때문에 용기가 없는 것입니다.' 주자(朱子 : 朱熹)가 대답하였다. '본디 의로운 일을 보고서도 힘껏 하지 않은 것이지만, 또한 앞서 보았던 것이 분명하지 못한 것이기도 하다. 만약 이미 분명하게 보았다면 실행하는 것이 저절로 힘이 있을 것이다. 이런 곳에서는 두 측면을 아울러 보아야 한다. 하나는 '의로운 일을 보고 하지 않는다'라는 측면에서 보아 본디 보고 알았지만 할 수 없는 것이고, 또 하나는 만약 근원에서 보아 앎이 지극하지 못하기 때문에 힘껏 하지 못하는 것이다.')"라고 되어 있다.

275) 『주자어류(朱子語類)』 권24, 「논어6(論語六)」, 149조목에는 "問 : ''見義不爲無勇', 莫是連上句意否?' 曰 : '不須連上句. 自說凡事見得是義, 便著做, 不獨說祭祀也.'(물었다. ''의로운 일을 보고 하지 않는 것은 용기가 없는 것이다'라는 말은 위 구절의 뜻과 연결된 것이 아닙니까?' 주자(朱子 : 朱熹)가 대답하였다. '위 구절과 연결시킬 필요가 없다. 그 자체로 모든 일에서 의로운 것을 보면 곧 실행하는 것이니, 유독 제사의 경우만을 말하는 것이 아니다.')"라고 되어 있다.

276) 호광 편(胡廣 編), 『논어집주대전(論語集註大全)』 권2.

277) 번지(樊遲)가 앎에 대해 질문한 것에 알려주는 뜻이다 : 『논어(論語)』「옹야(雍也)」에서 "번지(樊遲)가 앎에 대해 물었다. 공자가 대답하였다. '사람이 지켜야 할 도리를 힘쓰고 귀신을 공경하되 멀리한다면 아는 것이라 말할 수 있다.'(樊遲問知. 子曰 : '務民之義, 敬鬼神而遠之, 可謂知矣.')"라고 하였다.

않는 것이다.”

○ 新安陳氏曰 : “二者常相因.”[278)]

신안 진씨(新安陳氏 : 陳櫟)가 말하였다. “제사 지내어야 할 귀신이 아닌데 제사 지내는 것과 의로운 일을 보고 하지 않는 것, 이 두 가지는 항상 서로 따른다.”

○ 有釋無訓.

경문의 풀이는 있으나 훈고는 없다.

278) 호광 편(胡廣 編), 『논어집주대전(論語集註大全)』 권2.

권3

논어집주상설

論語集註詳說

팔일 ◦ 八佾

제3편 第三

朱註

凡二十六章. 通前篇末二章, 皆論禮樂之事.

모두 26장(章)이다. 전편(前篇) 끝의 2장(章)을 통합하여 모두 예악(禮樂)의 일을 논하였다.

詳說

○ '諸夏亡君章'雖不言禮樂, 亦是嘆禮樂征伐之不自天子出耳.

본 편 제5장인 '제하망군장(諸夏亡君章 : 중국 여러 제후국에 군주가 없는 것)'에서는 비록 예악을 말하지 않지만, 또한 예악과 정벌이 천자로부터 나오지 않음을 탄식한 것일 뿐이다.

[3-1-1]

孔子謂季氏:"八佾舞於庭, 是可忍也, 孰不可忍也?"
공자가 계씨(季氏)를 일러 말하였다. "팔일무(八佾舞)를 뜰에서 춤추게 하니, 이 짓을 차마 한다면 무엇을 차마 하지 못하겠는가?"

朱註

佾, 音逸.
일(佾)자는 음이 일(逸)이다.

詳說

○ '謂'猶論也.
'공자위계씨(孔子謂季氏)'에서 '위(謂)'자는 '논한다'라는 말과 같다.

朱註

季氏, 魯大夫季孫氏也. 佾, 舞列也. 天子八, 諸侯六, 大夫四, 士二. 每佾人數, 如其佾數.
계씨(季氏)는 노(魯)나라 대부 계손씨(季孫氏)이다. 일(佾)은 춤추는 열(列)이다. 천자는 8열, 제후는 6열, 대부는 4열, 사(士)는 2열이다. 각 열(列)마다의 인원수는 그 열(列)의 수와 같다.

詳說

○ 平·桓·康三子, 與孔子同時.
평자(平子)·환자(桓子)·강자(康子)는 공자와 같은 시대 사람이다.

○ 一行爲一佾.
'일, 무렬야(佾, 舞列也)'에 대해, 한 줄이 한 일(佾)이다.

○ 說見『左』隱五年.
'천자팔, 제후육, 대부사, 사이(天子八, 諸侯六, 大夫四, 士二)'라는 말은 『춘추좌전(春秋左傳)』 은공(隱公) 5년 기사에 보인다.

○ 說見隱五年注.
'매일인수, 여기일수(每佾人數, 如其佾數)'라는 말은 『춘추좌전(春秋左傳)』 은공 5

년 기사 주(注)에 보인다.

○ 『大全』曰 : "天子八八六十四人, 諸侯六六三十六人, 餘倣此."[1]
'매일인수, 여기일수(每佾人數, 如其佾數)'에 대해, 『논어집주대전』에서 말하였다. "천자는 8×8=64명이고, 제후는 6×6=36명이며, 나머지도 이에 따른다."

朱註

或曰, "每佾八人." 未詳孰是.
어떤 사람이 "각 열(列)마다 8명이다."라고 말했는데, 어느 것이 옳은지는 분명하지 않다.

詳說

○ 說見隱五年疏.
'매일팔인(每佾八人)'이는 말은 『춘추좌전(春秋左傳)』 은공 5년 소(疏)에 보인다.[2]

○ 朱子曰 : "以理意求之, 舞位必方, 豈其佾少而人多如此哉?"[3]
'매일팔인(每佾八人)'에 대해, 주자(朱子 : 朱熹)가 말하였다. "도리와 그 함의로 추구해 볼 때, 춤추는 자리에는 반드시 정사각형이었을 텐데 어찌 그 줄이 적어지는데 사람이 많은 것이 이와 같을 수 있겠는가?"

○ 『大全』曰 : "六佾六八四十八人, 餘倣此."[4]
'매일팔인(每佾八人)'에 대해, 『논어집주대전』에서 말하였다. "육일(六佾)은 6×8=48명이고, 나머지도 이에 따른다."

○ 訓畢.
훈고가 끝났다.

---

1) 호광 편(胡廣 編), 『논어집주대전(論語集註大全)』 권3.

2) '매일팔인(每佾八人)'이라 하는 말은 『춘추좌전(春秋左傳)』 은공 5년 소(疏)에 보인다 : 소(疏)에서 복건(服虔)의 말을 인용한 것이다.

3) 『사서혹문(四書或問)』 권8에는 "或問 : '八佾舊說, 有謂上下通以八人爲佾者, 何如?' 曰 : '是不可考矣. 然以理意求之, 舞位必方, 豈其佾少而人多如此哉?'(어떤 사람이 물었다. '팔일에 대한 구설(舊說)에 어떤 사람은 위아래로 통틀어 여덟 사람을 한 줄로 삼는다고 말했는데, 어떻습니까?' 주자(朱子 : 朱熹)가 대답하였다. '이는 고증할 수 없다. 그러나 도리와 그 함의로 추구해 볼 때, 춤추는 자리에는 반드시 정사각형이었을 텐데 어찌 그 줄이 적어지는데 사람이 많은 것이 이와 같을 수 있겠는가?')"라고 되어 있다.

4) 호광 편(胡廣 編), 『논어집주대전(論語集註大全)』 권3.

朱註

季氏以大夫而僭用天子之禮樂, 孔子言其此事尙忍爲之, 則何事不可忍爲?

계씨(季氏)는 대부(大夫)의 신분으로 참람하게 천자의 예악(禮樂)을 사용했으니, 공자는 '그가 이 일을 또한 차마 했다면 어떤 일인들 차마 하지 못하겠는가?'라고 말한 것이다.

詳說

○ 邢氏曰: "於家廟舞之."[5)]

'계씨이대부이참용천자지예악(季氏以大夫而僭用天子之禮樂)'에 대해, 형씨(邢氏: 邢昺)가 말하였다. "가묘(家廟)에서 팔일무를 추게 하였다."

○ 此及下'雍徹'·'旅泰'章註, 皆以一'僭'字作斷案.

'계씨이대부이참용천자지예악(季氏以大夫而僭用天子之禮樂)'에서 '참(僭)'자에 대해, 여기와 아래 제2장 옹철장(雍徹章: 옹장(雍章)을 노래하면서 철상(撤床)함)과 제6장 여태장(旅泰章: 태산(泰山)에 여제(旅祭)를 지냄)의 주석은 모두 이 '참(僭)' 자로 결정하였다.[6)]

○ 季氏.

'공자언기차사상인위지(孔子言其此事尙忍爲之)'에서 '기(其)'자는 계씨(季氏)를 가리킨다.

○ 釋'是'字.

'공자언기차사상인위지(孔子言其此事尙忍爲之)'에서 '차사(此事)'는 본문 '시가인야(是可忍也)'에서 '시(是)'자를 풀이한 것이다.

○ 以'尙'易'可'.

'공자언기차사상인위지(孔子言其此事尙忍爲之)'에서 '상(尙)'자는 본문 '시가인야

5) 형병(邢昺), 『논어주소(論語注疏)』 권3에는 "季桓子僭於家廟舞之, 故孔子譏之.(계환자가 참람하게 가묘(家廟)에서 팔일무를 추게 했기 때문에, 공자가 그것을 나무란 것이다.)"라고 되어 있다.

6) 아래 제2장 옹철장(雍徹章: 옹장(雍章)을 노래하면서 …… '참(僭)'자로 결정하였다: 제2장 '옹철(雍徹)'에 대한 주석에서 "천자의 종묘(宗廟) 제사에는 옹장(雍章)을 노래하면서 제기를 거두는데, 이때 삼가(三家)에서 참람하게 이를 사용하였다.(天子宗廟之祭, 則歌雍以徹, 是時, 三家僭而用之.)"라고 하였고, 제6장 '여태(旅泰)'에 대한 주석에서 "예(禮)에 제후는 자기 영지(領地) 안의 산천에 제사하는데, 계씨(季氏)가 여제(旅祭)를 지낸 것은 참람한 짓이다.(禮, 諸侯祭封內山川, 季氏祭之, 僭也.)"라고 하였다.

(是可忍也)'에서 '가(可)'자를 바꾼 것이다.

○ 雲峰胡氏曰 : "指亂臣賊子之心而言."[7]

'공자언기차사상인위지(孔子言其此事尙忍爲之)'에서 '상인위지(尙忍爲之)'에 대해, 운봉 호씨(雲峯胡氏 : 胡炳文)가 말하였다. "이는 난신적자의 마음을 가리켜 말한 것이다."

○ 東陽許氏曰 : "就季氏上說, '此事尙可敢忍, 何事不可敢忍?'"[8]

'공자언기차사상인위지(孔子言其此事尙忍爲之)'에서 '상인위지(尙忍爲之)'에 대해, 동양 허씨(東陽許氏 : 許謙)가 말하였다. "계씨의 입장에서 말하면, '이 일도 또한 감히 차마 할 수 있는데 무슨 일인들 감히 차마 하지 못하겠는가?'라고 하는 것이다."

○ 釋'孰'字.

'즉하사불가인위(則何事不可忍爲)'에서 '하사(何事)'는 본문 '숙불가인야(孰不可忍也)'에서 '숙(孰)'자를 풀이한 것이다.

○ 朱子曰 : "敢僭其禮, 便是有無君之心.[9] 雖悖逆作亂之事, 亦必忍爲.[10]"

'즉하사불가인위(則何事不可忍爲)'에 대해, 주자(朱子 : 朱熹)가 말하였다. "감히 그 예(禮)를 참람하게 함은 곧 군주를 무시하는 마음이 있는 것이다. 비록 정도를 거슬러 반란을 일으키는 일이라 할지라도 또한 반드시 차마 그 일을 저지를 것이다."

○ 添二'爲'字.

'공자언기차사상인위지, 즉하사불가인위(孔子言其此事尙忍爲之, 則何事不可忍爲)'라고 한 것은 본문 '시가인야, 숙불가인야(是可忍也, 孰不可忍也)'에 두 개의 '위(爲)'자를 보탠 것이다.

---

7) 호병문, 『사서통(四書通)』「논어통(論語通)」 권2.

8) 호광 편(胡廣 編), 『논어집주대전(論語集註大全)』 권1에 허겸(許謙)의 말로, "季氏以大夫而僭用天子之禮樂於廟庭, 此事尙可敢忍爲之, 何事不可敢忍爲之? 此'忍'字就季氏上說.(계씨는 대부의 신분으로 참람하게 묘정(廟庭)에서 천자의 예악을 사용했으니, 이 일을 또한 감히 차마 할 수 있다면 무슨 일인들 감히 차마 하지 못하겠는가? 여기에서 차마 한다는 것은 계씨를 놓고 한 말이다.)"라고 실려 있다.

9) 敢僭其禮, 便是有無君之心 : 주희, 『주문공문집(朱文公文集)』 권41, 「답정윤부(答程允夫)」에는 "敢僭其禮, 便是有無君父之心.(감히 그 예(禮)를 참람하게 하는 것은 곧 군주와 부모가 없는 마음이다.)"라고 되어 있다.

10) 雖悖逆作亂之事, 亦必忍爲 : 조순손(趙順孫), 『논어찬소(論語纂疏)』 권2에는 주자의 말로 "雖悖逆作亂之事, 亦必忍爲之矣.(비록 정도를 거슬러 반란을 일으키는 일이라 할지라도 또한 반드시 차마 그 일을 저지를 것이다.)"라고 실려 있다.

朱註

或曰, '忍, 容忍也', 蓋深疾之之辭.

어떤 사람은 '인(忍)은 용인(容忍)하는 것이다'라고 하였으니, 대개 그를 깊이 미워했다는 말이다.

詳說

○ 雲峰胡氏曰 : "指『春秋』誅亂賊之法而言."[11]

'인, 용인야(忍, 容忍也)'에 대해, 운봉 호씨(雲峯胡氏 : 胡炳文)가 말하였다. "이는 『춘추(春秋)』에서 난신적자를 토벌하는 법도를 가리켜서 말한 것이다."

○ 東陽許氏曰 : "就孔子上說, '此事若可容忍, 何事不可容忍?' 如此說, 則說得兩可字意出."[12]

'인, 용인야(忍, 容忍也)'에 대해, 동양 허씨(東陽許氏 : 許謙)가 말하였다. "공자의 입장에서 말하면, '이 일을 만약 용인한다면 무슨 일인들 용인하지 못하겠는가?'라고 하는 것이다. 이와 같이 말하면 본문 '시가인야, 숙불가인야(是可忍也, 孰不可忍也)'에 두 개의 '가(可)'자의 뜻을 설명해 낼 수 있을 것이다."

○ 雙峰饒氏曰 : "'忍'字有二義, 而'敢忍'之義爲長, 故以'容忍'居後."[13]

'개심질지지사(蓋深疾之之辭)'에 대해, 쌍봉 요씨(雙峰饒氏 : 饒魯)가 말하였다. "'인(忍)'이라는 글자에는 '감히 차마 ~을 한다'와 '용인한다'라는 두 가지 의미가 있는데, '감히 차마 ~을 한다'라는 의미가 낫기 때문에 '용인한다'라는 말을 뒤에 두었다."

---

11) 호병문, 『사서통(四書通)』「논어통(論語通)」 권2에는 "指『春秋』誅亂臣賊子之法而言.(『춘추(春秋)』에서 난신적자를 토벌하는 법도를 가리켜서 말한 것이다.)"라고 되어 있다.

12) 호광 편(胡廣 編), 『논어집주대전(論語集註大全)』 권1에 허겸(許謙)의 말로, "季氏以大夫而僭用天子之禮樂於廟庭, 其罪不可勝誅. 此事若可容忍而不誅, 則何事不可容忍? 此忍字, 就孔子上說. 如此說, 則說得兩'可'字意出.(계씨는 대부의 신분으로 참람하게 묘정(廟庭)에서 천자의 예악을 사용했으니, 그 죄는 이루 다 토벌할 수 없다. 이 일을 만약 용인하고 토벌하지 않는다면 무슨 일인들 용인하지 못하겠는가? 여기에서 용인한다는 것은 공자의 입장에서 말한 것이다. 계씨를 놓고 한 말이다. 이와 같이 말하면 본문 '시가인야, 숙불가인야(是可忍也, 孰不可忍也)'에 두 개의 '가(可)'자의 뜻을 설명해 낼 수 있을 것이다.)"라고 실려 있다.

13) 호광 편(胡廣 編), 『논어집주대전(論語集註大全)』 권3에 요로(饒魯)의 말로, "'忍'字有'敢忍' · '容忍'二義, 而'敢忍'之義爲長, 故『集註』以'容忍'居後.('인(忍)'이라는 글자에는 '감히 차마 ~을 한다'와 '용인한다'라는 두 가지 의미가 있는데, '감히 차마 ~을 한다'라는 의미가 낫기 때문에 『논어집주(論語集註)』에서는 '용인한다'라는 말을 뒤에 두었다.)"라고 실려 있다.

○ 新安陳氏曰 : “自秉『春秋』之筆者言之, 則後說亦足以寒亂賊之膽.”[14)]

‘개심질지지사(蓋深疾之之辭)’에 대해, 신안 진씨(新安陳氏 : 陳櫟)가 말하였다. “『춘추(春秋)』의 붓을 잡는 자, 즉 역사를 기술하는 자의 입장에서 말하면 뒤의 주장도 또한 난신적자의 간담을 서늘하게 하기에 충분하다.”

○ 或說至此.

‘개심질지지사(蓋深疾之之辭)’까지 어떤 사람이 말한 것이 끝났다.

○ 釋畢.

경문의 풀이가 끝났다.

朱註

○ 范氏曰 : “樂舞之數, 自上而下, 降殺以兩而已. 故兩之間, 不可以毫髮僭差也. 孔子爲政, 先正禮樂, 則季氏之罪不容誅矣.”

범씨(范氏 : 范祖禹)가 말하였다. “악무[樂舞: 음악에 춤추는 행위]의 열수(列數)는 위로부터 아래로 두 줄씩 줄일 뿐이다. 그러므로 두 줄씩 차이를 두는 것에는 털끝만큼도 차이가 나서는 안 된다. 공자가 정사(政事)를 함에 먼저 예악(禮樂)을 바로잡았으니, 계씨(季氏)의 죄는 토벌당하는 일을 모면할 수 없을 것이다.”

詳說

○ 去聲.

‘강쇄이량이이(降殺以兩而已)’에서 ‘쇄(殺)’자는 거성(去聲)이다.

○ 『大全』曰 : “自八殺其兩而爲六, 以下依此.”[15)]

‘강쇄이량이이(降殺以兩而已)’에 대해, 『논어집주대전』에서 말하였다. “여덟 줄에서부터 두 줄을 줄여서 여섯 줄이 되니, 그 아래도 이와 같이 한다.”

○ 差也.

‘부가이호발참차야(不可以毫髮僭差也)’에서 ‘참(僭)’자는 차이가 난다는 뜻이다.

○ 此八字言外意也.

‘공자위정, 선정예악(孔子爲政, 先正禮樂)’이라는 여덟 글자는 말 밖의 뜻이다.

---

14) 호광 편(胡廣 編), 『논어집주대전(論語集註大全)』 권3.

15) 호광 편(胡廣 編), 『논어집주대전(論語集註大全)』 권3.

○ '容', 寬也. 言不容於誅.

'즉계씨지죄불용주의(則季氏之罪不容誅矣)'에서 '용(容)'자는 너그럽게 용서해 준다는 뜻이다. 이 말은 토벌에 대해서 너그럽게 용서해 주지 못한다는 것을 말한다.

○ 慶源輔氏曰 : "范氏就制度上說, 故以容忍爲義."[16]

'즉계씨지죄불용주의(則季氏之罪不容誅矣)'에 대해, 경원 보씨(慶源輔氏 : 輔廣)가 말하였다. "범씨(范氏 : 范祖禹)는 제도 측면에서 말했기 때문에 용인한다는 의미로 보았다."

朱註

謝氏曰 : "君子於其所不當爲不敢須臾處, 不忍故也. 而季氏忍此矣, 則雖弑父與君, 亦何所憚而不爲乎?"

사씨(謝氏 : 謝良佐)가 말하였다. "군자는 그 마땅히 해서는 안 되는 일에 대해서는 감히 잠시라도 처하지 않으니, 차마 그렇게 하지 못하기 때문이다. 그런데 계씨(季氏)는 이를 차마 하였으니, 그렇다면 비록 부모와 군주를 시해하는 일이라도 또한 무엇을 꺼려서 하지 못하겠는가?"

詳說

○ 上聲.

'군자어기소부당위불감수유처(君子於其所不當爲不敢須臾處)'에서 '처(處)'자는 상성(上聲)이다.

○ 先汎論.

'군자어기소부당위불감수유처, 불인고야(君子於其所不當爲不敢須臾處, 不忍故也)'라고 한 것은 먼저 일반적으로 논한 것이다.

○ 從'孰'字推其極. 蓋此四字見「先進」, 本夫子爲季氏發者, 故於此引用.

'즉수시부여군(則雖弑父與君)'이라는 구절은 본문 '숙불가인야(孰不可忍也)'에서 '숙(孰)'이라는 글자를 따라서 그 극한까지 미루어 본 것이다. 대개 '즉수시부여군(則雖弑父與君)'에서 '시부여군(弑父與君)'이라는 이 네 글자는 「선진(先進)」에 보이는 것으로 본래 공자가 계씨를 위해 말한 것이기 때문에[17] 여기에서 인용한 것

16) 조순손(趙順孫), 『사서찬소』「논어찬소(論語纂疏)」 권2.

이다.

○ 以'憚'易'忍'.

'역하소탄이불위호(亦何所憚而不爲乎)'에서 '탄(憚)'자는 '숙불가인야(孰不可忍也)'에서 '인(忍)'자를 바꾼 것이다.

○ 慶源輔氏曰 : "謝氏就心上說, 故以敢忍爲義."[18]

'역하소탄이불위호(亦何所憚而不爲乎)'에 대해, 경원 보씨(慶源輔氏 : 輔廣)가 말하였다. "사씨(謝氏 : 謝良佐)는 마음의 측면에서 말했기 때문에 감히 차마 한다는 의미로 보았다."

○ 註釋先'敢忍'而'圈'下先'容忍'者, 論與釋有間, 容有出入, 故姑從人之序耳.

주자의 주석에서는 '감히 차마 ~을 한다'라는 의미를 앞세웠는데 '○(圈)' 아래에서는 '용인한다'라는 의미를 앞세운 것은 논의와 풀이가 차이가 있어 다소 융통성이 있기 때문에 우선 다른 사람의 순서를 따랐을 뿐이다.

---

17) '시부여군(弑父與君)'이라는 네 글자는 「선진(先進)」에 …… 말한 것이기 때문에 : 『논어(論語)』 「선진(先進)」에서 "계자연(季子然)이 물었다. '그렇다면 중유(仲由)와 염구(冉求)는 따르기만 하는 자들입니까?' 공자가 대답하였다. '부모와 군주를 시해하는 일은 또한 따르지 않을 것이다.'(曰 : '然則從之者與?' 子曰 : '弑父與君, 亦不從也.')라고 하였다.

18) 조순손(趙順孫), 『사서찬소』「논어찬소(論語纂疏)」 권2.

[3-2-1]

三家者以'雍'徹. 子曰: "'相維辟公, 天子穆穆', 奚取於三家之堂?"
삼가(三家)에서 제사를 마치고 『시경(詩經)』의 옹장(雍章)을 노래하면서 철상(撤床)하였다. 공자가 말하였다. "'제후들이 제사를 도우니 천자는 심원(深遠)한 모습으로 앉아 있다'라는 가사를 어찌해서 삼가의 당(堂)에서 취해다 쓰는가?"

朱註

○ 徹, 直列反. 相, 去聲.
'철(徹)'은 '직(直)'과 '열(列)'의 반절(反切)이다. '상유벽공(相維辟公)'에서 '상(相)'은 거성(去聲)이다.

朱註

三家, 魯大夫孟孫·叔孫·季孫之家也. 「雍」, 『周頌』篇名. 徹, 祭畢而收其俎也. 天子宗廟之祭, 則歌「雍」以徹, 是時三家僭而用之. 相, 助也. 辟公, 諸侯也. 穆穆, 深遠之意, 天子之容也.
삼가(三家)는 노(魯)나라 대부인 맹손(孟孫)·숙손(叔孫)·계손(季孫)의 세 집안이다. 「옹(雍)」은 『시경(詩經)』「주송(周頌)」의 편명(篇名)이다. 철(徹)은 제사를 마치고 제기(祭器)를 거두는 것이다. 천자가 종묘(宗廟)에서 제사 지낼 때 옹장(雍章)을 노래하면서 철상하는데, 이때 삼가에서 참람하게 이를 사용하였다. 상(相)은 돕는다는 말이고, 벽공(辟公)은 제후이다. 목목(穆穆)은 심원하다는 뜻이니, 천자의 모습이다.

詳說

○ 僖子·懿子·武伯, 與孔子同時.
'노대부맹손·숙손·계손지가야(魯大夫孟孫·叔孫·季孫之家也)'에서 '맹손(孟孫)'은, 희자(僖子)·의자(懿子)·무백(武伯)으로 공자와 같은 시대 사람이다.

○ 穆伯·昭子·成子·武叔, 與孔子同時.
'노대부맹손·숙손·계손지가야(魯大夫孟孫·叔孫·季孫之家也)'에서 '숙손(叔孫)'은, 목백(穆伯)·소자(昭子)·성자(成子)·무숙(武叔)으로 공자와 같은 시대 사람이다.

○ '者'字有惡而外之之意.

본문 '삼가자이옹철(三家者以'雍'徹)'에서 '자(者)'자에는 미워해서 멀리한다는 뜻이 있다.

○ '維', 語辭.

본문 '상유벽공(相維辟公)'에서 '유(維)'자는 어조사이다.

○ 君也.

'벽공, 제후야(辟公, 諸侯也)'에서 '벽(辟)'은 제후국의 군주이다.

○ 『大全』曰: "助祭之諸侯."[19]

'벽공, 제후야(辟公, 諸侯也)'에 대해, 『논어집주대전』에서 말하였다. "제사를 돕는 제후이다."

○ 『大全』曰: "天子, 主祭者."[20]

'천자지용야(天子之容也)'에서 '천자(天子)'에 대해, 『논어집주대전』에서 말하였다. "천자는 제사를 주관하는 사람이다."

朱註

此「雍」詩之辭, 孔子引之, 言'三家之堂非有此事, 亦何取於此義而歌之乎?' 譏其無知妄作, 以取僭竊之罪.

이는 「옹(雍)」시(詩)의 가사인데 공자가 인용한 것은 '삼가의 당(堂)에 이러한 일이 있는 것은 맞지 않는데, 또한 어찌 이러한 의미를 취하여 그 가사를 노래하는가?'라는 것을 말한다. 이는 무지(無知)해서 제멋대로 행동하여 참람하게 도용(盜用)한 죄를 비난한 것이다.

詳說

○ 幷下二'此'字, 皆指'相維'以下八字.

'차「옹」시지사(此「雍」詩之辭)'에서 '차(此)'자와 아래 '삼가지당비유차사, 역하취어차의이가지호(三家之堂非有此事, 亦何取於此義而歌之乎)'에서 두 개의 '차(此)'자는 모두 '상유벽공, 천자목목(相維辟公, 天子穆穆)'이라는 여덟 글자를 가리킨다.

---

19) 호광 편(胡廣 編), 『논어집주대전(論語集註大全)』 권3.

20) 호광 편(胡廣 編), 『논어집주대전(論語集註大全)』 권3.

○ 訓畢.

'차「옹」시지사(此「雍」詩之辭)'까지 훈고가 끝났다.

○ 釋畢.

'삼가지당비유차사, 역하취어차의이가지호(三家之堂非有此事, 亦何取於此義而歌之乎)'까지 경문의 풀이가 끝났다.

○ 此下又就言外明夫子之意.

이 아래는 또 말 밖에서 공자의 뜻을 밝혔다.

朱註

○ **程子曰:"周公之功固大矣, 皆臣子之分所當爲, 魯安得獨用天子禮樂哉? 成王之賜, 伯禽之受, 皆非也. 其因襲之弊, 遂使季氏僭八佾, 三家僭「雍」徹. 故仲尼譏之."**

정자(程子:程頤)가 말하였다. "주공(周公)의 공로는 본디 크지만 모두 신하의 직분상 마땅히 따라야 하는 것인데, 노(魯)나라에서 어찌 홀로 천자의 예악을 사용할 수 있겠는가? 성왕(成王)이 천자의 예악을 하사한 것과 주공(의 아들인 백금(伯禽))이 그것을 받은 것은 모두 잘못이다. 그 인습(因襲)의 폐단이 마침내 계씨(季氏)에게 참람히 팔일무(八佾舞)를 쓰도록 했고, 삼가에게 참람히 「옹(雍)」의 가사를 노래하면서 철상하도록 하였다. 그러므로 공자가 그것을 비난하였다."

詳說

○ 叔子.

'정자왈(程子曰)'에서 '정자(程子)'는 동생 '정이(程頤)'이다.

○ 揚.

'주공지공고대의(周公之功固大矣)'라는 구절은 펼쳐 올린 것이다,

○ '固'字已含'抑'意.

'주공지공고대의(周公之功固大矣)'에서 '고(固:본디)'자에는 이미 '그렇지만'의 뜻을 포함하고 있다.

○ 去聲.

'개신자지분소당위(皆臣子之分所當爲)'에서 '분(分)'자는 거성(去聲)이다.

○ '子'字帶過說.

'개신자지분소당위(皆臣子之分所當爲)'에서 '자(子)'자는 붙여서 넘어가는 말이다.

○ 抑.

'개신자지분소당위(皆臣子之分所當爲)'라는 구절은 억누른 것이다.

○ 事見『禮記』「明堂位」及「祭統」.

'성왕지사(成王之賜)'라는 일은 『예기』「명당위(明堂位)」와 「제통(祭統)」에 보인다.[21]

○ 八佾·「雍」徹, 皆魯廟所用, 故先推本責魯公而幷及成王. 此下乃入本文責三家, 而其歸重則終在於責魯.

팔일무를 추는 것과 「옹(雍)」을 노래하며 철상하는 것은 모두 노(魯)나라의 종묘에서 사용하는 것이기 때문에, 먼저 근본을 미루어서 노나라의 군주를 책망하고 아울러 성왕(成王)에게까지 미쳤다. 이 아래는 곧 본문에 들어가 삼가를 책망하였는데, 그 중점을 귀결시킨 곳은 끝내 노나라를 책망하는 것에 있다.

○ 厚齋馮氏曰: "公廟之設於私家, 非禮, 由三桓始. 三家皆祖桓公而立廟, 故得以習用魯廟禮樂."[22]

---

21) 성왕지사(成王之賜)'라는 일은 『예기』「명당위(明堂位)」와 「제통(祭統)」에 보인다: 『예기』「명당(明堂)」에서 "성왕(成王)은 주공이 천하에 끼친 공로가 있다고 하여, 이에 곡부에 주공을 봉하니, 땅이 사방 칠백 리이고, 군사용 수레가 천승이었으며, 노나라 군주에게 대대로 천자의 예악으로 주공을 제사 지내도록 하였다.(成王以周公爲有勳勞於天下, 是以封周公於曲阜, 地方七百里, 革車千乘, 命魯公世世祀周公以天子之禮樂.)"라고 하였으며, 또 「제통(祭統)」에서 "예전에 주공단(周公旦)이 천하에 끼친 공로가 있다고 하여, 주공이 죽은 뒤에 성왕과 강왕(康王)이 주공의 공로를 추념하여 노나라를 높이려 하였기 때문에 융숭한 제사를 하사하였으니, 교외의 제사로는 천지에 제사 지내는 교사(郊社)가 이것이고, 종묘의 제사로는 대상체(大嘗禘)가 이것이다. 무릇 대상체의 제사에는 당(堂) 위에 올라가 청묘의 시를 노래 부르고, 당 아래에서 관악대(管樂隊)가 상악(象樂)을 연주하도록 하며, 붉은 큰 방패와 옥(玉)으로 장식한 도끼로 대무(大武)의 춤을 추도록 하고, 팔일무로 대하(大夏)의 춤을 추도록 하였으니, 이는 천자의 악(樂)인데 주공을 기렸기 때문에 노나라에 하사한 것이다.(昔者周公旦有勳勞於天下, 周公旣沒, 成王·康王追念周公之所以勳勞者而欲尊魯, 故賜之以重祭, 外祭則郊社是也, 內祭則大嘗禘是也. 夫大嘗禘升歌清廟, 下而管象, 朱干玉戚以舞大武, 八佾以舞大夏, 此天子之樂也, 康周公, 故以賜魯也.)"라고 하였다.

22) 호병문, 『사서통』「논어통」 권2에 풍의(馮椅)의 말로, "大夫不得祖諸侯, 公廟之設於私家, 非禮也, 由三桓始也. 唯三家皆祖桓公而立廟, 故得以習用魯廟之禮樂而僭天子矣.(대부는 제후를 조상으로 받들 수 없으니, 대부의 집에 제후의 종묘를 설치하는 것은 예(禮)가 아닌데, 삼환(三桓)

‘기인습지폐, 수사계씨참팔일, 삼가참「옹」철(其因襲之弊, 遂使季氏僭八佾, 三家僭「雍」徹)’에 대해, 후재 풍씨(厚齋馮氏 : 馮椅)가 말하였다. “대부의 집에 제후의 종묘를 설치하는 것은 예(禮)가 아닌데, 삼환(三桓)[23]에서부터 시작하였다. 세 집안이 모두 환공(桓公)을 조상으로 받들어 종묘를 세웠기 때문에, 노나라 종묘의 예악을 관습적으로 사용할 수 있었다.”

○ 幷論上章.

‘고중니기지(故仲尼譏之)’라고 한 것은 위 장(章)을 아울러 논한 것이다.

에서부터 시작하였다. 오직 이 세 집안이 모두 환공(桓公)을 조상으로 받들어 종묘를 세웠기 때문에, 노나라 종묘의 예악을 관습적으로 사용할 수 있어서 천자의 예악을 참람하게 사용한 것이다.)”라고 실려 있다.

23) 삼환(三桓) : 노(魯)나라 환공(桓公)의 후예로 춘추 시대 노나라의 정권을 장악했던 세 대부(大夫) 즉 맹손(孟孫 : 仲孫이라도 함), 숙손(叔孫), 계손(季孫)을 가리킨다.

[3-3-1]

子曰："人而不仁, 如禮何? 人而不仁, 如樂何?"
공자가 말하였다. "사람으로 인(仁)하지 못하면 예(禮)를 어떻게 사용하며, 사람으로 인하지 못하면 악(樂)을 어떻게 사용할 수 있겠는가?"

朱註

游氏曰："人而不仁, 則人心亡矣, 其如禮樂何哉? 言雖欲用之, 而禮樂不爲之用也."

유씨(游氏：游酢)가 말하였다. "사람으로 인(仁)하지 못하면 사람의 마음이 없는 것이니, 그가 예악(禮樂)을 어떻게 사용하겠는가? 비록 예악을 사용하려고 해도 예악이 그를 위해 사용되지 않을 것임을 말하였다."

詳說

○ 『孟子』「告子」曰："仁, 人心也."

'인이불인, 즉인심망의(人而不仁, 則人心亡矣)'에 대해, 『맹자(孟子)』「고자상(告子上)」에서 "인(仁)은 사람의 마음이다."라고 하였다.

○ 朱子曰："不仁之人, 渾是一團私意."[24]

'인이불인, 즉인심망의(人而不仁, 則人心亡矣)'에 대해, 주자(朱子：朱熹)가 말하였다. "인(仁)하지 못한 사람은 온통 한 덩어리의 사사로운 뜻만 가득할 뿐이다."

○ 有釋無訓.

'기여예악하재(其如禮樂何哉)'까지 경문의 풀이는 있으나 훈고는 없다.

○ 此上合釋上下句, 此下又重釋'如禮樂何'四字.

'기여예악하재(其如禮樂何哉)'까지는 위아래 구절을 합쳐서 경문의 풀이하였고, 이 아래는 또 '여예악하(如禮樂何)'라는 네 글자를 거듭 풀이한다.

---

24) 『주자어류(朱子語類)』 권25, 「논어7(論語七)」, 18조목에는 "'『集注』云'禮樂不爲用', 是如何?' 曰：'不仁之人, 渾是一團私意, 自不柰那禮樂何. 禮樂須是中和溫厚底人, 便行得. 若不仁之人, 與禮樂自不相關了.'(물었다. '『논어집주(論語集註)』에서 '예악이 그를 위해 사용되지 않을 것이다.'라고 한 것은 무슨 뜻입니까?' 주자(朱子：朱熹)가 대답하였다. '인(仁)하지 못한 사람은 온통 한 덩어리의 사사로운 뜻만 가득할 뿐이니, 원래 저 예악을 어떻게 할 수 없다. 예악은 반드시 중정(中正) 화평(和平)하고 온후한 사람만이 실행할 수 있다. 만약 인하지 못한 사람이라면 예악과는 원래 전혀 상관이 없다.')"라고 되어 있다.

○ 猶'其'也.

'이예악불위지용야(而禮樂不爲之用也)'에서 '지(之)'자는 '기(其 : 그것)'자와 같다.

○ 朱子曰 : "禮樂不爲吾用."[25]

'이예악불위지용야(而禮樂不爲之用也)'에 대해, 주자(朱子 : 朱熹)가 말하였다. "예악이 나의 쓰임이 되지 못한다는 것이다."

○ 按 : 游說正釋本文, 故置圈上; 程 · 李二說汎論此章, 故置圈下.

내가 생각하건대, 유초(游酢)의 주장은 본문을 바르게 풀이했기 때문에 '○(圈)' 위에 두었고, 아래 정이(程頤)와 이욱(李郁)의 주장은 이 장(章)을 일반적으로 논했기 때문에 '○(圈)' 아래에 두었다.[26]

朱註

程子曰 : "仁者, 天下之正理. 失正理, 則無序而不和."

정자(程子 : 程頤)가 말하였다. "인(仁)은 천하의 바른 이치이다. 바른 이치를 잃으면 질서가 없어 화합하지 못한다."

詳說

○ 叔子.

'정자왈(程子曰)'에서 '정자(程子)'는 동생 정이(程頤)이다.

○ 朱子曰 : "將正理頓在人心, 方說得'仁'字全."[27]

'인자, 천하지정리(仁者, 天下之正理)'에 대해, 주자(朱子 : 朱熹)가 말하였다. "바른 이치를 사람의 마음속에 놓아두어야 비로소 '인(仁)'자를 온전하게 말할 수 있다."

○ 禮.

'즉무서이불화(則無序而不和)'에서 '서(序)'자는 예(禮)이다.

---

25) 『주자어류(朱子語類)』 권25, 「논어7(論語七)」, 11조목에는 "人旣不仁, 自是與那禮樂不相管攝. 禮樂雖是好底事, 心旣不在, 自是呼喚他不來, 他亦不爲吾用矣. 心旣不仁, 便是都不醒了.(사람이 이미 인(仁)하지 못하면 원래 저 예악과 전혀 상관이 없다. 예악이 비록 좋은 일이지만 마음이 이미 거기에 있지 않으면 원래 그것을 불러도 오지 않고, 그것 또한 나의 쓰임이 되지 못한다. 마음이 이미 인하지 못하면 전혀 깨어 있지 못한 것이다.)"라고 되어 있다.

26) 여기에서 '○(圈)'은 아래의 '朱子曰' 앞에 '○'가 있는 것을 말한다.

27) 조순손(趙順孫), 『사서찬소』「논어찬소(論語纂疏)」 권2에 주희의 말로 실려 있다.

○ 樂.

'즉무서이불화(則無序而不和)'에서 '화(和)'자는 악(樂)이다.

朱註

李氏曰 : "禮樂待人而後行, 苟非其人, 則雖玉帛交錯, 鐘鼓鏗鏘, 亦將如之何哉?

이씨(李氏 : 李郁)[28]가 말하였다. "예악(禮樂)은 알맞은 사람을 기다린 뒤에 시행되니, 만약 그러한 사람이 아니면 비록 옥(玉)과 비단이 교착(交錯)하고, 종과 북을 연주하더라도 또한 장차 예악을 어떻게 하겠는가?

詳說

○ 『大全』曰 : "名郁, 字光祖, 昭武人."[29]

'이씨왈(李氏曰)'에서 '이씨(李氏)'에 대해, 『논어집주대전』에서 말하였다. "이름은 욱(郁)이고, 자는 광조(光祖)이며, 소무(昭武 : 현 복건성 소속) 사람이다."

○ 朱子曰 : "游氏言心, 程子言理, 李氏言人. 蓋心具是理, 所以存是心則在人."[30]

'예악대인이후행(禮樂待人而後行)'에 대해, 주자(朱子 : 朱熹)가 말하였다. "유씨(游氏 : 游酢)는 마음을 말했고, 정자(程子 : 程頤)는 이치를 말했으며, 이씨(李氏 : 李郁)는 사람을 말하였다. 대개 마음은 이 이치를 갖추고 있지만, 이 마음을 보존하

28) 이욱(李郁) : 자는 광조(光祖)이고 호는 서산(西山)이며, 양시의 사위이다. 송나라 때 소무군 광택현(邵武軍光澤縣 : 현 복건성 서북부) 사람이다.

29) 호광 편(胡廣 編), 『논어집주대전(論語集註大全)』 권3.

30) 『주자어류(朱子語類)』 권25, 「논어7(論語七)」, 26조목에는 "問 : '『集注』擧三說 : 若游氏則言心, 程氏主理, 李氏謂'待人而後行'.' 曰 : '所疑者何?' 曰 : '今觀前二說, 與後說不相似.' 曰 : '仲思以爲如何?' 曰 : '此正'苟非其人, 道不虛行'之意. 蓋心具是理, 而所以存是心者, 則在乎人也.' 曰 : '恁地看, 則得之.'(물었다. '『논어집주(論語集註)』에서는 세 가지 설명을 들었습니다. 유씨(游氏 : 游酢)의 경우라면 마음을 말했고, 정씨(程氏 : 程頤)는 이치를 중심으로 했으며, 이씨(李氏 : 李郁)는 '알맞은 사람을 기다린 뒤에 시행된다.'라고 했습니다.' 주자(朱子 : 朱熹)가 되물었다. '의심나는 것은 무엇인가?' 질문자가 대답하였다. '이제 앞의 두 설명을 보면 뒤의 설명과 비슷하지 않습니다.' 주자(朱子 : 朱熹)가 또 되물었다. '중사(仲思 : 주자 문인 楊道夫)는 어떻게 생각하는가?' 양도부가 대답하였다. '이는 바로 『역(易)』「계사 하」의 '만약 그 사람이 아니면 도는 헛되이 행해지지 않는다.'라는 뜻입니다. 대개 마음은 이 이치를 갖추고 있지만, 이 마음을 보존하는 것은 사람에게 달려 있습니다.' 주자(朱子 : 朱熹)가 말하였다. '그와 같이 본다면 잘 이해한 것이다.')"라고 되어 있다.

는 것은 사람에게 달려 있다.”

○ 丘耕反.

‘종고갱장(鐘鼓鏗鏘)’에서 ‘갱(鏗)’은 ‘구(丘)’와 ‘경(耕)’의 반절(反切)이다.

○ 千羊反.

‘종고갱장(鐘鼓鏗鏘)’에서 ‘장(鏘)’은 ‘천(千)’과 ‘양(羊)’의 반절(反切)이다.

○ 玉帛 · 鐘鼓, 見「陽貨」.

‘즉수옥백교착, 종고갱장(則雖玉帛交錯, 鐘鼓鏗鏘)’에서 ‘옥백(玉帛)’과 ‘종고(鍾鼓)’는 「양화(陽貨)」에 보인다.[31]

○ 雙峰饒氏曰 : “游氏說得‘仁’字親切, 而‘禮樂’二字欠分明; 程子說得‘禮樂’二字有意義, 而‘仁’字不親切. 必合二說, 然後方備. 程子說禮樂之本, 李氏說禮樂之文, 亦必合二說, 然後方盡. 『集註』用意精深.”[32]

쌍봉 요씨(雙峰饒氏 : 饒魯)가 말하였다. “유씨(游氏 : 游酢)는 ‘인(仁)’자에 대해서는 친절하게 설명했지만 ‘예악(禮樂)’이라는 두 글자에 대해서는 분명하지 못하고, 정자(程子 : 程頤)는 ‘예악’이라는 두 글자에 대해서는 의미가 있게 설명했지만 ‘인’자에 대해서는 친절하지 못하였다. 반드시 위 두 주장을 합친 뒤에서야 비로소 갖추어진다. 정자는 예악의 근본을 설명했고 이씨(李氏 : 李郁)는 예악의 문채를 설명했으니, 이 또한 반드시 두 주장을 합친 뒤에서야 비로소 다 발휘된다. 『논어집주(論語集註)』의 의도는 정밀하고 깊다.”

○ 勿軒熊氏曰 : “游氏兼禮樂之體用言, 程子專指體, 李氏專指用.”[33]

물헌 웅씨(勿軒熊氏 : 熊禾)가 말하였다. “유씨(游氏 : 游酢)는 예악의 본체와 작용을 겸해서 말했고, 정자(程子 : 程頤)는 전적으로 예악의 본체를 지적했으며, 이씨(李氏 : 李郁)는 전적으로 예악의 작용을 지적하였다.”

---

31) ‘옥백(玉帛)’과 ‘종고(鍾鼓)’는 「양화(陽貨)」에 보인다 : 『논어(論語)』「양화(陽貨)」에서 “공자가 말하였다. ‘예(禮)이다, 예(禮)이다’라고 하지만, 옥백(玉帛)을 이르는 것이겠는가? ‘악(樂)이다, 악(樂)이다’라고 하지만, 종고(鍾鼓)를 이르는 것이겠는가?(子曰 : ‘禮云禮云’, 玉帛云乎哉? ‘樂云樂云’, 鍾鼓云乎哉?)”라고 하였다.

32) 호광 편(胡廣 編), 『논어집주대전(論語集註大全)』 권3.

33) 호병문, 『사서통』「논어통」 권2.

朱註

然記者序此於八佾·雍徹之後, 疑其爲僭禮樂者發也."

그러나 기록한 사람이 이를 팔일(八佾)과 옹철(雍徹)의 뒤에 순서 지었으니, 아마도 예악을 참람히 사용하는 자들 때문에 드러내 밝힌 것 같다."

詳說

○ 此'然'字不必泥.

'연기자서차어팔일·옹철지후(然記者序此於八佾·雍徹之後)'에서 '연(然)'자는 굳이 얽매일 필요가 없다.

○ 去聲.

'의기위참예악자발야(疑其爲僭禮樂者發也)'에서 '위(爲)'자는 거성(去聲)이다.

○ 新安陳氏曰: "僭禮樂者, 卽人之不仁者."[34)]

'의기위참예악자발야(疑其爲僭禮樂者發也)'에서 '참예악자(僭禮樂者)'에 대해 신안진씨(新安陳氏: 陳櫟)가 말하였다. "예악을 참람히 사용하는 자들은 곧 사람들 가운데 인(仁)하지 못한 자이다."

○ 李氏說至此.

이씨(李氏: 李郁)의 말은 '의기위참예악자발야(疑其爲僭禮樂者發也)'에까지 이른다.

34) 호광 편(胡廣 編), 『논어집주대전(論語集註大全)』 권3.

[3-4-1]

林放問禮之本.
임방(林放)이 예(禮)의 근본에 대해 물었다.

朱註

林放魯人. 見世之爲禮者專事繁文, 而疑其本之不在是也, 故以爲問.
임방(林放)은 노(魯)나라 사람이다. 그는 세상에서 예(禮)를 실행하는 자들이 오로지 번거로운 문식(文飾)만 일삼는 사실을 보고, 예의 근본이 여기에 있지 않을 것이라 의심했기 때문에 물었다.

詳說

○ 『史記索隱』曰 : "「文翁圖」云, '孔子弟子.'"
'임방노인(林放魯人)'에 대해, 『사기색은(史記索隱)』에서 말하였다. "「문옹도(文翁圖)」에서 '임방은 공자의 제자이다.'라고 하였다."

○ 訓畢.
'임방노인(林放魯人)'까지 훈고가 끝났다.

○ 行也.
'견세지위예자전사번문(見世之爲禮者專事繁文)'에서 '위(爲)'자는 실행한다는 것이다.

○ 釋畢.
경문의 풀이가 끝났다.

○ '本'字, 此章之題目.
'본(本 : 근본)'자가 이 장(章)의 제목이다.

[3-4-2]

子曰 : "大哉問!
공자가 말하였다. "훌륭한 질문이다!

朱註

孔子以時方逐末, 而放獨有志於本, 故大其問. 蓋得其本, 則禮之全體無不在其中矣.

공자는 당시 사람들이 지엽적인 것만을 따르고 있는데, 임방만이 유독 근본에 뜻을 두고 있기 때문에 그 질문을 훌륭하게 여겼다. 대개 그 근본을 터득하면 예(禮)의 전체가 그 가운데 있지 않음이 없을 것이다.

詳說

○ '末'卽繁文.

'공자이시방축말(孔子以時方逐末)'에서 '말(末)'자는 곧 번쇄한 문식이다.

○ 有志故問.

'이방독유지어본(而放獨有志於本)'이라 한 것은 뜻을 두고 있기 때문에 질문한 것이다.

○ 朱子曰 : "想是此問大段契夫子之心."[35]

'고대기문(故大其問)'에 대해, 주자(朱子 : 朱熹)가 말하였다. "생각하건대 이 질문은 크게 부자의 마음에 들어맞은 것 같다."

○ 有釋無訓.

'고대기문(故大其問)'까지 경문의 풀이는 있으나 훈고는 없다.

○ 此下又論其言外之意.

이 아래는 또 말 밖의 뜻을 논의하였다.

---

35) 『주자어류(朱子語類)』 권25, 「논어7(論語七)」, 36조목에는 "胡叔器說'林放問禮之本'一章. 曰 : '林放若問禮之大體, 便包得闊. 今但問本, 似未爲大. 然當時習於繁文, 人但指此爲禮, 更不知有那實處. 故放問, 而夫子大之. 想是此問大段契夫子之心. 蓋有那本時, 文便在了. 若有那文而無本, 則豈得爲禮?'(호숙기(胡叔器 : 주자 문인)가 '임방이 예(禮)의 근본에 대해 물었다'라는 장(章)을 설명하였다. 주자(朱子 : 朱熹)가 말하였다. '임방이 만약 예의 큰 본체에 대해 물었다면 포괄하는 뜻이 넓었을 것이다. 그런데 지금 다만 근본에 대해 물었을 뿐이니 거의 크지 않은 것 같다. 그러나 당시에는 예의 번쇄한 문식을 익히면서, 사람들이 다만 이를 가리켜 예라고 하고 다시는 저 진실한 것이 있음을 알지 못하였다. 그러므로 임방이 물으니, 공자가 훌륭하다고 한 것이다. 생각하건대 이 질문은 크게 부자의 마음에 들어맞은 것 같다. 대개 근본이 있을 때 문식이 존재하기 때문이다. 만약 저 문식은 있는데 근본이 없다면 어떻게 예를 실행할 수 있겠는가?')"라고 되어 있다.

○ 朱子曰 : "'全體'兼文質 · 本末言之."[36)]

'개득기본, 칙예지전체무부재기중의(蓋得其本, 則禮之全體無不在其中矣)'에서 '전체(全體)'에 대해, 주자(朱子 : 朱熹)가 말하였다. "'전체'는 문식과 질박함, 근본과 말단을 겸해서 말한 것이다."

○ '全體'二字, 亦有'大'字意.

'개득기본, 칙예지전체무부재기중의(蓋得其本, 則禮之全體無不在其中矣)'에서 '전체(全體)'라는 두 글자는 또한 본문 '대재문(大哉問)'에서 '대(大)'자의 뜻이 있다.

○ 雲峰胡氏曰 : "須看'在其中'三字. 得禮之本, 則雖不便是禮之全體, 而全體在其中."[37)]

'개득기본, 칙예지전체무부재기중의(蓋得其本, 則禮之全體無不在其中矣)'에 대해, 운봉 호씨(雲峯胡氏 : 胡炳文)가 말하였다. "모름지기 '그 가운데 있다'라는 말을 보아야 한다. 예의 본체를 터득하면 비록 곧바로 예의 전체는 아니지만 전체가 그 가운데 있다."

---

36) 『주자어류(朱子語類)』 권25, 「논어7(論語七)」, 28조목에는 "問 : ''林放問禮'章, 先生謂'得其本, 則禮之全體無不在其中', 如何是禮之全體?' 曰 : '兼文質 · 本末言之.' 曰 : '後面只以質爲禮之本, 如何又說文質皆備?' 曰 : '有質則有文, 有本則有末. 徒文而無質, 如何行得? 譬如樹木, 必有本根, 則自然有枝葉華實. 若無本根, 則雖有枝葉華實, 隨卽萎落矣.'(물었다. ''임방이 예에 대해 물었다'는 장(章)에 대해 선생님께서는 '그 근본을 터득하면 예의 전체가 그 가운데 있지 않음이 없다'라고 말했는데, 무엇 때문에 예의 전체입니까?' 주자(朱子 : 朱熹)가 대답하였다. '문식과 질박함, 근본과 말단을 겸해서 말하였다.' 물었다. '뒤에서 다만 질박함을 예의 근본으로 삼았는데, 무엇 때문에 또 문식과 질박함이 모두 갖추어졌다고 말합니까?' 주자(朱子 : 朱熹)가 대답하였다. '질박함이 있으면 문식이 있고, 근본이 있으면 말단이 있다. 한갓 문식만 있고 질박함이 없다면 어떻게 실행되겠는가? 비유컨대 나무와 같으니 반드시 뿌리와 줄기가 있으면 저절로 가지와 잎, 꽃과 열매가 있는 것이다. 만약 뿌리와 줄기가 없다면 가지와 잎, 꽃과 열매는 바로 즉시 시들어 떨어져버린다.')"라고 되어 있다.

37) 호병문, 『사서통(四書通)』「논어통(論語通)」 권2에는 "須看'在其中'三字. 『集註』於首篇有子所謂禮與和處, 則兼本末而曰'禮之全體', 此亦曰'禮之全體'者, 蓋得禮之本, 則雖不便是禮之全體, 而全體無不在其中也.(모름지기 '그 가운데 있다'라는 말을 보아야 한다. 『논어집주(論語集註)』에는 첫 편 즉 「학이(學而)」의 유자(有子)가 예(禮)와 화(和)를 말한 곳에서 근본과 말단을 겸한다고 해서 '예의 전체'라고 말했는데, 여기에서 또 '예의 전체'라고 말한 것은 예의 본체를 터득하면 비록 곧바로 예의 전체는 아니지만 전체가 그 가운데 있지 않음이 없기 때문이다.)"라고 되어 있다.

[3-4-3]

禮, 與其奢也, 寧儉; 喪, 與其易也, 寧戚."
예(禮)는 사치하기보다는 차라리 검소해야 하고, 상(喪)은 잘 치르기보다는 차라리 슬퍼해야 한다."

朱註

○ 易去聲
'여기이야(與其易也)'에서 '이(易)'자는 거성(去聲)이다.

詳說

○ 朱子曰:"冠昏喪祭, 皆是禮, 故皆可言與奢寧儉. 惟喪祭獨不可, 故言與易寧戚."38)
주자(朱子:朱熹)가 말하였다. "관혼상제는 모두 예(禮)이기 때문에 모두 사치하기보다는 차라리 검소해야 한다고 말할 수 있다. 오직 상례만은 유독 그렇게 해서는 안 되기 때문에 잘 치르기보다는 차라리 슬퍼해야 한다고 말한 것이다."

朱註

易, 治也. 『孟子』曰, '易其田疇.' 在喪禮, 則節文習熟, 而無哀痛慘怛之實者也. 戚則一於哀, 而文不足耳.
이(易)는 다스림이다. 『맹자(孟子)』에 '그 밭두둑을 다스린다.'라고 하였다. 이는 상례(喪禮)의 경우에 의식에 익숙하여 애통하고 슬퍼하는 실질이 없는 것이다. 척(戚)은 애통함에 전일하고 문식이 부족한 것이다.

詳說

○ 「盡心」.
'『맹자』왈(『孟子』曰)'에서 '『맹자(孟子)』'는, 「진심상(盡心上)」이다.39)

---

38) 『주자어류(朱子語類)』 권25, 「논어7(論語七)」, 31조목에는 "問'喪與其易也, 寧戚.' 曰:'其他冠婚祭祀, 皆是禮, 故皆可謂'與其奢也寧儉'. 惟喪禮獨不可, 故言'與其易也寧戚.'('상(喪)은 잘 치르기보다는 차라리 슬퍼해야 한다'라는 구절에 대해 물었다. 주자(朱子:朱熹)가 대답하였다. '그 밖의 관례, 혼례, 제사도 모두 예(禮)이기 때문에 모두 '사치하기보다는 차라리 검소해야 한다.'라고 말할 수 있다. 오직 상례만은 유독 그렇게 해서는 안 되기 때문에 '잘 치르기보다는 차라리 슬퍼해야 한다'라고 말한 것이다.)"라고 되어 있다.

○ '易'之訓'治', 經傳罕見, 故引『孟子』以實之. 後凡字訓處引經傳爲證, 如'喪欲速貧'·'悉索敝賦'之類, 皆放此.

'이기전주(易其田疇)'에 대해, '이(易)'자를 '치(治)'자로 훈고하는 것은 경전에서는 드물게 보이기 때문에 『맹자(孟子)』를 인용하여 그것을 실증하였다. 뒤에 무릇 글자에 대한 훈고에서 경전을 인용하여 증거를 삼는 것, 예컨대 '상욕속빈(喪欲速貧 : 벼슬을 잃으면 빨리 가난해지려고 한다)'[40]와 '실삭폐부(悉索敝賦 : 우리나라의 군(軍)을 모두 모았다)'[41]라는 따위는 모두 이를 따른다.

○ 以上猶汎訓'易'字. 此下乃入喪禮, 而訓之特詳明, 如首篇'習'字訓云.

'이, 치야. 『맹자』왈, '이기전주.'(易, 治也. 『孟子』曰, '易其田疇.')'라고 한 것은 여전히 '이(易)'자에 대해 일반적으로 훈고한 것이다. 이 아래에는 곧 상례에 들어가서 그것을 훈고하는 것이 특별히 상세하니, 예컨대 첫 편 즉 「학이(學而)」에서 '습(習)'자를 훈고할 때와 같다.

○ 朱子曰 : "太滑了."[42]

'즉절문습숙(則節文習熟)'에 대해, 주자(朱子 : 朱熹)가 말하였다. "이는 지나치게 숙련된 것이다."

---

39) 『맹자(孟子)』「진심상(盡心上)」에서 "易其田疇, 薄其稅斂, 民可使富也."라고 하였다.

40) 상욕속빈(喪欲速貧 : 벼슬을 잃으면 빨리 가난해지려고 한다) : 『논어(論語)』「팔일(八佾)」의 "그대들은 어찌 공자가 벼슬을 잃을까 걱정하는가?(二三子, 何患於喪乎?)"라는 본문에 대해, 주자는 주석에서 "상(喪)은 벼슬을 잃고 나라를 떠나는 것을 말하니, 『예기』에 '벼슬을 잃으면 빨리 가난해지려고 한다.'라고 한 것이 이에 해당한다.(喪, 謂失位去國, 『禮』曰, '喪欲速貧', 是也.)"라고 하였다.

41) 실삭폐부(悉索敝賦 : 우리나라의 군(軍)을 모두 모았다) : 『논어(論語)』「공야장(公冶長)」의 "유(由)는 천승(千乘)의 나라에 그 군정(軍政)을 다스리게 할 수는 있다.(由也, 千乘之國, 可使治其賦也.)"라는 본문에 대해, 주자는 주석에서 "부(賦)는 병(兵 : 軍政)이다. 옛날에는 토지의 세금을 따져 군사를 내었으므로, 군(軍)을 일러 부(賦)라 하였으니, 『춘추전(春秋傳)』에 이른바 '우리나라의 군(軍)을 모두 모았다.'라고 한 말이 이것이다.(賦, 兵也. 古者以田賦出兵, 故謂兵爲賦, 『春秋傳』所謂'悉索敝賦', 是也)"라고 하였다.

42) 『주자어류(朱子語類)』 권25, 「논어7(論語七)」, 32조목에는 "問 : ''喪, 與其易也, 寧戚', 注'易'爲'治', 何也?' 曰 : '古人做物滑淨, 無些礙處, 便是易. 在禮, 只是太滑熟了. 生固無誠實, 人纔太滑熟, 亦便少誠實.'(물었다. ''상(喪)은 잘 치르기보다는 차라리 슬퍼해야 한다'라는 구절의 주석에서 '이(易)'자를 '치(治)'라고 한 것은 무엇 때문입니까?' 주자(朱子 : 朱熹)가 대답하였다. '옛사람이 물건을 만들 때 매끄럽고 깨끗하여 조금도 거치적거리는 곳이 없는 것이 바로 이(易)이다. 예(禮)의 경우에 이는 다만 지나치게 숙련된 것일 뿐이다. 성글면 본디 성실함이 없지만, 사람이 지나치게 숙련되면 또한 바로 성실함이 적어진다.')"라고 되어 있다.

○ 都達反.

'이무애통참달지실자야(而無哀痛慘怛之實者也)'에서 '달(怛)'은 '도(都)'와 '달(達)'의 반절(反切)이다.

○ 訓畢.

훈고가 끝났다.

朱註

禮貴得中, 奢易則過於文, 儉戚則不及而質, 二者皆未合禮.

예(禮)는 중(中)을 얻음을 귀하게 여기니, 사치함과 잘 치름은 문식에 지나치고, 검소함과 슬퍼함은 미치지 못해서 질박하니, 이 두 가지는 모두 예에 합치되지 않는다.

詳說

○ 朱子曰 : "自有箇恰好處."[43]

'예귀득중(禮貴得中)'에 대해, 주자(朱子 : 朱熹)가 말하였다. "이는 원래 하나의 꼭 맞는 곳이 있다."

○ 中從全體來.

'예귀득중(禮貴得中)'에서 '중(中)'은 전체에서부터 온다.

○ 過 · 不及, 是禮之偏處.

'사이즉과어문, 검척즉불급이질(奢易則過於文, 儉戚則不及而質)'에서 '과(過)'와 '불

43) 『주자어류(朱子語類)』 권25, 「논어7(論語七)」, 30조목에는 "辛適正問 : ''林放問禮之本', 何故只以喪禮答之?' 曰 : '禮不過吉凶二者而已. 上句泛以吉禮而言, 下句專指凶禮而言. 然此章大意不在此, 須看問答本意. 孔子只是答他問禮之本, 然儉戚亦只是禮之本而已. 及其用也, 有當文時, 不可一向以儉戚爲是. 故曰, '品節斯, 斯之謂禮', 蓋自有箇得中恰好處.'(신적정(辛適正 : 주자 문인)이 물었다. ''임방이 예의 근본에 대해 물었다.'에서 무엇 때문에 다만 상례로 대답했습니까?' 주자(朱子 : 朱熹)가 대답하였다. '예(禮)는 길과 흉 두 가지에 지나지 않을 뿐이다. 위 구절에서는 일반적으로 길례(吉禮)로 말했고, 아래 구절은 오로지 흉례(凶禮)를 가리켜 말하였다. 그러나 이 장(章)의 큰 뜻은 여기에 있지 않으니, 모름지기 묻고 대답한 본래의 뜻을 보아야 한다. 공자는 다만 그가 예의 근본에 대해 물은 것을 대답했을 뿐이지만, 검소함과 슬퍼함도 또한 다만 예의 근본일 뿐이다. 그 쓰임에 미쳐서는 마땅히 문식할 때가 있으니 줄곧 검소함과 슬퍼함을 옳다고 해서는 안 된다. 그러므로 '이를 품절하는 것, 이를 예라고 한다'라고 하는 뜻이니, 원래 하나의 적절하고 꼭 맞는 곳을 얻음이 있기 때문이다.')"라고 되어 있다.

급(不及)'은 예의 치우친 것이다.

○ 新安陳氏曰 : "未合禮之中."[44]

'이자개미합예(二者皆未合禮)'에서 '미합예(未合禮)'에 대해, 신안 진씨(新安陳氏 : 陳櫟)가 말하였다. "아직 예의 중절(中節)에 부합하지 못한 것이다."

○ 以上先從文上論奢易 · 儉戚其偏均. 此下乃著'然'字以入本文意.

'이자개미합예(二者皆未合禮)'까지 먼저 문식 측면에서 사치함과 잘 치름, 검소함과 슬퍼함이 그 치우침과 조화로움을 이루는데 대해 논하였다. 이 아래는 곧 '연(然 : 그러나)'자를 드러내어 본문의 뜻에 들어간다.

朱註

然凡物之理, 必先有質而後有文, 則質乃禮之本也.

그러나 모든 사물의 이치는 반드시 먼저 질박함이 있은 뒤에 문식이 있는 것이니, 그렇다면 질박함은 바로 예(禮)의 근본이다.

詳說

○ 云'凡物', 則非但禮與喪而已.

'연범물지리(然凡物之理)'에서 '범물(凡物)'이라 말했으니, 단지 예(禮)와 상례만을 가리키는 것이 아니다.

○ 至此猶汎論物理, 此下乃入本文論之.

'필선유질이후유문(必先有質而後有文)'이라 한 데까지는 여전히 일반적으로 사물의 이치를 논했고, 이 아래는 바로 본문에 들어가서 논하였다.

○ 只言'禮'字, 而喪已該其中矣.

'즉질내예지본야(則質乃禮之本也)'에서 다만 '예(禮)'자만 말했지만 상례는 이미 그 가운데 갖추고 있다.

○ 以論釋之.

경문의 의미 설명으로 풀이하였다.

44) 호광 편(胡廣 編), 『논어집주대전(論語集註大全)』 권3.

朱註

范氏曰："夫祭，與其敬不足而禮有餘也，不若禮不足而敬有餘也；喪，與其哀不足而禮有餘也，不若禮不足而哀有餘也．禮失之奢，喪失之易，皆不能反本而隨其末故也．

범씨(范氏 : 范祖禹)가 말하였다. "대저 제사는 경(敬)이 부족하고 예(禮)가 남음이 있기보다는 예가 부족하고 경이 남음이 있는 것만 못하며, 상례는 슬픔이 부족하고 예가 남음이 있기 보다는 예가 부족하고 슬픔이 남음이 있는 것만 못하다. 예가 사치함으로 잘못되는 것과 상례가 잘 치름에 잘못되는 것은 모두 근본으로 돌아가지 못하고 그 말단을 따르기 때문이다.

詳說

○ 音扶.

'부제(夫祭)'에서 '부(夫)'자는 음이 부(扶)이다.

○ 出『禮記』「檀弓」，先引此爲證.

'부제(夫祭)'에서부터 '불약예부족이애유여야(不若禮不足而哀有餘也)'까지는 『예기』「단궁(檀弓)」에 나오는데, 먼저 이를 인용하여 증거로 삼았다.[45]

○ 乃入本文只論奢易之失而幷及問本之意.

'예실지사, 상실지이, 개불능반본이수기말고야(禮失之奢，喪失之易，皆不能反本而隨其末故也)'라고 한 것은, 곧 본문에 들어가서 다만 사치함과 잘 치름만을 논할 뿐 아니라 아울러 근본에 대해 물은 뜻까지 언급한 것이다.

朱註

禮奢而備，不若儉而不備之愈也；喪易而文，不若戚而不文之愈也．儉者，物之質．戚者，心之誠．故爲禮之本."

예(禮)는 사치하여 잘 갖추어지는 것이 차라리 검소하면서 덜 갖추어지는 것의 나음만 못하고, 상례는 잘 치러서 문식이 있는 것이 차라리 슬퍼하여 덜 문식이 있는 것의 나음만 못하다. 검소함은 사물의 질박함이고, 슬퍼함은 마음의 정성

45) 『예기』「단궁상(檀弓上)」에서 "子路曰: 吾聞諸夫子. '喪禮，與其哀不足而禮有餘也，不若禮不足而哀有餘也．祭禮，與其敬不足而禮有餘也，不若禮不足而敬有餘也.'"라고 하였다.

이다. 그러므로 예의 근본이 된다.”

詳說

○ 言儉而不備, 猶愈於奢而備.

‘예사이비, 불약검이불비지유야(禮奢而備, 不若儉而不備之愈也)’에서 ‘검이불비(儉而不備)’는, 오히려 사치하여 잘 갖추어지는 것보다 낫다는 것을 말한다.

○ 此正釋本文.

‘상이이문, 불약척이불문지유야(喪易而文, 不若戚而不文之愈也)’라는 구절은 바로 본문을 풀이한 것이다.

○ 慶源輔氏曰 : “物, 事也.”[46)]

‘검자, 물지질(儉者, 物之質)’에서 ‘물(物)’에 대해, 경원 보씨(慶源輔氏 : 輔廣)가 말하였다. “물(物)은 일이다.”

○ 此又重論儉戚之所以爲本而終之.

‘척자, 심지성. 고위예지본(戚者, 心之誠. 故爲禮之本.)’이라 한 것은 또 검소함과 슬퍼함이 근본이 되는 까닭을 거듭 논의하여 끝맺었다.

朱註

楊氏曰 : “禮始諸飮食. 故汙尊而抔飮, 爲之簠簋·籩豆·罍爵之飾, 所以文之也, 則其本儉而已.

양씨(楊氏 : 楊時)가 말하였다. “예(禮)는 음식을 먹는 데서 비롯되었다. 그러므로 옛날에는 웅덩이를 그릇으로 삼고 손으로 움켜 마시다가 후대에는 보궤(簠簋)·변두(籩豆)·뇌작(罍爵)의 꾸밈을 만든 것은 문식(文飾)을 하기 위한 것이었으니, 그렇다면 그 근본은 검소함일 뿐이다.

詳說

○ 出『禮記』「禮運」.

‘예시제음식(禮始諸飮食)’이라는 말은 『예기』「예운(禮運)」에 나온다.[47)]

---

46) 조순손(趙順孫), 『사서찬소』「논어찬소(論語纂疏)」 권2.

47) 『예기』「예운(禮運)」에 “夫禮之初, 始諸飮食, 其燔黍捭豚, 汙尊而抔飮, 蕢桴而土鼓, 猶若可以致其敬於鬼神. 及其死也, 升屋而號, 告曰: ‘皐! 某復.’ 然後飯腥而苴孰. 故天望而地藏也, 體魄則降, 知氣在上, 故死者北首, 生者南鄕, 皆從其初.”라고 하였다.

○ 延平周氏曰："聖人因其有飮食之大欲, 而少厲之以節文."48)

'예시제음식(禮始諸飮食)'에 대해, 연평 주씨(延平周氏 : 周諝)49)가 말하였다. "성인은 사람들이 음식에 큰 욕망을 가지고 있기 때문에 절도(節度)와 의식(儀式)으로 조금 엄하게 하였다."

○ 音蛙.

'고와존이부음(故汙尊而抔飮)'에서 '와(汙)'자는 음이 '와(蛙)'이다.

○ 蒲侯反.

'고와존이부음(故汙尊而抔飮)'에서 '부(抔)'는 '포(蒲)'와 '후(侯)'의 반절(反切)이다.

○ 亦出「禮運」.

'고와존이부음(故汙尊而抔飮)'에서 '와존이부음(汙尊而抔飮)'은 또한 『예기』「예운(禮運)」에 나온다.

○ '汙尊', 鑿池爲尊也. '抔飮', 手掬之也.

'고와존이부음(故汙尊而抔飮)'에서 '와존(汙尊)'은 못을 파서 잔으로 삼은 것이다. '부음(抔飮)'은 손으로 움켜 마시는 것이다.

○ 音'甫軌'.

'위지보궤 · 변두 · 뢰작지식(爲之簠簋 · 邊豆 · 罍爵之飾)'에서 '보궤(簠簋)'는 음이 '보궤(甫軌)'이다.

○ 音'雷'.

'위지보궤 · 변두 · 뢰작지식(爲之簠簋 · 邊豆 · 罍爵之飾)'에서 '뢰(罍)'자는 음이 '뢰(雷)'이다.

朱註

喪不可以徑情而直行, 爲之衰麻哭踊之數, 所以節之也, 則其本戚而已.

상례는 감정을 그대로 드러내어 곧바로 행동할 수 없기 때문에, 최마(衰麻)와 곡

48) 위식(衛湜), 『예기집설(禮記集說)』 권54, 「예운(禮運)」 제9.

49) 주서(周諝, 생몰년 미상) : 자는 희성(希聖)이고, 연평 주씨(延平周氏)로 불린다. 송나라 때 남검주 우계(南劍州尤溪 : 현 복건성 우계현) 사람이다. 신종(神宗) 희녕(熙寧) 6년(1073)에 진사시에 합격하였고, 신회지현(新會知縣)을 역임하였다. 당시 왕안석(王安石)의 신법(新法)이 시행되었는데, 홀로 봉행하지 않고 상소를 올려 그 폐단을 논하다가 사직하고 귀향하였다. 저서에 『맹자해의(孟子解義)』, 『예기설(禮記說)』 등이 있다.

하고 발 구르는 수(數)를 제정한 것은 그것으로 절제하기 위해서이니, 그렇다면 그 근본을 슬퍼함일 뿐이다.

詳說

○ 『禮記』「禮弓」曰 : "徑情而直行者, 戎狄之道也."[50)]

'상불가이경정이직행(喪不可以徑情而直行)'에 대해, 『예기』「단궁(檀弓)」에서 말하였다. "감정을 그대로 드러내어 곧바로 행동하는 것은 오랑캐의 도(道)이다."

○ 朱子曰 : "楊說此一語稍傷那哀戚之意. 其意當謂喪主於哀戚而爲之哭泣擗踊, 所以節之也, 其本則戚而已."[51)]

'상불가이경정이직행(喪不可以徑情而直行)'에 대해, 주자(朱子 : 朱熹)가 말하였다. "양시(楊時)가 말한 이 한마디는 저 슬퍼하는 뜻을 조금 손상하게 한다. 그 뜻은 마땅히 상례는 슬퍼함을 중심으로 하지만, 곡하고 울며 가슴을 치고 발을 구르는 것을 제정한 것은 그것으로 절제하려는 것이니, 그 근본은 슬퍼함일 뿐이라고 해야 한다."

○ 音催.

'위지최마곡용지수(爲之衰麻哭踊之數)'에서 '최(衰)'자는 음이 최(催)이다.

○ 音勇.

'위지최마곡용지수(爲之衰麻哭踊之數)'에서 '용(踊)'자는 음이 용(勇)이다.

---

50) 『예기』「단궁하(禮弓下)」에서 "有子與子游立, 見孺子慕者, 有子謂子游曰: '予壹不知夫喪之踊也, 予欲去之久矣. 情在於斯, 其是也夫?' 子游曰: '禮, 有微情者, 有以故興物者; 有直情而徑行者, 戎狄之道也. 禮道則不然, 人喜則斯陶, 陶斯咏, 咏斯猶, 猶斯舞, 舞斯慍, 慍斯戚, 戚斯歎, 歎斯辟, 辟斯踊矣, 品節斯, 斯之謂禮. 人死, 斯惡之矣, 無能也, 斯倍之矣. 是故, 制絞衾, 設蔞翣, 爲使人勿惡也. 始死, 脯醢之奠; 將行, 遣而行之, 旣葬而食之, 未有見其饗之者也; 自上世以來, 未之有舍也, 爲使人勿倍也. 故子之所刺於禮者, 亦非禮之訾也.'"라고 하였다.

51) 『주자어류(朱子語類)』 권25, 「논어7(論語七)」, 37조목에는 "楊說'喪不可直情而徑行'. 此一語, 稍傷那哀戚之意. 其意當如上面'始諸飮食'之語, 謂喪主於哀戚, 爲之哭泣擗踊, 所以節之, 其本則戚而已.(양시(楊時)는 '상례는 감정을 그대로 드러내어 곧바로 행동할 수 없다'라고 했는데, 이 한마디는 저 슬퍼하는 뜻을 조금 손상하게 한다. 그 뜻은 마땅히 위의 '음식을 먹는 데서 시작한다.'라는 말과 같아서, 상례는 슬퍼함을 중심으로 하지만 곡하고 울며 가슴을 치고 발을 구르는 것을 제정한 것은 그것으로 절제하려는 것이니, 그 근본은 슬퍼함일 뿐이라는 것을 말한다.)"라고 되어 있다.

朱註

周衰, 世方以文滅質, 而林放獨能問禮之本, 故夫子大之而告之以此.”

주(周)나라가 쇠퇴하니, 세속에서는 문식으로 질박함을 없앴는데도 임방(林放)만은 홀로 예(禮)의 근본에 대해 물었기 때문에, 공자는 그것을 훌륭하게 여기고 이렇게 말해 준 것이다.”

詳說

○ 雲峰胡氏曰 : “孔子因末流之失, 不得已而爲反本之論.”52)

‘고부자대지이고지이차(故夫子大之而告之以此)’에 대해, 운봉 호씨(雲峯胡氏 : 胡炳文)가 말하였다. “공자는 말류의 폐단 때문에 어쩔 수 없이 근본을 돌이키는 논의를 하였다.”

52) 호병문, 『사서통(四書通)』「논어통(論語通)」 권2.

[3-5-1]

子曰:"夷狄之有君, 不如諸夏之亡也."
공자가 말하였다. "오랑캐에게도 군주가 있으니, 중국의 여러 제후국에 없는 것과는 같지 않다."

詳說

○ 厚齋馮氏曰:"諸夏, 諸侯之稱. 中國曰'夏'. 夏, 大也."53)
후재 풍씨(厚齋馮氏:馮椅)가 말하였다. "제하(諸夏)는 제후국을 일컫는다. 중국을 '하(夏)'라고 한다. '하(夏)'는 크다는 뜻이다."

朱註

吳氏曰:"'亡', 古'無'字, 通用."
오씨(吳氏:吳棫)가 말하였다. "'무(亡)'자는 옛날에 '무(無)'자와 통용되었다."

詳說

○ 訓畢.
훈고가 끝났다.

朱註

程子曰:"夷狄且有君長, 不如諸夏之僭亂, 反無上下之分也."
정자(程子:程頤)가 말하였다. "오랑캐에게도 군주가 있으니, 중국의 여러 제후국의 참람하고 혼란되어 도리어 상하(上下)의 구분이 없는 것과는 같지 않다."

詳說

○ 叔子.
'정자왈(程子曰)'에서 '정자(程子)'는 동생 정이(程頤)이다.

○ 以'且'易'之', 『精義』且作'猶'. 諺釋依'之'字文勢, 恐誤.
'이적차유군장(夷狄且有君長)'에서 '차(且:또한)'자는 본문 '이적지유군(夷狄之有君)'에서

53) 호병문, 『사서통』「논어통」 권2.

'지(之)'자를 바꾼 것이고, 『논어정의(論語精義)』에서는 또 '유(猶 : 오히려)'자를 썼다.[54] 『언해』본의 풀이가 '지(之)'자의 문장 어세를 따른 것[55]은 아마 잘못된 것 같다.

○ 上聲.

'이적차유군장(夷狄且有君長)'에서 '장(長)'자는 상성(上聲)이다.

○ 猶言'異於'.

'불여제하지참란(不如諸夏之僭亂)'에서 '불여(不如)'는 '이어(異於 : ~과 다르다)'라고 말하는 것과 같다.

○ 上聲, 諸經幷同.

'불여제하지참란(不如諸夏之僭亂)'에서 '하(夏)'자는 상성(上聲)이고, 여러 경전에서 모두 같다.

○ 與'且'字對.

'반무상하지분야(反無上下之分也)'에서 '반(反)'자는 앞 구절 '이적차유군장(夷狄且有君長)'에서 '차(且 : 또한)'자와 짝이 된다.

○ 去聲.

'반무상하지분야(反無上下之分也)'에서 '분(分)'자는 거성(去聲)이다.

○ 釋畢.

경문의 풀이가 끝났다.

○ 古註及退之泥於'之'·'不如'三字之文勢, 而不深味其語意, 故與程子之釋相背, 只爲賤夷之語, 而無嘆華之意.

고주(古註)와 퇴지(退之 : 韓愈)[56]는 경문 '이적지유군(夷狄之有君)'에서 '지(之)'자와 '불여제하지무야(不如諸夏之亡也)'에서 '불여(不如)' 세 글자의 문장 어세에 구

---

54) 『논어정의(論語精義)』에서는 또 '유(猶 : 오히려)'자를 썼다 : 주희, 『논어정의(論語精義)』 권2상에서 "若曰, '夷狄猶有君, 不如諸夏之亡也.'(마치 '오랑캐에게도 오히려 군주가 있으니, 중국의 여러 제후국에 없는 것과는 같지 않다.'라고 말하는 것과 같다.)"라고 하였다.

55) 『언해』본의 풀이가 '지(之)'자의 문장 어세를 따른 것 : 교정청 『언해』본에는 '夷狄의 君이 이심이'라고 되어 있다. 참고로 율곡 『언해』본에도 '夷狄의 님금 이쇼미'라고 되어 있다.

56) 한유(韓愈, 768~824) : 자는 퇴지(退之)이고, 세칭 한창려(韓昌黎)·한이부(韓吏部)라고 한다. 당나라 때 등주 남양(鄧州南陽 : 현 하남성 맹현<孟縣>) 사람으로 792년에 진사에 급제하여 사문박사(四門博士)·감찰어사(監察御史)·국자제주(國子祭酒)·이부시랑(吏部侍郎) 등을 역임하였다. 고문운동을 창도하여 송명리학의 선구자가 되었으며, 「논불골표(論佛骨表)」를 지어 불교배척운동에도 앞장섰다. 그의 성삼품론(性三品論)은 후대의 심성론에 영향을 끼쳤다. 문장은 당송팔대가의 으뜸으로 꼽는다. 저서는 『창려선생집(昌黎先生集)』이 있다.

애되어 그 말뜻을 깊이 음미하지 않았기 때문에,[57] 정자(程子 : 程頤)의 풀이와 서로 위배되어 다만 오랑캐를 천박하게 여길 뿐 중화를 탄식하는 뜻이 없다.

朱註

◯ 尹氏曰 : "孔子傷時之亂而歎之也. 無, 非實無也, 雖有之, 不能盡其道爾."

윤씨(尹氏 : 尹焞)가 말하였다. "공자가 당시의 혼란을 슬퍼하여 탄식한 것이다. '무(無 : 없다)'는 실제로 없는 것이 아니고, 비록 있다고 하더라도 그 도(道)를 다 발휘하지 못한다는 뜻이다."

詳說

◯ 鄭氏曰 : "「八佾」篇無非傷權臣之僭竊, 痛名分之紊亂, 其言與『春秋』相表裏."[58]

정씨(鄭氏 : 鄭汝諧[59])가 말하였다. "「팔일(八佾)」에는 권신들의 참람한 도용(盜用)을 슬퍼하고, 명분이 문란해지는 것을 애통해 하지 않음이 없으니, 그 말은 『춘추(春秋)』와 서로 표리(表裏)가 된다.

---

57) 고주(古註)와 퇴지(退之 : 韓愈)는 본문 …… 그 말뜻을 깊이 음미하지 않았기 때문에 : 여기에서 고주(古註)라고 한 것은, 하안(何晏)의 『논어집해(論語集解)』, 형병(邢昺)의 『논어소(論語疏)』, 『논어주소(論語註疏)』에서 "이 장(章)은 중국은 예악이 융성한데 오랑캐에는 예악이 없다는 것을 말한다. …… 오랑캐에게는 비록 군주가 있지만 예의가 없다는 것을 말한다. 중국은 비록 우연히 군주가 없어서 마치 서주(西周) 시대 려왕(厲王)을 쫓아내고 주공(周公)과 소공(召公)이 공동으로 집정한 공화(共和) 연간과 같지만, 예의가 아직 폐기되지 않았기 때문에 '오랑캐에게 군주가 있는 것은 중국의 여러 제후국에 없는 것만 못하다.'라고 말하였다.(此章言中國禮義之盛, 而夷狄無也. …… 言夷狄雖有君長而無禮義. 中國雖偶無君, 若周 · 召共和之年, 而禮義不廢, 故曰, '夷狄之有君, 不如諸夏之亡也.')"라고 한 것을 가리킨다. 또 퇴지(退之 : 韓愈)라고 한 것은, 『창려선생집(昌黎先生集)』 권11 「원도(原道)」에서 "공자가 『춘추(春秋)』를 지어서, 중국의 제후가 오랑캐의 예(禮)를 사용하면 오랑캐로 여기고, 오랑캐가 중국에 진입하면 중국으로 여겼다. 경전, 즉 『논어(論語)』에서 '오랑캐에게 군주가 있는 것은 중국의 여러 제후국에 없는 것만 못하다.'라고 말하였다.(孔子之作『春秋』也, 諸侯用夷禮則夷之, 夷而進于中國則中國之. 經曰, '夷狄之有君, 不如諸夏之亡.')"라고 한 것을 가리킨다.

58) 정여해(鄭汝諧), 『논어의원(論語意源)』 권1.

59) 정여해(鄭汝諧, 1126~1205) : 자는 순거(舜擧)고, 호는 동곡거사(東谷居士)이다. 송나라 때 처주 청전(處州青田 : 현 절강성 소속) 사람이다. 고종(高宗) 소흥(紹興) 연간에 진사에 급제하여 양절전운판관(兩浙轉運判官), 이부시랑(吏部侍郎), 지신주(知信州), 휘유각대제(徽猷閣待制) 등을 역임하였다. 『주역(周易)』과 『논어(論語)』에 정통하였다. 저서에 『동곡역익전(東谷易翼傳)』과 『논어의원(論語意源)』, 『동곡집(東谷集)』 등이 있다.

[3-6-1]

季氏旅於泰山. 子謂冉有曰 : "女弗能救與?" 對曰 : "不能." 子曰 : "嗚呼! 曾謂泰山不如林放乎?"

계씨(季氏)가 대부로 제후의 예(禮)를 참람하여 태산(泰山)에 여제(旅祭)를 지냈다. 공자가 염유(冉有)에게 말하였다. "너는 그것을 바로잡을 수 없겠느냐?" 염유가 대답하였다. "할 수가 없습니다." 공자가 말하였다. "아! 어찌 태산(泰山)의 신령이 예(禮)의 근본에 대해 물은 임방(林放)만도 못하다고 하겠는가?"

朱註

○ 女, 音汝. 與, 平聲.

'여불능구여(女弗能救與)'에서 '여(女)'자는 음이 여(汝)이다. '여(與)'자는 평성(平聲)이다.

朱註

旅, 祭名. 泰山, 山名, 在魯地. 禮, 諸侯祭封內山川, 季氏祭之, 僭也. 冉有, 孔子弟子, 名求, 時爲季氏宰. 救, 謂救其陷於僭竊之罪. 嗚呼, 歎辭.

여(旅)는 제사 이름이다. 태산은 산 이름이니, 노(魯)나라 땅에 있다. 예(禮)에 제후가 영지(領地) 안의 산천(山川)에 제사를 지내는데, 대부인 계씨(季氏)가 태산에 제사를 지내는 것은 참람한 짓이다. 염유(冉有)는 공자의 제자로 이름은 구(求)이고, 당시 계씨의 가신(家臣)이 되었었다. 구(救)는 참람히 도용(盜用)하는 죄에 빠지는 것을 바로잡음을 말한다. 오호(嗚呼)는 탄식하는 말이다.

詳說

○『書』「禹貢」曰 : "蔡 · 蒙旅平, 九山刊旅."[60]

'여, 제명(旅, 祭名)'에 대해, 『서경(書經)』「우공(禹貢)」에서 말하였다. "채산(蔡山)과 몽산(蒙山)에 여(旅)제사를 지내어 다스려짐을 고하고, 구주(九州)의 산에 깎아 여제사를 지낸다."

60) 『서경(書經)』「하서(夏書) · 우공(禹貢)」.

○ 『禮記』「王制」曰 : “天子祭天下名山大川, 諸侯祭名山大川之在其地者.”

‘예, 제후제봉내산천(禮, 諸侯祭封內山川)’에 대해, 『예기』「왕제(王制)」에서 말하였다. “천자는 천하의 명산대천(名山大川)에 제사 지내고, 제후는 자기 영지(領地) 안에 있는 명산대천(名山大川)에 제사 지낸다.”

○ 『史記』「仲尼弟子傳」曰 : “少孔子二十九歲.”61)

‘염유, 공자제자, 명구(冉有, 孔子弟子, 名求)’에 대해, 『사기(史記)』「중니제자열전(仲尼弟子列傳)」에서 말하였다. “공자보다 29세 적다.”

○ 鄭氏玄曰 : “魯人.”

‘염유, 공자제자, 명구(冉有, 孔子弟子, 名求)’에 대해, 정현(鄭玄)이 말하였다. “염구는 노(魯)나라 사람이다.”

○ 家臣.

‘시위계씨재(時爲季氏宰)’에서 ‘재(宰)’는 가신(家臣)이다.

○ 訓畢.

훈고가 끝났다.

朱註

言神不享非禮, 欲季氏知其無益而自止, 又進林放以厲冉有也.

신(神)은 예(禮)가 아닌 것을 흠향하지 않는다는 것을 말하여, 계씨(季氏)에게 여제(旅祭)를 지내는 것이 이로움이 없음을 알아서 스스로 그만두도록 하고, 또 임방(林放)을 끌어올려 염유(冉有)를 격려하려고 한 것이다.

詳說

○ 泰山之神.

‘언신불향비예(言神不享非禮)’에서 ‘신(神)’은 태산의 신이다.

○ 朱子曰 : “只緣他屬我, 故我祭得他. 若不屬我, 則氣便不與之相感, 如何祭得他?”62)

---

61) 『사기(史記)』 권67 「중니제자열전(仲尼弟子列傳)」에는 “冉求, 字子有, 少孔子二十九歲. 爲季氏宰.(염구(冉求)는 자가 자유(子有)이다. 공자보다 29세 적고, 계씨(季氏)의 가신(家臣)이 되었다.)”라고 되어 있다.

62) 『주자어류(朱子語類)』 권25, 「논어7(論語七)」, 43조목에는 “問‘季氏旅於泰山’一段. 曰 : ‘天子祭天地, 諸侯祭其國之山川, 只緣是他屬我, 故我祭得他. 若不屬我, 則氣便不與之相感, 如何祭得他?’(‘계씨(季氏)가 태산(泰山)에 여제(旅祭)를 지냈다’라는 단락에 대해 물었다. 주자(朱子 : 朱

'언신불향비예(言神不享非禮)'에 대해, 주자(朱子 : 朱熹)가 말하였다. "다만 그것들이 나에게 속하기 때문에 내가 그것들을 제사 지내는 것일 뿐이다. 만약 나에게 속하지 않는다면 기(氣)가 함께 서로 감응하지 않는데 어떻게 그것들을 제사 지낼 수 있겠는가?"

○ 陳氏曰 : "假饒盡其誠敬之心, 與神不相干涉, 神決不享."[63]

'언신불향비예(言神不享非禮)'에 대해, 진씨(陳氏 : 陳淳)가 말하였다. "설령 그 정성스럽고 공경하는 마음을 다 표현한다고 하더라도 신(神)과 서로 간여하지 못하니, 신은 결코 흠향하지 않을 것이다."

○ 南軒張氏曰 : "林放猶能問禮之本, 泰山豈受非禮之祭?"[64]

'언신불향비예(言神不享非禮)'에 대해, 남헌 장씨(南軒張氏 : 張栻)가 말하였다. "임방도 또한 예(禮)의 근본에 대해 물을 수 있는데, 태산이 어찌 예가 아닌 제사를 받아들이겠는가?"

○ 雲峰胡氏曰 : "林放一魯男子爾, 猶知厭禮之末者, 泰山之神獨不惡禮之僭者乎? 夫子爲是言, 豈林放請問之時, 正季氏旅泰山之時歟? 抑林放因季氏之旅而有是問歟?"[65]

'언신불향비예(言神不享非禮)'에 대해, 운봉 호씨(雲峯胡氏 : 胡炳文)가 말하였다. "임방은 노(魯)나라의 한 사내일 뿐인데도 또한 예(禮)의 말류를 싫어할 줄 아는데, 태산의 신이 홀로 예(禮)가 참람한 것을 미워하지 않겠는가? 공자가 이 말을 한 것이, 어찌 임방이 질문했을 때가 바로 계씨가 태산에 여제(旅祭)를 지냈을 때였겠는가? 그렇지 않으면 계씨가 여제를 지내기 때문에 임방이 이렇게 질문한 것이었겠는가?"

○ 此五字釋'嗚呼'以下十一字之義.

'언신불향비예(言神不享非禮)'에서 '신불향비예(神不享非禮)'라는 다섯 글자는 본문의 '오호! 증위태산불여임방호?(嗚呼! 曾謂泰山不如林放乎?)'라는 구절의 의미를

熹)가 대답하였다. '천자는 하늘과 땅에 제사를 지내고, 제후는 그 나라의 산과 강에 제사를 지내니, 다만 그것들이 나에게 속하기 때문에 내가 그것들을 제사 지내는 것일 뿐이다. 만약 나에게 속하지 않는다면 기(氣)가 함께 서로 감응하지 않는데 어떻게 그것들을 제사 지낼 수 있겠는가?')"라고 되어 있다.

63) 진순(陳淳), 『북계자의(北溪字義)』 권 하(下)에는 "假饒極盡其誠敬之心, 與神亦不相干涉, 泰山之神亦不吾享.(설령 그 정성스럽고 공경하는 마음을 지극히 표현한다고 하더라도 또한 신(神)과 서로 간여하지 못하니, 태산의 신도 또한 나를 흠향하지 않을 것이다.)"라고 되어 있다.

64) 장식(張栻), 『계사논어해(癸巳論語解)』 권2.

65) 호병문, 『사서통(四書通)』「논어통(論語通)」 권2.

풀이한 것이다.

○ 此十字, 其言外之正意.

'욕계씨지기무익이자지(欲季氏知其無益而自止)'라는 구절은 말 밖의 바른 뜻이다.

○ 奬進.

'우진임방이려염유야(又進林放以厲冉有也)'에서 '진(進)'자는 권장해서 끌어올린다는 의미이다.

○ 『大全』曰: "激厲."

'우진임방이려염유야(又進林放以厲冉有也)'에서 '려(厲)'자에 대해, 『논어집주대전』에서 말하였다. "'려(厲)'자는 격려한다는 뜻이다."

○ 此八字又別備一意, 猶曰'林放尙能問禮之本, 汝獨不能救季氏乎?' 本文無此意, 特朱子伸而廣其意, 故著'又'字.

'우진임방이려염유야(又進林放以厲冉有也)'에서 '진임방이려염유야(進林放以厲冉有也)'라는 여덟 글자는 또 별도로 하나의 뜻을 갖추니, 마치 '임방도 또한 예(禮)의 근본에 대해 물을 줄 아는데 너(冉有를 가리킴)는 유독 계씨를 바로잡지 못하느냐?'라고 하는 것과 같다. 본문에 이 뜻이 없기 때문에 주자는 특별히 그 뜻을 펼쳐 넓혔기 때문에 '우(又)'자를 붙인 것이다.

朱註

○ 范氏曰: "冉有從季氏, 夫子豈不知其不可告也? 然而聖人不輕絶人, 盡己之心, 安知冉有之不能救·季氏之不可諫也?

범씨(范氏: 范祖禹)가 말하였다. "염유(冉有)는 계씨(季氏)를 따르기만 하였으니, 공자가 어찌 그가 고(告)할 수 없음을 몰랐겠는가? 그러나 성인은 가볍게 사람을 끊지 않고 자기의 마음을 다 발휘하니, 어찌 염유가 바로잡을 수 없음과 계씨에게는 간(諫)할 수 없음을 알겠는가?

詳說

○ 見「進先」.

'염유종계씨(冉有從季氏)'라는 말은 『논어(論語)』「선진(先進)」에 보인다.[66]

66) '염유종계씨(冉有從季氏)'라는 말은 『논어(論語)』「선진(先進)」에 보인다: 『논어(論語)』「선진(先進)」에서 "계자연(季子然)이 물었다. '그렇다면 중유(仲由)와 염구(冉求)는 따르기만 하는

○ 指冉有.

'부자기부지기불가고야(夫子豈不知其不可告也)'에서 '기(其)'자는 염유를 가리킨다.

○ 孔子敎告冉有也. 與下文'是亦敎誨'句相應, 此先從文上意反說起.

'부자기부지기불가고야(夫子豈不知其不可告也)'라고 한 것은 공자가 염유에게 고하도록 가르친 것이다. 이 말은 아래의 '시역교회지도야(是亦敎誨之道也)'라는 구절과 서로 호응하니, 이는 먼저 본문의 뜻을 좇아서 거꾸로 말하기 시작한 것이다.

○ 此四字『精義』作'不絶於人'.

'연이성인불경절인(然而聖人不輕絶人)'에서 '불경절인(不輕絶人)'이라는 네 글자는 『논어정의(論語精義)』에서 '부절어인(不絶於人 : 남에게서 끊어지지 않고)'이라고 되어 있다.

○ '不輕絶人', 惟盡己之心而已. 此釋'子謂冉有'一句之意.

'연이성인불경절인(然而聖人不輕絶人)'에서 '불경절인(不輕絶人)'은 오직 자기의 마음을 다 발휘할 뿐이다. 이는 본문의 '자위염유(子謂冉有)'라는 구절의 뜻을 풀이한 것이다.

○ 二'之'字, 其用少異.

'안지염유지불능구 · 계씨지불가간야(安知冉有之不能救 · 季氏之不可諫也)'에서 두 개의 '지(之)'자는 그 사용법이 조금 다르다.

○ 此釋'女不能救與'一句之意.

'안지염유지불능구 · 계씨지불가간야(安知冉有之不能救 · 季氏之不可諫也)'는 경문 '여불능구여(女不能救與)'의 뜻을 풀이한 것이다.

朱註

既不能正, 則美林放以明泰山之不可誣, 是亦敎誨之道也."

이미 바로잡을 수 없다고 했으니, 임방(林放)을 찬미하여 태산(泰山)의 신(神)을 속일 수 없음을 밝혔으니, 이 또한 가르치는 방법이다."

詳說

○ 此釋'對曰不能'一句之意.

자들입니까?' 공자가 대답하였다. '부모와 군주를 시해하는 일은 또한 따르지 않을 것이다.'(曰 : '然則從之者與?' 子曰 : '弑父與君, 亦不從也.')"라고 하였다.

‘기불능정(旣不能正)’은 경문 ‘대왈불능(對曰不能)’의 뜻을 풀이한 것이다.

○ 此釋‘曾謂泰山不如林放’一句之意.

‘칙미임방이명태산지불가무(則美林放以明泰山之不可誣)’는 본문 ‘증위태산불여임방(曾謂泰山不如林放)’의 뜻을 풀이한 것이다.

○ 見『孟子』「告子」.

‘시역교회지도야(是亦教誨之道也)’라는 말은 『맹자(孟子)』「고자하(告子下)」에 보인다.[67]

○ 此言外意也. 卽原釋中‘進’·‘厲’二字之意也.

‘시역교회지도야(是亦教誨之道也)’라는 말은 말 밖의 뜻이다. 이는 곧 주자의 주석 가운데 ‘우진임방이려염유야(又進林放以厲冉有也)’에서 ‘진(進)’자와 ‘려(厲)’자의 뜻이다.

---

67) ‘시역교회지도야(是亦教誨之道也)’라는 말은 『맹자(孟子)』「고자하(告子下)」에 보인다 : 『맹자(孟子)』「고자 하(告子下)」에서 “맹자가 말하였다. ‘가르침에는 또한 방법이 많으니, 내가 좋게 여기지 않아서 거절함으로 가르치는 것은 이 또한 그를 가르치는 일일 뿐이다.’(孟子曰 : ‘教亦多術矣, 予不屑之教誨也者, 是亦教誨之而已矣.’)”라고 하였다.

[3-7-1]

子曰 : "君子無所爭, 必也射乎! 揖讓而升, 下而飮, 其爭也君子."
공자가 말하였다. "군자는 다투는 것이 없으나, 반드시 활쏘기에서는 경쟁을 한다. 상대방에게 읍(揖)하고 사양하면서 올라갔다가 활을 쏜 뒤에 내려와 벌주를 마시니, 그 다툼은 군자답다."

朱註

○ '飮', 去聲. 揖讓而升者, 「大射」之禮, 耦進三揖而後升堂也.
'음(飮)'자는 거성(去聲)이다. 읍(揖)하고 사양하면서 올라간다는 것은 「대사례(大射禮)」에 짝지어 나아가 세 번 읍한 뒤에 당(堂)에 오르는 것이다.

詳說

○ 『義禮』有「鄕射禮」, 又有「大射禮」.
'「대사」지례(「大射」之禮)'는, 『의례』에 「향사례(鄕射禮)」가 있고, 또 「대사례(大射禮)」가 있다.

○ 三耦.
'우진삼읍이후승당야(耦進三揖而後升堂也)'에서 '우(耦)'는 세 짝이다.

○ 就位.
'우진삼읍이후승당야(耦進三揖而後升堂也)'에서 '진(進)'자는 활 쏘는 자리에 나아가는 것이다.

○ 此「大射禮」文.
'우진삼읍이후승당야(耦進三揖而後升堂也)'라는 구절은, 『의례』「대사례(大射禮)」의 글이다.

朱註

下而飮, 謂射畢揖降, 以俟衆耦皆降, 勝者乃揖不勝者升, 取觶立飮也.
내려와 벌주를 마신다는 것을 활쏘기를 마치면 읍(揖)하고 내려와, 모든 짝들이 다 내려오기를 기다렸다가, 이긴 사람이 이에 읍하면 이기지 못한 사람이 올라가 술잔을 잡고 서서 마시는 것을 말한다.

詳說

○ 去聲.

‘하이음(下而飮)’에서 ‘하(下)’자는 거성(去聲)이다

○ 飮之.

‘하이음(下而飮)’에서 ‘음(飮)’자는 마신다는 뜻이다.

○ 每一耦射畢.

‘위사필읍강(謂射畢揖降)’에서 ‘사필(射畢)’은 매 하나의 짝이 활쏘기를 마친 것을 말한다.

○ 勝者 · 不勝者皆揖, 而勝者先升, 不勝者從升.

‘승자내읍불승자승(勝者乃揖不勝者升)’이라 한 말은, 이긴 사람과 이기지 못한 사람이 모두 읍하고 나서, 이긴 사람이 먼저 올라가고 이기지 못한 사람이 뒤따라 올라간다는 말이다.

○ 音置.

‘취치입음야(取觶立飮也)’에서 ‘치(觶)’자는 음이 치(置)이다.

○ 此亦「大射禮」文.

‘승자내읍불승자승, 취치입음야(勝者乃揖不勝者升, 取觶立飮也)’라는 구절도 또한 『의례』「대사례(大射禮)」의 글이다.

○ 不勝者取觶自飮也.

‘승자내읍불승자승, 취치입음야(勝者乃揖不勝者升, 取觶立飮也)’에서 이기지 못한 사람은 술잔을 잡고 자작(自酌)한다는 말이다.

○ 此十三字當作一句讀之.

‘승자내읍불승자승, 취치입음야(勝者乃揖不勝者升, 取觶立飮也)’라는 말은 마땅히 하나의 구(句)로 읽어야 한다.

○ 下而飮, 下而後升飮之也. 非盡升, 故略之, 而『集註』補之.

‘승자내읍불승자승, 취치입음야(勝者乃揖不勝者升, 取觶立飮也)’라는 말에 대해, 내려와서 마신다는 것은 내려온 뒤에 올라가서 마신다는 뜻이다. 다 올라가지 않기 때문에 생략했는데, 『논어집주(論語集註)』에서 그것을 보충하였다.

○ 訓畢.

훈고가 끝났다.

朱註

言君子恭遜, 不與人爭, 惟於射而後有爭. 然其爭也, 雍容揖遜乃如此, 則其爭也君子, 而非若小人之爭矣.

군자는 공손하여 남과 다투지 않지만 오직 활쏘기에는 다툼이 있다. 그러나 그 다툼의 온화한 모양과 읍(揖)하고 겸손함이 마침내 이와 같으니, 그 다툼은 군자다운 것이지 소인의 다툼과는 같지 않음을 말한다.

詳說

◯ 朱子曰 : "射有勝負, 是相爭."[68)]

'언군자공손, 불여인쟁, 유어사이후유쟁(言君子恭遜, 不與人爭, 惟於射而後有爭)'에 대해, 주자(朱子 : 朱熹)가 말하였다. "활쏘기는 승부가 있는 것이니, 서로 다투는 일이다."

◯ 添'然'字.

'연기쟁야(然其爭也)'라고 한 것은 본문에서 '기쟁야(其爭也)'라고 한 것에 '연(然)' 자를 보탠 것이다.

◯ 指'揖讓而升, 下而飮.'

'옹용읍손내여차(雍容揖遜乃如此)'에서 '여차(如此)'는 본문의 '읍양이승, 하이음(揖讓而升, 下而飮)'을 가리킨다.

◯ 一作'也'.

'이비약소인지쟁의(而非若小人之爭矣)'에서 '의(矣)'자는 어떤 판본에는 '야(也)'자로 되어 있다.

◯ 『大全』曰 : "尙氣角力之爭."

'이비약소인지쟁의(而非若小人之爭矣)'에서 '소인지쟁(小人之爭)'에 대해, 『논어집주대전』에서 말하였다. "기운을 중시해서 힘을 겨루는 다툼이다."[69)]

---

68) 『주자어류(朱子語類)』 권25, 「논어7(論語七)」, 45조목에는 "問'君子無所爭'章. 曰 : '君子無所爭, 必於射見之. 言射有勝負, 是相爭之地, 而猶若此, 是不爭也. 語勢是如此.'('군자는 다투는 것이 없다'라는 장(章)에 대해 물었다. 주자(朱子 : 朱熹)가 대답하였다. '군자가 다투는 것이 없다는 것은 반드시 활쏘기에서 볼 수 있다. 활쏘기는 승부가 있는 것이니, 서로 다퉈야 할 상황인데도 오히려 이와 같으니 이것이 다투지 않음을 말한다. 어세가 이와 같다.')"라고 되어 있다.

69) 기운을 중시해서 힘을 겨루는 다툼이다 : 여기에서 각력(角力)은 무예를 겨루는 일로, 맨손으로 힘을 겨루는 것인데, 지금의 씨름과 비슷하다. 『예기』「월령(月令)」에 "是月也, 命工師效功, 陳

○ 慶源輔氏曰 : "異於小人之爭, 信乎君子之眞無爭矣."[70]

'이비약소인지쟁의(而非若小人之爭矣)'에 대해, 경원 보씨(慶源輔氏 : 輔廣)가 말하였다. "소인의 다툼과는 다르니, 군자는 참으로 다툼이 없다는 것을 믿을 만하다."

○ 潛室陳氏曰 : "雖爭猶不爭."[71]

'이비약소인지쟁의(而非若小人之爭矣)'에 대해, 잠실 진씨(潛室陳氏 : 陳埴[72])가 말하였다. "비록 다투지만 다투지 않는 것과 같다."

○ 釋畢.

경문의 풀이가 끝났다.

○ '爭'字, 此章之題目.

'쟁(爭 : 다툼)'자가 이 장(章)의 제목이다.

祭器, 按度程, 毋或作爲淫巧以蕩上心. 必功致爲上. 物勒工名, 以考其誠. 功有不當, 必行其罪, 以窮其情. 是月也, 大飮. 天子乃祈來年於天宗, 大割祠于公社及門閭. 臘先祖五祀, 勞農以休息之. 天子乃命將帥講武, 習射御角力."라고 하였다.

70) 조순손(趙順孫), 『사서찬소』「논어찬소(論語纂疏)」 권2에 보광(輔廣)의 말로, "君子謂其異於小人之爭也. 以是觀之, 則信乎君子之眞無所爭矣.(군자는 그들의 다툼이 소인의 다툼과는 다르다고 말한다. 이것으로 살펴보면 군자는 참으로 다툼이 없다는 것을 믿을 만하다.)"라고 실려 있다.

71) 진식(陳埴), 『목종집(木鐘集)』 권1.

72) 진식(陳埴, 생몰년 미상) : 자는 기지(器之)이고, 호는 목종(木鐘)이며, 세칭 잠실선생(潛室先生)이라 하였다. 송나라 때 영가(永嘉 : 현 절강성 온주(溫州)) 사람으로 영종(寧宗) 가정(嘉定) 연간에 진가에 급제하여 통직랑(通直郞)을 역임하였다. 젊어서는 영가(永嘉) 사공파(事功派)의 대표적 인물인 섭적(葉適)에게 배우고 나중에는 주희에게서 배웠다. 저서는 『목종집(木鐘集)』, 『우공변(禹貢辨)』, 『홍범해(洪範解)』 등이 있다.

[3-8-1]

子夏問曰 : "'巧笑倩兮, 美目盼兮, 素以爲絢兮.' 何謂也?"
자하(子夏)가 물었다. "'예쁜 웃음에 보조개가 예쁘며, 아름다운 눈에 눈동자가 선명함이여! 흰 바탕으로 채색을 한다.'라고 하였는데, 무엇을 말합니까?"

朱註

○ '倩', 七練反. '盼', 普莧反. '絢', 呼縣反.
'천(倩)'은 '칠(七)'과 '련(練)'의 반절(反切)이다. '반(盼)'은 '보(普)'와 '현(莧)'의 반절(反切)이다. '현(絢)'은 '호(呼)'와 '현(縣)'의 반절(反切)이다.

詳說

○ 首節不擧'『詩』'字者, 以末節之'『詩』'字足以相照也.
본문 첫 절(節)에서 '『시(詩)』'자를 제시하지 않았지만, 본문 끝 절(節) 즉 '시가여언『시』이의(始可與言『詩』已矣)'에서 '『시(詩)』'자로 서로 비추어 보기에 충분하다.

朱註

此逸詩也.
이는 일시(逸詩 : 산실(散失)되어 『시(詩)』에 수록되지 않은 시)이다.

詳說

○ 指'巧笑'以下三句.
'차일시야(此逸詩也)'에서 '차(此)'자는 '교소천혜(巧笑倩兮)' 이하의 세 개의 구절이다.

○ 古詩見刪者謂之逸詩.
옛 시 가운데 삭제된 것을 일시(逸詩)라고 한다.

○ '巧笑倩兮, 美目盼兮'二句, 見「衛風·碩人」.
'교소천혜, 미목반혜(巧笑倩兮, 美目盼兮)'의 두 구절은 『시경(詩經)』「위풍(衛風)·석인(碩人)」에 보인다.

○ 朱子曰 : "或謂「碩人」'素以爲絢兮'一句爲夫子所刪. 此句最有意義, 夫子方有取, 而反見刪, 何哉? 且「碩人」四章, 章皆七句, 不應此章獨多一句而見刪. 必別自一詩,而今逸矣."[73]

'차일시야(此逸詩也)'에 대해 주자(朱子 : 朱熹)가 말하였다. "어떤 사람이 「석인(碩人)」의 '소이위현혜(素以爲絢兮)'라는 구절은 공자가 삭제해서 버린 것이라 말하였다. 이 구(句)는 가장 의의가 있는데, 공자가 취하자마자 도리어 삭제된 것은 무엇 때문인가? 또 「석인(碩人)」의 시는 네 개의 장(章)이고 각 장은 모두 일곱 개의 구(句)인데, 이 장만 유독 한 개의 구가 더 많다고 해서 삭제되어서는 안 된다. 반드시 원래 별도의 하나의 시였을 텐데 지금은 잃어버렸다."

○ 三百篇中, 句語同者甚多, 何獨於此而疑之乎?

『시』 3백 편 가운데 구(句)의 말이 같은 것도 매우 많은데, 어찌 유독 여기에서 그것을 의심하겠는가?

朱註

倩, 好口輔也. 盼, 目黑白分也. 素, 粉地, 畫之質也. 絢, 采色, 畫之飾也.

천(倩)은 보조개가 예쁜 것이다. 반(盼)은 눈동자에 흑백이 분명한 것이다. 소(素)는 분칠을 하는 곳이니, 그림의 바탕이다. 현(絢)은 채색이니, 그림의 꾸밈이다.

詳說

○ 新安陳氏曰 : "口輔, 面頰也."[74]

'천, 호구보야(倩, 好口輔也)'에서 '구보(口輔)'에 대해, 신안 진씨(新安陳氏 : 陳櫟)가 말하였다. "'구보(口輔)'는 얼굴의 양 옆에 있는 뺨이다."

73) 『사서혹문(四書或問)』 권8에는 "或問 : '子夏所引之詩, 蓋「衛風 · 碩人」之篇. 或以云'素以爲絢兮'一句云者, 夫子刪而去之也.' 曰 : '刪詩者, 去其不合於義理者耳. 今此句之義, 夫子方有取焉, 而反見刪者, 何哉? 且「碩人」之詩四章, 而章皆七句, 不應此章獨多一句而見刪, 又不應因刪此句, 而并及他章例損一句以取齊也. 蓋不可知其爲何詩矣.'(어떤 사람이 물었다. '자하가 인용한 시는 「위풍(衛風) · 석인(碩人)」 편인데, 어떤 사람은 '소이위현혜(素以爲絢兮)'라는 구절은 공자가 삭제해서 버린 것이라 한다.' 주자(朱子 : 朱熹)가 대답하였다. '삭제한 시는 도리에 맞지 않은 것을 제거한 것일 뿐이다. 이제 이 구절의 의미는 공자가 취하자마자 도리어 삭제된 것은 무엇 때문인가? 또 「석인(碩人)」의 시는 네 개의 장(章)이고 각 장은 모두 일곱 개의 구(句)인데, 이 장(章)만 유독 한 개의 구(句)가 더 많다고 해서 삭제되어서는 안 되며, 또 이 구(句)를 삭제한 것에 따라 아울러 다른 장(章)의 사례에도 영향이 미쳐 하나의 구(句)를 덜어서 가지런함을 취해서도 안 된다. 대개 그것이 어떤 시(詩)인지 알 수 없다.')"라고 되어 있다.

74) 호광 편(胡廣 編), 『논어집주대전(論語集註大全)』 권3.

○ 諺音誤.

'반, 목흑백분야(盼, 目黑白分也)'에서 '반(盼)'에 대한 『언해』본의 음은 틀렸다.[75]

○ '粉地', 白地也. 如白絹白紙, 皆粉地也.

'소, 분지(素, 粉地)'에서 '분지(粉地)'는 흰색의 바탕이다. 예컨대 흰 명주 천과 흰 종이가 모두 분지(粉地)이다.

○ 音話, 下幷同.

'화지질야(畫之質也)'에서 '화(畫)'자는 음이 화(話)이고 아래도 아울러 같다.

○ 訓畢.

훈고가 끝났다.

朱註

言人有此倩盼之美質, 而又加以華采之飾, 如有素地而加采色也. 子夏疑其反謂以素爲飾, 故問之.

사람이 이러한 아름다운 보조개와 선명한 눈동자의 아름다운 바탕을 가지고 있고 또 화려한 채색의 꾸밈을 더하는 것은, 마치 흰 바탕이 있고 채색을 더하는 것과 같음을 말한다. 자하(子夏)가 도리어 흰 바탕을 문식으로 삼는다는 것을 말한 것으로 의심했기 때문에 묻게 되었다.

詳說

○ 新安陳氏曰: "詩無此句意, 但下文'素以爲絢'中涵此意."[76]

'언인유차천반지미질, 이우가이화변지식(言人有此倩盼之美質, 而又加以華采之飾)'에 대해, 신안 진씨(新安陳氏: 陳櫟)가 말하였다. "시(詩)에는 이 구절의 뜻이 없지만, 본문 아래 글의 '소이위현(素以爲絢: 흰 바탕으로 채색을 한다)' 가운데 이러한 뜻이 포함되어 있다."

○ 雙峰饒氏曰: "'巧笑'·'美目'二句, 賦也; '素以爲絢'一句, 比也."[77]

'여유소지이가채색야(如有素地而加采色也)'에 대해, 쌍봉 요씨(雙峰饒氏: 饒魯)가

75) '반(盼)'에 대한 『언해』본의 음은 틀렸다: '반(盼)'에 대해, 교정청 『언해』본과 율곡 『언해』본 모두 음을 '변'이라 하였다.

76) 호광 편(胡廣 編), 『논어집주대전(論語集註大全)』 권3.

77) 호광 편(胡廣 編), 『논어집주대전(論語集註大全)』 권3.

말하였다. "본문의 '교소천혜, 미목반혜(巧笑倩兮, 美目盼兮)'라는 두 개의 구(句)는 부(賦)[78]이고, '소이위현혜(素以爲絢兮)'라는 구절은 비(比)[79]이다."

○ 此先釋詩之本義.

'여유소지이가채색야(如有素地而加采色也)'는 먼저 시(詩)의 본래 의미를 풀이한 것이다.

○ 不曉其爲因素加飾, 而認之爲將素作飾也.

'자하의기반위이소위식(子夏疑其反謂以素爲飾)'은 그것이 바탕에 따라서 문식을 더하는 것임을 알지 못하고, 바탕을 문식으로 삼는다고 이해한 것이다.

○ 次釋子夏問之之意.

'고문지(故問之)'는 다음으로 자하(子夏)가 질문한 뜻을 풀이한 것이다.

○ '素'字, 此章之題目.

'소(素 : 흰 바탕)'자가 이 장(章)의 제목이다.

[3-8-2]

子曰 : "繪事後素."

공자가 말하였다. "그림 그리는 일은 흰 바탕을 마련한 뒤에 하는 것이다."

朱註

○ 繪, 胡對反.

'회(繪)'은 '호(胡)'와 '대(對)'의 반절(反切)이다.

詳說

○ 猶言'繪事後素', 故曰'素以爲絢'.

여전히 '그림 그리는 일은 흰 바탕을 마련한 뒤에 하는 것이다'라고 말할 수 있기

---

78) 부(賦) : 『시경(詩經)』의 체제와 표현방법인 육의(六義 : 風 · 雅 · 頌 · 興 · 比 · 賦) 가운데 하나로, 작자의 생각이나 사실을 있는 그대로 곧바로 진술하는 것을 말한다.

79) 비(比) : 『시경(詩經)』의 체제와 표현방법인 육의(六義 : 風 · 雅 · 頌 · 興 · 比 · 賦) 가운데 하나로, 사물을 끌어다가 비유하여 작자의 생각을 기탁하는 것을 말한다.

때문에, '흰 비단으로 채색을 한다'라고 말하였다.

朱註

繪事, 繪畫之事也; 後素, 後於素也. 「考工記」曰, '繪畫之事後素功.' 謂先以粉地爲質, 而後施五采, 猶人有美質, 然後可加文飾.

'회사(繪事)'는 그림 그리는 일이고, '후소(後素)'는 흰 바탕을 마련한 뒤에 하는 것이다. 『주례(周禮)』「고공기(考工記)」에 '그림 그리는 일은 흰 바탕을 마련하는 일이 있은 뒤에 한다.' 라고 하였다. 이는 먼저 희게 분칠한 것을 바탕으로 삼은 뒤에 다섯 가지 색깔을 칠한다는 것을 말하니, 마치 사람이 아름다운 자질이 있은 뒤에 문식(文飾)을 더할 수 있는 것과 같다.

詳說

○ 添'於'字, 然後'後素'二字無後其素之嫌.

'후소, 후어소야(後素, 後於素也)'라고 하여, 경문 '후소(後素)'에 '어(於)'자를 보탠 뒤에 '후소(後素)'라는 두 글자가 그 바탕을 뒤로 한다고 하는 혐의가 없어졌다.

○ 『周禮』「冬官」.

'「고공기」왈(「考工記」曰)'에서 '「고공기(考工記)」'는 『주례』「동관(冬官)」의 편명이다.

○ 其語相同, 故引而證之. 後素功, 謂後於素功, 或曰後於素而爲功.

'회화지사후소공(繪畫之事後素功)'이라는 말은 본문 '회사후소(繪事後素)'와 그 말이 서로 같기 때문에 인용하여 증거를 삼았다. '후소공(後素功)'은 흰 바탕을 마련하는 일보다 뒤에 한다는 것을 말하니, 어떤 사람은 바탕을 마련한 뒤에 하는 것을 일로 삼는다고 하였다.[80)]

○ 訓畢.

'회화지사후소공(繪畫之事後素功)'까지 훈고가 끝났다.

○ 釋畢.

'위선이분지위질, 이후시오채(謂先以粉地爲質, 而後施五采)'까지 경문의 풀이가 끝났다.

80) 이 대목을 이해하는 데는 두 가지 쟁점이 있다. 하나는 소(素)를 바탕으로 보고 먼저 바탕이 있은 다음에 그림을 그린다는 관점이고, 다른 하나는 소(素)를 흰 색칠하는 작업으로 보고 그림을 다 그린 후에 부분적으로 흰색을 칠한다는 의미이다.

○ 又引以歸之於上節逸詩之意.

'유인유미질, 연후가가문식(猶人有美質, 然後可加文飾)'이라는 말은 또 앞의 말들을 끌어당겨서 위 구절 일시(逸詩)의 뜻에 귀결시킨 것이다.

[3-8-3]

曰 : "禮後乎?" 子曰 : "起予者商也! 始可與言『詩』已矣."

자하(子夏)가 말하였다. "예(禮)가 충신(忠信)보다 뒤이겠군요?" 공자가 말하였다. "나를 일으키는 자는 상(商 : 子夏)이로구나! 비로소 더불어 『시(詩)』를 말할 만하다."

詳說

○ 不云'子夏曰', 而直下'曰'字, 以見其穎悟之速.

'왈 : "예후호?"(曰 : "禮後乎?")'에 대해, '자하왈(子夏曰)'이라 하지 않고 곧바로 '왈(曰)'이라 쓴 것은 그 총명한 이해가 빠름을 보여주는 것이다.

朱註

禮必以忠信爲質, 猶繪事必以粉素爲先. 起, 猶發也. 起予, 言能起發我之志意.

예(禮)는 반드시 충신(忠信)을 바탕으로 삼으니, 마치 그림 그리는 일에 반드시 희게 분칠한 바탕을 우선으로 삼는 것과 같다. 기(起)는 일으키는 것이다. 기여(起予 : 나를 일으킨다)는 나의 생각을 일으켜준다는 것을 말한다.

詳說

○『大全』曰 : "以儀文言."

'예필이충신위질(禮必以忠信爲質)'에서 '예(禮)'에 대해, 『논어집주대전』에서 말하였다. "이는 예의 형식으로 말한 것이다."

○ 南軒張氏曰 : "子夏可謂知本."81)

81) 장식(張栻), 『계사논어해(癸巳論語解)』 권2에는 "子夏在聖門文學之科, 而其所得蓋如此, 可謂知

'예필이충신위질(禮必以忠信爲質)'에 대해, 남헌 장씨(南軒張氏 : 張栻)가 말하였다. "자하는 근본을 안다고 말할 수 있겠다."

○ 先釋'禮後'之義, 而引以歸之於上節之義.

'유회사필이분소위선(猶繪事必以粉素爲先)'이라 한 것은 먼저 '예(禮)가 뒤이다'라고 하는 의미를 풀이하고, 그것을 끌어당겨서 위 구절의 의미에 귀결시켰다.

○ 朱子曰 : "孔子言繪事後素時, 未思量到禮後處, 而子夏以爲言, 所以起發夫子之意. 非謂夫子不能而子夏能之以敎夫子也."82)

'기여, 언능기발아지지의(起予, 言能起發我之志意)'에 대해, 주자(朱子 : 朱熹)가 말하였다. "공자가 그림 그리는 일은 흰 바탕을 마련한 뒤에 한다고 말했을 때, 예(禮)가 뒤라는 데까지는 미처 생각이 미치지 못했는데, 자하가 그것으로 말했기 때문에 공자의 뜻을 계발한 것이다. 그렇다고 공자가 그렇게 할 수 없었는데 자하는 그렇게 할 수 있어서 공자를 가르쳤다는 말은 아니다."

○ 訓兼釋.

훈고에 경문의 풀이를 겸하였다.

朱註

謝氏曰 : "子貢因論學而知詩, 子夏因論詩而知學, 故皆可與言詩."

사씨(謝氏 : 謝良佐)가 말하였다. "「학이(學而)」에서 자공(子貢)은 학문을 논하는 것에 따라서 시(詩)를 알았고, 자하(子夏)는 시를 논하는 것에 따라서 학문을 알았다. 그러므로 모두 함께 시를 말할 만하였다."

詳說

○ 見「學而」.

本矣(자하는 성인의 문하에서 문학(文學)으로 뛰어난데 그가 터득한 것이 대개 이와 같으니, 근본을 안다고 말할 수 있겠다.)"라고 되어 있다.

82) 『주자어류(朱子語類)』 권25, 「논어7(論語七)」, 50조목에는 "'起予'之義者, 謂孔子言繪事後素之時, 未思量到禮後乎處, 而子夏首以爲言, 正所以啓發夫子之意. 非謂夫子不能, 而子夏能之以敎夫子也.('나를 일으킨다'라는 말의 의미는, 공자가 그림 그리는 일은 흰 바탕을 마련한 뒤에 한다고 말했을 때, 예(禮)가 뒤라는 데까지는 미처 생각이 미치지 못했는데, 자하가 먼저 그것으로 말했기 때문에 이것이 바로 공자의 뜻을 계발한 것이라는 말이다. 그렇다고 공자가 그렇게 할 수 없었는데 자하는 그렇게 할 수 있어서 공자를 가르쳤다는 말은 아니다.)"라고 되어 있다.

'자공인논학이지시(子貢因論學而知詩)'라고 한 것은 「학이(學而)」에 보인다.[83]

○ 皆所謂因此而識彼者也.

'자공인논학이지시, 자하인논시이지학(子貢因論學而知詩, 子夏因論詩而知學)'이라 한 것은 모두 이것에 따라 저것을 아는 것을 말한다.

○ 此雖論也, 而釋在其中, 故置圈上. 幷及子貢者, 以其事類而語同也.

'고개가여언시(故皆可與言詩)'라고 한 것은, 비록 논의한 것이지만 풀이가 그 가운데 있기 때문에 '○(圈 : 뒤의 ○楊氏曰)' 위에 두었다. 자공을 아울러 언급한 것은 그 일이 비슷하여 말이 같기 때문이다.

朱註

楊氏曰 : "甘受和, 白受采, 忠信之人, 可以學禮. 苟無其質, 禮不虛行, 此繪事後素之說也.

양씨(楊氏 : 楊時)가 말하였다. "단 것은 조미(調味)를 받아들이고, 흰 것은 채색을 받아들이며, 충신(忠信)한 사람은 예(禮)를 배울 만하다. 만약 그 바탕이 없으면 예가 헛되이 행해지지 않으니, 이것이 그림 그리는 일은 흰 바탕을 마련한 뒤에 한다는 말이다.

詳說

○ 去聲.

'감수화(甘受和)'에서 '화(和)'자는 거성(去聲)이다.

○ 出『禮記』「禮器」. 又云, '忠信, 禮之本.'

'감수화, 백수채, 충신지인, 가이학예(甘受和, 白受采, 忠信之人, 可以學禮)'라는 말

---

83) '자공인논학이지시(子貢因論學而知詩)'라고 한 것은 「학이(學而)」에 보인다 : 『논어(論語)』「학이(學而)」 제15장에서 "자공(子貢)이 말하였다. '가난하되 아첨함이 없고, 부유하되 교만함이 없으면 어떻습니까?' 공자가 대답하였다. '괜찮다. 그러나 가난하면서도 즐거워하고, 부유하면서도 예(禮)를 좋아하는 것만은 못하다.' 자공이 말하였다. '『시(詩)』에 '자르는 것 같고, 간 것 같으며, 쪼는 것 같고, 닦는 것 같다.'라고 하였는데, 아마 이를 말하는 것 같습니다.' 공자가 말하였다. '사(賜 : 子貢)는 비로소 더불어 시(詩)를 말할 만하구나! 지나간 것을 말해주면 올 것을 아는구나.'(子貢曰 : '貧而無諂, 富而無驕, 何如?' 子曰 : '可也. 未若貧而樂, 富而好禮者也.' 子貢曰 : '『詩』云 : '如切如磋, 如琢如磨.' 其斯之謂與?' 子曰 : '賜也, 始可與言詩已矣! 告諸往而知來者.')"라고 한 것을 가리킨다.

은 『예기』「예기(禮器)」에 나온다. 「예기(禮器)」에서는 또 '충신(忠信)은 예(禮)의 근본이다'라고도 말하였다.

○ 「禮器」曰："苟無忠信之人, 則禮不虛道."

'구무기질, 예불허행(苟無其質, 禮不虛行)'에 대해, 「예기(禮器)」에서 말하였다. "만약 충신(忠信)한 사람이 아니면 예(禮)는 헛되이 따르지 않는다."

○ 按：楊氏檃括其文如此.

내가 생각하건대, 양씨(楊氏：楊時)가 『예기』「예기(禮器)」의 문장을 개괄한 것이 이와 같다.

○ 新安倪氏曰："引「禮器」以解此章, 方可通. 不然, '禮後乎'一句何以知忠信當先乎? '白受采', 可證'繪事後素'; '忠信學禮', 可解'禮後乎'. 『集註』'禮必以忠信爲質', 亦本「禮器」."[84)]

신안 예씨(新安倪氏：倪士毅)가 말하였다. "「예기(禮器)」를 끌어들여서 이 장(章)을 풀이해야 비로소 소통할 수 있다. 그렇지 않으면 본문의 '예후호(禮後乎：예(禮)가 충신(忠信)보다 뒤이겠군요)'라는 구절을 통해 어떻게 충신(忠信)이 마땅히 앞서야 하는지를 알겠는가? '백수채(白受采：흰 것은 채색을 받아들인다)'라는 구절은 '회사후소(繪事後素)'를 증명할 수 있고, '충신지인, 가이학예(충신(忠信)한 사람은 예(禮)를 배울 만하다)'라는 구절은 '예후호(禮後乎)'를 풀이할 수 있다. 『논어집주(論語集註)』에서 '예(禮)는 반드시 충신(忠信)을 바탕으로 삼는다'라고 한 것도 또한 「예기(禮器)」에 근본을 두고 있다."

○ 言「禮器」之云云卽此事, '繪事後素'·'禮後乎'之說也. 不擧'禮後乎'者, 省文也. 意者此所引「禮器」之文, 上所引「考工記」之文, 其本蓋出於此章乎.

「예기(禮器)」에서 운운한 것이 곧 이 일이라 말하는 것은 '회사후소(繪事後素)'와

---

84) 호광 편(胡廣 編), 『논어집주대전(論語集註大全)』 권3에 예사의(倪士毅)의 말로, "引此以解此章, 方可通. 不然, '禮後乎'一句何以知忠信當先, 而禮文在後乎? '白受采', 可證'繪事後素'; 而'忠信可學禮', 可解'禮後乎'. 『集註』首云'禮必以忠信爲質', 亦本「禮器」.(「예기(禮器)」를 끌어들여서 이 장(章)을 풀이해야 비로소 소통할 수 있다. 그렇지 않으면 본문의 '예후호(禮後乎：예(禮)가 충신(忠信)보다 뒤이겠군요)'라는 구절을 통해 어떻게 충신(忠信)이 마땅히 앞서야 하고 예(禮)의 문식이 뒤에 있는지를 알겠는가? '백수채(白受采：흰 것은 채색을 받아들인다)'라는 구절은 '회사후소(繪事後素)'를 증명할 수 있고, '충신지인, 가이학예(충신(忠信)한 사람은 예(禮)를 배울 만하다)'라는 구절은 '예후호(禮後乎)'를 풀이할 수 있다. 『논어집주(論語集註)』에서 '예(禮)는 반드시 충신(忠信)을 바탕으로 삼는다'라고 한 것도 또한 「예기(禮器)」에 근본을 두고 있다.)"라고 되어 있다.

'예후호(禮後乎)'라는 말이다. '예후호(禮後乎)'를 제기하지 않은 것은 문장을 생략한 것이다. 생각건대 여기에서 인용한 「예기(禮器)」의 문장과 위에서 인용한 「고공기(考工記)」의 문장은 아마 본래 이 장(章)에서 나왔을 것이다.

朱註

孔子曰'繪事後素', 而子夏曰'禮後乎', 可謂能繼其志矣. 非得之言意之表者能之乎? 商·賜可與言詩者以此.

공자가 '그림 그리는 일은 흰 바탕을 마련한 뒤에 한다.'고 말하자, 자하(子夏)는 '예(禮)가 뒤이겠군요'라고 말했으니, 그 뜻을 잘 계승했다고 말할 수 있다. 이는 말 밖의 뜻을 터득한 자가 아니라면 가능하겠는가? 상(商 : 子夏)과 사(賜 : 子貢)가 더불어 시(詩)를 말할 만했던 것은 이 때문이었다.

詳說

○ 『禮記』「學記」曰 : "善教者, 使人繼其志."

'가위능계기지의(可謂能繼其志矣)'에 대해, 『예기』「학기(學記)」에서 말하였다. "잘 가르치는 사람은 사람들에게 그 뜻을 계승하도록 한다."

○ 新安陳氏曰[85) : "謂師引其端, 使弟子繼師之志而開悟也."[86)

'가위능계기지의(可謂能繼其志矣)'에 대해, 신안 예씨(新安倪氏 : 倪士毅)가 말하였다. "이는 스승이 그 단초를 이끌어주어 제자들에게 스승의 뜻을 계승하여 깨닫도록 하는 것을 말한다."

○ 猶'於'也.

'비득지언의지표자능지호(非得之言意之表者能之乎)'에서 '비득지(非得之)'의 '지(之)'자는 '어(於 : ~에서)'자와 같다.

---

85) 新安陳氏曰 : 호광 편(胡廣 編), 『논어집주대전(論語集註大全)』 권3에 '新安倪氏曰(신안 예씨가 말하였다.)'로 되어 있다.

86) 호광 편(胡廣 編), 『논어집주대전(論語集註大全)』 권3에 예사의(倪士毅)의 말로, "「學記」曰, '善教者, 使人繼其志', 謂師善教以引其端, 使弟子繼師之志而開悟也.(「학기(學記)」에서 '잘 가르치는 사람은 사람들에게 그 뜻을 계승하도록 한다'라고 말한 것은, 스승이 잘 가르쳐서 그 단초를 이끌어 주어 제자들에게 스승의 뜻을 계승하여 깨닫도록 하는 것을 말한다.)"라고 실려 있다.

○ 亦幷及子貢.

'상 · 사가여언시자이차(商 · 賜可與言詩者以此)'라는 구절은 또한 자공(子貢)을 아울러 언급하였다.

朱註

若夫玩心於章句之末, 則其爲詩也固而已矣. 所謂'起予', 則亦相長之義也."

그런데 장구(章句)의 말단에 마음을 몰두한다면 그 시(詩)를 배우는 것이 고루할 뿐이다. 이른바 '나를 일으켜준다'라는 것은 또한 교학상장(敎學相長)의 의미이다."

詳說

○ 音扶.

'약부완심어장구지말(若夫玩心於章句之末)'에서 '부(夫)'자는 음이 '부(扶)'이다.

○ 此所謂'記聞之學'也.

'약부완심어장구지말(若夫玩心於章句之末)'에서 '장구지말(章句之末)'은 이른바 '기문지학(記聞之學 : 들은 것을 기술하는 학문)'이다.

○ 見『孟子』「告子」.

'기위시야고이이의(其爲詩也固而已矣)'라는 구절은 『맹자(孟子)』「고자하(告子下)」에 보인다.[87]

○ '若夫'以下又論俗儒之不足與言詩. 此下又拈出'起予'兩字以終之.

'약부(若夫)' 이하 '기위시야고이이의(其爲詩也固而已矣)'까지는 또 세속 학자들의 더불어 시(詩)를 말하기에 충분하지 못한 점을 논하였다. 이 아래는 또 '기여(起予 : 나를 일으켜준다)'라는 말을 끄집어내어 끝맺는다.

○ 上聲.

'즉역상장지의야(則亦相長之義也)'에서 '장(長)'자는 상성(上聲)이다.

○ 「學記」曰, '敎學相長.'

'즉역상장지의야(則亦相長之義也)'에 대해, 『예기』「학기(學記)」에서 말하였다. "가르치고 배우는 것을 통해 스승과 제자가 함께 발전한다."

---

87) '기위시야고이이의(其爲詩也固而已矣)'라는 구절은 『맹자(孟子)』「고자」에 보인다 : 『맹자(孟子)』「고자 하(告子下)」에서 "맹자가 말하였다. '고루하다, 고수(高叟 : 高子)의 시(詩)를 해석함이여!'(曰 : '固哉, 高叟之爲詩也!')"라고 하였다.

○ 按:范氏此說中凡三引『禮記』,[88] 而每以歸之於此章之義. 又安知其云'繼志'·'相長'者非出於此章之'起予'乎?

내가 생각하건대, 양씨(楊氏:楊時)는 위의 말 가운데서 모두 세 차례나 『예기』의 말을 인용하여 매번 이 장(章)의 의미에 귀결시켰다. 그런데 또 어찌 그가 말한 '스승과 제자가 뜻을 계승한다'와 '서로 발전한다'라는 말들이 이 장(章)의 '기여(起予:나를 일으켜준다)'에서 나온 것이 아님을 알겠는가?

88) 范氏此說中凡三引『禮記』: 위 주석을 통해 볼 때 '범씨(范氏)'는 마땅히 '양씨(楊氏)'로 되어야 한다.

[3-9-1]

子曰 : "夏禮, 吾能言之, 杞不足徵也; 殷禮, 吾能言之, 宋不足徵也. 文獻不足故也, 足則吾能徵之矣."

공자가 말하였다. "하(夏)나라의 예(禮)는 내가 말할 수 있지만 그 후손의 나라인 기(杞)나라가 증명해 주기에 충분하지 않고, 은(殷)나라의 예는 내가 말할 수 있지만 그 후손의 나라인 송(宋)나라가 증명해 주기에 충분하지 않다. 이는 문헌(文獻)이 부족하기 때문이니, 문헌이 충분하면 내가 그것을 증명할 수 있을 것이다."

朱註

杞, 夏之後; 宋, 殷之後. 徵, 證也. 文, 典籍也; 獻, 賢也. 言二代之禮, 我能言之, 而二國不足取以爲證, 以其文獻不足故也.

기(起)나라는 하(夏)나라의 후손이고, 송(宋)나라는 은(殷)나라의 후손이다. 징(徵)은 증명한다는 말이다. 문(文)은 전적(典籍)이고, 헌(獻)은 현명한 사람이다. 하나라와 은나라 두 시대의 예(禮)를 내가 말할 수 있지만, 기나라와 송나라 두 나라에서 취하여 증명할 수 있는 것이 충분하지 못하니, 이는 문헌(文獻)이 부족하기 때문이다.

詳說

○ 『書』「益稷」曰 : "黎獻."89)

'헌, 현야(獻, 賢也)'에 대해, 『서경(書經)』「익직(益稷)」에서 말하였다. "백성들 가운데 현명한 사람이다."

○ 訓畢.

'헌, 현야(獻, 賢也)'에서 훈고가 끝났다.

○ 朱子曰 : "聖人生知, 亦當時廣詢博問以知得."90)

---

89) 『서경(書經)』「익직」에서 "萬邦黎獻, 共惟帝臣, 惟帝時擧."라고 하였다.

90) 『주자어류(朱子語類)』 권25, 「논어7(論語七)」, 54조목에는 "或問 : '孔子能言夏·殷之禮而無其證. 是時文獻不足, 孔子何從知得?' 曰 : '聖人自是生知聰明, 無所不通. 然亦是當時'賢者識其大, 不賢者識其小'. 孔子廣詢博問, 所以知得. 杞國最小, 所以文獻不足. 觀『春秋』所書, 杞初稱侯, 已而稱伯, 已而稱子. 蓋其土地極小, 財賦不多, 故寧甘心自降爲子·男之國, 而其朝覲貢賦, 率以

'언이대지예, 아능언지(言二代之禮, 我能言之)'에 대해, 주자(朱子 : 朱熹)가 말하였다. "성인은 나면서부터 알았고 또한 당시에 두루 방문하고 널리 물었기 때문에 알 수 있었다."

○ 於二國.

'이이국부족취이위증(而二國不足取以爲證)'에서 '이이국(而二國)'은 '어이국(於二國 : 두 나라에서)'라고 말한 것이다.

○ 合釋.

'이이국부족취이위증(而二國不足取以爲證)'은 합쳐서 풀이한 것이다.

○ 胡氏曰 : "非全不可考, 特有闕耳."[91]

'이기문헌부족고야(以其文獻不足故也)'에 대해, 호씨(胡氏)가 말하였다. "그것은 전혀 고찰할 수 없다는 말이 아니라 다만 빠트린 것이 있을 뿐이라는 뜻이다."

○ 『中庸』曰 : "無徵不信."

'이기문헌부족고야(以其文獻不足故也)'에 대해, 『중용(中庸)』에서 말하였다. "증명할 것이 없으니 믿지 못한다."[92]

子 · 男之禮從事. 聖人因其實書之, 非貶之也.'(물었다. '공자는 하나라와 은나라의 예(禮)를 말할 수 있었지만 증거가 없었습니다. 그 때 문헌이 부족했는데 공자는 어디에서 알 수 있었습니까?' 주자(朱子 : 朱熹)가 대답하였다. '성인은 원래 나면서부터 알았고 사리를 분명하게 살펴서 그 어떤 것에도 통달하지 않음이 없었다. 그러나 또한 당시에도 '현명한 사람은 그 큰 것을 알고, 현명하지 못한 사람은 그 작은 것을 알았다.' 공자는 두루 방문하고 널리 물었기 때문에 알 수 있었다. 기(杞)나라는 가장 작았기 때문에 문헌이 부족하였다. 『춘추(春秋)』에 기록된 것을 보면 기나라는 처음에는 후(侯)라고 칭했다가, 이윽고 백(伯)이라 칭하고, 또 얼마 지나서는 자(子)라고 칭하였다. 그 토지가 극히 작고 재화와 부세(賦稅)가 많지 않았기 때문에 차라리 기꺼이 스스로를 자(子) · 남(南)의 나라가 낮추었고, 황제를 배알하는 것이나 공물과 부세를 바칠 때에도 자(子) · 남(南)의 예(禮)로 행세하였다. 성인은 그 실제에 따라서 그렇게 글을 쓴 것이지 폄하한 것이 아니다.')"라고 되어 있다.

91) 호병문, 『사서통(四書通)』「논어통(論語通)」 권2.

92) '이기문헌부족고야(以其文獻不足故也)'에 대해 『중용(中庸)』에서 말하였다. "증명할 것이 없으니 믿지 못한다." : 『중용장구(中庸章句)』 제29장에서 "상고 시대의 예(禮)는 비록 좋지만 증명할 것이 없다. 증명할 것이 없기 때문에 믿지 못하고, 믿지 못하기 때문에 백성들이 따르지 않는다. 아래에 있는 사람 예컨대 공자는 비록 예(禮)를 잘 알지만 높은 지위에 있지 못하다. 높은 지위에 있지 못하기 때문에 믿지 못하고, 믿지 못하기 때문에 백성들이 따르지 않는다.(上焉者, 雖善, 無徵. 無徵, 不信; 不信, 民弗從. 下焉者, 雖善, 不尊. 不尊, 不信; 不信, 民弗從.)"라고 하였다.

○ 雙峯饒氏曰 : "雖能言之, 終不敢筆之於書以示後世, 可歎也已."93)

'이기문헌부족고야(以其文獻不足故也)'에 대해, 쌍봉 요씨(雙峰饒氏 : 饒魯)가 말하였다. "비록 그것을 말할 수는 있지만 끝내 감히 책에 글로 써서 후세에 보여줄 수 없으니, 한탄스러울 뿐이다."

朱註

文獻若足, 則我能取之以證吾言矣.

문헌이 만약 충분하다면 내가 그것을 취하여 내 말을 증명할 수 있을 것이다.

詳說

○ 添二字以補本文蒙上之省文.

'문헌약족(文獻若足)'이라 하여 '문헌(文獻)'이라는 두 글자를 본문에 보태어, 본문이 위로 이어지기 때문에 생략한 글을 보충하였다.

○ 『禮記』「禮運」曰 : "子曰 : '我欲觀夏道, 之杞, 得夏時; 欲觀商道, 之宋, 得坤乾.'"94)

『예기』「예운(禮運)」에서 말하였다. "공자가 말하였다. '나는 하(夏)나라의 도(道)를 살펴보려고 기(杞)나라에 갔는데, 하나라의 역서(曆書)를 얻었다. 또 상(商)나라의 도를 살펴보려고 송(宋)나라에 갔는데, 곤건(坤乾)을 얻었다.'95)"

○ 朱子曰 : "說者謂'夏時'爲「夏小正」, '坤乾'爲『歸藏』."96)

---

93) 호광 편(胡廣 編), 『논어집주대전(論語集註大全)』 권3.

94) 『예기』「예운(禮運)」 제9에서 "孔子曰, '我欲觀夏道, 是故之杞, 而不足徵也, 吾得夏時焉. 我欲觀殷道, 是故之宋, 而不足徵也, 吾得坤乾焉.'(공자가 말하였다. '나는 하(夏)나라의 도(道)를 살펴보고 싶어서, 이 때문에 기(杞)나라에 갔지만 증명해 주기에 충분하지 않았는데, 다만 그곳에서 하나라의 역서(曆書)를 얻었다. 또 나는 은(殷)나라의 도를 살펴보고 싶어서, 이 때문에 송(宋)나라에 갔지만 증명해 주기에 충분하지 않았는데, 다만 그곳에서 곤건(坤乾)을 얻었다.')"라고 하였다.

95) 곤건(坤乾)을 얻었다 : 이 말은 『역(易)』을 얻었다는 뜻인데, 특히 상나라 시대의 『역(易)』인 귀장역(歸藏易)을 가리킨다. 귀장역은 곤괘(坤卦)로부터 시작했다고 한다.

96) 『주자어류(朱子語類)』 권87, 80조목에서 "孔子曰 : '我欲觀夏道, 是故之杞, 而不足徵也, 吾得夏時焉; 我欲觀殷道, 是故之宋, 而不足徵也, 吾得坤乾焉.' 說者謂「夏小正」與『歸藏』. 然聖人讀此二書, 必是大有發明處. 『歸藏』之書無傳. 然就使今人得二書讀之, 豈能有聖人意思也?(공자가 말하였다. '나는 하(夏)나라의 도(道)를 살펴보고 싶어서, 이 때문에 기(杞)나라에 갔지만 증명해 주기에 충분하지 않았는데, 다만 그곳에서 하나라의 역서(曆書)를 얻었다. 또 나는 은(殷)나라의 도를 살펴보고 싶어서, 이 때문에 송(宋)나라에 갔지만 증명해 주기에 충분하지 않았는데, 다만 그곳에서 곤건(坤乾)을 얻었다.' 이 글을 설명하는 사람은 「하소정」과 『귀장』이라 말한다. 그러나

위 『예기』「예운(禮運)」의 말에 대해, 주자(朱子 : 朱熹)가 말하였다. "이 글을 설명하는 사람이 '하시(夏時)'는 「하소정(夏小正)」[97]이고, '곤건(坤乾)'은 『귀장(歸藏)』이라 말하였다."

○ 『中庸』曰 : "吾說夏禮, 杞不足徵; 吾學殷禮, 有宋存焉."[98]

『중용(中庸)』에서 말하였다. "내가 하나라의 예(禮)를 말할 수 있지만 기나라가 증명해 주기에 충분하지 않고, 내가 은나라 예를 배웠는데 송나라가 그것을 보존하고 있다."

○ 雙峰饒氏曰 : "杞去夏遠, 且不能自振, 想尤甚."[99]

쌍봉 요씨(雙峰饒氏 : 饒魯)가 말하였다. "기나라는 하나라와 시대가 멀고 또 스스로 진작하지 않았으니, 짐작하기가 더욱 어렵다."

○ 雲峰胡氏曰 : "此凡三見, 蓋雖得夏時 · 坤乾, 雖於宋略有存者, 其文獻皆缺略而不完."[100]

운봉 호씨(雲峯胡氏 : 胡炳文)가 말하였다. "이 말은 모두 세 번 보이니, 대개 비록 하나라의 역서(曆書)와 곤건(坤乾)을 얻었고 또 비록 송(宋)나라에서 그것을 대략

성인이 이 두 책을 읽고서 반드시 크게 발휘하여 밝힌 것이 있을 것이다. 『귀장』은 전해지지 않는다. 그러나 비록 요즘 사람들이 이 두 책을 읽더라도, 어찌 성인의 뜻을 가질 수 있겠는가?)"라고 되어 있다.

97) 「하소정(夏小正)」 : 『대대례기(大戴禮記)』의 한 편명으로 대덕(戴德)이 하(夏)나라의 세시기(歲時記)를 기록한 것이라 한다.

98) 『중용장구(中庸章句)』 제28장.

99) 호광 편(胡廣 編), 『논어집주대전(論語集註大全)』 권3에 요로(饒魯)의 말로, "杞 · 宋二國, 文獻雖皆不足, 然以杞較宋, 宋去殷近, 尤有存者; 杞去夏遠, 且不能自振, 想見尤甚.(기나라와 송나라 두 나라는 문헌이 비록 모두 증명해 주기에 충분하지 않지만 기나라를 송나라와 비교해 보면, 송나라는 은나라와 시대가 가까워서 특히 보존하고 있는 것이 있지만, 기나라는 하나라와 시대가 멀고 또 스스로 진작하지 않았으니, 짐작해서 알기가 더욱 어렵다.)"라고 실려 있다.

100) 호병문, 『사서통(四書通)』「논어통(論語通)」 권2에는 "此凡三見, 「禮運」以爲'之杞, 得夏時; 之宋, 得坤乾.' 『中庸』則以爲'杞不足徵, 有宋存焉.' 合而觀之, 蓋雖得夏時 · 坤乾之文, 雖於宋畧有存焉者, 然其爲文獻要皆缺畧而不完也, 故夫子謹之.(이 말은 모두 세 번 보이니, 『예기』「예운(禮運)」에서는 그것을 '기(杞)나라에 가서 하나라의 역서(曆書)를 얻었고, 송(宋)나라에 가서 곤건(坤乾)을 얻었다.'라고 하였으며, 『중용(中庸)』에서는 그것을 '기(杞)나라가 증명해 주기에 충분하지 않고, 송(宋)나라가 그것을 보존하고 있다.'라고 하였다. 이들을 합쳐서 살펴보면, 대개 비록 하나라의 역서(曆書)와 곤건(坤乾)의 글을 얻었고 또 비록 송(宋)나라에서 그것을 대략이나마 보존하고 있었지만, 그 문헌이 모두 결함이 있어 완전하지 못하기 때문에 공자는 그렇게 조심스러워 하였다.)"라고 실려 있다.

이나마 보존하고 있었지만, 그 문헌이 모두 결함이 있어 완전하지 못하였다."

○ 釋畢.

경문의 풀이가 끝났다.

[3-10-1]

子曰："禘自旣灌而往者，吾不欲觀之矣."
공자가 말하였다. "체(禘) 제사에 강신주(降神酒)를 부은 뒤로부터, 나는 보려고 하지 않는다."

朱註

○ 禘，大計反.
'체(禘)'은 '대(大)'와 '계(計)'의 반절(反切)이다.

朱註

趙伯循曰："禘，王者之大祭也. 王者旣立始祖之廟，又推始祖所自出之帝，祀之於始祖之廟，而以始祖配之也.
조백순(趙伯循 : 趙匡)[101]이 말하였다. "체(禘) 제사는 왕(王)의 큰 제사이다. 왕이 이미 시조의 사당을 세우고 난 뒤, 또 시조의 유래가 된 황제를 추존하여 그를 시조의 사당에서 제사 지내고 그를 시조로 배향한다.

詳說

○『大全』曰："名匡，唐河東人."
'조백순(趙伯循)'에 대해, 『논어집주대전』에서 말하였다. "이름은 광(匡)이고, 당(唐)나라 때 하동(河東) 사람이다."

○ 異代人也，而亦字之者，以其名犯國諱也；不氏之者，以其人不甚顯也. 至『禮記』陳註引此，則氏之矣.
'조백순(趙伯循)'의 경우, 다른 시대 사람인데도 자(字)를 쓴 것은 그의 이름, 즉

101) 조광(趙匡) : 자는 백순(伯循)이고, 조동산(趙東山)으로도 불린다. 당나라 대력(大曆 : 766~779년) 연간 하동(河東 : 현 산서성 영제(永濟)) 사람이다. 벼슬은 양주자사(洋州刺史)를 지냈다. 육질(陸質) 등과 함께 담조(啖助)에게 춘추학(春秋學)을 전수받아, 담조가 지은 『춘추좌전집주(春秋左傳集注)』와 『춘추통례(春秋統例)』를 보정(補訂)하였다. 『춘추(春秋)』 경문(經文)에 오류가 있다고 의심했는데, 송나라 때 학자들이 그의 영향을 많이 받았다. 저서에 『춘추천미찬류의통(春秋闡微纂類義統)』이 있었지만 전하지 않고, 육순(陸淳)의 『춘추집전찬례(春秋集傳纂例)』와 『옥함산방집일서(玉函山房輯佚書)』에 일부가 수록되어 있다.

광(匡)이 송(宋)나라 때 황제인 조광윤(趙匡胤)의 이름을 휘(諱)한 것이며, 조씨(趙氏)라고 하지 않은 것은 그 사람이 별로 두드러지지 않기 때문이다. 『예기』의 진호(陳澔) 주석, 즉 『예기집설(禮記集說)』의 경우에는 조씨(趙氏)라고 하였다.

○ 如周之后稷.

'왕자기립시조지묘(王者旣立始祖之廟)'에서 '시조지묘(始祖之廟)'는, 예컨대 주(周)나라의 후직(后稷)과 같은 경우이다.

○ 如后稷之父帝嚳.

'우추시조소자출지제(又推始祖所自出之帝)'에서 '시조소자출지제(始祖所自出之帝)'는, 예컨대 후직의 아버지인 제곡(帝嚳)과 같은 경우이다.

○ 朱子曰 : "設虛位祀之."102)

'사지어시조지묘(祀之於始祖之廟)'에 대해, 주자(朱子 : 朱熹)가 말하였다. "허위(虛位)를 마련하고 제사 지내는 것을 말한다."

○ 趙說止此.

조광(趙匡)의 말은 여기에서 그친다.

○ 『禮記』「大傳」曰 : "王者禘其祖之所自出, 以其祖配之."

『예기』「대전(大傳)」에서 말하였다. "왕은 그 조상의 유래가 된 사람에게 체(禘) 제사를 지내고 그 조상을 그에게 배향한다."

○ 「祭法」曰 : "殷人 · 周人禘嚳."

『예기』「제법(祭法)」에서 말하였다. "은나라 사람과 주나라 사람은 제곡에게 체(禘) 제사를 지냈다."

---

102) 『주자어류(朱子語類)』 권25, 「논어7(論語七)」, 59조목에는 "問 : '禘之說, 諸家多云, '魯躋僖公, 昭穆不順, 故聖人不欲觀.' 如何?' 曰 : '禘是於始祖之廟推所自出之帝, 設虛位以祀之, 而以始祖配, 卽不曾序昭穆. 故周禘帝嚳, 以后稷配之. 王者有禘有祫, 諸侯有祫而無禘, 此魯所以爲失禮也.'(물었다. '체(禘) 제사에 대한 설명에서 여러 학자들이 대부분 '노(魯)나라에서 희공(僖公)을 더 높여 소목(昭穆)의 차례가 순조롭지 않았기 때문에 성인이 보려고 하지 않았다.'라고 말하는데, 어떻습니까?' 주자(朱子 : 朱熹)가 대답하였다. '체 제사는 시조의 사당에서 시조의 유래가 된 황제를 추존하여 허위(虛位)를 마련해 제사를 지내며, 그를 시조로 배향하는 것이니, 곧 소목을 차례지은 적이 없다. 그러므로 주(周)나라에서는 제곡(帝嚳)에게 체 제사를 지내면서 후직(后稷)을 그에게 함께 배향하였다. 왕에게는 체 제사가 있고 협(祫) 제사가 있으며, 제후에게는 협 제사는 있지만 체 제사는 없는데, 이것이 노나라가 예(禮)를 잘못한 이유이다.)"라고 되어 있다.

○ 陸氏淳曰 : "此祭不兼群廟之主, 不敢褻也."[103]

육순(陸淳)[104]이 말하였다. "이 제사는 여러 사당의 신주를 겸하지 못하니, 감히 펌하할 수 없기 때문이다."

○ 朱子曰 : "禘 · 祫當以趙匡說爲正."[105]

주자(朱子 : 朱熹)가 말하였다. "체(禘) 제사와 협(祫) 제사에 관해서는 마땅히 조광(趙匡)의 설명이 올바르다고 해야 할 것이다."

○ 信齋楊氏曰 : "禘禮見於「大傳」 · 「小記」 · 「祭法」及『儀禮』, 甚詳且明. 爲注疏汩壞最甚, 幸而王肅諸儒力爭於前, 趙伯循與近代大儒辨正於後, 周公制作之意可以得見."[106]

신재 양씨(信齋楊氏 : 楊復)[107]가 말하였다. "체(禘) 제사의 예(禮)는 『예기』의 「대

---

103) 육순(陸淳), 『춘추집전찬례(春秋集傳纂例)』 권2에는 "此祭不兼羣廟之主, 爲其疎遠不敢褻.(이 제사는 여러 사당의 신주를 겸하지 못하니, 소원하다고 해서 감히 펌하할 수 없기 때문이다.)"라고 되어 있다.

104) 육순(陸淳, ?~806) : 자는 백충(伯沖)이고, 사시(私諡)는 문통(文通)인데, 나중에 질(質)로 개명하였다. 당나라 때 오군(吳郡, 강소성 소주(蘇州)) 사람이다. 『춘추(春秋)』에 정통하였다. 진소유(陳少游)가 조정에 천거하여 좌습유(左拾遺)를 제수받고, 국자박사(國子博士), 좌사낭중(左史郎中)을 거쳐 외직으로 나가 신주자사(信州刺史)와 대주자사(臺州刺史) 등을 역임하였다. 평소 위집의(韋執誼)와 가깝게 지냈다. 경전(經傳)을 묵수(墨守)하지 않고 회의(懷疑)하는 자세를 가졌다. 담조(啖助)와 조광(趙匡)을 사사하여 춘추학을 전수받았고, 두 스승의 설을 종합하였다. 저서에 『춘추집전찬례(春秋集傳纂例)』, 『춘추미지(春秋微旨)』, 『춘추집전변의(春秋集傳辨疑)』, 『군신도익(君臣圖翼)』 등을 저술하였다.

105) 『주자어류(朱子語類)』 권25, 「논어7(論語七)」, 56조목에는 "禘, 只祭始祖及所自出之帝. 祫, 乃合群廟皆在. 當以趙匡之說爲正.(체(禘) 제사는 다만 시조와 시조의 유래가 된 황제만을 제사 지낸다. 협(祫)제사는 곧 여러 묘(廟)를 모두 모셔 두고 함께 제사를 지낸다. 마땅히 조광(趙匡)의 설명을 올바르다고 해야 할 것이다.)"라고 되어 있다.

106) 진혜전(秦蕙田), 『오례통고(五禮通考)』 권97에는 양복(楊復)의 말로 "幸而王肅諸儒力爭之於前, 趙伯循與近代大儒辨正之於後, 大義明白炳如日星, 而周公制作之意可以復見. …… 禮經惟禘禮爲註疏汩壞最甚. …… 見於「大傳」「小記」「祭法」及『儀禮』「(喪服)子夏傳」甚詳且明.(다행히도 왕숙(王肅)과 여러 학자들이 먼저 힘써 논쟁하였고, 조백순(趙伯循 : 趙匡)과 근래 큰 학자들이 나중에 논변하여 바로잡아서, 큰 의미가 해와 별처럼 환히 명백해져 주공(周公)이 제작한 뜻을 다시 알 수 있게 되었다. …… 예(禮)에 관한 경전에서 오직 체(禘) 제사의 예(禮)에 대한 주소(注疏)가 골몰해서 망가트린 것이 가장 심하였다. ……『예기』의 「대전(大傳)」 · 「소기(小記)」 · 「제법(祭法)」 편과 『의례』「상복자하전(喪服)子夏傳)」에 보이는 것이 매우 상세하고 분명하다.)"라고 실려 있다.

107) 양복(楊復) : 자는 지인(志仁) 또는 무재(茂才)이고, 호는 신재선생(信齋先生)이다. 남송 시대 복주(福州 : 현 복건성 소속) 사람이다. 주희(朱熹)의 제자로 황간(黃幹)과 절친한 동문이며,

전(大傳)」·「소기(小記)」·「제법(祭法)」과 『의례』에 보이는데 매우 상세하고 분명하다. 그런데 주소(注疏)가 골몰해서 망가트린 것이 가장 심했는데, 다행히도 왕숙(王肅)[108]과 여러 학자들이 먼저 힘써 논쟁하였고, 조백순(趙伯循 : 趙匡)과 근래 큰 학자들이 나중에 논변하여 바로잡아서 주공(周公)이 제작한 뜻을 알 수 있게 되었다."

○ **趙說是祖述『禮記』者, 而『集註』不引『禮記』必引趙說, 盡禮經爲鄭注所亂, 謂所出爲感生帝, 此緯書之說也. 至陸淳·趙匡而禘說乃大明, 故特引趙說云.**

조광(趙匡)의 설명은 『예기』를 본받아 서술한 것인데 『논어집주(論語集註)』에서 『예기』를 인용하지 않고 굳이 조광의 설명을 인용한 것은, 모든 예(禮)에 관한 경전이 정현(鄭玄)[109]의 주석에 의해 어지럽혀져서 조상이 나온 곳을 감생제(感生

고증이 정확하고 예학(禮學)에 밝았다. 진덕수(眞德秀)가 민(閩) 지역을 다스릴 때 군학(郡學)에 귀덕당(貴德堂)을 건립하고 그에게 강학하도록 하였다. 저서에 『의례도(儀禮圖)』, 『의례방통도(儀禮旁通圖)』, 『의례도해(儀禮圖解)』, 『제례(祭禮)』, 『가례잡설부주(家禮雜說附注)』 등이 있다.

108) 왕숙(王肅, 195~256) : 자는 자옹(子雍)이고, 삼국 시대 위(魏)나라 동해군 담현(東海郡 郯縣 : 현 산동성 소속) 사람이다. 삼국 시대 조위(曹魏)의 관리이자 경학자로 왕랑(王朗)의 아들이다. 사마소(司馬昭)의 장인으로 진(晉)나라 무제(武帝)의 외조부이며, 벼슬은 산기황문시랑(散騎黃門侍郎), 비서감(秘書監), 숭문관제주(崇文觀祭酒), 광평태수(廣平太守), 시중(侍中), 하남윤(河南尹) 등을 역임하였다. 사후에 위장군(衛將軍)으로 추증되었고, 시호는 경후(景侯)이다. 부친인 왕낭(王朗)에게 금문학(今文學)을 배우고, 대유학자인 송충(宋忠)을 사사하여 고금경전(今古經典)에 해박하였다. 특히 고문학자(古文學者) 가규(賈逵), 마융(馬融)의 현실주의적 해석을 계승해서, 정현(鄭玄)의 참위설(讖緯說)을 혼합한 경전해석을 반박하였다. 또한 정현의 예학(禮學) 체계에 반대하여 『성증론(聖證論)』을 지었다. 그의 학설은 모두 위나라의 관학(官學)으로 공인받았다. 저서로는 『공자가어(孔子家語)』, 『고문상서공굉국전(古文尚書孔宏國傳)』 등이 있다.

109) 정현(鄭玄, 127~200) : 자는 강성(康成)이며, 북해(北海 : 현 산동성 고밀(高密)) 사람이다. 후한(後漢) 말기의 대표적 유학자로 시종 재야 학자로 지냈으며, 제자들에게는 물론 일반인들에게서도 훈고학·경학의 시조로 깊은 존경을 받았다. 젊었을 때부터 학문에 뜻을 두었고, 경학의 금문(今文)과 고문(古文) 외에 천문(天文)·역수(曆數)에 이르기까지 광범한 지식을 갖추었다. 처음에 향색부(鄕嗇夫)라는 지방의 말단관리가 되었으나 그만두고, 낙양(洛陽)에 올라가 태학에 입학하여, 마융(馬融) 등에게 배웠다. 그가 낙양을 떠날 때, 마융(馬融)이 "나의 학문이 정현과 함께 동쪽으로 떠나는구나!"하고 탄식하였을 만큼 학문에 힘을 쏟았다. 그는 고문·금문에 모두 정통하였으며, 가장 옳다고 믿는 설을 취하여 『주역(周易)』·『상서(尚書)』·『모시』·『주례』·『의례』·『예기』·『논어(論語)』·『효경(孝經)』 등 경서에 주석을 하였고, 『의례』·『논어(論語)』 교과서의 정본(定本)을 만들었다. 그의 저서 가운데 완전하게 현존하는 것은 『모시』의 전(箋)과 『주례』·『의례』·『예기』의 주해뿐이고, 그 밖의 것은 단편적으로 남아 있다.

帝)[110]라고 하였으니, 이는 위서(緯書)의 주장이기 때문이다. 육순(陸淳)과 조광(趙匡)에 이르러 체(禘) 제사에 대한 설명이 매우 분명해졌기 때문에 특히 조광의 말을 인용했다고 할 수 있겠다.

朱註

> **成王以周公有大勳勞, 賜魯重祭. 故得禘於周公之廟, 以文王爲所出之帝, 而周公配之, 然非禮矣."**
>
> 성왕(成王)은 주공(周公)이 큰 공로가 있다고 하여 노(魯)나라에게 중요한 제사를 하사하였다. 그러므로 주공의 사당에 체(禘) 제사를 지내고 문왕(文王)을 유래가 된 황제로 삼아, 주공을 거기에 배향하였다. 그러나 예(禮)에 어긋난다."

詳說

○ 『禮記』「祭統」曰 : "郊社 · 大嘗禘是也."
'사노중제(賜魯重祭)'에 대해, 『예기』「제통(祭統)」에서 말하였다. "교사(郊社)와 대상체(大嘗禘)가 이것이다."[111]

○ 魯之始祖.
'고득체어주공지묘(故得禘於周公之廟)'에서 '주공지묘(周公之廟)'는 노(魯)나라의 시조이다.

○ 以周公配之.
'이주공배지(而周公配之)'는 '이주공배지(以周公配之 : 주공을 거기에 배향했다)'라는 말이다.

○ 『大全』曰 : "失於僭."
'연비예의(然非禮矣)'에 대해, 『논어집주대전』에서 말하였다. "참람함에 잘못하였다."

---

110) 감생제(感生帝) : 왕의 조상은 모두 창제(蒼帝) 영위앙(靈威仰), 적제(赤帝) 적표노(赤熛怒), 황제(黃帝) 함추뉴(含樞紐), 백제(白帝) 백초거(白招拒), 흑제(黑帝) 즙광기(汁光紀)라고 하는 태미오제(太微五帝)의 정기(精氣)를 감응하여 태어났다는 참위가(讖緯家)들의 주장이다.

111) 『예기』「제통(祭統)」에서 "外祭, 則郊社是也; 內祭, 則大嘗 是也. 夫大嘗 …… 夏祭曰禘, 秋祭曰嘗"라고 하였다.

朱註

灌者, 方祭之始, 用鬱鬯之酒. 灌地, 以降神也. 魯之君臣, 當此之時, 誠意未散, 猶有可觀, 自此以後, 則浸以懈怠而無足觀矣.

관(灌)은 막 제사를 시작할 때 울창주(鬱鬯酒)를 사용하여 땅에 부어서 신(神)을 강림하도록 하는 것이다. 노(魯)나라의 군주와 신하가 이때에는 성의(誠意)가 아직 흩어지지 않아 그래도 볼만한 것이 있었지만, 이로부터 그 뒤는 점점 해이해져서 볼만한 것이 없었다.

詳說

○ 丑亮反.

'용울창지주(用鬱鬯之酒)'에서 '창(鬯)'은 '축(丑)'과 '량(亮)'의 반절(反切)이다.

○ 朱子曰 : "釀秬爲酒, 煮鬱金香草和之, 其氣芬芳條暢."112)

'용울창지주(用鬱鬯之酒)'에 대해, 주자(朱子 : 朱熹)가 말하였다. "찰기장으로 술을 빚는데 울금향초(鬱金香草)를 달여서 조미를 하여 그 술기운이 향긋하고 산뜻하다."

○ 慶源輔氏曰 : "周之祭祀, 先求神於陰, 旣奠, 然後焫蕭以求神於陽."113)

'관지, 이강신야(灌地, 以降神也)'에 대해, 경원 보씨(慶源輔氏 : 輔廣)가 말하였다. "주(周)나라의 제사는 먼저 음(陰)에서 신(神)을 구하고, 이미 제수를 올린 뒤에는 쑥을 태워서 양(陽)에서 신을 구한다."

○ 指方灌.

'당차지시(當此之時)'라고 한 것은 막 울창주를 부을 때를 가리킨다.

○ 先言方灌時, 猶有可觀.

'유유가관(猶有可觀)'이라 한 것은, 먼저 막 울창주를 부을 때는 그래도 볼만한 것이 있었다는 것을 말하였다.

○ 往.

'자차이후(自此以後)'에서 '후(後)'자는 '왕(往)'자의 의미이다.

---

112) 『사서혹문(四書或問)』 권8.

113) 조순손(趙順孫), 『사서찬소』「논어찬소(論語纂疏)」 권2에 보광(輔廣)의 말로, "周之祭祀, 先以鬱鬯灌地, 求神於陰. 旣奠然後, 取其血膋合之黍稷實於蕭以焫之, 以求神於陽也.(주(周)나라의 제사는 먼저 울창주를 땅에 부어서 음(陰)에서 신(神)을 구한다. 이미 제수를 올린 뒤에는 피와 기름을 취해 기장과 합하여 소(蕭)에 담아 태워서 양(陽)에서 신(神)을 구한다.)"라고 실려 있다.

○ 居隘反.

'즉침이해태이무족관의(則浸以懈怠而無足觀矣)'에서 '해(懈)'는 '거(居)'와 '애(隘)'의 반절(反切)이다.

○ 想魯之諸祭皆然, 而禘尤甚, 以其遠也.

'즉침이해태이무족관의(則浸以懈怠而無足觀矣)'라고 한 것은 생각하건대 노(魯)나라의 여러 제사가 모두 그렇지만 체(禘) 제사는 더욱 심하기 때문에 멀리하였다.

○ 以上訓兼釋.

여기까지 훈고에 경문의 풀이를 겸하였다.

○ 此下又申論而詳釋之.

이 아래는 또 그것을 거듭 밝혀 논의하고 자세하게 풀이한다.

朱註

蓋魯祭非禮, 孔子本不欲觀, 至此而失禮之中又失禮焉. 故發此歎也.

노(魯)나라의 체(禘) 제사는 예(禮)가 아니었기 때문에 공자는 본래 보려고 하지 않았는데, 여기에 이르러서는 예에 어긋난 것 가운데서도 특히 예에 어긋난 것이었다. 그러므로 이렇게 탄식한 것이다.

詳說

○ 魯之禘祭.

'개노제비례(蓋魯祭非禮)'에서 '노제(魯祭)'는 노나라의 체(禘) 제사를 가리킨다.

○ 指旣灌.

'지차이실례지중우실례언(至此而失禮之中又失禮焉)'에서 '지차(至此)'는 이미 강신주를 부은 뒤를 가리킨다.

○ 『大全』曰: "僭禘."

'지차이실례지중우실례언(至此而失禮之中又失禮焉)'에서 '실례지중(失禮之中)'에 대해, 『논어집주대전』에서 말하였다. "참람하게 체(禘) 제사를 지내는 것을 가리킨다."

○ 『大全』曰: "旣灌懈怠."

'지차이실례지중우실례언(至此而失禮之中又失禮焉)'에서 '우실례언(又失禮焉)'에 대해, 『논어집주대전』에서 말하였다. "이미 강신주를 부은 뒤에 해이해지는 것을 가리킨다."

○ '不欲觀'之歎.

'고발차탄야(故發此歎也)'는 본문 '오불욕관지의(吾不欲觀之矣)'에서 '불욕관(不欲觀 : 보려고 하지 않는다)'이라 한 탄식이다.

○ 慶源輔氏曰 : "僭祭之罪雖大, 其來已久, 且國惡當諱. 懈怠之失雖小, 是當時主祭者切己之實病, 不可不有以箴之."114)

경원 보씨(慶源輔氏 : 輔廣)가 말하였다. "참람하게 체(禘) 제사를 지내는 죄가 비록 크지만 그 내력이 이미 오래되었고, 또 나라를 훼손하는 나쁜 일은 마땅히 숨겨야 한다. 해이한 잘못은 비록 작지만 당시 제사를 주관하는 사람의 자신에게 절실한 실제 병통이니 경계하지 않을 수 없다."

朱註

○ 謝氏曰 : "夫子嘗曰 : '我欲觀夏道, 是故之杞, 而不足徵也; 我欲觀商道, 是故之宋, 而不足徵也.' 又曰 : '我觀周道, 幽·厲傷之, 吾舍魯何適矣? 魯之郊·禘非禮也, 周公其衰矣.'

사씨(謝氏)가 말하였다. "공자는 일찍이 '내가 하(夏)나라의 도(道)를 보려고 하여 이 때문에 기(杞)나라에 갔지만 기나라가 증명해 주기에 충분하지 않았고, 내가 상(商)나라의 도를 보려고 하여 이 때문에 송(宋)나라에 갔지만 송나라가 증명해 주기에 충분하지 않았다.'라고 말했으며, 또 '내가 주(周)나라의 도를 보려고 하는데 유왕(幽王)과 려왕(厲王)이 손상시켰으니, 내가 노(魯)나라를 버리고 어디로 가겠는가? 그러나 노(魯)나라의 교(郊)제사와 체(禘) 제사는 예(禮)에 어긋나니, 주공(周公)의 예법도 쇠퇴하였다.'라고 말하였다.

詳說

○ '往'也.

'시고지기(是故之杞)'에서 '지(之)'자는 '왕(往 : 가다)'의 의미이다.

○ 此爲上章而引之, 下'又曰'以下乃爲此章而引之.

'시고지송, 이부족징야(是故之宋, 而不足徵也)'까지는 위 장(章) 때문에 인용한 것이고, 아래 '우왈(又曰)'부터 아래로는 곧 이 장(章) 때문에 인용한 것이다.

114) 조순손(趙順孫), 『사서찬소』「논어찬소(論語纂疏)」 권2.

○ 『大全』曰 : "壞之."

'유 · 려상지(幽 · 厲傷之)'에서 '상지(傷之)'에 대해, 『논어집주대전』에서 말하였다. "무너뜨린 것이다."

○ 上聲.

'오사노하적의(吾舍魯何適矣)'에서 '사(舍)'자는 상성(上聲)이다.

○ 新安陳氏曰 : "周之典禮在焉."[115]

'오사노하적의(吾舍魯何適矣)'에 대해, 신안 진씨(新安陳氏 : 陳櫟)가 말하였다. "주(周)나라의 제도와 예의(禮儀)가 노나라에 있었다."

○ '魯'字上有'然'字, 或'但'字意.

'노지교 · 체비예야(魯之郊 · 禘非禮也)'에서 '노(魯)'자 앞에는 '연(然 : 그러나)'자나 혹은 '단(但 : 다만)'자의 뜻이 있다.

○ 陳氏澔曰 : "周公之教, 因子孫僭禮而衰."[116]

'주공기쇠의(周公其衰矣)'에 대해, 진호(陳澔)[117]가 말하였다. "주공의 가르침은 그의 자손이 예(禮)를 참람하게 사용했기 때문에 쇠퇴하였다."

○ 二說幷見『禮記』「禮運」. 下'考之'以下乃謝氏論斷之說也.

위 두 구절 공자의 말은 모두 『예기』「예운(禮運)」에 보인다.[118] 아래 '고지(考之)'부터 아래로는 곧 사량좌가 논단한 말이다.

---

115) 호광 편(胡廣 編), 『논어집주대전(論語集註大全)』 권3.

116) 진호(陳澔), 『예기집설(禮記集說)』 권4.

117) 진호(陳澔, 1260~1341) : 자는 가대(可大)이고 호는 운주(雲住)이며, 사람들이 경귀선생(經歸先生)이라 불렀다. 송말 원초 시기의 남강로 도창현(南康路都昌縣 : 현 강서성 도창현) 사람이다. 평생 벼슬을 하지 않고 강론과 저술에만 전념하였고, 경귀서원(經歸書院)과 백록동서원(白鹿洞書院)에서 주로 강학하였다. 정주학(程朱學)을 계승하면서 『역(易)』, 『서경(書經)』, 『예기』에 정통하였다. 특히 그의 예학 저술인 『예기집설(禮記集說)』은 명(明)나라와 청(淸)나라의 예학(禮學)에 커다란 영향을 끼쳤다.

118) 『예기』「예운(禮運)」에서 "孔子曰: '於呼哀哉! 我觀周道, 幽厲傷之, 吾舍魯何適矣! 魯之郊, 非禮也, 周公其衰矣! 杞之郊也禹也, 宋之郊也契也, 是天子之事守也. 故天子祭天地, 諸侯祭社稷.'"라고 하였다.

朱註

考之杞·宋已如彼, 考之當今又如此, 孔子所以深歎也."

기(杞)나라와 송(宋)나라를 고찰한 것이 이미 저와 같았고, 당시를 고찰한 것도 또 이와 같았으니, 공자가 이 때문에 탄식하였다."

詳說

○ **指上一說.**

'고지기·송이여피(考之杞·宋已如彼)'라고 한 것은 위 공자의 말 가운데 앞의 것을 가리킨다.

○ **指下一說.**

'고지당금우여차(考之當今又如此)'라고 한 것은 위 공자의 말 가운데 뒤의 것을 가리킨다.

○ **上章'文獻不足'之歎及此章'不欲觀'之歎.**

'공자소이심탄야(孔子所以深歎也)'라고 한 것은 위 장(章)의 '문헌부족(文獻不足 : 문헌이 증거를 삼기에 충분하지 못한 것)'에 대한 탄식과 이 장(章)의 '불욕관(不欲觀 : 강신주(降神酒)를 부은 뒤로부터는, 보고 싶지 않은 것)'에 대한 탄식이다.

○ **慶源輔氏曰 : "謝氏倂前章通論之, 此二章及下章或夫子一時之言, 或記者以類次之."**[119]

경원 보씨(慶源輔氏 : 輔廣)가 말하였다. "사량좌는 앞 장(章)과 아울러 통틀어서 논했는데, 이 두 개의 장(章)과 아래 장(章)은 혹시 공자가 동시에 말한 것이거나 혹은 기록한 사람이 같은 부류를 차례로 놓아두었을 것이다."

---

119) 호광 편(胡廣 編), 『논어집주대전(論語集註大全)』 권3.

[3-11-1]

或問禘之說. 子曰:"不知也. 知其說者之於天下也, 其如示諸斯乎!" 指其掌.

어떤 사람이 체(禘) 제사의 내용에 대해 물었다. 공자가 대답하였다. "모른다. 그 내용을 아는 사람은 천하를 다스림에 있어 아마 여기에다 올려놓고 봄과 같을 것이다!"그리고 자신의 손바닥을 가리켰다.

詳說

○ '斯'卽所指之掌.

'기여시제사호(其如示諸斯乎)'에서 '사(斯)'자는 곧 공자가 가리킨 손바닥이다.

朱註

先王報本追遠之意, 莫深於禘. 非仁孝誠敬之至, 不足以與此, 非或人之所及也. 而不王不禘之法, 又魯之所當諱者, 故以不知答之.

선왕이 본원에 보답하고 먼 조상을 추모하는 뜻은 체(禘) 제사보다 깊은 것이 없다. 인효(仁孝)와 성경(誠敬)이 지극한 사람이 아니면 여기에 참여하기에는 충분하지 않으니, 어떤 사람이 미칠 수 있는 것이 아니다. 그리고 왕(王)이 아니면 체 제사를 지내지 못하는 법은 또 노(魯)나라에서 마땅히 휘(諱)해야 하는 것이기 때문에, 모른다고 대답하였다.

詳說

○ 二字出『禮記』「郊特牲」.

'선왕보본추원지의(先王報本追遠之意)'에서 '보본(報本)'이라는 두 글자는 『예기』「교특생(郊特牲)」에 나온다.[120)]

○ 見「學而」.

'선왕보본추원지의(先王報本追遠之意)'에서 '추원(追遠)'은 「학이(學而)」에 보인다.

---

120) 『예기』「교특생(郊特牲)」에서 "萬物本乎天, 人本乎祖, 此所以配上帝也. 郊之祭也, 大報本反始也."라고 하였다.

○ 去聲.

'부족이여차(不足以與此)'에서 '여(與)'자는 거성(去聲)이다.

○ 黃氏曰 : "莫能知之行之."121)

'부족이여차(不足以與此)'라고 한 것에 대해, 황씨(黃氏 : 黃榦)가 말하였다. "체(禘) 제사를 알 수도 없고 실행할 수도 없다."

○ 黃氏曰 : "非所能知."122)

'비혹인지소급야(非或人之所及也)'라고 한 것에 대해, 황씨(黃氏 : 黃榦)가 말하였다. "질문한 어떤 사람도 체(禘) 제사를 알 수 있는 것이 아니다."

○ 此一說也.

'비혹인지소급야(非或人之所及也)'라고 한 것은 하나의 주장이다.

○ 見『禮記』「大傳」.

'이불왕불체지법(而不王不禘之法)'이라 한 것은 『예기』「대전(大傳)」에 보인다.

○ 此又一說也.

'우노지소당휘자(又魯之所當諱者)'라고 한 것은 또 하나의 주장이다.

○ 上章是孔子所嘗與祭而不欲觀者, 故知其專指魯之禘. 此章是汎問, 故『集註』先擧王者之禘, 而後及魯之禘.

위 장(章)은 공자가 일찍이 체 제사에 참여해 보려고 하지 않은 것이기 때문에 그것은 오로지 노(魯)나라에서 지내는 체 제사를 가리키는 것임을 알 수 있다. 이 장(章)은 일반적으로 물었기 때문에 『논어집주(論語集註)』에서는 먼저 왕(王)의 체 제사를 제기하고 그 뒤에 노나라에서 지내는 체(禘) 제사를 언급하였다.

○ 先論不知之答.

'고이부지답지(故以不知答之)'라고 한 것은 먼저 모른다고 대답한 것을 논의한 것이다.

朱註

示, 與視同. 指其掌, 弟子記夫子言此而自指其掌, 言其明且易也.

시(示)는 시(視)와 같다. 그 손바닥을 가리켰다고 하는 것은, 공자가 이렇게 말하

---

121) 조순손(趙順孫), 『사서찬소』「논어찬소(論語纂疏)」 권2.

122) 조순손(趙順孫), 『사서찬소』「논어찬소(論語纂疏)」 권2.

고 스스로 지신의 손바닥을 가리킨 일을 제자가 기록한 것이니, 그것이 분명하고 또 쉬움을 말한다.

詳說

○ '示'爲示人, '視'爲自視, 而又多通用.

'시, 여시동(示, 與視同)'에서, '시(示)'자는 남에게 보여주는 것이고, '시(視)'자는 자신이 보는 것인데, 또한 대부분 통용된다.

○ '諸'字不必泥.

본문 '기여시제사호(其如示諸斯乎)'에서 '제(諸)'자는 굳이 구애될 필요가 없다.

○ 指'指其'以下十五字.

'제자기부자언차이자지기장(弟子記夫子言此而自指其掌)'에서 '차(此)'자는 '지기(指其)' 이하의 열다섯 글자, 즉 '지기장, 제자기부자언차이자지기장(指其掌, 弟子記夫子言此而自指其掌)'을 가리킨다.

○ 本文二句, 文有上下, 而事無先後.

'제자기부자언차이자지기장(弟子記夫子言此而自指其掌)'에 대해, 경문의 두 구절 즉 '기여시제사호(其如示諸斯乎)'와 '지기장(指其掌)'이라는 두 구절은 글로는 앞뒤가 있지만 일에는 선후가 없다.

○ 去聲.

'언기명차이야(言其明且易也)'에서 '이(易)'자는 거성(去聲)이다.

○ 訓畢.

훈고가 끝났다.

朱註

蓋知禘之說, 則理無不明, 誠無不格, 而治天下不難矣. 聖人於此, 豈眞有所不知也哉?

대개 체(禘) 제사의 내용을 알면 이치에 분명하지 않음이 없고, 정성이 감동하지 않음이 없어서, 천하를 다스림이 어렵지 않을 것이다. 성인이 이 체 제사에 대하여 어찌 참으로 모르는 것이 있었겠는가?

詳說

○ 以知而言.

'즉리무불명(則理無不明)'에서 '명(明)'자는 아는 측면으로 말하였다.

○ 以行而言.

'성무불격(誠無不格)'에서 '격(格)'자는 행동 측면으로 말하였다.

○ 添'治'字.

'이치천하불난의(而治天下不難矣)'라고 한 것은 경문 '어천하야(於天下也)'에 '치(治)'자를 보탠 것이다.

○ 釋'指其掌'三字.

'이치천하불난의(而治天下不難矣)'라고 한 것은 경문 '지기장(指其掌)'이라 한 세 글자를 풀이한 것이다.

○ 『中庸』曰:"明乎郊·社之禮, 禘·嘗之義, 治國其如示諸掌乎!"[123]

'개지체지설, 칙리무불명, 성무불격, 이치천하불난의(蓋知禘之說, 則理無不明, 誠無不格, 而治天下不難矣)'라고 한 것에 대해,『중용(中庸)』에서 말하였다. "교(郊) 제사와 사직(社稷) 제사의 예(禮)와 체(禘) 제사와 상(嘗) 제사의 의미를 분명히 알면, 나라를 다스리는 것은 그 손바닥 위에 놓고 보는 것처럼 쉬울 것이다!"

○ 朱子曰:"治天下之理, 不外於此."[124]

'개지체지설, 칙리무불명, 성무불격, 이치천하불난의(蓋知禘之說, 則理無不明, 誠無不格, 而治天下不難矣)'에 대해, 주자(朱子:朱熹)가 말하였다. "천하를 다스리는 이치는 여기에서 벗어나지 않는다."

○ 釋畢.

'이치천하불난의(而治天下不難矣)'에서 경문의 풀이가 끝났다.

---

123)『중용장구(中庸章句)』 제19장.

124)『주자어류(朱子語類)』 권25, 「논어7(論語七)」, 70조목에는 "仁父問:''知禘之說, 則理無不明, 誠無不格, 治天下不難.' 如何?' 曰:'天地陰陽生死晝夜鬼神, 只是一理. 若明祭祀鬼神之理, 則治天下之理, 不外於此.'(인보(仁父:주자문인 徐容)가 물었다. ''체(禘) 제사의 내용을 알면 이치에 분명하지 않음이 없고, 정성이 감동하지 않음이 없어서, 천하를 다스림이 어렵지 않을 것이다.'라고 한 것은 어떻습니까?' 주자(朱子:朱熹)가 대답하였다. '하늘과 땅, 음과 양, 삶과 죽음, 낮과 밤, 귀(鬼)와 신(神)은 다만 하나의 이치일 뿐이다. 만약 귀신에게 제사 지내는 이치에 분명하면 천하를 다스리는 이치는 여기에서 벗어나지 않는다.)"라고 되어 있다.

○ 此下又收還於'不知'二字以反之.

이 아래는 또 '부지(不知 : 모른다)'라고 한 것에로 거두어들여서 그 말을 뒤집었다.

○ 指禘.

'성인어차(聖人於此)'에서 '차(此)'자는 체(禘) 제사를 가리킨다.

○ 延平李氏曰 : "旣曰'不知', 又曰'知其說', 則非不知也, 只是難言爾."[125]

'기진유소부지야재(豈眞有所不知也哉)'에 대해, 연평 이씨(延平李氏 : 李侗)[126]가 말하였다. "이미 '모른다'라고 말했지만 또 '그 내용을 안다'라고 말한다면, 모르는 것이 아니라 다만 말하기가 어려웠을 뿐이다."

---

125) 주희, 『연평답문(延平答問)』에는 "旣曰'不知', 又曰'知其說者之於天下也, 其如示諸斯乎!' 指其掌, 則非不知也, 只是難言爾.(이미 '모른다'라고 말했지만 또 '그 내용을 아는 사람은 천하를 다스림에 있어 아마 여기에다 올려놓고 보는 것과 같을 것이다!'라고 말하면서 자신의 손바닥을 가리켰다면, 모르는 것이 아니라 다만 말하기가 어려웠을 뿐이다.)"라고 되어 있다.

126) 이동(李侗, 1093~1163) : 자는 원중(愿中)이고, 세칭 연평선생(延平先生)이라 하며, 시호는 문정(文靖)이다. 송나라 때 남검주 검포(南劍州劍浦 : 현 복건성 남평(南平)) 사람으로 양시(楊時)·나종언(羅從彦)과 함께 '남검삼선생(南劍三先生)'이라 불리운다. 나종언에게서 이정(二程)의 학문을 배우고, 40여 년간 세속을 끊고 연구한 뒤에 '리일분수(理一分殊)' 등 이정의 학문을 주희에게 전수해 주었다. 저서는 『연평문집(延平文集)』이 있다.

[3-12-1]

祭如在, 祭神如神在.

제사를 지낼 때는 선조(先祖)가 계신 듯이 하였으며, 신(神)에게 제사 지낼 때는 마치 신(神)이 계신 듯이 하였다.

朱註

程子曰 : "祭, 祭先祖也. 祭神, 祭外神也. 祭先主於孝, 祭神主於敬."

정자(程子 : 程頤)가 말하였다. "제(祭)는 선조(先祖)에게 제사 지내는 것이다. 제신(祭神)은 외신(外神 : 先祖 이외의 神)들에게 제사 지내는 것이다. 선조에게 제사 지내는 것은 효(孝)를 중심으로 하고, 신(神)에게 제사 지내는 것은 경(敬)을 중심으로 한다."

詳說

○ 叔子.

'정자왈(程子曰)'에서 '정자(程子)'는 동생 정이(程頤)이다.

○ 新安陳氏曰 : "以下句'祭神', 見單'祭'字爲祭祀."[127]

'제, 제선조야(祭, 祭先祖也)'에 대해, 신안 진씨(新安陳氏 : 陳櫟)가 말하였다. "아래 구절 '제신(祭神 : 神에게 제사 지낸다)'으로 위 구절에서 단독으로 쓰인 '제(祭)' 자는 제사 지내는 것임을 알 수 있다."

○ 朱子曰 : "如山川社稷五祀之類. 此孔子在官時也."[128]

---

127) 호광 편(胡廣 編), 『논어집주대전(論語集註大全)』 권3에 진력(陳櫟)의 말로, "以下句'祭神', 見上單一'祭'字, 爲祭先祖也.(아래 구절 '제신(祭神 : 神에게 제사 지낸다)'으로 위 구절에서 단독으로 쓰인 '제(祭)'자는 선조(先祖)에게 제사 지내는 것임을 알 수 있다.)"라고 실려 있다.

128) 『주자어류(朱子語類)』 권25, 「논어7(論語七)」, 78조목에는 "問 : '「祭神如神在」, 何神也?' 曰 : '如天地·山川·社稷·五祀之類.'(물었다. ''신(神)에게 제사를 지낼 때에는 마치 신이 계신 듯이 했다'라고 했는데, 어떤 신입니까?' 주자(朱子 : 朱熹)가 대답하였다. '예컨대 하늘과 땅, 산과 강, 사직(社稷), 오사(五祀)와 같은 따위이다.')"라고 되어 있다. 또 77조목에는 "'祭如在, 祭神如神在.' 此是弟子平時見孔子祭祖先及祭外神之時, 致其孝敬以交鬼神也. 孔子當祭祖先之時, 孝心純篤, 雖死者已遠, 因時追思, 若聲容可接, 得以竭盡其孝心以祀之也. 祭外神, 謂山林溪谷之神能興雲雨者, 此孔子在官時也.('제사를 지낼 때는 마치 선조가 계신 듯이 했고, 신에게 제사를 지낼 때는 마치 신이 계신 듯이 하였다'라고 하였다. 이는 제자들이 평소에 공자가 선조와 외신(外神)들에게 제사를 지낼 때, 효(孝)와 경(敬)을 다해서 귀신과 교류하는 것을 본

‘제신, 제외신야(祭神, 祭外神也)’에 대해, 주자(朱子 : 朱熹)가 말하였다. “예컨대 산과 강, 사직(社稷), 오사(五祀)[129]와 같은 따위이다. 이 말은 공자가 관직에 있을 때이다.”

○ 訓畢.

‘제신, 제외신야(祭神, 祭外神也)’까지 훈고가 끝났다.

○ 朱子曰 : “如在之誠則一.”[130]

‘제선주어효, 제신주어경(祭先主於孝, 祭神主於敬)’이라 한 것에 대해, 주자(朱子 : 朱熹)가 말하였다. “마치 계신 듯이 한다는 정성스러움은 한결같다.”

○ 『中庸』曰 : “洋洋乎如在其上, 如在其左右.”[131]

‘제선주어효, 제신주어경(祭先主於孝, 祭神主於敬)’이라 한 것에 대해, 『중용(中庸)』에서 말하였다. “두루 충만하게 그 위에 있는 듯하며 그 좌우(左右)에 있는 듯하다.”

○ 分釋.

위의 주석은 경문의 ‘제여재(祭如在)’와 ‘제신여신재(祭神如神在)’를 나누어 풀이한 것이다.

것이다. 공자가 조상에게 제사 지낼 때, 효성스런 마음이 순수하고 독실해서, 비록 돌아가신 분이 이미 멀지만 때에 따라서 회상하는 것이 마치 소리와 얼굴을 마주한 것처럼 하여 그 효성스런 마음을 다 발휘해서 제사를 지낸 것이다. 외신들에게 제사 지낸다는 것은 구름과 비를 일으킬 수 있는 산과 숲, 계곡의 신들을 말하니, 이는 공자가 관직에 있을 때이다.)”라고 되어 있다.

129) 오사(五祀)에 대해서, 『주례(周禮)』「춘관(春官) · 대종백(大宗伯)」에서는 “혈제(血祭)로 사직에 드리는 다섯 가지 제사로, 구망(句芒) · 욕수(蓐收) · 현명(玄冥) · 축융(祝融) · 후토(后土)이다.”라고 하였고, 『예기(禮記)』「제법(祭法)」에는 “제후(諸侯)가 나라를 위하여 드리는 다섯 가지 제사로, 사명(司命) · 중류(中霤) · 국문(國門) · 국행(國行) · 공려(公厲)이다.”라고 하였다. 여기에서는 후자로 보는 것이 적절할 것 같다.

130) 『주자어류(朱子語類)』 권25, 「논어7(論語七)」, 76조목에는 “正甫問‘祭如在, 祭神如神在.’ 曰 : ‘祭先如在, 祭外神亦如神在. 愛敬雖不同, 而如在之誠則一.’(‘제사를 지낼 때는 선조(先祖)가 계신 듯이 하였으며, 신(神)에게 제사 지낼 때는 마치 신(神)이 계신 듯이 하였다’라는 구절에 대해 정보(正甫 : 주자 문인 陳經)가 물었다. 주자(朱子 : 朱熹)가 대답하였다. ‘선조에게 제사 지낼 때는 선조가 계신 듯이 하고, 외신(外神)들에게 제사 지낼 때도 또한 마치 신이 계신 듯이 한다는 것이다. 사랑과 공경함은 비록 같지 않지만 마치 계신 듯이 한다는 정성스러움은 한결같다.’)”라고 되어 있다.

131) 『중용장구(中庸章句)』 제16장에서 귀신의 덕에 대해 “천하의 사람들에게 재계(齋戒)하고 깨끗이 하며 의복을 성대히 하여 제사를 받들도록 하고는, 두루 충만하게 그 위에 있는 듯하며 그 좌우(左右)에 있는 듯하다.(使天下之人, 齊明盛服, 以承祭祀, 洋洋乎如在其上, 如在其左右.)”라고 말하였다.

朱註

愚謂, 此門人記孔子祭祀之誠意.

내가 생각하건대, 이는 문인(門人)이 공자가 제사 지낼 때의 정성스러운 뜻을 기록한 것이다.

詳說

○ 二字繼'如在'字.

'차문인기공자제사지성의(此門人記孔子祭祀之誠意)'에서 '성의(誠意)'라는 두 글자는 본문 '제여재, 제신여신재(祭如在, 祭神如神在)'에서 '여재(如在)'라는 글자를 이어간 것이다.

○ 合釋.

위의 주석은 경문의 '제여재(祭如在)'와 '제신여신재(祭神如神在)'를 합쳐서 풀이한 것이다.

○ 章首無'子曰'字, 且不言某人, 故知其爲門人之記孔子事也. 後凡如此處, 皆以此推之. 蓋此及'申夭'·'溫厲'等章, 皆足以備「鄕黨」篇一則云.

이 장 경문 첫머리에 '자왈(子曰)'이라는 글자가 없고 또 아무개라고 말하지 않았기 때문에, 이는 문인이 공자의 일을 기록한 것임을 알 수 있다. 뒤에 이와 같은 곳은 모두 이것으로 미루어 보면 된다. 대개 이 장(章)과 '신요장(申夭章)'·'온려장(溫厲章)' 등[132]은 모두 「향당(鄕黨)」의 한 항목이 되기에 충분하다고 할 것이다.

[3-12-2]

子曰:"吾不與祭, 如不祭."

공자가 말하였다. "내가 제사에 참여하지 않으면 마치 제사 지내지 않은 것과 같다."

132) '신요장(申夭章)'·'온려장(溫厲章)' 등:『논어(論語)』「술이(述而)」 제4장에서 "공자가 한가로이 있을 때 안색이 활짝 펴져 있고 온화하였다.(子之燕居, 申申如也, 夭夭如也.)"라고 하였다. 또 「술이(述而)」 제37장에서 "공자는 온화하면서도 엄숙하고, 위엄이 있으면서도 사납지 않으며, 공손하면서도 편안하였다.(子溫而厲, 威而不猛, 恭而安.)"라고 하였다.

朱註

與, 去聲. 又記孔子之言以明之. 言己當祭之時, 或有故不得與, 而使他人攝之, 則不得致其如在之誠. 故雖已祭, 而此心缺然, 如未嘗祭也.

'여(與)'자는 거성(去聲)이다. 또 공자의 말을 기록하여 그것을 밝혔다. 자신이 제사 지내야 할 때 혹 까닭이 있어서 참여하지 못하고 다른 사람에게 대신하도록 하면, 선조가 계신 듯이 하는 정성을 다할 수가 없다. 그러므로 비록 이미 제사를 지냈지만 마음이 서운하여 제사 지낸 적이 없는 것과 같음을 말하였다.

詳說

○ 承上記孔子之事, 故著'又'字.

'우기공자지언이명지(又記孔子之言以明之)'라고 한 것은 위에서 공자의 일을 기록한 것을 이어받았기 때문에 '우(又 : 또)'자를 붙였다.

○ 明上節'如在'之意.

'우기공자지언이명지(又記孔子之言以明之)'에서 '명지(明之)'는 위 절의 '선조가 계신 듯이 한다'라는 뜻을 밝힌다는 것이다.

○ 先總提記者之意.

'우기공자지언이명지(又記孔子之言以明之)'는 먼저 기록한 사람의 뜻을 총괄하여 제시한 것이다.

○ 通祭先·祭神而言.

'언기당제지시(言己當祭之時)'는 선조에게 제사 지내고 신(神)에게 제사 지내는 것을 통틀어서 말하였다.

○ 慶源輔氏曰 : "疾病或不得已之事."[133]

'혹유고부득여(或有故不得與)'에서 '유고(有故)'에 대해, 경원 보씨(慶源輔氏 : 輔廣)가 말하였다. "질병 혹은 부득이한 일이다."

○ 代行.

'이사타인섭지(而使他人攝之)'에서 '섭지(攝之)'는 대신 행하는 것이다.

○ 承上節.

'즉부득치기여재지성(則不得致其如在之誠)'은 위 절(節)을 이어 받은 것이다.

133) 호광 편(胡廣 編), 『논어집주대전(論語集註大全)』 권3.

○ 有釋無訓.

경문의 풀이는 있으나 훈고는 없다.

朱註

○ **范氏曰:"君子之祭, 七日戒, 三日齊, 必見所祭者, 誠之至也. 是故郊則天神格, 廟則人鬼享, 皆由己以致之也. 有其誠則有其神, 無其誠則無其神, 可不謹乎? '吾不與祭, 如不祭', 誠爲實, 禮爲虛也."**

범씨(范氏: 范祖禹)가 말하였다. "군자가 제사 지낼 때는 7일 동안 삼가고 3일 동안 재계하여, 반드시 제사 지내는 대상을 보게 되는 것은 정성이 지극하기 때문이다. 그러므로 교(郊)제사를 지내면 천신(天神)이 이르고, 사당에 제사 지내면 사람의 귀신이 흠향하는데, 이는 모두 자기로 말미암아 그렇게 되는 것이다. 그 정성이 있으면 그 신(神)이 있고, 그 정성이 없으면 그 신이 없는 것이니, 삼가지 않을 수 있겠는가? '내가 제사에 참여하지 않으면 제사하지 않은 것과 같다'라고 한 것은 정성이 실질적이고 예(禮)는 공허하다는 뜻이다."

詳說

○ 音齋.

'삼일재(三日齊)'에서 '재(齊)'자는 음이 '재(齋)'이다.

○ 六字出『禮記』「坊記」.

'칠일계, 삼일재(七日戒, 三日齊)'라는 말은 『예기』「방기(坊記)」에 나온다.

○ 『禮記』「祭義」曰: "見其所爲祭者.[134]"

'필견소제자(必見所祭者)'와 관련해서 『예기』「제의(祭義)」에서 말하였다. "그 재계하는 대상을 보게 된다."

○ 二句, 退之語.

'시고교즉천신격, 묘즉인귀향(是故郊則天神格, 廟則人鬼享)'은 퇴지(退之: 韓愈)의 말이다.

○ 朱子曰: "誠者, 實也."[135]

134) 見其所爲祭者: 『예기』「제의(祭義)」에는 "見其所爲齊者(그 재계하는 대상을 보게 된다)"라고 되어 있다.

135) 『주자어류(朱子語類)』 권25, 「논어7(論語七)」, 78조목에는 "曰: '范氏謂'有其誠則有其神, 無

‘유기성즉유기신, 무기성즉무기신(有其誠則有其神, 無其誠則無其神)’에 대해, 주자(朱子 : 朱熹)가 말하였다. “정성스러움은 실질적인 것이다.”

○ 汎論祭祀.

‘가불근호(可不謹乎)’는 일반적으로 제사를 논한 것이다.

○ 慶源輔氏曰 : “指如在之誠, 攝祭之禮.”136)

‘성위실, 예위허야(誠爲實, 禮爲虛也)’에 대해, 경원 보씨(慶源輔氏 : 輔廣)가 말하였다. “이는 마치 신(神)이 계신 듯이 하는 정성과 제사를 대신 지내는 예(禮)를 가리킨다.”

○ 至此, 方收結本文以終之.

여기에 이르러 비로소 본문을 거두어 결말지어 끝맺었다.

其誠則無其神', 只是心誠則能體得鬼神出否?' 曰 : '誠者, 實也. 有誠則凡事都有, 無誠則凡事都無. 如祭祀有誠意, 則幽明便交; 無誠意, 便都不相接了.'(물었다. '범씨(范氏 : 范祖禹)는 '그 정성이 있으면 그 신(神)이 있고, 그 정성이 없으면 그 신이 없다'라고 했으니, 이는 다만 마음이 정성스러우면 귀신을 체득할 수 있다는 것입니까?' 주자(朱子 : 朱熹)가 대답하였다. '정성스러움은 실질적인 것이다. 정성이 있으면 모든 일이 다 있고, 정성이 없으면 모든 일이 다 없다. 만일 제사를 지낼 때 정성스러운 뜻이 있으면 이승과 저승이 교류하지만, 정성스러운 뜻이 없으면 전혀 서로 접속할 수 없게 된다.')"라고 되어 있다.

136) 호광 편(胡廣 編), 『논어집주대전(論語集註大全)』 권3에 보광(輔廣)의 말로, “禮爲虛, 非言凡禮皆虛, 特指攝祭之禮而言耳. 誠爲實, 則指如在之誠意言也.(예(禮)가 공허하다는 것은 예가 모두 공허함을 말하는 것이 아니라 다만 제사를 대신 지내는 예를 가리켜 말한 것일 뿐이다. 정성이 실질적인 것이라는 말은 마치 신(神)이 계신 듯이 하는 성의를 가리켜 말한 것이다.)”라고 실려 있다.

[3-13-1]

王孫賈問曰 : "與其媚於奧, 寧媚於竈, 何謂也?"
왕손가(王孫賈)가 물었다. "아랫목 신(神)에게 잘 보이기보다는 차라리 부엌 신(神)에게 잘 보이라 하는데, 무엇을 말합니까?"

朱註

王孫賈, 衛大夫. 媚, 親順也. 室西南隅爲奧. 竈者, 五祀之一, 夏所祭也.
왕손가(王孫賈)는 위(衛)나라 대부이다. 미(媚)는 친하게 여겨 순종하는 것이다. 방의 서남쪽 모퉁이가 오(奧)이다. 조(竈)는 오사(五祀 : 다섯 가지 제사)의 하나로 여름에 제사지내는 곳이다.

詳說

○ 賈事又見「憲問」.
왕손가의 일은 또 「헌문(憲問)」에 보인다.137)

○ 朱子曰 : "'媚'字不好."138)
'미, 친순야(媚, 親順也)'에서 '미(媚)'자에 대해, 주자(朱子 : 朱熹)가 말하였다. "'미(媚)'자는 좋지 않다는 것이다."

---

137) 왕손가의 일은 또 「헌문(憲問)」에 보인다 : 『논어(論語)』「헌문(憲問)」 제20장에서 "공자가 위령공(衛靈公)의 무도(無道)함을 말하니, 강자(康子)가 말하였다. '이와 같은데도 어찌하여 지위를 잃지 아니합니까?' 공자가 말하였다. '중숙어(仲叔圉)는 빈객을 다스리고 축타(祝鮀)는 종묘(宗廟)를 다스리고, 왕손가(王孫賈)는 군대를 다스린다. 이와 같으니 어찌 그 지위를 잃겠는가?'(子言衛靈公之無道也, 康子曰 : '夫如是, 奚而不喪?' 孔子曰 : '仲叔圉治賓客, 祝鮀治宗廟, 王孫賈治軍旅, 夫如是, 奚其喪?')"라고 하였다.

138) 『주자어류(朱子語類)』 권25, 「논어7(論語七)」, 81조목에는 "王孫賈之意, 欲夫子媚己. 緊要是'媚'字不好. 如夫子事君盡禮, 也何嘗是媚? 他見夫子當時事君盡禮, 便道夫子媚奧. 故夫子都不答他, 只道是不如此, 獲罪於天, 則無所禱. 何爲媚奧, 亦何爲媚灶! 逆理而動, 便獲罪於天.(왕손가(王孫賈)의 생각은 공자가 자기에게 잘 보이기를 바란 것이다. 중요한 것은 '미(媚)'자가 좋지 않다는 것이다. 예컨대 공자가 군주를 섬길 때는 예(禮)를 다 발휘했지, 또 언제 잘 보이려 했는가? 그는 공자가 당시에 군주를 섬기면서 예를 다 발휘하는 것을 보고, 공자가 아랫목 신에게 잘 보이려 한다고 말한 것이다. 그러므로 공자는 전혀 그에게 대답하지 않고, 다만 그것은 그와 같지 않으니 하늘에 죄를 얻으면 빌 곳이 없다고만 말하였다. 이것이 어찌 아랫목 신에게 잘 보이려 한 것이겠으며, 또한 어찌 부엌 신에게 잘 보이려 한 것이겠는가? 이치를 거슬러 행동하는 것이 곧 하늘에 죄를 얻는 것이다.)"라고 되어 있다.

○ 新安陳氏曰:"一室中最尊處."139)

'실서남우위오(室西南隅爲奧)'에서 '오(奧)'자에 대해, 신안 진씨(新安陳氏 : 陳櫟)가 말하였다. "집에서 가장 높이는 곳이다."

○ 本文主祭祀而言, 故'竈'字不以其地訓之, 而以祭名訓之.

'조자, 오사지일(竈者, 五祀之一)'에 관해, 경문이 제사를 중심으로 해서 말했기 때문에 '조(竈)'자를 그곳, 즉 부엌으로 훈고하지 않고, 제사의 명칭으로 훈고한 것이다.

○ 『禮記』「月令」曰:"孟春祀戶, 孟夏祀竈, 季夏祀中霤, 孟秋祀門, 孟冬祀行."

'조자, 오사지일, 하소제야(竈者, 五祀之一, 夏所祭也)'에 대해, 『예기』「월령(月令)」에서 말하였다. "맹춘(孟春 : 음력 정월)에는 호(戶 : 지게문을 관장하는 신)에 제사 지내고, 맹하(孟夏 : 음력 4월)에는 조(竈 : 부엌을 관장하는 신)에 제사 지내며, 계하(季夏 : 음력 6월)에는 중류(中霤 : 집 중앙의 토지신)에 제사 지내고, 맹추(孟秋 : 음력 7월)에는 문(門 : 대문을 관장하는 신)에 제사 지내며, 맹동(孟冬 : 음력 10월)에는 항(行 : 한길을 관장하는 신)에 제사 지낸다."

朱註

凡祭五祀, 皆先設主而祭於其所, 然後迎尸而祭於奧, 略如祭宗廟之儀.

무릇 오사(五祀)에 제사 지낼 때는 모두 먼저 신주(神主)를 설치하여 제 장소에 제사 지낸 뒤, 시동(尸童)을 맞이하여 오(奧)에서 제사하는데, 대략 종묘(宗廟)에 제사 지내는 의식과 같다.

詳說

○ 五祀之所.

'개선설주이제어기소(皆先設主而祭於其所)'에서 '기소(其所)'는 오사(五祀)에 제사 지내는 곳이다.

○ 周之祭禮, 先敷神席於室中, 行陰厭, 然後迎尸. 此旣云略如宗廟之儀, 則其云設主者, 恐是指神席也. 饒氏亦以主席言之.

'략여제종묘지의(略如祭宗廟之儀)'에 대해, 주(周)나라의 제례(祭禮)는 먼저 방 가운데 신(神)의 자리를 펴고, 음염(陰厭)140)을 행한 뒤에 시동을 맞는다. 여기에서

139) 호광 편(胡廣 編), 『논어집주대전(論語集註大全)』 권3.

이미 대략 종묘에서 제사 지내는 의식과 같다고 말했으니, 신주를 설치한다고 말하는 것은 아마 신(神)의 자리를 가리킬 것이다.

○ 先汎論五祀之法, 此下又就本文祀竈而申明之.

'략여제종묘지의(略如祭宗廟之儀)'에 관해, 먼저 다섯 가지 제사의 법도를 일반적으로 논했고, 이 아래는 또 본문의 부엌 신에게 제사 지내는 것을 거듭 밝혀 설명한다.

朱註

如祀竈, 則設主於竈陘, 祭畢, 而更設饌於奥以迎尸也.

가령 조(竈)에 제사 지낼 경우에는 신주(神主)를 부엌의 지레목에 설치하고, 제사가 끝나면 다시 오(奥)에 제수를 진설하여 시동(尸童)을 맞이한다.

詳說

○ 猶云假令.

'여사조(如祀竈)'에서 '여(如)'자는 '가령'이라 말하는 것과 같다.

○ 音邢.

'즉설주어조형(則設主於竈陘)'에서 '형(陘)'자는 음이 형(邢)이다.

○ 朱子曰: "竈門外平正可頓柴處."[141]

'즉설주어조형(則設主於竈陘)'에서 '조형(竈陘)'에 대해, 주자(朱子: 朱熹)가 말하였다. "부엌 문 바깥 평평하고 바른 곳에 시렁을 놓을 만한 곳이다."

○ 平聲.

'이갱설찬어오이영시야(而更設饌於奥以迎尸也)'에서 '갱(更)'자는 평성(平聲)이다.

○ 朱子曰: "陘非可做好安排, 故又祭於奥以成禮. 五祀皆然."[142]

---

140) 음염(陰厭): 시동을 맞이하기 전에 방의 어두운 곳에 음식을 차려 놓고 신이 드시도록 권하는 것을 음염이라 하고, 반대로 제사가 끝나고 시동이 나간 뒤에 시동 앞에 놓였던 음식을 방의 밝은 쪽, 즉 서북쪽에 차려 놓고 신에게 드시도록 권하는 것을 양염(陽厭)이라 한다.

141) 『주자어류(朱子語類)』 권25, 「논어7(論語七)」, 85조목.

142) 『주자어류(朱子語類)』 권25, 「논어7(論語七)」, 86조목에는 "問: '五祀皆設主而祭於所, 然後迎尸而祭於奥?' 曰: '譬如祭灶, 初設主於灶陘. 陘非可做好安排, 故又祭於奥以成禮. 凡五祀皆然.'(물었다. '다섯 가지 제사는 모두 신주를 설치하고 제 장소에 제사 지내고 난 뒤, 시동을 맞이해서 오(奥)에서 제사를 드립니까?' 주자(朱子: 朱熹)가 대답하였다. '비유컨대 부엌 신

'이갱설찬어오이영시야(而更設饌於奧以迎尸也)'에 대해, 주자(朱子 : 朱熹)가 말하였다. "지례목은 잘 안배할 수 있는 곳이 아니기 때문에 또 오(奧)에서 제사 지내는 것으로 예(禮)를 완성한다. 다섯 가지 제사가 모두 그렇다."

○ 雙峰饒氏曰 : "先設主席而祭於其所, 親之也; 後迎尸而祭於奧, 尊之也. 祭於其所, 近於褻, 止祭於奧, 又非神所栖, 故兩祭之, 以盡求神之道."[143]

'이갱설찬어오이영시야(而更設饌於奧以迎尸也)'에 대해, 쌍봉 요씨(雙峰饒氏 : 饒魯)가 말하였다. "먼저 신주의 자리를 설치하고 제 장소에서 제사 지내는 것은 그것을 친하게 여기는 일이고, 뒤에 시동을 맞이하여 오(奧)에서 제사 지내는 것은 그것을 높이는 일이다. 제 장소에 제사 지내는 것은 친근하게 여긴 것에 가깝고, 오(奧)에서 제사 지내는 것으로 그치는 것은 또 그 신(神)이 깃들 곳이 아니기 때문에 두 번 제사 지내서 신을 구하는 도리를 다 표현하는 것이다."

○ 訓畢.

훈고가 끝났다.

朱註

故時俗之語, 因以奧有常尊, 而非祭之主; 竈雖卑賤, 而當時用事. 喩自結於君, 不如阿附權臣也.

그러므로 세속의 말에 이것 때문에 오(奧)는 항상 높이지만 제사의 주인이 아니고, 조(竈)는 비록 낮고 천하지만 때에 맞게 제사 지내는 일이 있다. 이는 주동적으로 군주에게 결탁하는 것이 권신(權臣)에게 아부함만 못함을 비유한 것이다.

詳說

○ '奧'·'竈'二字韻旣相叶, 且賈擧其語而問何謂, 故知其爲俗俾之語也. 凡古之俗語, 皆爲韻.

'고시속지어(故時俗之語)'에 대해, '오(奧)'자와 '조(竈)'자는 운(韻)이 이미 화합하고, 또 왕손가(王孫賈)가 그 말을 제기하여 무엇을 말하는지를 물었기 때문에 그 말이 세속의 비천한 말임을 알았다. 무릇 옛날에 세속의 말들은 모두 운이 맞다.

(神)에 제사 지내는 것과 같으니, 처음에는 부엌의 지례목에 신주를 설치한다. 지례목은 잘 안배할 수 있는 곳이 아니기 때문에 또 오(奧)에서 제사 지내는 것으로 예(禮)를 완성한다. 무릇 다섯 가지 제사가 모두 그렇다.')"라고 되어 있다.

143) 호광 편(胡廣 編), 『논어집주대전(論語集註大全)』 권3.

○ 新安陳氏曰:"夏屬火, 竈以火爨, 當夏之時, 用夏之事."144)

'조수비천, 이당시용사(竈雖卑賤, 而當時用事)'에서 '오(奧)'자에 대해, 신안 진씨(新安陳氏:陳櫟)가 말하였다. "여름은 화(火)에 속하고 부엌은 불을 때는 곳이기 때문에, 여름을 맞아서는 여름의 일을 쓴다."

○ 『大全』曰:"以奧比君, 以竈比權臣."

'유자결어군, 불여아부권신야(喩自結於君, 不如阿附權臣也)'에 대해, 『논어집주대전』에서 말하였다. "오(奧)로 군주에 비유했고, 조(竈)로 권신(權臣)에 비유하였다."

○ 以上先釋俗語之本義, 此下乃明賈引之之意而釋畢.

여기까지 먼저 세속의 말의 본래 의미를 풀이했고, 이 아래는 곧 왕손가(王孫賈)가 그 말을 끌어들인 뜻을 밝혀서 풀이를 끝맺는다.

朱註

賈, 衛之權臣, 故以此諷孔子.

왕손가(王孫賈)는 위(衛)나라의 권신(權臣)이기 때문에, 이 말로 공자를 풍자하였다.

詳說

○ 朱子曰:"賈, 庸俗之人, 見孔子在衛, 謂將有求仕之意, 欲孔子附己."145)

주자(朱子:朱熹)가 말하였다. "왕손가(王孫賈)는 용렬하고 세속적인 인물이라서, 공자가 위나라에 있는 것을 보고 벼슬을 구하는 뜻이 있다고 생각하고는, 공자가 자기에게 붙기를 바랐다."

○ '何謂也'三字, 有諷意.

경문에서 '하위야(何謂也:무엇을 말합니까)'라는 세 글자는 풍자하는 뜻이 있다.

○ '媚'字, 此章之題目.

'미(媚:잘 보이다)'자가 이 장(章)의 제목이다.

---

144) 호광 편(胡廣 編), 『논어집주대전(論語集註大全)』 권3에 진력(陳櫟)의 말로, "夏屬火, 竈以火爨, 夏祭主之. 當夏之時, 用夏之事.(여름은 화(火)에 속하고 부엌은 불을 때는 곳이기 때문에, 여름 제사는 그것을 주인으로 삼는다. 여름을 맞아서는 여름의 일을 쓴다.)"라고 실려 있다.

145) 『주자어류(朱子語類)』 권25, 「논어7(論語七)」, 82조목.

[3-13-2]

子曰："不然. 獲罪於天, 無所禱也."
공자가 말하였다. "그렇지 않다. 하늘에 죄를 얻으면 빌 곳이 없다."

詳說

○ 朱子曰："'不然', 謂媚奧與媚竈皆非也."146)

주자(朱子 : 朱熹)가 말하였다. "'그렇지 않다'라는 것은 아랫목 신(神)에게 잘 보이는 일과 부엌 신에게 잘 보이는 일이 모두 그르다는 것을 말한다."

朱註

天, 卽理也. 其尊無對, 非奧·竈之可比也. 逆理, 則獲罪於天矣, 豈媚於奧竈所能禱而免乎? 言但當順理, 非特不當媚竈, 亦不可媚於奧也.

천(天 : 하늘)은 곧 리(理)이다. 그 높음이 상대가 없으니, 아랫목 신(神)과 부엌 신이 견줄 수 있는 것이 아니다. 이치를 거스르면 하늘에 죄를 얻게 되니, 어찌 아랫목 신과 부엌 신에게 아첨하여 빌어서 모면할 수 있겠는가? 이는 다만 마땅히 이치를 따라야 하니, 부엌 신에게 아첨하지 않아야 할 뿐만 아니라, 또한 아랫목 신에게도 아첨하지 않아야 함을 말한다.

詳說

○ 朱子曰："天之所以爲天者, 理而已."147)

---

146) 『주자어류(朱子語類)』 권25, 「논어7(論語七)」, 82조목.

147) 『주자어류(朱子語類)』 권25, 「논어7(論語七)」, 83조목에는 "周問 : ''獲罪於天', 『集注』曰, '天卽理也.' 此指獲罪於蒼蒼之天耶, 抑得罪於此理也?' 曰 : '天之所以爲天者, 理而已. 天非有此道理, 不能爲天, 故蒼蒼者卽此道理之天, 故曰, '其體卽謂之天, 其主宰卽謂之帝.' 如'父子有親, 君臣有義', 雖是理如此, 亦須是上面有箇道理敎如此始得. 但非如道家說, 眞有箇三淸大帝著衣服如此坐耳.'(주(周)가 물었다. ''하늘에 죄를 얻는다'는 구절에 대해 『논어집주(論語集註)』에서는 '천(天 : 하늘)은 곧 이치이다.'라고 했습니다. 이는 푸른 하늘에 죄를 얻는다는 것을 가리킵니까? 아니면 이 이치에 죄를 얻는 것입니까?' 주자(朱子 : 朱熹)가 대답하였다. '천(天)이 천(天)이 되는 근거는 리(理)일 뿐이다. 천(天)은 이 도리가 있지 않으면 천(天)이 될 수 없다. 때문에 푸른 것도 바로 이 도리의 천(天)이다. 그러므로 '그 본체는 곧 천(天)이라 하고, 그 주재는 곧 제(帝)라고 한다'라고 하였다. 이는 마치 '부모와 자식 간에는 친함이 있고, 군주와 신

'천, 즉리야(天, 卽理也)'에 대해, 주자(朱子 : 朱熹)가 말하였다. "천(天)이 천이 되는 근거는 리(理)일 뿐이다."

○ **按 : 天有以理言者, 此及天命 · 天道之類是也; 有以氣言者, '惟天爲大' · '天不可階'之類是也. 天本形氣之物, 而以其尊無對, 故又借用於理耳.**

'천, 즉리야(天, 卽理也)'에 대해, 생각하건대 천(天)은 리(理)로 말하는 것이 있으니, 천리(天理)와 천명(天命), 천도(天道)와 같은 것이 이것이며, 기(氣)로 말하는 것이 있으니, '오직 하늘이 크다'148)와 '하늘은 사다리로 올라갈 수 없다'149)와 같은 말이 이것이다. 천은 본래 형체와 기가 있는 것이지만 그 존귀함이 상대가 없기 때문에 또 리에 차용되었다.

○ **訓兼論.**

'기존무대, 비오 · 조지가비야(其尊無對, 非奧 · 竈之可比也)'까지 훈고에 경문의 의미 설명을 겸하였다.

○ **雲峰胡氏曰 : "纔說'媚'字, 便已非理."**150)

'역리(逆理)'에 대해, 운봉 호씨(雲峯胡氏 : 胡炳文)가 말하였다. "'미(媚 : 아첨하다)'자를 말하자마자 이미 리(理)가 아니다."

○ **'禱'字含此四字意.**

'기미어오조소능도이면호(豈媚於奧竈所能禱而免乎)'에서 '미어오조(媚於奧竈)'에 대해, 경문 '무소도야(無所禱也)'에서 '도(禱)'자는 이 네 글자의 뜻을 포함하고 있다.

○ **此下有'之'字意.**

'기미어오조소능도이면호(豈媚於奧竈所能禱而免乎)'에서 '기미어오조(豈媚於奧竈)'

하 간에는 의리가 있다'라고 하는 것과 같이 비록 이치가 이와 같지만 또한 반드시 그 위에 하나의 도리가 있어 이와 같이 하도록 시켜야 비로소 가능한 것이다. 그러나 도가에서 말하는 것처럼 참으로 하나의 삼청대제(三淸大帝)가 옷을 입고 이렇게 앉아 있는 것은 아니다.')"라고 되어 있다.

148) 오직 하늘이 크다 : 『논어(論語)』「태백(泰伯)」 제19장에서 "공자가 말하였다. '위대하다. 요(堯) 임금의 군주 됨이여! 높고 큼에는 오직 저 하늘이 큰데, 오직 요(堯) 임금이 그와 같았으니, 그 덕이 넓고 넓어 백성들이 형용할 수 없다.'(子曰 : '大哉, 堯之爲君也! 巍巍乎, 唯天爲大, 唯堯則之. 蕩蕩乎, 民無能名焉.')"라고 하였다.

149) 하늘은 사다리로 올라갈 수 없다 : 『논어(論語)』「자장(子張)」 제25장에서 "선생님을 따르지 못함은 마치 하늘을 사다리로 오르지 못하는 것과 같다.(夫子之不可及也, 猶天之不可階而升也.)"라고 하였다.

150) 호병문, 『사서통(四書通)』「논어통(論語通)」 권2.

라는 구절 아래에는 ‘지(之)’자의 뜻이 있다.

○ **南軒張氏曰 : “斯言卽禱祀而論之, 而所以答其意者, 亦無不盡.”**[151]

‘기미어오조소능도이면호(豈媚於奧竈所能禱而免乎)’에 대해, 남헌 장씨(南軒張氏 : 張栻)가 말하였다. “이 말은 소원을 빌려고 제사 지내는 것에서 논의한 것인데, 그 뜻에 대답한 것은 또한 다 발휘하지 않음이 없다.”

○ **此上合奧竈而釋正意, 此下又分言之, 以明其餘意而釋畢.**

여기까지는 아랫목 신(神)과 부엌 신을 합쳐서 진정한 뜻을 풀이한 것이고, 이 아래는 또 그것들을 나누어 말하여 그 나머지 뜻을 밝히고 풀이를 끝맺는다.

朱註

○ **謝氏曰 : “聖人之言, 遜而不迫. 使王孫賈而知此意, 不爲無益; 使其不知, 亦非所以取禍.”**

사씨(謝氏 : 謝良佐)가 말하였다. “성인의 말은 공손하지 박절하지 않다. 가령 왕손가(王孫賈)가 이 뜻을 알았다면 유익함이 없지 않았을 것이고, 가령 그가 알지 못하더라도 또한 그것 때문에 재앙을 취하는 것은 아니다.”

詳說

○ **西山眞氏曰 : “旣不阿徇, 又不違悖, 如對陽貨之言.”**[152]

‘성인지언, 손이불박(聖人之言, 遜而不迫)’에 대해, 서산 진씨(西山眞氏 : 眞德秀)가 말하였다. “이미 아부하면서 따르지 않았으며, 게다가 거스르지 않았으니, 마치 양화에게 대답한 말과 같다.[153]”

---

151) 장식(張栻), 『계사논어해(癸巳論語解)』 권2.

152) 진덕수(眞德秀), 『서산문집(西山文集)』 권31에는 “其對陽貨也, 貨本責孔子之不仕, 孔子對以吾將仕矣. 其意謂我未嘗不欲仕且將仕矣, 但不仕汝爾. 其言渾然, 圭角不露, 旣非阿徇, 又不違忤, 此所以爲聖人之言也.(공자가 양화에 대해서는, 양화는 본래 공자가 벼슬하지 않는 것을 책망했는데, 공자는 장차 벼슬을 할 것이라 대답하였다. 그 뜻은 나는 벼슬하지 않으려고 한 적이 없었고 또 장차 벼슬을 할 것이지만, 너에게 벼슬하지는 않을 것이라는 점을 말한다. 그 말이 혼연하여 모가 난 것은 드러나지 않고, 이미 아부하면서 따르지 않았으며, 게다가 거스르지 않았으니, 이것이 성인의 말이 되는 까닭이다.)”라고 되어 있다.

153) 마치 양화에게 대답한 말과 같다 : 『논어(論語)』「양화(陽貨)」 제1장에서 “양화(陽貨)가 공자를 만나려고 하였지만, 공자가 만나주지 않으니, 양화는 공자에게 삶은 돼지를 선물로 보내 주었다. 공자도 그가 없는 틈을 타서 사례하러 가다가 길에서 마주쳤다. 양화가 공자에게 말하였

○ 獲罪無禱之意.

'사왕손가이지차의(使王孫賈而知此意)'에서 '차의(此意)'는, 하늘에 죄를 얻으면 빌 곳이 없다는 뜻이다.

○ 西山眞氏曰 : "必惕然自省, 平日所爲咈理, 得罪於天者, 是悔悟之機也."[154)]

'사왕손가이지차의, 불위무익(使王孫賈而知此意, 不爲無益)'에 대해, 서산 진씨(西山眞氏 : 眞德秀)가 말하였다. "반드시 두려워하여 스스로 평상시 저지른 일들이 리(理)에 어긋나 하늘에 죄를 얻었다고 반성할 것이니, 이는 곧 후회하고 뉘우치는 기틀이다."

○ 此註上以'則'字義讀, 下以'雖'字義讀, 如下篇不以其道章.

이 주석의 윗부분 즉 '사왕손가이지차의, 불위무익(使王孫賈而知此意, 不爲無益)'은 '즉(則 : ~하면)'의 의미로 읽고, 아랫부분 즉 '사기부지, 역비소이취화(使其不知, 亦非所以取禍)'는 '수(雖 : 비록 ~하더라도)'의 의미로 읽어야 하니, 마치 아래 편 불이기도장(不以其道章)과 같다.[155)]

다. '이리 오시오. 내가 그대와 말을 해야겠소.' 그러면서 말하였다. '훌륭한 인품을 가지고 있으면서 나라를 어지럽게 버려두는 것을 인(仁)이라 할 수 있겠습니까?', 공자가 대답하였다. '그렇다고 할 수 없습니다.' 양화가 말하였다. '일에 전념하기를 좋아하면서 자주 때를 놓치는 것을 지(知)라고 할 수 있겠습니까?' 공자가 대답하였다. '그렇다고 할 수 없습니다.' 양화가 말하였다. '시간이 빨리 지나가니, 세월은 나를 위하여 기다려 주지 않습니다.' 공자가 대답하였다. '알았습니다. 나는 장차 벼슬을 할 것입니다.'(陽貨欲見孔子, 孔子不見, 歸孔子豚. 孔子時其亡也, 而往拜之, 遇諸塗. 謂孔子曰 : '來! 予與爾言.' 曰 : '懷其寶而迷其邦, 可謂仁乎?' 曰 : '不可.' '好從事而亟失時, 可謂知乎?' 曰 : '不可.' '日月逝矣, 歲不我與.' 孔子曰 : '諾. 吾將仕矣.')"라고 하였다.

154) 진덕수(眞德秀), 『서산문집(西山文集)』 권31에는 "王孫賈知此意, 則必惕然自省, 平日所爲拂理, 得罪於天者已多, 是乃開其悔悟之機也. 如不知此意, 亦不至觸之以招禍.(왕손가가 이 뜻을 알았으면 반드시 두려워하여 스스로 평상시 저지른 일들이 리(理)에 어긋나 하늘에 죄를 얻은 것이 이미 많다는 것을 반성할 것이니, 이는 곧 후회하고 뉘우치는 기틀을 연 것이다. 만약 이 뜻을 알지 못하더라도 또한 그와의 접촉이 재앙을 초래하는 것에까지는 이르지 않을 것이다.)"라고 되어 있다.

155) 아래 편 불이기도장(不以其道章)과 같다 : 『논어(論語)』「이인(里仁)」 제5장에서 "공자가 말하였다. '부(富)와 귀(貴)는 사람들이 원하는 것이지만 정상적인 방법으로 얻지 못하면 처하지 않아야 하고, 빈(貧)과 천(賤)은 사람들이 싫어하는 것이지만 정상적인 방법으로 얻지 못했다고 하더라도 버리지 않아야 한다.'(子曰 : '富與貴是人之所欲也, 不以其道得之, 不處也; 貧與賤是人之所惡也, 不以其道得之, 不去也.')"라고 하였다.

[3-14-1]

子曰 : "周監於二代, 郁郁乎文哉! 吾從周."
공자가 말하였다. "주(周)나라는 하(夏)나라와 은(殷)나라 이대(二代)를 살펴보았으니, 찬란하다. 그 문채남이여! 나는 주나라를 따르겠다."

朱註

○ 郁, 於六反.
'욱(郁)'은 '어(於)'와 '육(六)'의 반절(反切)이다.

朱註

監, 視也. 二代, 夏 · 商也. 言其視二代之禮而損益之. '郁郁', 文盛貌.
감(監)은 본다는 것이다. 이대(二代)는 하(夏)나라와 은(殷)나라이다. 이대의 예(禮)를 보고서 거기에 덜어내거나 보탰다는 것을 말한다. '욱욱(郁郁)'은 문채(文彩)가 성대한 모습이다.

詳說

○ 此釋'周監於二代'五字之義.
'언기시이대지예이손익지(言其視二代之禮而損益之)'는 경문 '주감어이대(周監於二代)'라는 다섯 글자의 의미를 풀이한 것이다.

○ 訓間釋.
훈고 사이에 경문을 풀이하였다.

朱註

○ 尹氏曰 : "三代之禮至周大備, 夫子美其文而從之."
윤씨(尹氏 : 尹焞)가 말하였다. "삼대(三代)의 예(禮)가 주(周)나라에 이르러 크게 갖추어졌으니, 공자는 그 문채남을 찬미하고 그것을 따랐다."

詳說

○ 新安陳氏曰 : "蓋周盛時文質得宜之文, 非周末文勝質之文."[156]
'부자미기문이종지(夫子美其文而從之)'에서 '문(文)'자에 대해, 신안 진씨(新安陳氏

: 陳櫟)가 말하였다. "대개 주나라가 융성했을 때 문체남과 질박함이 마땅함을 얻었을 때의 문채이지, 주나라 말기에 문채남이 질박함을 능가했을 때의 문채가 아니다."

○ 『中庸』曰 : "吾學周禮, 今用之, 吾從周."157)

'부자미기문이종지(夫子美其文而從之)'에서 '종지(從之)'에 대해, 『중용(中庸)』에서 말하였다. "나는 주(周)나라 예(禮)를 배웠는데 지금 이를 쓰고 있으니, 나는 주나라 예를 따르겠다."

○ 朱子曰 : "使夫子得位, 將損益四代以爲百王不易之法, 不專於從周矣.158) 意其從二代者, 不能多於從周也.159)"

'부자미기문이종지(夫子美其文而從之)'에 대해, 주자(朱子 : 朱熹)가 말하였다. "가령 공자가 지위를 얻었다면, 사대(四代 : 우(虞), 하(夏), 상(商), 주(周)의 네 왕조)를 덜어내거나 보태어 역대 제왕들이 바꿀 수 없는 법도를 만들지 오로지 주나라를 따르지만은 않았을 것이다. 하나라와 은나라 이대(二代)를 따른다고 생각하는 것은 주나라를 따르는 일보다 많을 수 없어서이다."

○ 按 : 尹說正釋本文而乃居'圈'下者, 豈爲以三代之禮統說起故耶?

생각하건대, 윤돈의 설명은 본문을 정면으로 풀이했는데 그런데도 '○(圈)'아래에 둔 것은 어찌 삼대(三代)의 예(禮)를 총괄해서 설명하기 위한 것 때문이겠는가?

---

156) 호광 편(胡廣 編), 『논어집주대전(論語集註大全)』 권3에 진력(陳櫟)의 말로 "蓋從周盛時文質得宜之文, 非從周末文勝質之文也.(대개 주나라가 융성했을 때 문체남과 질박함이 마땅함을 얻었을 때의 문채를 따른다는 것이지, 주나라 말기에 문채남이 질박함을 능가했을 때의 문채를 따른다는 것이 아니다.)"라고 실려 있다.

157) 『중용장구(中庸章句)』 제28장.

158) 使夫子得位, 將損益四代以爲百王不易之法, 不專於從周矣 : 주희, 『주문공문집(朱文公文集)』 권44, 「답황직옹(答黃直翁)」.

159) 意其從二代者, 不能多於從周也 : 『사서혹문(四書或問)』 권8.

[3-15-1]

子入大廟, 每事問. 或曰 : "孰謂鄹人之子知禮乎? 入大廟, 每事問." 子聞之, 曰 : "是禮也."

공자가 태묘(大廟)에 들어갔을 때 낱낱의 일마다 사람들에게 물었다. 어떤 사람이 말하였다. "누가 추(鄹) 땅 사람의 아들 즉 공자를 일러 예(禮)를 안다고 했는가? 태묘(大廟)에 들어가 낱낱의 일마다 묻는구나." 공자가 이 말을 듣고 말하였다. "이것이 바로 예이다."

朱註

○ 大, 音泰. 鄹, 側留反.

'자입태묘(子入大廟)'에서 '태(大)'자는 음이 태(泰)이다. '추(鄹)'는 '측(側)'과 '유(留)'의 반절(反切)이다.

朱註

大廟, 魯周公廟. 此蓋孔子始仕之時, 入而助祭也. 鄹, 魯邑名, 孔子父叔梁紇, 嘗爲其邑大夫.

태묘(大廟)는 노(魯)나라 주공(周公)의 사당이다. 이 일은 대개 공자가 처음 벼슬할 때 태묘(大廟)에 들어가 제사를 도운 일이었을 것이다. 추(鄹)는 노(魯)나라 읍(邑)의 이름인데, 공자의 아버지 숙량흘(叔梁紇)이 일찍이 그 읍의 대부(大夫 : 邑宰)를 지냈었다.

詳說

○ 『公羊傳』曰 : "周公稱大廟, 魯公稱世室, 群公稱宮."[160]

'태묘, 노주공묘(大廟, 魯周公廟)'에 대해, 『춘추공양전(春秋公羊傳)』에서 말하였다. "주공은 태묘(大廟)라 일컫고, 노공(魯公)은 세실(世室)이라 일컬으며, 여러 공(公)은 궁(宮)이라 일컫는다."

○ 朱子曰 : "觀或稱鄹人之子, 知其爲少賤之時."[161]

---

160) 『춘추공양전(春秋公羊傳)』 문공(文公) 13년.

161) 『사서혹문(四書或問)』 권8에는 "以或人所稱鄹人之子者觀之, 則其爲少賤之時無疑矣.(어떤 사

'차개공자시사지시(此蓋孔子始仕之時)'에 대해, 주자(朱子 : 朱熹)가 말하였다. "어떤 사람이 공자를 추(鄹)땅 사람의 아들이라 일컬은 것은 보면, 공자가 젊어서 미천했을 때라는 것을 알 수 있다."

○ 下沒反.

'공자부숙량흘(孔子父叔梁紇)'에서 '흘(紇)'은 '하(下)'와 '몰(沒)'의 반절(反切)이다.

○ 朱子曰 : "呼'鄹人之子', 是與孔子父相識者."[162]

'공자부숙량흘, 상위기읍대부(孔子父叔梁紇, 嘗爲其邑大夫)'에 대해, 주자(朱子 : 朱熹)가 말하였다. "'추(鄹) 땅 사람의 아들'이라 지칭한 것은 공자의 아버지와 서로 아는 사람이다."

○ 孔子生於鄹, 蓋其父爲此邑大夫, 因居焉. 故或者以鄹人目之.

'공자부숙량흘, 상위기읍대부(孔子父叔梁紇, 嘗爲其邑大夫)'에 대해, 공자가 추(鄹) 땅에서 태어난 것은 대개 그 아버지가 추읍의 대부였기 때문에 거기에 거주한 것이었다. 그러므로 어떤 사람이 그를 추(鄹) 땅 사람으로 지목한 것이다.

○ 訓畢.

훈고가 끝났다.

朱註

孔子自少以知禮聞, 故或人因此而譏之. 孔子言'是禮'者, 敬謹之至, 乃所以爲禮也.

공자는 젊어서부터 예(禮)를 잘 안다고 소문이 났기 때문에, 어떤 사람이 이 때문에 공자를 비웃은 것이다. 공자가 '이것이 바로 예이다'라고 말한 것은, 공경과 삼감이 지극한 것이 바로 예를 실행하는 것이기 때문이다.

詳說

○ 去聲.

'공자자소이지례문(孔子自少以知禮聞)'에서 '소(少)'자는 거성(去聲)이다.

○ 見『左』昭七年及定十年.

람이 공자를 추(鄹) 땅 사람의 아들이라 일컬은 것은 보면, 공자가 젊어서 미천했을 때라는 것이 의심할 것이 없다.)"라고 되어 있다.

162) 『주자어류(朱子語類)』 권38, 「논어20(論語二十)」, 9조목.

'공자자소이지례문(孔子自少以知禮聞)'라고 한 것은 『춘추좌전(春秋左傳)』 소공(昭公) 7년과 정공(定公) 10년에 보인다.163)

○ 指'每事問'.

'고혹인인차이기지(故或人因此而譏之)'에서 '차(此)'자는 본문 '매사문(每事問 : 낱낱의 일마다 사람들에게 물었다)'을 가리킨다.

○ 朱子曰 : "謂卽此便是禮也."

'내소이위례야(乃所以爲禮也)'에 대해, 주자(朱子 : 朱熹)가 말하였다. "이는 '다만 이렇게 하는 것이 바로 예(禮)이다'라는 것을 말한다."

○ 釋畢.

경문의 풀이가 끝났다.

朱註

○ 尹氏曰 : "禮者, 敬而已矣. 雖知亦問, 謹之至也. 其爲敬莫大於此, 謂之不知禮者, 豈足以知孔子哉?"

윤씨(尹氏 : 尹焞)가 말하였다. "예(禮)는 경(敬)일 뿐이다. 비록 알더라도 또한 묻는 일은 삼감이 지극한 것이다. 그 경을 실행함이 이보다 큰 것이 없는데, 그것에 대해 예를 알지 못한다고 말하는 자가 어찌 공자를 알기에 충분하겠는가?"

詳說

○ 此二句本伊川語.

'수지역문, 근지지야(雖知亦問, 謹之至也)'라는 두 구절은 본래 이천(伊川 : 程頤)의 말이다.164)

---

163) 『춘추좌전(春秋左傳)』 소공(昭公) 7년과 정공(定公) 10년에 보인다 : 『춘추좌전(春秋左傳)』 소공(昭公) 7년에는 "예(禮)는 사람의 근간이다. 예가 없으면 자립할 수 없다. 내(孟僖子)가 듣기에 장차 예에 통달할 사람은 공구(孔丘)라고 하는데, 그는 성인의 후예로 그 가문이 송(宋)나라에서 멸망했다고 한다.(禮, 人之幹也. 無禮, 無以立. 吾聞將有達者曰孔丘, 聖人之後也, 而滅於宋.)"라고 하였다. 또 정공(定公) 10년에는 "리미(犂彌)가 제후(齊侯)에게 말하였다. '공구(孔丘)는 예(禮)는 알지만 용기가 없으니, 만약 래인(萊人)들을 보내어 무기로 노후(魯侯)를 위협하면 반드시 우리의 뜻대로 될 것입니다.'(犂彌言於齊侯曰 : '孔丘知禮而無勇, 若使萊人以兵劫魯侯, 必得志焉.')"라고 하였다.

164) 본래 이천(伊川 : 程頤)의 말이다 : 정호 · 정이(程顥 · 程頤), 『하남정씨유서(河南程氏遺書)』 권22 상(上).

○ 朱子曰："以石慶數馬·張湯陽驚事觀之, 雖知亦問, 亦有誠僞之別. 雖平日知其說, 未必身親行之而識其物, 故問而審之, 必不每入而每問也."[165)]

주자(朱子 : 朱熹)가 말하였다. "석경(石慶)[166)]이 말의 수를 세어 본 일[167)]과 장탕(張湯)[168)]이 겉으로 놀란 척했던 일[169)]로 살펴보면, 비록 알더라도 또한 묻는 것

---

165) 주희, 『주문공문집(朱文公文集)』 권47, 「답여자약(答呂子約)」에는 "以石慶數馬與張湯陽驚事, 相對觀之可見. 雖知亦問, 自有誠僞之別. 兼或人謂夫子爲鄹人之子, 則亦夫子始仕, 初入太廟時事. 雖平日知其說, 然未必身親行之而識其物也, 故問以審之. 理當如此, 必不每入而每問也. 然大綱節目與其變異處亦須問也.(석경(石慶)이 말의 수를 세어 본 일과 장탕(張湯)이 겉으로 놀란 척 했던 일로 서로 짝지어 살펴보면 알 수 있다. 비록 알더라도 또한 묻는 것에는 본디 진실함과 거짓됨의 구별이 있다. 어떤 사람이 공자를 추(鄹) 땅 사람의 아들이라 말한 것을 아울러 보면, 또한 공자가 벼슬을 시작하여 처음으로 태묘에 들어간 때의 일일 것이다. 비록 평소에 그 예(禮)에 대한 설명을 알고 있지만, 꼭 몸소 실천하여 그 실제를 알지는 못했기 때문에 물으면서 자세히 살폈던 것이다. 이치가 마땅히 이와 같으니, 꼭 매번 들어갈 때마다 언제나 묻지는 않았을 것이다. 그러나 큰 강령의 절목과 그에 따른 변화된 사항에 대해서는 또한 반드시 물어야 한다.)"라고 되어 있다.

166) 석경(石慶, ?~B.C.103) : 한(漢)나라 때 하내군 온현(河內郡溫縣 : 현 하남성 온현) 사람으로 만석군(萬石君) 석분(石奮)의 막내아들이다. 서한(西漢) 무제(武帝) 때 태자태부(太子太傅), 어사대부(御史大夫)를 거쳐 승상에 이르렀고, 목구후(牧丘侯)에 봉해졌다. 시호는 염후(恬侯)이다. 겸손하고 신중하기로 유명하다.

167) 석경(石慶)이 말의 수를 세어 본 일 : 『한서(漢書)』 권46 「만석위직주장전(萬石衛直周張傳)」에서 "석경이 태복(太僕)이 되어 황제를 모시고 나갔는데, 황제가 '수레에 말이 몇 마리냐?'라고 물었다. 석경이 채찍으로 말을 다 센 다음 손을 들어 '여섯 마리입니다.'라고 대답하였다. 석경은 형제들 가운데 가장 소략한 사람이었는데도 또한 신중하기가 이와 같았다.(慶爲太僕御出, 上問, '車中幾馬?' 慶以策數馬畢, 擧手曰, '六馬.' 慶於兄弟最爲簡易矣, 然猶如此.)"라고 하였다.

168) 장탕(張湯, ?~B.C. 115) : 서한(西漢) 시대 경조 두릉(京兆杜陵 : 현 섬서성 서안(西安)시 동남) 사람으로 율령(律令)에 밝았다. 한 무제(漢武帝) 때 진황후(陳皇后), 회남왕(淮南王), 형산왕(衡山王)의 반역 사건을 처리했고, 태중대부(太中大夫)로 조우(趙禹)와 함께 여러 법령을 제정하였다. 법의 집행이 엄격했다고 한다.

169) 장탕(張湯)이 겉으로 놀란 척 했던 일 : 『사기(史記)』 권122, 「혹리열전(酷吏列傳)」에서, "하동(河東) 출신 이문(李文)이라는 자는 일찍이 장탕과 사이가 나빴다. 뒤에 그가 어사중승(御史中丞)이 되자 분노와 원한을 품고 수차례 궁정문서를 통해서 장탕에게 해가 될 만한 문제를 찾았는데, 조금의 빈틈도 없었다. 장탕에게는 그가 아끼는 사(史) 노알거(魯謁居)가 있었다. 노알거는 장탕이 이로 인해서 불만이 있는 것을 알고 사람을 시켜 급히 이문의 변고(變告)를 상주(上奏)하게 하였다. 이 일이 장탕에게 맡겨지자, 장탕은 판결을 내려 이문을 사형에 처하였다. 그리고 마음속으로 이 일은 노알거가 행한 것임을 알고 있었다. 황제가 장탕에게 물었다. '이문의 변고한 사건의 단서는 어떻게 잡은 것이오?' 그러자 장탕은 놀라는 척하며 대답하였다. '이는 아마 이문과 잘 아는 사람 가운데 그에게 원한을 품은 자의 소행인 줄 압니다.'

은 또한 진실함과 거짓됨의 구별이 있다. 비록 평소에 그 예(禮)에 대한 설명을 알고 있지만, 꼭 몸소 실천하여 그 실제를 알지는 못했기 때문에 물으면서 자세히 살폈던 것이지, 꼭 매번 들어갈 때마다 언제나 묻지는 않았을 것이다."

○ **新安陳氏曰**: "**於此略無不平之詞, 尤可以觀聖人氣象.**"[170]
신안 진씨(新安陳氏: 陳櫟)가 말하였다. "여기에는 전혀 공평하지 않은 표현이 없으니 특히 성인의 기상을 살펴볼 수 있다."

○ '**問**'**字, 此章之題目.**
'문(問: 질문했다)'자는 이 장(章)의 제목이다.

뒤에 노알거가 병에 걸려 시골의 집에 누워 있었다. 장탕은 친히 그에게 문병하여 노알거의 다리를 주물러 주었다.(河東人李文, 嘗與湯有郤已. 而爲御史中丞, 恚數從中文書事, 有可以傷湯者, 不能爲地. 湯有所愛史魯謁居, 知湯不平, 使人上蜚變告文姦事. 事下湯, 湯治論殺文. 而湯心知謁居爲之. 上問曰: '言變事蹤跡安起?' 湯詳驚曰: '此殆文故人怨之.' 謁居病卧閭里主人. 湯自往視疾, 爲謁居摩足.)"라고 하였다.

170) 호광 편(胡廣 編), 『논어집주대전(論語集註大全)』 권3.

[3-16-1]

子曰：“射不主皮，爲力不同科，古之道也.”
공자가 말하였다. “활쏘기에서 가죽 뚫는 일에 중점을 두지 않는 것은 힘이 동등하지 않기 때문이니, 옛날의 활 쏘는 도(道)이다.”

朱註

○ 爲，去聲. ‘射不主皮’，「鄕射禮」文. ‘爲力不同科’，孔子解「禮」之意如此也. 皮，革也. 布侯而棲革於其中以爲的，所謂鵠也. 科，等也.

‘위력부동과(爲力不同科)’에서 ‘위(爲)’자는 거성(去聲)이다. ‘활쏘기에서 가죽을 뚫는 일에 중점을 두지 않는다.’라는 말은 『의례(儀禮)』「향사례(鄕射禮)」의 글이다. ‘힘이 동등하지 않기 때문이다.’라는 말은 공자가 「향사례」의 뜻을 이와 같이 풀이한 것이다. 피(皮)는 가죽이다. 후(侯：과녁판)를 베로 만들고 그 가운데 가죽을 붙여서 표적으로 삼은 것이니, 이른바 곡(鵠)이라는 것이다. 과(科)는 등급이다.

詳說

○ ‘貫皮’也，而單謂之‘皮’，猶‘治亂’而曰‘亂’，古語多有此類.

‘사불주피(射不主皮)’에서 ‘피(皮)’자는 ‘가죽을 뚫는다’라는 뜻인데 다만 ‘피(皮：가죽)’라고 말한 것은 마치 ‘치란(治亂：혼란함을 다스리다)’이라는 말을 ‘란(亂：혼란함을 다스리다)’이라 하는 것과 같으니, 옛 말에는 이와 같은 것들이 많다.

○ 『儀禮』曰：“禮，射不主皮.”171)

‘사불주피, 「향사례」문(射不主皮, 「鄕射禮」文)’에 대해, 『의례』에서 말하였다. “예(禮)에는 활쏘기에서 가죽을 뚫는 일에 중점을 두지 않는다.”

○ 先別「禮」文與孔子之言.

‘공자해「예」지의여차야(孔子解「禮」之意如此也)’라고 한 것은 먼저 「향사례(鄕射禮)」의 글과 공자의 말을 구별한 것이다.

○ 以布爲侯.

‘포후이서혁어기중이위적(布侯而棲革於其中以爲的)’에서 ‘포후(布侯)’는 베로 후(侯

---

171) 『의례』「향사례(鄕射禮)」 제5.

: 과녁판)를 만든다는 것이다.

○ 『周禮』「考工記」曰 : "侯廣與崇方, 三分其廣而鵠居一."[172]

'포후이서혁어기중이위적, 소위곡야(布侯而棲革於其中以爲的, 所謂鵠也)'에 대해, 『주례』「고공기(考工記)」에서 말하였다. "과녁판의 너비는 높이와 같고, 그 너비를 세 등분하여 그 하나의 등분에 표적을 둔다."

○ 新安倪氏曰 : "鵠, 小鳥而難中."[173]

'포후이서혁어기중이위적, 소위곡야(布侯而棲革於其中以爲的, 所謂鵠也)'에 대해, 신안 예씨(新安倪氏 : 倪士毅)가 말하였다. "곡(鵠 : 기러기)은 작은 새라서 활을 쏘아서 맞추기가 어렵다."

○ 訓畢.

훈고가 끝났다.

朱註

古者射以觀德, 但主於中, 而不主於貫革, 蓋以人之力有强弱, 不同等也.

옛날에는 활쏘기로 덕행(德行)을 살펴보았는데, 다만 적중시키는 것에 중점을 두었지 가죽을 뚫는 일에는 중점을 두지 않았으니, 이는 사람의 힘에 강약(强弱)이 있어 동등하지 않기 때문이다.

詳說

○ 先以'古'字冠之, 已含'古之道'三字意.

'고자사이관덕(古者射以觀德)'에서 먼저 '고(古)'자를 첫머리에 둔 것은 이미 경문의

---

172) 『주례』「동관 · 고공기(冬官 · 考工記)」 제6.

173) 호광 편(胡廣 編), 『논어집주대전(論語集註大全)』 권3에 예사의(倪士毅)의 말로, "引此以解此章, 方可通. 不然, '禮後乎'一句何以知忠信當先, 而禮文在後乎? '白受采', 可證'繪事後素'; 而'忠信可學禮', 可解'禮後乎'. 『集註』首云'禮必以忠信爲質', 亦本「禮器」(「예기(禮器)」를 끌어들여서 이 장(章)을 풀이해야 비로소 소통할 수 있다. 그렇지 않으면 경문의 '예후호(禮後乎 : 예(禮)가 충신(忠信)보다 뒤이겠군요)'라는 구절을 통해 어떻게 충신(忠信)이 마땅히 앞서야 하고 예(禮)의 문식이 뒤에 있는지를 알겠는가? '백수채(白受采 : 흰 것은 채색을 받아들인다)'라는 구절은 '회사후소(繪事後素)'를 증명할 수 있고, '충신지인, 가이학예(충신(忠信)한 사람은 예(禮)를 배울 만하다)'라는 구절은 '예후호(禮後乎)'를 풀이할 수 있다. 『논어집주(論語集註)』에서 '예(禮)는 반드시 충신(忠信)을 바탕으로 삼는다'라고 한 것도 또한 「예기(禮器)」에 근본을 두고 있다.)"라고 되어 있다.

‘고지도(古之道 : 옛날의 활 쏘는 도(道)이다)’라는 세 글자의 뜻을 포함하고 있다.

○ 『禮記』「射義」曰 : “射者, 所以觀盛德也.”[174]

‘고자사이관덕(古者射以觀德)’에 대해, 『예기』「사의(射義)」에서 말하였다. “활쏘기는 그것으로 융성한 덕을 살펴보는 것이다.”

○ 去聲, 下同.

‘단주어중(但主於中)’에서 ‘중(中)’자는 거성(去聲)이고, 아래도 마찬가지이다.

○ 二字釋‘皮’字.

‘이불주어관혁(而不主於貫革)’에서 ‘관혁(貫革)’이라는 두 글자는 본문의 ‘피(皮)’자를 풀이한 것이다.

○ 以‘以’易‘爲’.

‘개이인지력유강약(蓋以人之力有强弱)’에서 ‘이(以)’자는 그것으로 경문 ‘위력부동과(爲力不同科)’의 ‘위(爲)’자를 바꾼 것이다.

朱註

「記」曰, ‘武王克商, 散軍郊射, 而貫革之射息.’ 正謂此也.

『예기』「악기(樂記)」에 ‘무왕(武王)이 상(商)나라를 이기고 군대를 해산하여 교외(郊外)에서 활쏘기를 함에 가죽을 꿰뚫는 활쏘기가 종식되었다.’라고 하였으니, 바로 이를 말한다.

詳說

○ 『禮記』「樂記」.

‘「기」왈(「記」曰)’에서 ‘「기(記)」’는 『예기』「악기(樂記)」이다.

○ 指‘射不主皮’.

‘정위차야(正謂此也)’에서 ‘차(此)’자는 경문 ‘사불주피(射不主皮 : 활쏘기에서 가죽 뚫는 일에 중점을 두지 않는다.)’를 가리킨다.

○ 此以下乃釋‘古之道’三字之意.

‘정위차야(正謂此也)’라는 구절 아래는 곧 ‘고지도(古之道 : 옛날의 활 쏘는 도(道)이다)’라는 세 글자의 뜻을 풀이한다.

---

174) 『예기』「사의(射義)」 제46.

朱註

周衰, 禮廢, 列國兵爭, 復尙貫革, 故孔子歎之.

주(周)나라가 쇠퇴하여 예(禮)가 폐지되고 열국(列國)들이 무력으로 다투어, 다시 가죽을 꿰뚫는 것을 숭상하였기 때문에 공자가 한탄한 것이다.

詳說

◯ 以兵而爭.

'열국병쟁(列國兵爭)'에서 '병쟁(兵爭)'은 군대로 다투는 것이다.

◯ 去聲.

'부상관혁(復尙貫革)'에서 '부(復)'자는 거성(去聲)이다

◯ 歎今之不然.

'고공자탄지(故孔子歎之)'라고 한 것은 공자 당시에 그렇지 않음을 한탄한 것이다.

◯ 釋畢.

경문의 풀이가 끝났다.

朱註

◯ 楊氏曰: "中可以學而能, 力不可以强而至. 聖人言'古之道', 所以正今之失."

양씨(楊氏 : 楊時)가 말하였다. "적중시키는 것은 배워서 잘 해낼 수 있지만, 힘은 억지로 이르게 할 수 없다. 성인이 '고지도(古之道 : 옛날의 활 쏘는 도(道)이다)'라고 말한 것은 지금의 잘못됨을 바로잡으려는 근거이다."

詳說

◯ 上聲.

'력불가이강이지(力不可以强而至)'에서 '강(强)'자는 상성(上聲)이다.

◯ 朱子曰: "夫子亦非是惡貫革之射. 但當時皆習於此, 故言之耳. 古人亦只禮射不主皮, 若武射要貫革."175)

---

175) 주자, 『주자어류(朱子語類)』 권25, 「논어7(論語七)」, 93조목에는 "說'射不主皮'章, 曰 : '夫子亦非是惡貫革之射. 但是當時皆習於此, 故言古人之道耳. 如古人亦只是禮射不主皮, 若武射, 依舊要貫革. 若不貫革, 何益?'(주자(朱子 : 朱熹)가 '활쏘기에서 가죽 뚫는 일에 중점을 두지 않는다'라는 장(章)에 대해 설명하면서 말하였다. '공자 또한 가죽을 꿰뚫는 활쏘기를 미워한 것이 아니다. 다만 당시에 모두 이를 익혔기 때문에 옛사람들의 활 쏘는 도(道)를 말했을 뿐이

주자(朱子 : 朱熹)가 말하였다. "공자 또한 가죽을 꿰뚫는 활쏘기를 미워한 것이 아니다. 다만 당시에 모두 이를 익혔기 때문에 옛 사람들의 활 쏘는 도(道)를 말했을 뿐이다. 옛사람들도 또한 다만 예에 따라 활쏘기를 할 때는 가죽 뚫는 일에 중점을 두지 않았지만, 만약 무예를 겨루는 활쏘기라면 가죽을 꿰뚫어야 하였다."

다. 예컨대 옛사람들도 또한 다만 예에 따라 활쏘기를 할 때는 가죽 뚫는 일에 중점을 두지 않았지만, 만약 무예를 겨루는 활쏘기라면 여전히 가죽을 꿰뚫어야 하였다. 만약 가죽을 꿰뚫지 못한다면 무슨 이로움이 있겠는가?')"라고 되어 있다.

[3-17-1]

子貢欲去告朔之餼羊.
자공(子貢)이 초하룻날 사당(祠堂)에 고유(告由)하면서 희생으로 바치는 양(羊)을 없애려고 하였다.

朱註

○ '去', 起呂反. '告', 古篤反. '餼', 許氣反. 告朔之禮, 古者天子常以季冬, 頒來歲十二月之朔于諸侯, 諸侯受而藏之祖廟. 月朔, 則以特羊告廟, 請而行之. 餼, 生牲也.
'거(去)'는 '기(起)'와 '려(呂)'의 반절(反切)이다. '고(告)'는 '고(古)'와 '독(篤)'의 반절(反切)이다. '희(餼)'는 '허(許)'와 '기(氣)'의 반절(反切)이다. 고삭(告朔)의 예(禮)는 옛날에 천자가 항상 계동(季冬 : 섣달)에 다음 해 12개월의 월삭(月朔 : 달력)을 제후들에게 반포하면, 제후들은 이를 받아서 조상의 사당에 보관한다. 매월 초하룻날이 되면 특양(特羊 : 한 마리의 羊)을 가지고 사당에 고유(告由)하고 청하여 그 달의 달력을 시행한다. 희(餼)는 날고기의 희생이다.

詳說

○ 今之頒曆.
'반래세십이월지삭우제후(頒來歲十二月之朔于諸侯)'라고 한 것은 지금의 이듬해 달력을 반포하는 것이다.

○ 每月之朔.
'월삭(月朔)'은 매월 초하룻날이다.

○ 一羊.
'즉이특양고묘(則以特羊告廟)'에서 '특양(特羊)'은 한 마리의 양(羊)이다.

○ 朱子曰 : "特, '專特'之'特', 非牛也."176)

---

176) 『주자어류(朱子語類)』 권25, 「논어7(論語七)」, 99조목에는 "居父問 : ''餼羊', 注云, '特羊'.' 曰 : '乃'專特'之'特', 非牛也. '特牲' · '用特', 皆是特用一牛, 非指特爲牛也.'(거보(居父 : 주자 문인 徐寓)가 물었다. ''희양(餼羊)'에 대한 주석에서 '특양(特羊)'이라 했습니다.' 주자(朱子 : 朱熹)가 대답하였다. '이는 곧 '오로지 특별하다'라고 할 때의 '특(特)'이지 소[牛]가 아니다. '특생(特牲)' · '용특(用特)'이라 하는 것도 모두 특별히 한 마리 소를 쓴다는 것이지 특(特)을 가

‘즉이특양고묘(則以特羊告廟)’에서 ‘특양(特羊)’에 대해, 주자(朱子 : 朱熹)가 말하였다. “특(特)은 ‘오로지 특별하다’하고 할 때의 ‘특(特)’이지 소[牛]가 아니다.”

○ 見『周禮』「太史」及『左』文十六年疏.

‘월삭, 칙이특양고묘, 청이행지(月朔, 則以特羊告廟, 請而行之)’라고 한 것은 『주례』「태사(太史)」와 『춘추좌전(春秋左傳)』 문공(文公) 16년의 소(疏)에 보인다.

○ 訓畢.

훈고가 끝났다.

朱註

魯自文公始不視朔, 而有司猶供此羊, 故子貢欲去之.

노(魯)나라는 문공(文公) 때부터 비롯하여 초하루에 고유(告由)하지 않았는데, 유사(有司 : 담당 관리)가 여전히 이 양(羊)을 바쳤기 때문에, 자공(子貢)이 그것을 없애려고 한 것이다.

詳說

○ 猶告也.

‘노자문공시불시삭(魯自文公始不視朔)’에서 ‘시(視)’자는 ‘고(告)’자와 같다.

○ 見『左』文六年及十六年.

‘노자문공시불시삭(魯自文公始不視朔)’이라 한 것은 『춘추좌전(春秋左傳)』 문공(文公) 6년과 16년에 보인다.

○ 胡氏曰 : “定·哀之時, 遂以不告朔爲常.”[177)]

‘노자문공시불시삭(魯自文公始不視朔)’에 대해, 호씨(胡氏 : 胡泳)가 말하였다. “노(魯)나라 정공(定公)과 애공(哀公) 때에 마침내 초하루에 고유(告由)하지 않는 것이 일상화 되었다.”

○ 胡氏曰 : “子貢之說, 豈初年貨殖之心猶未盡去歟?”[178)]

‘고자공욕거지(故子貢欲去之)’에 대해, 호씨(胡氏 : 胡泳)가 말하였다. “자공(子貢)이 그렇게 말했지만, 어찌 젊었을 때 재물을 더욱 늘이려는 마음[179)]이 여전히 다

리켜 소라고 하는 것이 아니다.’)”라고 되어 있다.

177) 호병문, 『사서통(四書通)』「논어통(論語通)」 권2.

178) 호병문, 『사서통(四書通)』「논어통(論語通)」 권2.

제거되지 않았겠는가?"

○ 釋畢.

경문의 풀이가 끝났다.

[3-17-2]

子曰:"賜也! 爾愛其羊, 我愛其禮."

공자가 말하였다. "사(賜 : 子貢)야! 너는 그 양(羊)을 아까워하지만, 나는 그 예(禮)를 아까워한다."

朱註

愛, 猶惜也. 子貢蓋惜其無實而妄費. 然禮雖廢, 羊存, 猶得以識之而可復焉. 若併去其羊, 則此禮遂亡矣. 孔子所以惜之.

애(愛)는 석(惜 : 아끼다)과 같다. 자공(子貢)은 대개 그 실익(實益)이 없이 부질없이 낭비하는 일을 아까워했을 것이다. 그러나 예(禮)가 비록 폐지되었더라도 양(羊)이라도 남아 있으면 여전히 기억할 수 있어서 회복될 수 있을 것이다. 만약 그 양마저 함께 없애 버린다면 이 예가 마침내 없어질 것이다. 공자는 이 때문에 아깝게 여긴 것이다.

詳說

○ 訓.

'애, 유석야(愛, 猶惜也)'라고 한 것은 훈고한 것이다.

○ 音志.

'유득이지지이가복언(猶得以識之而可復焉)'에서 '지(識)'자는 음이 지(志)이다.

---

179) 젊었을 때 재물을 더욱 늘이려는 마음 : 『논어(論語)』「선진(先進)」 제18장에서 "사(賜 : 子貢)는 천명을 받아들이지 않고 재화를 늘렸으나, 억측(憶測)하면 자주 맞았다.(賜, 不受命而貨殖焉, 億則屢中.)"라고 하였다.

○ 『大全』曰 : "記其爲告朔羊也."

'유득이지지이가복언(猶得以識之而可復焉)'에서 '유득이지지(猶得以識之)'에 대해, 『논어집주대전』에서 말하였다. "그것이 초하룻날 고유(告由)하면서 희생으로 바치는 양(羊)이라는 것을 기억한다는 말이다."

○ 以論釋畢.

경문의 의미 설명으로 풀이가 끝났다.

朱註

○ 楊氏曰 : "告朔, 諸侯所以稟命於君親, 禮之大者. 魯不視朔矣, 然羊存, 則告朔之名未泯, 而其實因可擧. 此夫子所以惜之也."

양씨(楊氏 : 楊時)가 말하였다. "고삭(告朔)은 제후가 군주와 조상에게 명령을 받아들이는 것이니, 예(禮)의 큰 것이다. 노(魯)나라는 초하루에 고유(告由)하지 않았지만, 양(羊)이라도 남아 있으면 고삭(告朔)이란 명칭이 없어지지 않았으니, 그 실제를 이에 따라서 거행할 수 있을 것이다. 이것이 공자가 양을 아까워한 까닭이었다."

詳說

○ 朱子曰 : "愛禮存羊, 見得聖人意思大."[180]

주자(朱子 : 朱熹)가 말하였다. "예(禮)를 아까워하여 양(羊)을 보존하려 한다는 데서 성인의 생각이 크다는 것을 알 수 있다."

---

180) 『주자어류(朱子語類)』 권25, 「논어7(論語七)」, 98조목에는 "或問『論語』數段. 曰 : '依文解義, 只消如此說, 只是更要看他聖人大底意思. 且如適間公說'愛禮存羊'一段, 須見得聖人意思大. 常人只是屑屑惜那小費, 聖人之心卻將那小費不當事, 所惜者是禮, 他所存者大. 更看得這般意思出, 方有益; 自家意思方寬展, 方有箇活動長進處.'(어떤 사람이 『논어(論語)』의 몇 단락에 대해 물었다. 주자(朱子 : 朱熹)가 대답하였다. '문장에 의거해서 의미를 풀이해야 하니, 다만 이렇게만 말하면 되지만, 또다시 저 성인의 큰 생각을 보아야만 한다. 예컨대 마침 그대가 물은 '예(禮)를 아까워하여 양(羊)을 보존하려 한다'라고 한 단락에서도 반드시 성인의 생각이 큰 것을 보아야 한다. 보통 사람은 다만 저 작은 비용을 아까워하는 데 급급하지만, 성인의 마음은 오히려 저 작은 비용을 중시하지 않고, 아까워한 것은 예이니, 그것이 보존하고 있는 부분이 크다. 또다시 이런 생각을 알아낼 수 있어야 비로소 유익함이 있을 것이다. 자기의 생각은 여유 있게 펼쳐야 비로소 활발하게 발전하는 점이 있을 것이다.')"라고 되어 있다.

○ **南軒張氏曰 : "羊雖虛器, 固禮之所寓也. 子貢之欲去, 其亦狹隘而少味矣."**[181)]

남헌 장씨(南軒張氏 : 張栻)가 말하였다. "양은 비록 실질이 없는 공허한 도구이지만, 본디 예가 깃들어 있는 것이다. 자공이 양을 희생으로 바치는 것을 없애려고 한 사실은 또한 생각이 좁고 의의도 적다."

181) 장식(張栻), 『계사논어해(癸巳論語解)』 권2에는 "羊雖虛器, 固禮之所寓也, 故曰'爾愛其羊, 我愛其禮.' 玩夫子之辭意, 則子貢之欲去羊, 其亦隘狹而少味矣.(양이 비록 실질이 없는 공허한 도구이지만 본디 예(禮)가 깃들어 있는 것이기 때문에 공자는 '너는 그 양을 아까워하지만, 나는 그 예를 아까워한다.'라고 말하였다. 공자가 한 이 말의 뜻을 음미해보면, 자공이 양을 희생으로 바치는 것을 없애려고 한 사실은 또한 생각이 좁고 의의도 적다.)"라고 하였다.

[3-18-1]

子曰："事君盡禮, 人以爲諂也."
공자가 말하였다. "군주를 섬김에 예(禮)를 다 발휘하는 것을 사람들은 아첨이라 여긴다."

朱註

黃氏曰："孔子於事君之禮, 非有所加也, 如是而後盡爾. 時人不能, 反以爲諂. 故孔子言之, 以明禮之當然也."

황씨(黃氏 : 黃祖舜)[182]가 말하였다. "공자는 군주를 섬기는 예(禮)에 특별히 보탠 점이 있었던 것이 아니라, 이와 같이 한 뒤에 다 발휘한 것일 뿐이었다. 그런데 당시 사람들은 그렇게 하지 못하고 도리어 아첨한다고 여겼다. 그러므로 공자는 그것을 말하여 예가 마땅히 그러하다는 것을 밝혔다."

詳說

○ 『大全』曰："名祖舜, 字繼道, 三山人."
'황씨(黃氏)'에 대해, 『논어집주대전』에서 말하였다. "이름은 조순(祖舜)이고, 자는 계도(繼道)이며, 삼산(三山) 사람이다."

○ 指禮.
'여시이후진이(如是而後盡爾)'에서 '여시(如是)'는 예(禮)를 가리킨다.

○ 趙氏曰："當時君弱臣强, 事上簡慢."[183]
'시인불능(時人不能)'에 대해, 조씨(趙氏 : 趙順孫)[184]가 말하였다. "당시에 군주는

---

182) 황조순(黃祖舜, 1100~1165) : 자는 계도(繼道)이고, 만년의 호는 공계궁인(鞏溪宮人)이며, 시호는 장정(莊定)이다. 남송 시대 때 복주 복청(福州福清 : 현 복건성 복주시(福州市) 소속) 사람이다. 휘종(徽宗) 선화(宣和) 6년(1124)에 진사에 급제하여 고종(高宗) 소흥(紹興) 중에 형부시랑(刑部侍郎) 겸 시독(侍讀)에 올라 『논어강의(論語講義)』를 올렸다. 소흥(紹興) 31년(1161) 동지추밀원사(同知樞密院事) 겸 참지정사(參知政事)를 거쳐 군기감승(軍器監丞)을 역임하였다. 저서에 『논어강의』를 비롯하여 『논어해의(論語解義)』, 『역설(易說)』, 『국풍소아설(國風小雅說)』, 『예기설(禮記說)』, 『역대사의(歷代史議)』, 『황장정집(黃莊定集)』 등이 있다.

183) 조순손(趙順孫), 『사서찬소』「논어찬소(論語纂疏)」 권2.

184) 조순손(趙順孫, 1215~1276) : 자는 화중(和仲)이고, 호는 격재(格齋) 또는 격암(格庵)이다. 남송 시대 처주 진운(處州縉雲 : 현 절강성 여수(麗水)시) 사람이다. 이종(理宗) 순우(淳祐) 10년

허약하고 신하가 강하여, 일을 하는 데 경솔하고 태만하였다."

○ 葉氏少蘊曰 : "如違衆拜下之類."[185)]

'고공자언지, 이명예지당연야(故孔子言之, 以明禮之當然也)'에 대해, 섭소온(葉少蘊 : 葉夢得)[186)]이 말하였다. "예컨대 당시 사람들과 어긋나게 당(堂) 아래에서 절하는 것[187)]과 같은 따위이다."

○ 有釋無訓.

경문의 풀이는 있으나 훈고는 없다.

朱註

○ 程子曰 : "聖人事君盡禮, 當時以爲諂. 若他人言之, 必曰'我事君盡禮, 小人以爲諂.' 而孔子之言止於如此. 聖人道大德宏, 此亦可見."

정자(程子 : 程頤)가 말하였다. "성인이 군주를 섬김에 예(禮)를 다 발휘하는 것을 당시에는 아첨한다고 여겼다. 만약 다른 사람이 말했다면 반드시 '내가 군주를

(1250) 진사에 급제하여 비서랑(秘書郎), 시어사(侍御史), 이부상서(吏部尙書), 참지정사(參知政事), 동지추밀원사(同知樞密院事) 등을 역임했고, 시독(侍讀)을 겸하여 재이(災異)를 당할 때마다 경전(經傳)과 지난 왕조의 사건에 근거하여 수시로 경계하도록 하였다. 저서로는 주희(朱熹)와 그의 제자들이 사서(四書)에 대해 토론한 것들을 모아 『사서찬소(四書纂疏)』를 편찬하였다. 그 밖에 『근사록정의(近思錄精義)』, 『중흥명신언행록(中興名臣言行錄)』, 『격재집(格齋集)』 등이 있다.

185) 호병문, 『사서통(四書通)』「논어통(論語通)」 권2에 섭몽득(葉夢得)의 말로, "如拜下之類, 違衆而從禮, 宜時人以爲諂也.(예컨대 당시 사람들과 어긋나더라도 예(禮)를 따르겠다고 한 것과 같은 경우는, 아마 당시 사람들이 아첨이라 여겼을 것이다.)"라고 실려 있다.

186) 섭몽득(葉夢得, 1077~1148) : 자는 소온(少蘊)이고, 호는 석림거사(石林居士)이다. 송(宋)나라 때 소주 오현(蘇州吳縣 : 현 강소성 소주시) 사람이다. 철종(哲宗) 소성(紹聖) 4년(1097) 진사에 급제하여 중서사인(中書舍人), 한림학사(翰林學士), 용도각직학사(龍圖閣直學士), 호부상서(戶部尙書), 상서좌승(尙書左丞) 등을 역임하였다. 『춘추(春秋)』에 정통하여 『춘추전(春秋傳)』과 『춘추고(春秋考)』, 『춘추얼(春秋讞)』, 『춘추지요총례(春秋指要總例)』, 『석림춘추(石林春秋)』 등을 저술했고, 그 외에 『건강집(建康集)』, 『석림사(石林詞)』, 『석림시화(石林詩話)』, 『석림연어(石林燕語)』, 『암하방언(巖下放言)』, 『석림주의(石林奏議)』 등 30여 종이 있다.

187) 당시 사람들과 어긋나게 당(堂) 아래에서 절하는 것 : 『논어(論語)』「자한(子罕)」 제3장에서 "당(堂) 아래에서 절하는 것이 예(禮)인데, 지금은 당 위에서 절하니 교만하다. 나는 비록 사람들과 어긋나더라도 당 아래에서 절하는 것을 따르겠다.(拜下禮也, 今拜乎上, 泰也. 雖違衆, 吾從下.)"라고 하였다.

섬김에 예를 다 발휘했는데, 소인들은 그것을 아첨한다고 여긴다.'라고 하였을 것이다. 그런데 공자의 말은 이와 같이 하는 데 그쳤다. 성인의 도(道)가 크고 덕(德)이 넓음을 여기에서 또한 알 수 있다."

詳說

○ 叔子.

'정자왈(程子曰)'에서 '정자(程子)'는 동생 정이(程頤)이다.

○ 添'我'·'小'字.

'아사군진례, 소인이위첨(我事君盡禮, 小人以爲諂)'이라고 한 것은 본문 '사군진례, 인이위첨(事君盡禮, 人以爲諂)'이라고 한 데서 '아(我)'자와 '소(小)'자를 보탠 것이다.

○ '事君盡禮'四字, 有若非自指者然; '人'字, 有若指平人者然.

'이공자지언지어여차(而孔子之言止於如此)'에 대해, '사군진례(事君盡禮)'라는 네 글자는 마치 스스로를 가리키는 것이 아닌 것 같고, '인이위첨(人以爲諂)'에서 '인(人)'자는 마치 일반인을 가리키는 것 같다.

○ '於此'.

'차역가견(此亦可見)'에서 '차(此)'자는 '어차(於此 : 여기에서)'라는 뜻이다.

○ 新安陳氏曰 : "黃氏深味'盡'字, 程子深味'人'字."[188]

신안 진씨(新安陳氏 : 陳櫟)가 말하였다. "황씨(黃氏 : 黃祖舜)는 본문에서 '진(盡)'자를 깊이 음미하였고, 정자(程子 : 程頤)는 '인(人)'자를 깊이 음미하였다."

188) 호광 편(胡廣 編), 『논어집주대전(論語集註大全)』 권3.

[3-19-1]

定公問：“君使臣, 臣事君, 如之何?” 孔子對曰：“君使臣以禮, 臣事君以忠.”
정공(定公)이 물었다. “군주가 신하를 부리는 일과 신하가 군주를 섬기는 일은 어떻게 해야 합니까?” 공자가 대답하였다. “군주는 예(禮)로 신하를 부리고, 신하는 충성으로 군주를 섬겨야 합니다.”

朱註

定公, 魯君, 名宋. 二者皆理之當然, 各欲自盡而已.

정공(定公)은 노(魯)나라 임금으로, 이름은 송(宋)이다. 이 두 가지는 모두 이치의 당연한 것으로, 각각 스스로 다 발휘하려는 것일 뿐이다.

詳說

○ 訓.

'정공, 노군, 명송(定公, 魯君, 名宋)'이라 한 것은 훈고이다.

○ 指'君使臣以禮, 臣事君以忠'.

'이자개리지당연(二者皆理之當然)'에서 '이자(二者)'는, 경문 '군사신이례, 신사군이충(君使臣以禮, 臣事君以忠)'을 가리킨다.

○ 朱子曰：“人倫皆當用忠, 父子 · 兄弟 · 夫婦, 皆自知愛敬. 君臣以義合, 易得苟且. 獨於事君說忠, 是就不足處說.”189)

'각욕자진이이(各欲自盡而已)'에 대해, 주자(朱子：朱熹)가 말하였다. “인륜에는 모

---

189) 『주자어류(朱子語類)』 권13, 71조목에는 “用之問：'忠, 只是實心, 人倫日用皆當用之, 何獨只於事君上說'忠'字?' 曰：'父子兄弟夫婦, 皆是天理自然, 人皆莫不自知愛敬. 君臣雖亦是天理, 然是義合. 世之人便自易得苟且, 故須於此說'忠', 卻是就不足處說. 如莊子說, '命也, 義也, 天下之大戒.' 看這說, 君臣自是有不得已意思.'(용지(用之：주자 문인 劉礪)가 물었다. '충은 다만 실질된 마음이니, 인륜과 일상생활에 모두 그것을 사용해야 하는데, 어찌 다만 군주를 섬기는 데만 '충(忠)'이라는 글자를 말합니까?' 주자(朱子：朱熹)가 대답하였다. '부모와 자식, 형과 아우, 남편과 아내는 모두 천리(天理)가 저절로 그러하니, 누구든지 저절로 아껴주고 공경할 줄 모르는 사람이 없다. 군주와 신하의 관계도 비록 또한 천리이지만 이는 의(義)로 결합된 관계이다. 세상 사람들은 군주와 신하의 관계에서 구차해지기 쉽기 때문에 모름지기 이 관계에서 '충'을 말했으니, 또한 충분하지 못한 점에서 말하였다. 예컨대 장자(莊子)는 '명(命)과 의(義)는 세상에서 크게 경계할 일이다'라고 말하였다. 이 말을 보면, 군주와 신하 사이에는 본래 어쩔 수 없이 그런 관계를 맺는 뜻이 있다.')”라고 되어 있다.

두 충(忠)을 사용해야 하니, 부모와 자식, 형과 아우, 남편과 아내는 모두 저절로 아껴주고 공경할 줄 안다. 군주와 신하의 관계는 의(義)로 결합된 관계이니, 구차해지기 쉽다. 다만 군주를 섬기는 데서만 충(忠)을 말한 것은 충분하지 못한 점에서 말하였다."

○ 厚齋馮氏曰: "以尊臨卑, 易以簡; 以下事上, 易以欺."190)

후재 풍씨(厚齋馮氏: 馮椅)가 말하였다. "높은 사람으로 낮은 사람에게 임하는 것은 간략하기 쉽고, 아랫사람이 윗사람을 섬기는 것은 기만하기 쉽다."

○ 『大全』曰: "此兩平言之, 正意也."

'이자개리지당연, 각욕자진이이(二者皆理之當然, 各欲自盡而已)'라고 한 것에 대해, 『논어집주대전』에서 말하였다. "이는 양쪽을 고르게 해서 말한 것이니, 진정한 뜻이다."

○ 此論也, 非釋也. 亦置圈上, 以其明此章之正意也.

이는 경문의 의미를 설명한 것이지 풀이가 아니다. 또한 '○(圈)' 위에 두어서 이 장(章)의 진정한 뜻을 밝혔다.

朱註

○ 呂氏曰: "使臣不患其不忠, 患禮之不至; 事君不患其無禮, 患忠之不足."

여씨(呂氏: 呂大臨)가 말하였다. "신하를 부림에는 신하가 충성하지 않음을 걱정하지 말고 자신의 예(禮)가 지극하지 못함을 걱정해야 하며, 군주를 섬김에는 군주의 예가 없음을 걱정하지 말고 자신의 충성이 충분하지 못함을 걱정해야 한다."

詳說

○ 『大全』曰: "此交互言之, 所以足上正意也."

『논어집주대전』에서 말하였다. "이는 상호관계로 말한 것이니, 위의 진정한 뜻을 충족시키는 것이다."

---

190) 호병문, 『사서통』「논어통」 권2에 풍의(馮椅)의 말로, "以尊臨卑者, 易以簡, 當有節文; 以下事上者, 易以欺, 當盡其心.(높은 사람으로 낮은 사람에게 임하는 것은 간략하기 쉬우니 마땅히 예절이 있어야 하고, 아랫사람이 윗사람을 섬기는 것은 기만하기 쉬우니 마땅히 그 마음을 다해야 한다.)"라고 실려 있다.

朱註

尹氏曰 : "君臣以義合者也, 故君使臣以禮, 則臣事君以忠."

윤씨(尹氏 : 尹焞)가 말하였다. "군주와 신하의 관계는 의(義)로 결합된 것이기 때문에 군주가 예(禮)로 신하를 부리면 신하는 충(忠)으로 군주를 섬길 것이다."

詳說

○ 添'則'字, 以連上下句意.

위 구절은 '즉신사군이충(則臣事君以忠)'에서 '즉(則)'자를 보태어서 위아래 구절의 뜻을 연결시켰다.

○ 新安陳氏曰 : "尹氏以此章爲定公言, 警君之意也. 若爲臣言, 則君雖不以禮, 臣豈可以不忠?"[191)]

신안 진씨(新安陳氏 : 陳櫟)가 말하였다. "윤씨(尹氏 : 尹焞)는 이 장(章)을 노(魯)나라 정공(定公)을 위해 말한 것으로, 군주를 타이르려는 뜻이라 여겼다. 그러나 만약 신하를 위해 말한다면, 군주가 비록 예(禮)로 신하를 대우하지 않는다고 해도 신하가 어찌 충(忠)하지 않을 수 있겠는가?"

191) 호광 편(胡廣 編), 『논어집주대전(論語集註大全)』 권3.

[3-20-1]

子曰 : "「關雎」, 樂而不淫, 哀而不傷."
공자가 말하였다. "『시경(詩經)』「관저(關雎)」는 즐거우면서도 넘치지 않고, 슬프면서도 화(和)를 해치지 않는다."

朱註

○ 樂, 音洛. 「關雎」「周南 · 國風」『詩』之首篇也. 淫者, 樂之過而失其正者也. 傷者, 哀之過而害於和者也.

'락(樂)'자는 음이 락(洛)이다. 「관저(關雎)」는 「주남(周南) · 국풍(國風)」이니, 『시(詩)』의 첫 편이다. 음(淫)은 즐거움이 지나쳐 그 바름을 잃는 것이다. 상(傷)은 슬픔이 지나쳐 화(和)를 해치는 것이다.

詳說

○ 音疽.

'관저(關雎)'에서 '저(雎)'자는 음이 저(疽)이다.

○ 或以'風'字句, 或連下句讀, 讀者擇之.

'「주남 · 국풍(周南 · 國風)」'에서 '풍(風)'자에 대해, 어떤 사람은 '풍(風)'자까지를 구절로 한다고 하며, 어떤 사람은 아래 구절과 연결해서 읽어야 한다고 하는데, 읽는 사람이 선택해야 할 것이다.

○ 朱子曰 : "沈湎淫泆, 憂愁哭泣."192)

'음자, 락지과이실기정자야. 상자, 애지과이해어화자야(淫者, 樂之過而失其正者也. 傷者, 哀之過而害於和者也)'에 대해, 주자(朱子 : 朱熹)가 말하였다. "넘치는 것은 즐거움에 푹 빠져서 음탕해지면 넘치는 것이고, 해치는 것은 시름이 깊어 슬피 우는 것이다."

---

192) 『주자어류(朱子語類)』 권25, 「논어7(論語七)」, 103조목에서 "問 : '「關雎」, 樂而不淫, 哀而不傷', 於『詩』何以見之?' 曰 : '憂止於輾轉反側, 若憂愁哭泣, 則傷矣; 樂止於鐘鼓 · 琴瑟, 若沉湎淫泆, 則淫矣.'(물었다. ''「관저(關雎)」는 즐거우면서도 넘치지 않고, 슬프면서도 해치지 않는다'라고 하였는데, 『시(詩)』에서 어떻게 이런 점을 볼 수 있습니까?' 주자(朱子 : 朱熹)가 말하였다. '근심은 전전반측(輾轉反側 : 뒤척이며 잠을 이루지 못함)하는 데서 그치니, 만약 시름이 깊어 슬피 운다면 해치는 것이다. 즐거움은 종고(鐘鼓 : 종과 북)와 금슬(琴瑟 : 거문고와 비파)에서 그쳤으니, 만약 즐거움에 푹 빠져서 음탕해지면 넘치는 것이다.')"라고 되어 있다.

○ 訓畢.

훈고가 끝났다.

朱註

「關雎」之詩, 言后妃之德, 宜配君子. 求之未得, 則不能無寤寐反側之憂, 求而得之, 則宜其有琴瑟鐘鼓之樂. 蓋其憂雖深而不害於和, 其樂雖盛而不失其正.

「관저(關雎)」의 시(詩)는 후비(后妃)의 덕이 마땅히 군자에 짝할 만하니, 구하여 얻지 못하면 자나 깨나 생각하며 뒤척이는 근심이 없을 수 없고, 구하여 얻으면 금슬(琴瑟 : 거문고와 비파)과 종고(鍾鼓 : 종과 북)의 악기(樂器)로 즐거워함이 마땅하다는 것을 말하였다. 그 근심이 비록 깊지만 화(和)를 해치지 않고, 그 즐거움이 비록 융성하지만 그 바름을 잃지 않았다.

詳說

○ 朱子曰 : "此詩是宮中人作."[193]

'「관저」지시(「關雎」之詩)'에 대해, 주자(朱子 : 朱熹)가 말하였다. "이 시(詩)는 궁중의 사람이 지은 것이다."

○ 太姒.

'언후비지덕(言后妃之德)'에서 '후비(后妃)'는 태사(太姒 : 周 文王의 처)를 가리킨다.

○ 文王.

'의배군자(宜配君子)'에서 '군자(君子)'는 문왕(文王)을 가리킨다.

193) 『주자어류(朱子語類)』 권25, 「논어7(論語七)」, 104조목에서 "問'「關雎」樂而不淫, 哀而不傷.' 曰 : '此言作詩之人樂不淫·哀不傷也.' 因問 : '此詩是何人作?' 曰 : '恐是宮中人作. 蓋宮中人思得淑女以配君子, 未得則哀, 旣得則樂. 然當哀而哀, 而亦止於輾轉反側, 則哀不過其則; 當樂而樂, 而亦止於鐘鼓·琴瑟, 則樂不過其則, 此其情性之正也.'('「관저(關雎)」는 즐거우면서도 넘치지 않고, 슬프면서도 해치지 않는다'라고 한 것에 대해 물었다. 주자(朱子 : 朱熹)가 대답하였다. '이는 시를 지은 사람이 즐거우면서도 넘치지 않고, 슬퍼하면서도 해치지 않은 것을 말한다.' 이어서 물었다. '이 시는 어떤 사람이 지었습니까?' 주자(朱子 : 朱熹)가 대답하였다. '아마 궁중의 사람이 지은 것 같다. 대개 궁중의 사람은 숙녀가 군자의 짝이 될 것이라 생각해서, 얻지 못하면 슬프고, 이미 얻었다면 즐거워한다. 그러나 마땅히 슬퍼해야 할 데 슬퍼하면서 또한 뒤척이며 잠을 이루지 못하는 정도에 그쳤으니 슬픔이 그 법도를 넘지 않았다. 마땅히 즐거워 할 데서 즐거워하며 또한 종고(鍾鼓 : 종과 북)와 금슬(琴瑟 : 거문고와 비파)에 그쳤으니 즐거움이 그 법도를 넘지 않았다. 이는 그 성정이 올바른 것이다.')"라고 되어 있다.

○ 哀.

'즉불능무오매반측지우(則不能無寤寐反側之憂)'에서 '우(憂)'자는 슬퍼함이다.

○ 樂.

'즉의기유금슬종고지락(則宜其有琴瑟鐘鼓之樂)'에서 '락(樂)'자는 즐거워함이다.

○ 先就本詩釋'哀 · 樂'二字.

'즉의기유금슬종고지락(則宜其有琴瑟鐘鼓之樂)'까지는 우선 경문 시(詩)에서 '애(哀 : 슬퍼함)와 락(樂 : 즐거워함)' 두 글자를 풀이하였다.

○ 是作詩者憂之樂之, 非謂文王也.

'즉의기유금슬종고지락(則宜其有琴瑟鐘鼓之樂)'까지는 시를 지은 사람이 슬퍼하고 즐거워한 것이지 문왕(文王)을 일컫는 것이 아니다.

○ 訓先樂者, 順本文之勢也; 釋先憂者, 原本詩之實也.

'즉의기유금슬종고지락(則宜其有琴瑟鐘鼓之樂)'까지 먼저 락(樂 : 즐거워함)을 훈고한 것은 본문의 형세를 따른 것이고, 먼저 우(憂 : 근심함)를 풀이한 것은 본 시(詩)의 실질을 근원한 것이다.

○ 不傷.

'개기우수심이불해어화(蓋其憂雖深而不害於和)'에서 '화(和)'자는 해치지 않는다는 것이다.

○ 不淫.

'기락수성이부실기정(其樂雖盛而不失其正)'에서 '정(正)'자는 넘치지 않는다는 것이다.

○ 此方釋本文, 此下又明夫子言外意. 雖曰言外, 實夫子立教垂訓之本意也.

'개기우수심이불해어화, 기락수성이부실기정(蓋其憂雖深而不害於和, 其樂雖盛而不失其正)'이라는 구절이 비로소 경문을 풀이한 것이고, 이 아래는 또 공자의 말 밖의 뜻을 밝혔다. 비록 말 밖이라 했지만 실제로는 공자가 가르침을 세우고 교훈을 내린 본래의 뜻이다.

朱註

故夫子稱之如此, 欲學者玩其辭, 審其音, 而有以識其性情之正也.

그러므로 공자가 이와 같이 칭찬했으니, 배우는 사람들이 그 말을 음미하고 그 음을 살펴서 성정(性情)의 바름을 알 수 있도록 하려는 것이었다.

詳說

○ 以讀言.

'욕학자완기사(欲學者玩其辭)'에서 '완기사(玩其辭)'는 읽는 것으로 말하였다.

○ 以歌言.

'심기음(審其音)'은 노래 부르는 것으로 말하였다.

○ 慶源輔氏曰 : "哀·樂, 情也, 未發則性也. 由性之正, 故發乎情亦正."[194]

'이유이식기성정지정야(而有以識其性情之正也)'에 대해, 경원 보씨(慶源輔氏 : 輔廣)가 말하였다. "슬퍼함과 즐거워함은 정(情)이고, 미발(未發 : 아직 발현하지 않음)이면 성(性)이다. 성의 바름에서 말미암기 때문에 정에 발현된 것도 또한 바르다."

○ 按 : '思無邪'註曰'得其情性之正', 則指學『詩』者之情性; 此云'識其性情之正', 則指作詩者之性情. 雖然, 亦可互言.

생각하건대 '사무사(思無邪 : 생각에 간사함이 없다)'[195]에 대한 주자 주석에서 '그 올바른 성정(性情)을 얻는다'라고 한 것은 『시경(詩經)』를 배우는 사람들의 성정을 가리키고, 여기에서 '그 성정(性情)의 바름을 안다'라고 한 것은 시를 지은 사람의 성정을 가리킨다. 비록 그렇지만 또한 서로 교차해서 말할 수 있다.

○ 勉齋黃氏曰 : "先生晩年再改削『集註』, 止於此章."[196]

면재 황씨(勉齋黃氏 : 黃榦)가 말하였다. "선생(先生 : 朱子)께서 만년에 『논어집주(論語集註)』를 다시 수정한 것이 이 장(章)에서 그쳤다."

194) 호광 편(胡廣 編), 『논어집주대전(論語集註大全)』 권3.

195) 『논어(論語)』「위정(爲政)」 제2장.

196) 호광 편(胡廣 編), 『논어집주대전(論語集註大全)』 권3.

[3-21-1]

哀公問社於宰我. 宰我對曰 : "夏后氏以松, 殷人以栢, 周人以栗, 曰使民戰栗."

애공(哀公)이 재아(宰我)에게 사(社)에 대하여 물었다. 재아가 대답하였다. "하후씨(夏后氏)는 사주(社主)로 소나무를 사용했고, 은(殷)나라 사람들은 잣나무를 사용했으며, 주(周)나라 사람들은 밤나무를 사용했는데, 주나라에서 밤나무를 사용한 것은 백성들에게 전율(戰栗)을 느끼도록 한 것입니다."

詳說

○ 蓋哀公疑三代用木之不同, 而問之耳.

대개 애공이 삼대(三代)에서 사주(社主)로 사용한 나무가 같지 않은 것을 의심해서 물었을 뿐이다.

朱註

宰我, 孔子弟子, 名予. 三代之社不同者, 古者立社, 各樹其土之所宜木, 以爲主也.

재아(宰我)는 공자의 제자(弟子)로 이름이 여(予)이다. 삼대(三代)의 사(社)가 같지 않은 것은 옛날에 사(社)를 세울 때 각각 그 토질에 적합한 나무를 심어 사주(社主)로 삼았기 때문이다.

詳說

○『家語』曰 : "魯人."197)

'재아, 공자제자, 명여(宰我, 孔子弟子, 名予)'에 대해,『공자가어(孔子家語)』에서 말하였다. "노(魯)나라 사람이다."

○ 凡經傳列言三代, 夏必后氏之, 殷·周則人之, 豈非揖遜·征伐, 褒貶之微意, 寓於其間歟?

---

197)『공자가어(孔子家語)』권9,「칠십이제자해(七十二弟子解)」제38에서 "宰予, 字子我, 魯人, 有口才著名.(재여(宰予)는 자는 자아(子我)이고 노(魯)나라 사람으로 말재주가 있는 것으로 유명하였다.)"라고 하였다.

무릇 경전에서 삼대를 나열할 때 하(夏)나라는 반드시 하후씨(夏后氏)라 하고 은나라와 주나라는 은인(殷人)·주인(周人)이라 하니, 어찌 선양(禪讓)과 정벌(征伐), 칭찬함과 비방함의 은미한 뜻[198]이 그 사이에 깃들어 있지 않겠는가?

○ 以『詩』之叶考之, 不論訓'木'訓'植', 皆當爲去聲.

'각수기토지소의목(各樹其土之所宜木)'에서 '수(樹)'자는 『시경(詩經)』의 협운(協韻)으로 고찰해 볼 때, '목(木 : 나무)'으로 훈고하든 '식(植 : 심다)'으로 훈고하든 따질 것 없이 모두 마땅히 거성(去聲)이다.

○ 孔氏穎達曰 : "安邑宜松, 亳宜柏, 豐·鎬宜栗."[199]

'고자립사, 각수기토지소의목(古者立社, 各樹其土之所宜木)'에 대해, 공영달(孔穎達)이 말하였다. "하나라의 도읍인 안읍(安邑)은 소나무가 적합했고, 은나라의 도읍인 박읍(亳邑)은 잣나무가 적합했으며, 주나라의 도읍인 풍(豐)과 호(鎬)는 밤나무가 적합하였다."

○ 朱子曰 : "以樹爲社主, 使神依焉, 如今神樹之類."[200]

'고자립사, 각수기토지소의목, 이위주야(古者立社, 各樹其土之所宜木, 以爲主也)'에 대해, 주자(朱子 : 朱熹)가 말하였다. "심은 것을 사주(社主)를 삼아서 신(神)이 거기에 의지하도록 했으니, 예컨대 지금의 신수(神樹)와 같은 부류이다."

---

198) 선양(禪讓)과 정벌(征伐), 칭찬함과 비방함의 은미한 뜻 : 하나라는 요·순·우의 선양으로 세워진 나라이기 때문에 칭찬하고, 은나라와 주나라는 각기 하나라와 은나라를 정벌하여 세워진 나라이기 때문에 비방한다는 뜻이다.

199) 호병문, 『사서통』「논어통」 권2에 공영달(孔穎達)의 말로, "夏都安邑宜松, 商都亳宜柏, 周都豐鎬宜栗.(하나라의 도읍인 안읍(安邑)은 소나무가 적합했고, 상나라의 도읍인 박읍(亳邑)은 잣나무가 적합했으며, 주나라의 도읍인 풍(豐)과 호(鎬)는 밤나무가 적합하였다.)"라고 실려 있다.

200) 『주자어류(朱子語類)』 권25, 「논어7(論語七)」, 109조목에서 "問 : '古者各樹其所宜之木以爲社. 不知以木造主, 還便以'樹'爲主?' 曰 : '看古人意思, 只以'樹'爲社主, 使神依焉, 如今人說神樹之類.'(물었다. '옛날에는 각각 그 적합한 나무를 심어 사(社)로 삼았는데, 나무를 사주(社主)를 삼았는지, 아니면 '심은 것[樹]'을 사주로 삼았는지 모르겠습니다.' 주자(朱子 : 朱熹)가 대답하였다. '옛 사람들의 생각을 살펴보면 다만 '심은 것[樹]'을 사주(社主)를 삼아서 신(神)이 거기에 의지하도록 했으니, 예컨대 지금 사람들이 말하는 신수(神樹)와 같은 부류이다.')"라고 되어 있다.

朱註

戰栗, 恐懼貌. 宰我又言周所以用栗之意如此. 豈以古者戮人於社, 故附會其說與?
전율(戰栗)은 두려워하는 모습이다. 재아(宰我)는 또 주나라가 밤나무를 사용한 뜻이 이와 같다고 말하였다. 어찌 옛날에 사(社)에서 사람을 죽였다고 그 말을 가져다 붙인 것이겠는가?

詳說

○ **指'使民戰栗'四字.**
'재아우언주소이용율지의여차(宰我又言周所以用栗之意如此)'에서 '여차(如此)'는 경문 '사민전율(使民戰栗 : 백성들에게 전율(戰栗)을 느끼도록 한 것)'이라는 네 글자를 가리킨다.

○ **本文下'曰'字與'言'字之用同. 旣引古事將解其義, 故復著'曰'字, 如『孟子』滕父兄百官'曰, 吾有所受'之類是也.**
경문 '왈사민전율(曰使民戰栗)'에서 '왈(曰)'자를 쓴 것은 '언(言)'자의 용법과 같다. 이미 고사(古事)를 인용하여 그 의미를 풀이했기 때문에 다시 '왈(曰)'자를 썼으니, 예컨대 『맹자(孟子)』에서 등(滕)나라 부형과 백관(百官)이 '이는 우리들이 전수받은 바가 있기 때문입니다'[201]라고 한 부류가 이것이다.

○ **此等'豈'字與'或'字之用同.**
'기이고자륙인어사(豈以古者戮人於社)'에서 '기(豈)'자와 같은 것은 '혹(或)'자의 용법과 같다.

○ **『書』「甘誓」曰 : "不用命, 戮于社."**[202]
'기이고자륙인어사(豈以古者戮人於社)'에서 '륙인어사(戮人於社)'에 대해, 『서경(書經)』「감서(甘誓)」에서 말하였다. "명(命)을 따르지 않는 자는 사직(社稷)에서

201) 『맹자(孟子)』에서 등(滕)나라 부형과 백관(百官)이 '이는 우리들이 전수받은 바가 있기 때문입니다' : 『맹자(孟子)』「등문공상(滕文公上)」에서 "연우(然友)가 복명(復命)하여 삼년상을 치르기로 결정하였다. 부형과 백관(百官)이 모두 그렇게 하려고 하지 않으면서 말하였다. '우리의 종주국인 노(魯)나라 선군(先君)도 이를 시행하지 않았고, 우리 선군도 또한 시행하지 않았으니, 그대의 몸에 이르러 이를 뒤집는 것은 안 됩니다. 또 옛 기록에 '상례(喪禮)와 제례(祭禮)는 선조를 따른다'라고 하였으니, 이는 우리들이 전수받은 바가 있기 때문입니다.'(然友反命, 定爲三年之喪. 父兄百官皆不欲, 曰 : '吾宗國魯先君莫之行, 吾先君亦莫之行也, 至於子之身而反之, 不可. 且志曰, '喪祭從先祖.' 曰, 吾有所受之也.')"라고 하였다.

202) 『서경(書經)』「하서(夏書)·감서(甘誓)」.

죽인다."

○ 慶源輔氏曰 : "古者建國, 左祖右社. 右陰, 陰主殺."[203]

'기이고자륙인어사(豈以古者戮人於社)'에서 '륙인어사(戮人於社)'에 대해, 경원 보씨(慶源輔氏 : 輔廣)가 말하였다. "옛날에 나라를 세우면 왼쪽에는 종묘를 두고 오른쪽에는 사직을 둔다. 오른쪽은 음(陰)이니 음은 죽이는 것을 주관한다."

○ 平聲.

'고부회기설여(故附會其說與)'에서 '여(與)'자는 평성(平聲)이다.

○ 因其近似以相合, 謂之附會.

'고부회기설여(故附會其說與)'에서 '부회(附會)'는 그것이 근사하여 서로 부합하기 때문에 '부회(附會)'라고 말한다.

○ 訓問釋論.

훈고 사이에 경문을 풀이하고 의미를 설명하였다.

[3-21-2]

子聞之曰 : "成事不說, 遂事不諫, 旣往不咎."

공자가 이를 듣고 말하였다. "이미 이루어진 일은 말하지 않고, 다 된 일은 간(諫)하지 않으며, 이미 지나간 일은 탓하지 않는다."

詳說

○ 蓋夫子聞其事於人, 而見宰我責之.

대개 공자가 다른 사람에게서 이 일을 듣고 재아(宰我)에게 그 말을 책망한 것이다.

朱註

遂事, 謂事雖未成, 而勢不能已者.

수사(遂事)는 일이 비록 아직 이루어지지는 않았지만 형세가 그만둘 수 없는 것

203) 호광 편(胡廣 編), 『논어집주대전(論語集註大全)』 권3.

이다.

詳說

○ ‘遂’字有‘勢不能已’之意.

‘수(遂)’자에는 ‘세불능이(勢不能已)’의 뜻이 있다.

○ 訓畢.

훈고가 끝났다.

朱註

孔子以宰我所對, 非立社之本意, 又啓時君殺伐之心, 而其言已出, 不可復救, 故歷言此以深責之, 欲使謹其後也.

공자는 재아(宰我)가 대답한 것이 사(社)를 세운 본래 뜻이 아니었고, 또 당시 군주의 살벌한 마음을 열어 주었지만 그 말이 이미 입에서 나와 다시 구제할 수 없기 때문에 이렇게 두루 말하여 깊이 책망했으니, 이는 그에게 그 뒤로 삼가도록 하려는 것이다.

詳說

○ 指‘使民戰栗’四字.

‘공자이재아소대(孔子以宰我所對)’에서 ‘재아소대(宰我所對)’는 경문 ‘사민전율(使民戰栗 : 백성들에게 전율(戰栗)을 느끼도록 한 것)’이라는 네 글자를 가리킨다.

○ 照上註‘土宜’.

‘입사지본의(立社之本意)’는 위 주석 ‘토질에 적절함’에 비추어 보라.

○ 照上註‘戮人’.

‘살벌지심(殺伐之心)’은 위 주석 ‘사람을 죽임’에 비추어 보라.

○ 四字合釋‘成事’·‘遂事’·‘旣往’六字.

‘기언이출(其言已出)’이라는 네 글자는 본문의 ‘성사(成事 : 이미 이루어진 일)’와 ‘수사(遂事 : 다 된 일)’와 ‘기구(旣往 : 이미 지나간 일)’라는 여섯 글자를 합쳐 풀이한 것이다.

○ 去聲.

‘불가부구(不可復救)’에서 ‘부(復)’자는 거성(去聲)이다.

○ 四字合釋'不說'·'不諫'·'不咎'六字.

'불가부구(不可復救)'라고 한 네 글자는 본문의 '불설(不說 : 말하지 않고)' '불간(不諫 : 간(諫)하지 않으며)' '불구(不咎 : 탓하지 않는다)'라는 여섯 글자를 합쳐서 풀이한 것이다.

○ 猶列也.

'고력언차이심책지(故歷言此以深責之)'에서 '력(歷)'자는 열(列 : 두루 늘여놓다)과 같다.

○ 指三句.

'고력언차이심책지(故歷言此以深責之)'에서 '차(此)'자는 경문 세 구절을 가리킨다.

○ 一語而三擧, 所以爲深責.

'고력언차이심책지(故歷言此以深責之)'에서 '심책지(深責之)'는 한마디 말로 세 가지를 제기했으니 깊이 책망한 것이다.

○ 朱子曰 : "使謹於言."204)

'욕사근기후야(欲使謹其後也)'에 대해, 주자(朱子 : 朱熹)가 말하였다. "말을 삼가도록 한 것이다."

○ 又補此言外之正意而釋畢.

'욕사근기후야(欲使謹其後也)'에 대해, 또 이렇게 말 밖의 진정한 뜻을 보충하여 풀이를 끝냈다.

朱註

○ 尹氏曰 : "古者各以所宜木名其社, 非取義於木也. 宰我不知而妄對, 故夫子責之."

윤씨(尹氏 : 尹焞)가 말하였다. "옛날에는 각각 토질에 적당한 나무로 그 각각의

204) 『주자어류(朱子語類)』 권25, 「논어7(論語七)」, 112조목에는 "問 : '宰我所言, 尙未見於事, 如何不可救?' 曰 : '此只責他易其言, 未問其見於事與未見於事. 所謂'駟不及舌', '斯言之玷, 不可爲也.' 蓋欲使謹於言耳.'(물었다. '재아(宰我)가 말한 것은 아직 일에 나타나지 않는데 어째서 구제할 수 없는 것입니까?' 주자(朱子 : 朱熹)가 말하였다. '이는 다만 그가 말을 쉽게 하는 것을 책망하는 것일 뿐 그것이 일에 나타났는지 나타나지 않았는지를 묻는 것이 아니다. 「안연(顔淵)」의 '네 필의 말이 혀에 미치지 못한다'라고 하는 말과 『시경(詩經)』「대아(大雅)·억(抑)」의 '잘못한 말은 고칠 수 없다.'라는 말들은 대개 말을 삼가기를 바라는 것일 뿐이다.')"라고 하였다.

사(社)에 이름을 붙였지, 나무에서 의미를 취한 것은 아니었다. 재아(宰我)가 이를 알지 못하고 함부로 대답하였기 때문에 공자가 그것을 책망하였다."

詳說

○ 宰我亦只言栗之取義, 而不言松栢之取何義, 可知其本無取義也.

재아(宰我)도 또한 다만 밤나무를 취한 의미를 말했을 뿐 소나무와 잣나무는 어떤 의미를 취했는지 말하지 않았으니, 그가 본래 의미를 취한 것이 없음을 알 수 있다.

[3-22-1]

子曰："管仲之器小哉!"
공자가 말하였다. "관중(管仲)의 기량은 작도다!"

朱註

管仲, 齊大夫, 名夷吾, 相桓公霸諸侯.
관중(管仲)은 제(齊)나라 대부로 이름은 이오(夷吾)이고, 환공(桓公)을 도와 제후 가운데 패자(霸者)가 되도록 하였다.

詳說

○ 去聲.
'상환공패제후(相桓公霸諸侯)'에서 '상(相)'자는 거성(去聲)이다.

○ 訓.
훈고이다.

朱註

器小, 言其不知聖賢大學之道, 故局量褊淺, 規模卑狹, 不能正身修德以致主於王道.
기량이 작다는 것은 성현의 대학의 도(道)를 알지 못했기 때문에 국량이 좁고 얕으며 규모가 낮고 협소하여, 몸을 바르게 하고 덕을 닦아 군주를 왕도(王道)에 이르게 하지 못함을 말한 것이다.

詳說

○ 東陽許氏曰："只是格致工夫未到, 見理不明, 故爲所不當爲, 踰禮犯分."205)
'언기부지성현대학지도(言其不知聖賢大學之道)'에 대해, 동양 허씨(東陽許氏 : 許謙)가 말하였다. "다만 격물치지 공부가 어느 정도 수준이 이르지 못하고 이치를 분명하게 보지 못했기 때문에, 마땅히 해서는 안 될 것을 해서 예(禮)를 넘어섬에 분수를 넘었다."

205) 호광 편(胡廣 編), 『논어집주대전(論語集註大全)』 권3.

○ 去聲.

'고국량편천(故局量褊淺)'에서 '량(量)'자는 거성(去聲)이다.

○ 音區.

'고국량편천(故局量褊淺)'에서 '편(褊)'자는 음이 편(區)이다.

○ 勉齋黃氏曰 : "局量, 指心之蘊蓄; 規模, 指事之發見. 心者, 器之體; 事者, 器之用."206)

'고국량편천, 규모비협(故局量褊淺, 規模卑狹)'에 대해, 면재 황씨(勉齋黃氏 : 黃榦)가 말하였다. "국량(局量)은 마음에 온축한 것을 가리키고, 규모(規模)는 일에 발현된 것을 가리킨다. 마음은 기량의 본체이고, 일은 기량의 작용이다."

○ 胡氏曰 : "局量·規模以器言, 褊淺·卑狹以小言."207)

'고국량편천, 규모비협(故局量褊淺, 規模卑狹)'에 대해, 호씨(胡氏 : 胡泳)가 말하였다. "국량과 규모는 기량으로 말한 것이고, 편천(褊淺 : 좁고 얕으며)과 비협(卑狹 : 낮고 협소하여)은 작다는 것으로 말하였다."

○ 朱子曰 : "器小是以分量言, 若以學問充之, 小須可大."208)

'부능정신수덕이치주어왕도(不能正身修德以致主於王道)'에 대해, 주자(朱子 : 朱熹)가 말하였다. "기량이 작은 것은 분량으로 말한 것이니, 만약 학문으로 그것을 충만하게 하면 작은 것이 모름지기 커질 수 있다."

○ 釋如訓.

경문의 풀이가 훈고와 같다.

○ '器小', 此章之題目.

'기소(器小 : 기량이 작다)'가 이 장(章)의 제목이다.

---

206) 호병문, 『사서통』「논어통」 권2.

207) 호병문, 『사서통(四書通)』「논어통(論語通)」 권2.

208) 『주자어류(朱子語類)』 권25, 「논어7(論語七)」, 119조목에는 "問 : ''管仲之器小哉!', 器, 莫只是以資質言之否?' 曰 : '然.' '若以學問充滿之, 則小須可大?' 曰 : '固是.'(물었다. ''관중의 기량은 작도다!'라고 한 대목에서 기량[器]은 다만 자질(資質)로 말한 것이 아닙니까?' 주자(朱子 : 朱熹)가 대답하였다. '그렇다.' 또 물었다. '만약 학문으로 기량을 충만하게 하면 작은 것이 모름지기 커질 수 있습니까?' 주자(朱子 : 朱熹)가 대답하였다. '참으로 그렇다.')"라고 되어 있다.

[3-22-2]

或曰 : "管仲儉乎?" 曰 : "管氏有三歸, 官事不攝, 焉得儉?"
어떤 사람이 물었다. "관중(管仲)은 검소했습니까?" 공자가 대답하였다. "관씨(管氏)는 삼귀(三歸)를 두었으며, 가신(家臣)의 일을 겸직시키지 않았으니, 어찌 검소하다고 할 수 있겠는가?"

朱註

○ '焉', 於處反. 或人蓋疑器小之爲儉. 三歸, 臺名, 事見『說苑』.
'언득검(焉得儉)'에서 '언(焉)'은 '어(於)'와 '처(處)'의 반절(反切)이다. 어떤 사람은 대개 기량이 작은 것이 검소함 때문인지를 의심한 것이다. 삼귀(三歸)는 대(臺)의 이름이니, 이에 대한 일은 『설원(說苑)』에 보인다.

詳說

○ 承上節釋或人言儉之意.
'혹인개의기소지위검(或人蓋疑器小之爲儉)'이라 한 것은 위 구절을 이어서 어떤 사람이 검소함을 말한 것의 뜻을 풀이하였다.

○ 朱子曰 : "不是一娶三姓女. 此却是借此一段意, 只擧管仲奢處."209)
'삼귀, 대명(三歸, 臺名)'에 대해, 주자(朱子 : 朱熹)가 말하였다. "삼귀(三歸)는 서로 다른 세 가지 성(姓)을 가진 여자를 한꺼번에 아내로 맞이했다는 것이 아니다. 삼귀는 또한 이러한 뜻을 빌어서 다만 관중이 사치한 점을 들었을 뿐이다."

○ 若是指一娶三姓, 則當曰爲三歸, 不當曰有三歸.
만약 삼귀가 서로 다른 세 가지 성(姓)을 가진 여자를 한꺼번에 아내로 맞이했다는 사안을 가리키는 것이라면, 마땅히 '위삼귀(爲三歸 : 삼귀를 하였다)'라고 말하

---

209) 『주자어류(朱子語類)』 권25, 「논어7(論語七)」, 116조목에는 "'管氏有三歸', 不是一娶三姓女. 若此, 卻是僭. 此一段意, 只擧管仲奢處, 以形容他不儉. 下段所說, 乃形容他不知禮處, 便是僭. 竊恐不可做三娶說.('관씨(管氏 : 管仲)가 삼귀(三歸)를 두었다'는 말은 서로 다른 세 가지 성(姓)을 가진 여자를 한꺼번에 아내로 맞이했다는 것이 아니다. 이와 같다면 또한 참람한 것이다. 이 단락의 뜻은 다만 관중이 사치한 점을 들어서 그가 검소하지 않았음을 형용한 것일 뿐이다. 아래 단락에서 말한 것은 곧 그가 예를 알지 못한 점을 형용한 것이니, 이것이 바로 참람한 짓이다. 내 생각에, 아마 세 여자를 아내로 맞이했다는 주장으로 볼 수 없을 것이다.)"라고 되어 있다.

지 '유삼귀(有三歸 : 삼귀를 두었다)'라고 말해서는 안 된다.

○ 音現.

'사현『설원』(事見『說苑』)'에서 '현(見)'자는 음이 현(現)이다.

○ 劉向所著.

'사현『설원』(事見『說苑』)'에서 '『설원(說苑)』은 유향(劉向)[210]이 저술한 것이다.

○ 『說苑』「善說」篇曰 : "桓公立仲父, 致大夫曰, '善吾者入門而右, 不善吾者入門而左.' 有中門而立者, 曰[211] : '管仲之知可與謀天下, 其强可與取天下, 君恃其信乎? 內政委焉, 外事斷焉, 民而歸之,[212] 是亦可奪也.' 桓公曰 : '善.' 乃謂管仲, '政則卒歸於子矣, 政之所不及, 唯子是匡.' 管仲故築三歸之臺, 以自傷於民."

『설원(說苑)』「선설(善說)」에서 말하였다. "제(齊)나라 환공(桓公)이 관중(管仲)을 세워 중부(仲父)로 삼고서 대부(大夫)들에게 말하였다. '나의 처사를 잘했다고 생각하는 자는 문에 들어와서 오른편으로 서고, 나의 처사를 잘못했다고 생각하는 자는 문에 들어와서 왼편으로 서라.' 어떤 문 중간에 서 있는 자가 말하였다. '관중의 지혜는 함께 천하를 도모할 만하고, 그 강함은 함께 천하를 취할 만한데, 군주께서는 그의 신의를 믿습니까? 내정(內政)을 위임하고 외사(外事)를 결단하게 하니, 백성을 몰아서 그리로 돌아간다면 이 또한 탈취할 수 있을 것입니다.' 환공

---

210) 유향(劉向, B.C.79?~ B.C.8?) : 자는 자정(子政)이며, 서한(西漢) 시대의 경학자 · 목록학자 · 문학자이다. 유흠(劉歆)의 부친이다. 한나라 고조(高祖)의 배다른 동생 유교(劉交, 楚元王)의 4세손이다. 젊었을 때부터 재능을 인정받아 선제(宣帝)에게 기용되어 간대부(諫大夫)가 되었으며, 수십 편의 부송(賦頌)을 지었다. 신선방술(神仙方術)에도 관심이 많았으며, 황금 주조를 진언하고 이를 추진하다가 실패하여 투옥되었으나, 부모형제의 도움으로 죽음을 면하였다. 재차 선제에게 기용되어 석거각(石渠閣, 궁중도서관)에서 오경(經)을 강의하였다. 다음 황제인 원제(元帝) · 성제(成帝) 때는 유씨(劉氏)의 족장으로 외척과 환관(宦官)의 횡포를 막으려고 노력하였다. 성제 때 이름을 향(向)으로 고쳤으며, 이 무렵 외척의 횡포를 견제하고 천자(天子)의 감계(鑑戒)가 되도록 하기 위하여 상고(上古)로부터 진(秦) · 한(漢)에 이르는 부서재이(符瑞災異)의 기록을 집성하여 『홍범오행전론(洪範五行傳論)』11편을 저술하였다. 그 밖의 편저서에 『설원(說苑)』, 『신서(新序)』, 『열녀전(烈女傳)』, 『전국책(戰國策)』과 궁중도서를 정리할 때 지은 『별록(別錄)』이 있다. 그의 아들 흠(歆)은 이 책을 이용하여 『칠략(七略)』을 저술하였으며, 『한서(漢書)』「예문지(藝文志)」에 거의 그대로 수록되어 전한다.

211) 曰 : 『설원(說苑)』 권11, 「선설(善說)」에는 이 말 앞에 '桓公問焉, 對(桓公問焉, 對 : 환공이 그 까닭을 물으니, 대답해서)'라는 구절이 더 있다.

212) 民而歸之 : 『설원(說苑)』 권11, 「선설(善說)」에는 '구민이귀지(驅民而歸之 : 백성을 몰아서 그리로 돌아간다면)라고 되어 있다.

이 말하였다. '좋은 말이다.' 이에 관중에게 일러, '정사(政事)는 마침내 그대에게 돌아갈 것이지만, 정사의 미급한 점에 있어서도 오직 그대가 이를 바로 잡아야 할 것이다.'라고 하였다. 관중은 그 때문에 삼귀(三歸)의 대(臺)를 쌓아서, 스스로 백성에게 손상을 입었다."

○ 厚齋馮氏曰: "以歸民之左右與中, 故臺謂之三歸."213)

후재 풍씨(厚齋馮氏: 馮椅)가 말하였다. "백성들을 오른쪽과 왼쪽 그리고 중간에 귀결시켰기 때문에 대(臺)를 '삼귀'라고 하였다."

○ 沙溪曰: "仲恐公之疑己, 築臺而傷害於民, 以見民之不附己."

사계(沙溪: 金長生)가 말하였다. "관중은 환공이 자기를 의심할까 염려하여 대(臺)를 쌓아 백성들에게 손상을 입어서, 백성들이 자기에게 붙지 않는다는 것을 보여주었다."

○ 夫子只言臺之侈爾, 未必指三歸之本事.

공자는 다만 대(臺)의 사치함을 말했을 뿐, 꼭 삼귀에 대한 본래 있었던 일을 가리키지는 않았다.

朱註

攝, 兼也. 家臣不能具官, 一人常兼數事. 管仲不然, 皆言其侈.

섭(攝)은 겸하는 것이다. 가신(家臣)은 관속(官屬)을 다 갖출 수 없어 한 사람이 늘 몇 가지 일을 겸하는데, 관중(管仲)은 그렇게 하지 않았으니, 모두 그 사치함을 말한 것이다.

詳說

○ 汎言他家之例攝.

'가신불능구관, 일인상겸수사(家臣不能具官, 一人常兼數事)'에 대해, 이는 일반적으로 다른 가신들이 으레 겸하는 것을 말하였다.

○ 訓畢.

'관중불연(管仲不然)'에서 훈고가 끝났다.

○ 幷指臺·官.

'개언기치(皆言其侈)'라고 한 것은 대(臺)와 관(官)을 아울러 가리킨다.

---

213) 호병문, 『사서통』「논어통」 권2.

○ 因訓而釋.

'개언기치(皆言其侈)'라고 한 것은 훈고에 경문을 따라서 풀이한 것이다.

[3-22-3]

"然則管仲知禮乎?" 曰:"邦君樹塞門, 管氏亦樹塞門; 邦君爲兩君之好, 有反坫, 管氏亦有反坫. 管氏而知禮, 孰不知禮?"

"그렇다면 관중(管仲)은 예(禮)를 알았습니까?" 공자가 대답하였다. "나라의 군주라야 병풍으로 문을 가릴 수 있는데 관씨(管氏)도 병풍으로 문을 가렸으며, 나라의 군주라야 두 군주가 우호(友好)로 만날 때 술잔을 되돌려 놓는 자리를 둘 수 있는데 관씨도 술잔을 되돌려 놓은 자리를 두었다. 관씨가 예를 안다면 누가 예를 알지 못하겠는가?"

朱註

○ '好', 去聲. '坫', 丁念反.

'방군위양군지호(邦君爲兩君之好)'에서 '호(好)'자는 거성(去聲)이다. '유반점(有反坫)'에서 '점(坫)'은 '정(丁)'과 '념(念)'의 반절(反切)이다.

詳說

○ 凡經傳中當下'曰'字而不下, 如此節之首處甚多. 蓋蒙上而省之耳.

무릇 경전에서 마땅히 '왈(曰)'자를 써야 하는데 쓰지 않은 것, 즉 이 절(節)의 첫머리와 같은 경우가 매우 많다. 이는 대개 위로 이어지기 때문에 생략한 것일 뿐이다.

朱註

或人又疑不儉爲知禮. 屛謂之樹. 塞, 猶蔽也. 設屛於門, 以蔽內外也. 好, 謂好會. 坫, 在兩楹之間, 獻酬飮畢, 則反爵於其上.

어떤 사람이 또 검소하지 않은 것이 예(禮)를 알기 때문인지를 의심하였다. 병풍을 수(樹)라고 한다. 색(塞)은 폐(蔽: 가리다)와 같으니, 병풍을 문에 설치하여 안과 밖을 가리는 것이다. 호(好)는 우호(友好)의 모임을 말한다. 점(坫)은 두 기둥 사이에 있으니, 술잔을 주고받아 마시기를 마치면 술잔을 그 위에 되돌려 놓는 것이다.

詳說

○ 又承上節釋或人言知禮之意.

'혹인우의불검위지례(或人又疑不儉爲知禮)'에서 볼 때, 이는 또 위 구절을 이어서 어떤 사람이 예(禮)를 안다고 하는 뜻을 풀이한 것이다.

○ 凡人儉則禮不足, 奢則禮易有餘. 故夫子嘗曰: "禮與其奢也, 寧儉."

'혹인우의불검위지례(或人又疑不儉爲知禮)'로 볼 때, 무릇 사람이 검소하면 예(禮)를 실행하기에 충분하지 못하고, 사치하면 예의 실행에 여유를 가지기가 쉽다. 그러므로 공자는 "예는 사치하기보다는 차라리 검소해야 한다."[214]라고 말한 적이 있다.

○ 音丙, 下同.

'병위지수(屛謂之樹)'에서 '병(屛)'자는 음이 병(丙)이고 아래도 마찬가지이다.

○ 趙氏曰: "禮, 天子外屛, 諸侯內屛, 大夫以簾, 士以帷."[215]

'설병어문, 이폐내외야(設屛於門, 以蔽內外也)'에 대해, 조씨(趙氏: 趙順孫)가 말하였다. "예(禮)에 천자는 문 밖에 병풍을 세우고 제후는 문 안에 병풍을 세우며, 대부는 주렴을 쓰고, 사(士)는 휘장을 쓴다."

○ 歡好之會.

'위호회(謂好會)'에서 '호회(好會)'는 즐겁고 사이가 좋은 모임이다.

○『大全』曰: "古註圖說'坫以木爲之, 高八寸, 足高二寸'."

'점, 재양영지간(坫, 在兩楹之間)'에 대해,『논어집주대전』에서 말하였다. "옛 주석에서 그림을 붙여서 '점(坫)은 나무로 만드는데 높이 8촌(寸)에 발의 높이는 2촌이다.'라고 하였다."

○ 趙氏曰: "反虛爵."[216]

'즉반작어기상(則反爵於其上)'에 대해, 조씨(趙氏: 趙順孫)가 말하였다. "빈 잔을 되돌려 놓는 곳이다."

---

214) 예(禮)는 사치하기보다는 차라리 검소해야 한다:『논어(論語)』「팔일(八佾)」 제4장.

215) 조순손(趙順孫),『사서찬소』「논어찬소(論語纂疏)」 권2.

216) 조순손(趙順孫),『사서찬소』「논어찬소(論語纂疏)」 권2.

○ 訓畢.

훈고가 끝났다.

朱註

此皆諸侯之禮而管仲僭之, 不知禮也.

이는 모두 제후의 예(禮)인데 관중(管仲)이 참람하게 썼으니, 예를 알지 못한 것이다.

詳說

○ 幷指樹·坫.

'개(皆)'자는 수(樹)와 점(坫)을 아울러 가리킨 것이다.

○ 因訓而釋.

훈고에 따라서 경문의 풀이한 것이다.

○ 上云'焉得儉', 此云'孰不知禮', 玩其辭氣, 有截嚴不可犯之意. 而'孰不知禮'之語尤厲, 且有輕賤之之意. 蓋使或人不敢復提仲也.

경문 위에서는 '언득검(焉得儉 : 어찌 검소하다고 할 수 있겠는가)'이라 했고, 여기에서는 '숙부지례(孰不知禮 : 누가 예(禮)를 알지 못하겠는가)'라고 했는데, 그 말의 기운을 음미하면 끊은 듯이 엄격하여 범할 수 없는 뜻이 있다. 그런데 '숙부지례(孰不知禮)'라고 한 말은 더욱 엄격하고 게다가 관중을 업신여기는 뜻도 있다. 어떤 사람에게 감히 다시는 관중을 제시하지 못하도록 한 것이다.

朱註

○ 愚謂 : 孔子譏管仲之器小, 其旨深矣. 或人不知, 而疑其儉, 故斥其奢, 以明其非儉. 或又疑其知禮, 故又斥其僭, 以明其不知禮. 蓋雖不復明言小器之所以然, 而其所以小者於此亦可見矣.

내가 생각하건대, 공자가 관중(管仲)의 기량이 작다고 비난한 것은 그 뜻이 깊다. 그런데 어떤 사람은 이를 알지 못하고, 그가 검소했다고 의심했기 때문에 그의 사치함을 배척해서 검소하지 않음을 밝혔다. 어떤 사람은 또 그가 예를 알았다고 의심했기 때문에 또 그의 참람함을 배척해서 예를 알지 못했음을 밝혔다. 대개 비록 다시 작은 기량이 그러한 까닭을 분명하게 말하지 않았지만, 그 작은 까닭을 여기에서 또한 알 수 있다.

詳說

○ 指『大學』之道, 此正意也.

'공자기관중지기소, 기지심의(孔子譏管仲之器小, 其旨深矣.)'라고 한 것은 『대학(大學)』의 도(道)를 가리키니, 이는 진정한 뜻이다.

○ 不知孔子之旨.

'혹인부지(或人不知)'라고 한 것은 공자의 취지를 알지 못했다는 말이다.

○ 指也.

'고척기사(故斥其奢)'에서 '척(斥)'자는 지적했다는 말이다.

○ 去聲, 下同.

'개수불부명언소기지소이연(蓋雖不復明言小器之所以然)'에서 '부(復)'자는 거성(去聲)이고 아래도 마찬가지이다.

○ 此則餘意也. 下文蘇說以正意·餘意合爲一事爲言, 而有不足, 故取桓嬖事以助之, 頗有牽强之迹云.

이것은 나머지 뜻이다. 아래 글 소식(蘇軾)의 주장은 진정한 뜻과 나머지 뜻을 합쳐서 하나의 일로 삼아 말했지만 부족한 점이 있기 때문에, 환공(桓公)이 여섯 명의 여인을 총애한 일을 취해서 그것을 보조했지만 자못 억지로 끌어 붙인 흔적이 있다고 할 수 있겠다.

朱註

故程子曰: "奢而犯禮, 其器之小可知. 蓋器大, 則自知禮而無此失矣." 此言當深味也.

그러므로 정자(程子: 程頤)가 말하였다. "사치하면서 예(禮)를 거슬렀으니, 그 기량이 작음을 알 수 있다. 대개 기량이 컸다면 스스로 예를 알아 이러한 잘못이 없었을 것이다." 이 말은 마땅히 깊이 음미해야 한다.

詳說

○ 叔子.

'정자왈(程子曰)'에서 '정자(程子)'는 동생 정이(程頤)이다.

○ 胡氏曰 : "奢者器之小而盈也, 犯禮者器之盈而溢也."[217]

'사이범례, 기기지소가지(奢而犯禮, 其器之小可知)'에 대해, 호씨(胡氏 : 胡泳)가 말하였다. "사치함은 기량이 작은데 씀씀이가 넘치는 것이고, 예(禮)를 거스름은 기량이 충만하여 정도가 넘치는 것이다."

○ 此失指僭禮, 不言奢者, 以重該輕也.

'개기대, 칙자지례이무차실의(蓋器大, 則自知禮而無此失矣)'에서 '차실(此失)'은 예에 참람한 것을 가리키니, 사치함을 말하지 않은 것은 엄중한 사안이 가벼운 측면을 갖추고 있기 때문이다.

○ 程子說至此.

'개기대, 칙자지례이무차실의(蓋器大, 則自知禮而無此失矣)'까지가 정자(程子 : 程頤)의 말이다.

朱註

蘇氏曰 : "自修身正家以及於國, 則其本深, 其及者遠, 是謂大器.

소씨(蘇氏 : 蘇軾)[218]가 말하였다. "자기 몸을 닦고 집안을 바르게 하여 나라에까지 다다르면 그 근본이 깊고 그 영향을 끼침이 원대하니, 이를 큰 기량이라 한다.

詳說

○ 『大全』曰 : "名軾, 字子瞻, 號東坡. 眉山人."

'소씨(蘇氏)'에 대해, 『논어집주대전』에서 말하였다. "이름은 식(軾)이고 자는 자첨(子瞻)이며, 호는 동파(東坡)이다. 미산(眉山 : 현 사천성 미산(眉山)) 사람이다."

217) 호병문, 『사서통(四書通)』「논어통(論語通)」 권2.

218) 소식(蘇軾, 1037~1101) : 자는 자첨(子瞻), 화중(和仲)이고, 호는 동파거사(東坡居士), 설당(雪堂), 단명(端明), 미산적선객(眉山謫仙客), 소염경(笑髯卿), 적벽선(赤壁仙) 등이며, 북송 시대 미주 미산(眉州眉山 : 현 사천성 미산(眉山)) 사람이다. 소순(蘇洵)의 아들이고 소철(蘇轍)의 형으로 대소(大蘇)라고도 불렸다. 송나라 때 저명한 문필가로 당송팔대가(唐宋八大家)의 한 사람이다. 북송 인종(仁宗) 가우(嘉祐) 2년(1057) 진사에 급제하여, 벼슬은 중서사인(中書舍人), 한림학사겸시독(翰林學士兼侍讀), 한림승지(翰林承旨), 예부상서(禮部尙書) 등을 역임하였다. 저서에 『동파칠집(東坡七輯)』, 『동파역전(東坡易傳)』, 『동파서전(東坡書傳)』, 『동파악부(東坡樂府)』, 『논어설(論語說)』 등이 있다.

朱註

揚雄所謂大器猶規矩準繩, 先自治而後治人者是也.

양웅(揚雄)[219]의 이른바 '큰 기량은 마치 규(規 : 그림쇠) · 구(矩 : 曲尺) · 준(準 : 수준기) · 승(繩 : 먹줄)과 같아 먼저 자신을 다스린 뒤에 남을 다스린다.'라고 한 것이 이것이다.

詳說

○ 字子雲, 西漢蜀郡人.

'양웅(揚雄)'은, 자가 자운(子雲)이고, 서한 시대 촉군(蜀郡 : 현 사천성 城都) 사람이다.

○ 『揚子』「先知篇」曰 : "或曰, '齊得夷吾而霸, 仲尼曰小器. 請問大器.' 曰, '大器其猶規矩準繩乎! 先自治而後治人之謂大器.'"[220]

『양자법언(揚子法言)』「선지편(先知篇)」에서 말하였다. "어떤 사람이 물었다. '제(齊)나라는 이오(夷吾 : 管仲)를 얻어서 패자(霸者)가 되었는데, 공자는 관중을 기량이 작다고 했습니다. 기량이 큰 것은 어떤 뜻인지 청해 묻습니다.' 양웅이 대답하였다. '큰 기량은 마치 규(規 : 그림쇠) · 구(矩 : 曲尺) · 준(準 : 수준기) · 승(繩 : 먹줄)과 같을 것이다! 먼저 자신을 다스린 뒤에 남을 다스리는 것을 큰 기량이라 한다.'"

○ 準先自平, 繩先自直, 是先自治也.

준(準 : 수준기)은 먼저 그 자체가 평평하고, 승(繩 : 먹줄)은 먼저 그 자체가 곧으니, 이것이 먼저 자신을 다스린다는 것이다.

219) 양웅(揚雄, B.C.53~18) : 자는 자운(子雲)이고, 서한 시대 성도(城都 : 현 사천성 성도) 사람이다. 40세에 도성으로 가서 「감천(甘泉)」, 「하동(河東)」의 부(賦)를 올리고 황제의 부름을 받았다. 성제(成帝) 때 급사황문랑(給事黃門郎)이 되었고, 왕망(王莽)이 집권할 때 교서천록각(校書天祿閣)으로 대부의 반열에 올랐다. 왕망(王莽)의 정권을 찬미하는 문장으로 그에게 협조하였기 때문에 지조가 없는 사람으로 송학(宋學) 이후에는 비난의 대상이 되기도 하지만, 그의 식견은 한(漢)나라를 대표한다. 사람의 본성에 대해서는 '성선악혼설(性善惡混說)'을 주장하였다. 초기에는 형식상 사마상여(司馬相如)를 모방하여 『감천(甘泉)』, 『하동(河東)』, 『우작(羽猎)』, 『장양(長楊)』 4부(四賦)를 지었으나, 후기에는 『역(易)』을 본떠서 『태현(太玄)』을 짓고 『논어(論語)』를 본떠서 『법언(法言)』을 지었다.

220) 『양자법언(揚子法言)』 권6, 「선지편(先知篇)」.

朱註

管仲三歸 · 反坫, 桓公內嬖六人, 而霸天下, 其本固已淺矣. 管仲死, 桓公薨, 天下不復宗齊."

관중(管仲)은 삼귀(三歸)와 반점(反坫)을 두었고, 환공(桓公)은 여섯 명의 여인을 총애하면서 천하에 패자가 되었으니, 그 근본이 본디 이미 얕았다. 관중이 죽고 환공이 죽으니, 천하는 다시 제(齊)나라를 종주(宗主)로 삼지 않았다."

詳說

○ 見『左』僖十七年.

'관중삼귀 · 반점, 환공내폐육인(管仲三歸 · 反坫, 桓公內嬖六人)'이라는 말은 『춘추좌전(春秋左傳)』 희공(僖公) 7년에 보인다.

○ 君臣皆不能修身正家.

'관중삼귀 · 반점, 환공내폐육인(管仲三歸 · 反坫, 桓公內嬖六人)'이라 한 것은, 군주와 신하가 모두 자신을 수양하고 집안을 바르게 하지 못했다는 것을 가리킨다.

○ 不復推爲盟主.

'천하불부종제(天下不復宗齊)'는 다시는 제나라를 맹주(盟主)로 추대하지 않았다는 말이다.

○ 蘇說以王道起之, 終歸重於霸, 何也?

여기에서 소씨(蘇氏 : 蘇軾)의 말은 왕도(王道)로 시작했는데, 끝내 패도(霸道)에 중점이 귀결되는 것은 무엇 때문인가?

朱註

楊氏曰 : "夫子大管仲之功, 而小其器. 蓋非王佐之才, 雖能合諸侯, 正天下, 其器不足稱也.

양씨(楊氏 : 楊時)가 말하였다. "공자는 관중(管仲)의 공로를 크게 여기면서도 그 기량을 작게 여겼다. 이는 왕을 보좌할 만한 재질이 아니면 비록 제후를 규합하여 천하를 바로 잡았더라도 그 기량은 칭찬하기에 충분하지 못하기 때문이다.

詳說

○ 見「憲問」.

'부자대관중지공(夫子大管仲之功)'이라 한 것은 「헌문(憲問)」에 보인다.[221]

○ 器.

'개비왕좌지재(蓋非王佐之才)'라고 한 것은 기량을 가리킨다.

○ 功.

'수능합제후, 정천하(雖能合諸侯, 正天下)'라고 한 것은 공로를 가리킨다.

○ 齊氏曰 : "大其功爲天下幸, 小其器爲仲惜爾."

제씨(齊氏)가 말하였다. "그 공로를 크게 여긴 것은 천하를 위해 다행인 것이고, 그 기량을 작게 여긴 것은 관중을 위해 애석해 한 것이다."

○ 此上責管仲, 此以下專責或人.

여기까지는 관중을 책망했고, 이 아래는 전적으로 어떤 사람을 책망하였다.

朱註

道學不明, 而王霸之略混爲一途. 故聞管仲之器小, 則疑其爲儉; 以不儉告之, 則又疑其知禮. 蓋世方以詭遇爲功, 而不知爲之範, 則不悟其小, 宜矣."

도학(道學)이 밝혀지지 않아서 왕도(王道)와 패도(霸道)의 경계가 뒤섞어 한 가지가 되었다. 이 때문에 관중의 기량이 작다는 말을 들으면 그가 검소했다는 것으로 의심했고, 검소하지 않았다고 알려주면 또 그가 예를 알았다는 것으로 의심하였다. 이는 세상이 바야흐로 옳지 못한 방법으로 목적을 달성하는 것을 공로로 여기고, 그것을 위하여 규범대로 해야 하는 것을 몰랐기 때문이니, 그 기량이 작음을 깨닫지 못하는 것이 당연하다."

詳說

○ 指器小.

'즉의기위검(則疑其爲儉)'에서 '기(其)'자는 기량이 작음을 가리킨다.

○ 指不儉.

'즉우의기지례(則又疑其知禮)'에서 '기(其)'자는 검소하지 않음을 가리킨다.

221) '부자대관중지공(夫子大管仲之功)'이라 한 것은 「헌문(憲問)」에 보인다 : 『논어(論語)』「헌문(憲問)」 제18장에서 "공자가 말하였다. '관중(管仲)이 환공(桓公)을 도와 제후의 패자가 되어 한 번 천하를 바로잡으니, 백성들이 지금까지 그 혜택을 받고 있다. 관중이 없었다면 우리는 그 머리를 풀고 옷깃을 왼편으로 하는 오랑캐가 되었을 것이다.'(子曰 : '管仲相桓公, 霸諸侯, 一匡天下, 民到于今受其賜. 微管仲, 吾其被髮左衽矣.')"라고 하였다.

○ 必欲做仲爲好人.

'즉우의기지례(則又疑其知禮)'라고 한 것은 굳이 관중을 좋은 사람으로 간주하려는 것이다.

○ 去聲.

'이부지위지범(而不知爲之範)'에서 '위(爲)'자는 거성(去聲)이다.

○ 見『孟子』「滕文公」.

'이부지위지범(而不知爲之範)'에서 '위지범(爲之範)'이라 한 것은 『맹자(孟子)』「등문공하(滕文公下)」에 보인다.[222]

○ 朱子曰: "蘇氏說見得不知『大學』本領, 所以褊淺處; 楊氏說見得不能致褊淺處, 所以卑狹處. 兼二說看, 其義方備."[223]

진순(陳淳)이 말하였다.[224] "소씨(蘇氏: 蘇軾)의 말은 『대학(大學)』의 본령(本領)

---

222) '위지범(爲之範)'이라 한 것은 『맹자(孟子)』「등문공(滕文公)」에 보인다: 『맹자(孟子)』「등문공하(滕文公下)」에서 "예전에 조간자(趙簡子)가 왕량(王良)에게 총애하는 신하인 해(奚)와 함께 수레를 타고 사냥하도록 했는데, 종일토록 한 마리의 짐승도 잡지 못하였다. 총애하는 신하인 해(奚)가 복명(復命)하여 말하였다. '천하에 값어치 없는 말몰이꾼이었습니다.' 어떤 사람이 이 말을 왕량(王良)에게 알려주었다. 왕량이 말하였다. '다시 한 번 사냥하기를 청합니다.' 강요한 뒤에야 승낙하여, 이번에는 하루아침에 열 마리의 짐승을 잡았다. 총애하는 신하인 해(奚)가 복명(復命)하여 말하였다. '천하에 훌륭한 말몰이꾼이었습니다.' 조간자가 말하였다. '내가 그에게 너와 함께 수레를 타도록 하겠다.' 왕량(王良)에게 이 말을 일렀다. 왕량은 허락하지 않으면서 말하였다. '내가 그를 위해서 말 모는 것을 규범대로 하였더니, 종일토록 한 마리의 짐승도 잡지 못했고, 이번에는 그를 위하여 옳지 못한 방법으로 목적을 달성하게 했더니, 하루아침에 열 마리의 짐승을 잡았습니다. 『시(詩)』에 '말몰이를 잘못하지 않으니, 사수(射手)가 화살을 쏨에 깨뜨리는 것과 같이 명중한다.'라고 하였으니, 나는 저런 소인과 함께 수레 타는 것을 익히지 못했으니, 청컨대 사양하겠습니다.'(昔者趙簡子使王良與嬖奚乘, 終日而不獲一禽. 嬖奚反命曰: '天下之賤工也.' 或以告王良. 良曰: '請復之.' 彊而後可, 一朝而獲十禽. 嬖奚反命曰: '天下之良工也.' 簡子曰: '我使掌與女乘.' 謂王良. 良不可, 曰: '吾爲之範我馳驅, 終日不獲一; 爲之詭遇, 一朝而獲十. 詩云, '不失其馳, 舍矢如破.' 我不貫與小人乘, 請辭.')"라고 하였다.

223) 진순(陳淳), 『북계대전집(北溪大全集)』 권37에서 "如蘇氏說得不知『大學』本領, 所以局量褊淺處; 楊氏說得不能致主於王道, 所以規模卑狹處. 須兼二說通看, 乃備其義.(예컨대 소씨(蘇氏: 蘇軾)가 말한 것과 같으면 『대학(大學)』의 본령(本領)을 알지 못했기 때문에 국량이 좁고 얕은 점이 있으며, 양씨(楊氏: 楊時)가 말한 것과 같으면 왕도를 중심으로 하는 것에 이를 수 없기 때문에 규모가 낮고 협소한 점이 있다. 모름지기 두 사람의 말을 겸하여 총괄적으로 보아야 비로소 그 의미가 갖추어질 것이다.)"라고 하였다.

224) 진순(陳淳)이 말했다: 원문은 '朱子曰'인데, 이 말은 진순(陳淳), 『북계대전집(北溪大全集)』

을 알지 못했다는 것을 보았기 때문에 좁고 얕은 점이 있으며, 양씨(楊氏 : 楊時)의 말은 좁고 얕은 곳에 이를 수 없다는 것을 보았기 때문에 낮고 협소한 점이 있다. 두 사람의 말을 겸해 보아야 그 의미가 비로소 갖추어질 것이다."

○ 又曰 : "在學者身上論之, 凡日用常行應事接物之際, 纔有一毫私心, 便非王道, 便是霸者之習, 此不可不省察."225)

주자(朱子 : 朱熹)가 또 말하였다. "배우는 사람의 입장에서 논하여, 무릇 일상생활에서 사물에 응접할 때 조금이라도 사사로운 마음이 있으면 곧 왕도가 아니라 패자(霸者)의 습속이니, 이는 성찰하지 않을 수 없다."

○ 厚齋馮氏曰 : "三桓之僭, 去仲且百年, 仲之僭, 蓋先諸國之大夫也."226)

후재 풍씨(厚齋馮氏 : 馮椅)가 말하였다. "삼환(三桓)의 참람함은 관중과의 거리가 또 100년이고, 관중이 참람함은 대개 여러 나라의 대부들보다 앞선다."

○ 雲峰胡氏曰 : "三代以後, 未有霸, 仲輔其君先之."227)

운봉 호씨(雲峯胡氏 : 胡炳文)가 말하였다. "삼대 이후 패도가 있은 적이 없었는데, 관중이 그 군주를 보좌하면서 패도에 앞장섰다."

권37에 보이기 때문에 여기서는 바로잡아 번역하였다.

225) 『주자어류(朱子語類)』 권25, 「논어7(論語七)」, 118조목.

226) 호병문, 『사서통』「논어통」 권2에 풍의(馮椅)의 말로, "三桓之僭, 魯乃在襄·昭之世, 距仲且百餘年, 仲之僭奢, 蓋先諸國之大夫也.(삼환(三桓)의 참람함은 노나라에서 양공(襄公)과 소공(昭公)의 시대였으니 관중과의 거리는 또 100여 년이고, 관중이 참람하고 사치함은 대개 여러 나라의 대부(大夫)들보다 앞선다.)"라고 실려 있다.

227) 호병문, 『사서통(四書通)』「논어통(論語通)」 권2.

[3-23-1]

子語魯大師樂, 曰 : "樂其可知也 : 始作, 翕如也; 從之, 純如也, 皦如也, 繹如也, 以成."

공자가 노(魯)나라 태사(大師)에게 음악에 관해 말하였다. "음악은 알 만한 것이다. 처음 시작할 적엔 오음(五音)을 합하고, 풀어놓을 때는 조화를 이루고 분명하며, 이어져서 한 장을 끝마쳐야 한다."

朱註

○ 語, 去聲. 大, 音泰. 從, 音縱. 語, 告也. 大師, 樂官名. 時音樂廢缺, 故孔子敎之.

'자어노태사악(子語魯大師樂)'에서 '어(語)'자는 거성(去聲)이다. '태(大)'자는 음이 태(泰)이다. '종지(從之)'에서 '종(從)'자는 음이 종(縱)이다. 어(語)는 말해 주는 것이다. 태사(大師)는 악관(樂官)의 명칭이다. 당시 음악이 폐지되어 결함이 있었기 때문에 공자가 그에게 가르쳐 준 것이다.

詳說

○ 朱子曰 : "蓋將正樂而語之之辭."228)

주자(朱子 : 朱熹)가 말하였다. "대개 음악을 바로잡아서 그에게 일러주는 말일 것이다."

○ 南軒張氏曰 : "聖人因其義, 得其所以爲聲音者, 而樂可正也."229)

남헌 장씨(南軒張氏 : 張栻)가 말하였다. "성인이 그 의미에 따라서 그것이 성음(聲音)이 되는 까닭을 얻었으니, 음악을 바로잡을 수 있을 것이다."

○ '語魯大師樂', 言敎魯大師以樂也. '樂其可知', 言樂非難知也.

경문에서 '어노태사악(語魯大師樂 : 노(魯)나라 태사에게 음악에 관해 말했다)'이라 한 것은 노나라 태사에게 음악을 가르쳤다는 말이다. 또 '악기가지(樂其可知 : 음악은 알 만한 것이다)'라고 한 것은 음악이 알기 어려운 것이 아니라는 말이다.

---

228) 『사서혹문(四書或問)』 권8.

229) 장식(張栻), 『계사논어해(癸巳論語解)』 권2.

朱註

翕, 合也. 從, 放也. 純, 和也. 皦, 明也. 繹, 相續不絶也. 成, 樂之一終也.
흡(翕)은 합하는 것이고, 종(從)은 풀어놓는 것이며, 순(純)은 조화(調和)함이고, 교(皦)는 분명함이며, 역(繹)은 서로 이어져 끊이지 않는 것이고, 성(成)은 음악이 한 번 끝나는 것이다.

詳說

○ 音吸.

'흡(翕)'자는 음이 흡(吸)이다.

○ '從'字意貫'純如'·'皦如'.

'종, 방야(從, 放也)'에서 '종(從)'자의 뜻은 '순여(純如 : 조화함)'와 '교여(皦如 : 분명함)'의 의미를 관통한다.

○ 『大全』曰 : "如『書』之「韶」九成, 『記』之「武」六成是也."

'성, 악지일종야(成, 樂之一終也)'에 대해, 『논어집주대전』에서 말하였다. "예컨대 『서(書)』에서 「소(韶)」를 아홉 번 연주한다고 한 것[230]과 『예기』에서 「무(武)」를 여섯 번 연주했다고 하는 것[231]이 이에 해당한다.

○ 訓畢.

훈고가 끝났다.

○ 其釋則圈下謝說備矣, 故此姑略之.

그 경문의 풀이는 '○(圈)' 아래에 있는 사량좌(謝良佐)의 설명이 잘 갖추어졌기 때문에 여기에서는 우선 생략하였다.

---

230) 『서(書)』에서 「소(韶)」를 아홉 번 연주한다고 한 것 : 『서경(書經)』「익직(益稷)」에서 "소소(簫韶 : 舜 임금이 만든 음악)를 아홉 번 연주하니 봉황이 와서 춤을 춘다.(簫韶九成, 鳳凰來儀.)"라고 하였다.

231) 『예기』에서 '무(武)'를 여섯 번 연주했다고 하는 것 : 『예기』「악기(樂記)」에서 "또 '무(武 : 周武王이 만든 樂舞)'를 한 번 연주함에 춤추는 사람이 북쪽으로 나오고, 두 번 연주함에 상나라를 멸한 것을 상징하고, 세 번 연주함에 상나라를 이기고 남쪽으로 돌아옴을 상징하고, 네 번 연주함에 남국을 구획하고 다스림을 상징하고, 다섯 번 연주함에 주공과 소공이 왼쪽과 오른쪽에 나뉘어 자리함을 상징하고, 여섯 번 연주함에 춤추는 자가 남쪽의 처음 자리로 다시 돌아와 천하 사람들이 무왕을 천자로 높임을 상징한다.(且夫'武'始而北出, 再成而滅商, 三成而南, 四成而南國是疆, 五成而分周公左召公右, 六成復綴以崇天子.)"라고 하였다.

朱註

○ 謝氏曰："五音·六律不具，不足以爲樂．翕如，言其合也．五音合矣，淸濁高下，如五味之相濟而後和，故曰'純如'．合而和矣，欲其無相奪倫，故曰'皦如'，

사씨(謝氏 : 謝良佐)가 말하였다. "오음(五音)[232]과 육률(六律)[233]이 갖추어지지 않으면 음악이라 말할 수 없다. 흡여(翕如)는 그 합함을 말한다. 오음이 합하면 청탁(淸濁)과 고하(高下 : 높은 音과 낮은 音)가 마치 오미(五味)가 서로 도운 뒤에 조화되는 것과 같기 때문에 '순여(純如)'라고 말하였다. 합하여 조화를 이루면 서로 차례를 빼앗으려 하지 않기 때문에 '교여(皦如)'라고 말하였다.

詳說

○ 一作言.

'부족이위악(不足以爲樂)'에서 '악(樂)'자는 어떤 판본에는 '언(言)'으로 되어 있다.

○ 先以五音·六律冠之.

'오음·육율불구, 부족이위악(五音六律不具, 不足以爲樂)'이라 하여 먼저 오음과 육률을 첫머리에 두었다.

○ 指五音·六律, 下同.

'언기합야(言其合也)'에서 '기(其)'자는 오음과 육률을 가리키고, 아래도 마찬가지이다.

○ 承上說下, 下'合而和矣'及'然豈宮自宮而商自商乎'同.

'오음합의(五音合矣)'라고 한 것은, 위를 이어서 아래를 설명하는 것이니, 아래의 '합이화의(合而和矣 : 합하여 조화를 이루면)'라고 한 것과 '연기궁자궁이상자상호(然豈宮自宮而商自商乎 : 그러나 어찌 궁(宮)은 궁(宮)이기만 하고, 상(商)은 상(商)이기만 할 뿐이겠는가)'라고 한 것도 마찬가지이다.

○ 物相投合.

'여오미지상제이후화(如五味之相濟而後和)'에서 '상제(相濟)'는 사물이 서로 투합하는 것이다.

---

232) 오음(五音) : 오성(五聲)이라도 하며, 궁(宮)·상(商)·각(角)·치(徵)·우(羽)를 말한다.

233) 육율(六律) : 12율려(律呂) 가운데 황종(黃鍾)·대주(大簇)·고선(姑洗)·유빈(蕤賓)·이칙(夷則)·무역(無射)의 양율(陽律)을 말한다.

○ 四字出『書』「舜典」.

‘욕기무상탈륜(欲其無相奪倫)’에서 ‘무상탈륜(無相奪倫)’이라는 네 글자는 『서경(書經)』「순전(舜典)」에 나온다.[234]

朱註

然豈宮自宮而商自商乎? 不相反而相連, 如貫珠可也. 故曰‘繹如也, 以成’.”

그러나 어찌 궁(宮)은 궁이기만 하고, 상(商)은 상이기만 할 뿐이겠는가? 서로 어긋나지 않고 서로 연결됨이 마치 구슬을 꿴 것과 같아야 한다. 그러므로 ‘연속하여 음악을 끝낸다’라고 말하였다.”

詳說

○ 皦之過而相離.

‘연기궁자궁이상자상호(然豈宮自宮而商自商乎)’라고 한 것은 지나치게 분명하여 서로 떨어지는 것을 가리킨다.

○ ‘不’字意止此.

‘불상반이상련(不相反而相連)’에서 ‘불(不)’자의 뜻은 ‘불상반(不相反)’에서 멈춘다.

○ 三字出『禮記』「樂記」.

‘여관주가야(如貫珠可也)’에서 ‘여관주(如貫珠)’라는 세 글자는 『예기』「악기(樂記)」에 나온다.[235]

---

234) ‘무상탈륜(無相奪倫)’이라는 네 글자는 『서경(書經)』「순전(舜典)」에 나온다 : 『서경(書經)』「우서(虞書)·순전(舜典)」에서 “제순(帝舜)이 말하였다. ‘기(夔)야! 너를 명하여 전악(典樂)을 삼으니, 주자(冑子)를 가르치되 곧으면서도 온화하며, 너그러우면서도 엄하며, 강하되 사나움이 없으며, 간략하되 오만함이 없게 할 것이다. 시(詩)는 뜻을 말한 것이고, 가(歌)는 말을 길게 읊는 것이며, 성(聲)은 길게 읊음에 의지한 것이고, 율(律)은 읊는 소리를 조화시키는 것이니, 8음의 악기가 잘 어울려 서로 차례를 빼앗음이 없어야 신(神)과 사람이 화합할 것이다.’(帝曰 : ‘夔! 命汝典樂, 教冑子, 直而溫, 寬而栗, 剛而無虐, 簡而無傲. 詩言志, 歌永言, 聲依永, 律和聲, 八音克諧, 無相奪倫, 神人以和.’)”라고 하였다.

235) ‘여관주(如貫珠)’라는 세 글자는 『예기』「악기(樂記)」에 나온다 : 『예기』「악기(樂記)」 제19에서 “그러므로 노래를 부를 때 높은 음은 마치 들어 올리는 듯하고 낮은 음은 마치 떨어트리는 듯하며, 꺾이는 음은 마치 자르듯이 하고, 그치는 음은 마치 말라죽은 나무처럼 하며, 조금 굽은 것은 곱자가 굽은 것에 맞고 크게 굽은 것은 갈고리가 휘어진 것에 맞추어, 끝없이 이어져 단정한 것이 마치 구슬을 꿴 것과 같다.(故歌者, 上如抗, 下如隊, 曲如折, 止如槀木, 倨中矩, 句中鉤, 纍纍乎端如貫珠.)”라고 하였다.

○ 覺軒蔡氏曰 : "合而和, 和而又有別, 別而又不失於和, 數言之間, 曲盡作樂之妙. 大師可與語此, 其亦非常人也歟!"[236]

각헌 채씨(覺軒蔡氏 : 蔡模)가 말하였다. "합쳐서 조화하고, 조화하되 또 구별이 있으며, 구별이 있되 또 조화를 잃지 않으니, 이 몇 마디 말에서 음악을 만드는 오묘함이 곡진하게 나타났다. 태사(大師)가 더불어서 이를 말할 수 있었으니, 그 또한 보통 사람이 아닐 것이다!"

○ 大師摯, 見「泰伯」及「微子」, 豈其人歟?

태사(大師) 지(摯)가 「태백(泰伯)」과 「미자(微子)」에 보이는데,[237] 어찌 그가 아니겠는가?

---

236) 호광 편(胡廣 編), 『논어집주대전(論語集註大全)』 권3에 채모(蔡模)의 말로, "從之純如, 則合而和也; 皦如, 則和而又有別也; 繹如也以成, 則別而又不失於和也; 數言之間, 曲盡作樂始終節奏之妙. 大師而可與語此, 其亦非常人也歟!(풀어놓을 때 조화를 이루면 합쳐서 조화하는 것이고, 분명하면 조화하되 또 구별이 있는 것이며, 연속되어서 한 장을 끝마치면 구별이 있되 또 조화를 잃지 않는 것이니, 이 몇 마디 말에서 음악을 만듦에 처음부터 끝까지 리듬의 오묘함이 곡진하게 나타났다. 태사(大師)이면서 함께 이를 말할 수 있었으니, 그 또한 보통 사람이 아닐 것이다!)"라고 실려 있다.

237) 태사(大師) 지(摯)가 「태백(泰伯)」과 「미자(微子)」에 보이는데 : 『논어(論語)』「태백(泰伯)」 제15장에서 "공자가 말하였다. '악사(樂師)인 지(摯)가 처음 벼슬할 때에 연주하던 관저(關雎)의 끝장 악곡(樂曲)이 아직까지도 뚜렷하게 귀에 가득하구나!'(子曰 : '摯之始, 關雎之亂, 洋洋乎盈耳哉!')"라 하였고, 「미자(微子)」 제9장에서 "태사(大師) 지(摯)는 제(齊)나라로 가고(大師摯適齊)"라고 하였다.

[3-24-1]

儀封人請見. 曰 : "君子之至於斯也, 吾未嘗不得見也." 從者見之. 出曰 : "二三子何患於喪乎? 天下之無道也久矣, 天將以夫子爲木鐸."

의(儀)땅의 봉인(封人)이 뵙기를 청하며 말하였다. "군자가 이곳에 오면 나는 일찍이 만나보지 않은 적이 없었다." 공자를 수행하는 사람이 만나게 해주었다. 그가 만나보고 나와서 말하였다. "그대들은 어찌 공자가 벼슬을 잃을까 걱정하는가? 천하에 도(道)가 없는 지 오래되었으니, 하늘이 장차 공자를 목탁으로 삼을 것이다."

朱註

○ '請見'·'見之'之'見', 賢遍反. '從'·'喪', 皆去聲.

'청현(請見)'과 '현지(見之)'에서 '현(見)'은 '현(賢)'과 '편(遍)'의 반절(反切)이다. '종자현지(從者見之)'에서 '종(從)'자와 '이삼자하환어상호(二三子何患於喪乎)'에서 '상(喪)'자는 모두 거성(去聲)이다.

詳說

○ 從者, 門人也. 因從者而請見. 卽出又語從者. 二三子, 猶言諸君, 指從者.

'종자현지(從者見之)'에서 '종자(從者)'는 공자의 문인이다. 종자를 통해서 만나보기를 청하였다. '출왈(出曰)'은 나오자마자 곧 또 종자들에게 말했다는 것이다. '이삼자하환어상호(二三子何患於喪乎)'에서 '이삼자(二三子)'는 마치 제군(諸君 : 여러분)이라 말하는 것과 같으니 종자를 가리킨다.

朱註

儀, 衛邑. 封人, 掌封疆之官. 蓋賢而隱於下位者也. 君子, 謂當時賢者. 至此皆得見之, 自言其平日不見絶於賢者, 而求以自通也. 見之, 謂通使得見.

의(儀)는 위(衛)나라 읍(邑)이다. 봉인(封人)은 국경을 관장하는 관리이다. 그는 현명하여 낮은 벼슬자리에 은거해 있는 사람일 것이다. '군자'는 당시의 현명한 사람을 말한다. 이곳에 오면 모두 만나볼 수 있었다는 것은 그가 평소 현명한 사람에게 거절을 당하지 않아서 자기가 통지하기를 구했다고 스스로 말한 것이다. 현지(見之)는 통지해서 그에게 만나볼 수 있도록 했다는 것을 말한다.

詳說

○ 所謂爲貧而仕者.

'개현이은어하위자야(蓋賢而隱於下位者也)'라고 한 것은 이른바 가난 때문에 벼슬하는 사람을 가리킨다.

○ '至'字上似宜又有'當時賢者'四字而省之者, 蒙上也.

'지차개득현지(至此皆得見之)'에서 '지(至)'자는 그 앞에 마땅히 또 '당시현자(當時賢者)'라는 네 글자가 있어야 할 것 같은데 생략한 것은 위로 이어지기 때문이다.

○ 六字約本文'君子'以下十四字.

'지차개득현지(至此皆得見之)'라는 말은 경문 '군자지지어사야, 오미상불득현야(君子之至於斯也, 吾未嘗不得見也)'라는 열네 글자를 요약한 것이다.

○ 添此五字而後意足.

'이구이자통야(而求以自通也)'에서 '구이자통야(求以自通也)'라고 한 것은, 이 다섯 글자를 보탠 뒤에 뜻이 충족되었다.

○ 『大全』曰: "夫子經衛邑, 而封人因請見, 故云然."

『논어집주대전』에서 말하였다. "공자가 위(衛)나라의 읍(邑)을 지나가는데, 봉인(封人)이 만나보기를 청했기 때문에 그와 같이 말하였다."

○ 通於孔子, 而使封人得見.

'위통사득현(謂通使得見)'이라 한 것은 공자에게 통지해서 봉인(封人)에게 만나 볼 수 있도록 했다는 말이다.

朱註

喪, 謂失位去國. 『禮』曰'喪欲速貧'是也. 木鐸, 金口木舌, 施政敎時所振, 以警衆者也. 言亂極當治, 天必將使夫子得位設敎, 不久失位也.

상(喪)은 벼슬을 잃고 나라를 떠나는 것을 말한다. 『예기(禮記)』에 '벼슬을 잃으면 빨리 가난해지려고 한다.'라고 한 것이 이것이다. 목탁(木鐸)은 쇠로 입을 만들고 나무로 혀를 만든 것이니, 정교(政敎)를 베풀 때 흔들어 여러 사람을 경계시키는 것이다. 이는 혼란이 극도에 달하면 마땅히 다스려지니, 하늘이 반드시 장차 공자에게 지위를 얻고 교화를 베풀어 오랫동안 벼슬을 잃지 않도록 할 것임을 말하였다.

詳說

○ 『禮記』「檀弓」.

'『예』왈「상욕속빈」시야(『禮』曰「喪欲速貧」是也)'에서 '『예』'는 『예기』「단궁(檀弓)」이다.

○ 『大全』曰: "意夫子失魯司寇, 去魯歷聘時."

'『예』왈「상욕속빈」시야(『禮』曰「喪欲速貧」是也)'에 대해, 『논어집주대전』에서 말하였다. "생각건대, 공자가 노나라의 사구(司寇) 직을 잃고, 노나라를 떠나 주유하며 초빙해서 등용해주기를 구할 때였을 것이다."

○ 言'喪欲速貧'之'喪'字, 與此章之'喪'字同云爾, 非有取於'欲速貧'之義也. 後凡字訓處引證, 皆放此.

'『예』왈「상욕속빈」시야(『禮』曰「喪欲速貧」是也)'라는 구절의 '상욕속빈(喪欲速貧: 벼슬을 잃으면 빨리 가난해지려고 한다)'에서 '상(喪)'자는 이 장(章)의 '상(喪)'자와 같다고 하는 것일 뿐, '욕속빈(欲速貧: 빨리 가난해지려고 한다)'의 의미에서 취할 부분이 있다는 것이 아님을 말한다.

○ 『禮記』「明堂位」曰: "振木鐸於朝, 天子之政也."

'시정교시소진, 이경중자야(施政敎時所振, 以警衆者也)'에 대해, 『예기』「명당위(明堂位)」에서 말하였다. "조정에서 목탁을 울리는 것은 천자의 정사(政事)이다."

○ 去聲.

'언난극당치(言亂極當治)'에서 '치(治)'자는 거성(去聲)이다.

○ '不'字釋於'位'字.

'불구실위야(不久失位也)'에서 '불(不)'자는 '위(位)'자에서 풀이한다.

○ 添此句而後意足.

'불구실위야(不久失位也)'라는 구절을 보탠 뒤에 뜻이 충족되었다.

○ 訓間釋畢.

훈고를 하는 사이에 경문의 풀이가 끝났다.

○ 此下又稱美封人.

이 아래는 또 봉인(封人)을 찬미한다.

朱註

封人一見夫子而遽以是稱之, 其所得於觀感之間者深矣.

봉인(封人)이 한 번 공자를 만나보고서 대번에 이 말로 일컬었으니, 그 보고 느끼는 사이에 얻은 것이 깊다.

詳說

○ 一無'所'字.

'기소득어관감지간자심의(其所得於觀感之間者深矣)'에서 어떤 판본에는 '소(所)'자가 없다.

○ **朱子曰:"此人辭氣最好, 前輩謂'作者七人', 以封人處其一."**[238]

주자(朱子:朱熹)가 말하였다. "이 사람의 말 기운이 매우 훌륭하니, 이전 선배들은 '일어나 은둔한 자가 일곱 사람이다'[239]라고 한 것에 의(儀)땅의 봉인이 그 가운데 한 사람을 차지한다고 말하였다."

○ **新安陳氏曰:"可謂知足以知聖人且知天矣."**[240]

신안 진씨(新安陳氏:陳櫟)가 말하였다. "그의 지혜는 성인을 알고 하늘을 알기에 충분하다고 말할 수 있다."

○ **上云'賢而隱下位', 則以封人平生之本領言也; 此云'得於觀感', 則以夫子俄頃之功化言也.**

'앞의 주석에서는 의(儀) 땅의 봉인에 대해 '현이은하위(賢而隱下位:현명하여 낮은 벼슬자리에 은거해 있는 사람)'라고 말했으니, 이는 봉인의 평생의 본령(本領)으로 말한 것이고, 여기에서는 '득어관감(得於觀感:보고 느끼는 사이에 얻은 것)'이라 말했으니, 이는 공자의 잠깐 사이의 공적(功績)과 교화로 말한 것이다.

---

238) 『주자어류(朱子語類)』 권25, 「논어7(論語七)」, 126조목에는 "問:'儀封人亦是據理而言. 若其得位失位, 則非所及知也.' 曰:'儀封人與夫子說話, 皆不可考. 但此人辭氣最好, 必是箇賢有德之人. 一見夫子, 其觀感之間, 必有所見, 故爲此言. 前輩謂'作者七人', 以儀封人處其一, 以此.'(물었다. '의(儀) 땅의 봉인(封人)은 또한 이치에 근거해서 말했을 것입니다. 만약 그 지위를 얻거나 잃는 것이라면 그가 알 수 있는 것이 아닙니다.' 주자(朱子:朱熹)가 대답하였다. '의(儀) 땅의 봉인이 공자와 한 말은 모두 고찰할 수가 없다. 다만 이 사람의 말 기운이 매우 훌륭하니 반드시 현명하고 덕이 있는 사람일 것이다. 한 번 공자를 만나고서 살펴보고 느끼던 사이에 반드시 보았던 것이 있었기 때문에 이 말을 했을 것이다. 이전 선배들은 '일어나 은둔한 자가 일곱 사람이다'라고 한 것에 의(儀)땅의 봉인이 그 가운데 한 사람을 차지한다고 말한 것은 이 때문이다.')"라고 되어 있다.

239) 일어나 은둔한 자가 일곱 사람이다:『논어(論語)』「헌문(憲問)」 제40장에서 "공자가 말하였다. '일어나 은둔한 자가 일곱 사람이다.'(子曰:'作者七人矣.')"라고 하였다.

240) 호광 편(胡廣 編), 『논어집주대전(論語集註大全)』 권3.

朱註

或曰:"木鐸所以徇于道路, 言天使夫子失位, 周流四方以行其教, 如木鐸之徇于道路也."

어떤 사람이 말하였다. "목탁(木鐸)은 길에서 순행하는 것이니, 하늘이 공자에게 벼슬을 잃고 사방을 두루 돌아다니면서 그 가르침을 시행하도록 한 것은, 마치 목탁이 길에서 순행하는 것과 같음을 말한다."

詳說

○ 一作'於', 下同.

'목탁소이순우도로(木鐸所以徇于道路)'에서 '우(于)'자는 어떤 판본에는 '어(於)'자로 되어 있고, 아래도 마찬가지이다.

○ 見『書』「胤征」.

'목탁소이순우도로(木鐸所以徇于道路)'라는 말은 『서경(書經)』「윤정(胤征)」에 보인다.

○ 慶源輔氏曰:"前說意實而味長, 後說意巧而味短."241)

경원 보씨(慶源輔氏:輔廣)가 말하였다. "앞의 말 즉 '천사부자실위, 주류사방이행기교(天使夫子失位, 周流四方以行其敎)'는 뜻이 실질되고 의미도 심장하지만, 뒤의 말, 즉 '여목탁지순우도로야(如木鐸之徇于道路也)'는 뜻이 교묘하고 의미도 뒤떨어진다."

○ 新安陳氏曰:"後說與'喪'字及'天下之無道久', 皆不甚相應, 朱子姑存之耳."242)

신안 진씨(新安陳氏:陳櫟)가 말하였다. "뒤의 말 즉 '여목탁지순우도로야(如木鐸之徇于道路也)'는 경문 '이삼자하환어상호(二三子何患於喪乎)'에서 '상(喪)'자 및 '천하지무도야구의(天下之無道也久矣)'라는 구절과 모두 별로 상응하지 않으니, 주자는 잠시 그것을 남겨 두었을 뿐이다."

○ 周流行敎, 此正其時也. '將'字全無著落.

위 구절에서 두루 돌아다니면서 그 가르침을 시행한 것은 바로 그때, 즉 의 땅 봉인이 공자를 만나 보았던 때이다. 그렇다면 본문 '천장이부자위목탁(天將以夫子爲木鐸)'에서 '장(將:장차)'라는 글자는 전혀 귀착할 곳이 없다.

---

241) 호광 편(胡廣 編), 『논어집주대전(論語集註大全)』 권3.
242) 호광 편(胡廣 編), 『논어집주대전(論語集註大全)』 권3.

[3-25-1]

子謂「韶」: "盡美矣, 又盡善也." 謂「武」: "盡美矣, 未盡善也."
공자는 「소악(韶樂)」을 논평하여 "지극히 아름답고 또 지극히 선하다."라고 했고, 「무악(武樂)」을 논평하여 "지극히 아름답지만 지극히 선하지는 못하다."라고 하였다.

詳說

○ '謂'猶'論'也.
경문의 '위(謂)'자는 '논(論 : 논평하다)'이라는 말과 같다.

朱註

「韶」, 舜樂; 「武」, 武王樂. 美者, 聲容之盛; 善者, 美之實也.
소(韶)는 순(舜)임금의 음악이고, 무(武)는 무왕(武王)의 음악이다. 아름답다는 것은 소리와 모양의 융성함이고, 선하다는 것은 아름다움의 실질이다.

詳說

○ 慶源輔氏曰 : "樂之聲, 舞之容."[243]
'성용지성(聲容之盛)'에 대해, 경원 보씨(慶源輔氏 : 輔廣)가 말하였다. "음악의 소리와 춤의 모양이다."

○ 慶源輔氏曰 : "聲容所以美."[244]
'미지실야(美之實也)'에 대해, 경원 보씨(慶源輔氏 : 輔廣)가 말하였다. "소리와 모양이 아름답다는 것이다."

○ 訓畢.
훈고가 끝났다.

朱註

舜紹堯致治, 武王伐紂救民, 其功一也, 故其樂皆盡美. 然舜之德, 性之也, 又

243) 호광 편(胡廣 編), 『논어집주대전(論語集註大全)』 권3.
244) 호광 편(胡廣 編), 『논어집주대전(論語集註大全)』 권3.

以揖遜而有天下; 武王之德, 反之也, 又以征誅而得天下, 故其實有不同者.

순(舜) 임금은 요(堯) 임금을 이어 훌륭한 정치를 이루었고, 무왕(武王)은 주왕(紂王)을 정벌하여 백성을 구제하였으니, 그 공로는 똑같기 때문에 그 음악이 모두 지극히 아름답다. 그러나 순임금의 덕은 천성대로 한 것이고, 또 읍(揖)하고 사양함으로 천하를 가졌으며, 무왕의 덕은 돌이킨 것이고, 또 정벌하고 주살(誅殺)함으로 천하를 얻었기 때문에, 그 실제에 같지 않음이 있는 것이다.

詳說

○ 去聲.

'순소요치치(舜紹堯致治)'에서 '치(治)'자는 거성(去聲)이다.

○ '有'與'得', 是'遜'·'征'之分.

'우이읍손이유천하(又以揖遜而有天下)'에서 '유(有 : 가지다)'자와 '우이정주이득천하(又以征誅而得天下)'에서 '득(得 : 얻다)'자의 차이는 '손(遜 : 사양함)'과 '정(征 : 정벌함)'의 구분이다.

○ '性之'·'反之', 見『孟子』「盡心」. 先引此冠之, 然後著'又'字以及於'遜'·'征'者, 蓋以德性本也, 行事末也.

'연순지덕, 성지야(然舜之德, 性之也)'에서 '성지(性之)'와 '무왕지덕, 반지야(武王之德, 反之也)'에서 '반지(反之)'라는 말은 『맹자(孟子)』「진심상(盡心上)」에 보인다.[245] 먼저 이를 인용하여 첫머리에 둔 뒤에 '우(又)'자를 드러내어 '손(遜 : 사양함)'과 '정(征 : 정벌함)'에까지 이른 것은 덕성을 근본으로 하고 행한 일은 말단으로 삼기 때문이다.

○ 卽上文'美之實'.

'고기실유부동자(故其實有不同者)'에서 '실(實)'자는 곧 위의 글 가운데 '미지실(美之實 : 아름다움의 실질)'이다.

---

245) '성지(性之)'와 '무왕지덕, 반지야(武王之德, 反之也)'에서 …… 『맹자(孟子)』「진심(盡心)」에 보인다 : 『맹자(孟子)』「진심 상(盡心上)」에서 "맹자가 말하였다. '요(堯)·순(舜)은 천성(天性)대로 한 것이고, 탕(湯)·무(武)는 그것을 몸소 실천한 것이며, 오패는 그것을 빌린 것이다.'(孟子曰 : '堯舜性之也, 湯武身之也, 五霸假之也.')"라고 하였다. 또 같은 책 「진심 하(盡心下)」에서 "맹자가 말하였다. '요(堯)·순(舜)은 천성을 그대로 따랐고, 탕(湯)·무(武)는 천성을 회복하였다.'(孟子曰 : '堯舜性者也, 湯武反之也.')"라고 하였다.

○ 盡善 · 未盡善.

'고기실유부동자(故其實有不同者)'에서 '부동자(不同者)'는 경문의 '진선(盡善 : 지극히 선함)'과 '미진선(未盡善 : 지극히 선하지는 못함)'의 다름이다.

○ 朱子曰 : "樂是德之影子."246)

'고기실유부동자(故其實有不同者)'에 대해, 주자(朱子 : 朱熹)가 말하였다. "음악은 덕의 그림자이다."

○ 又曰 : "使舜當武王時, 畢竟更彊似「武」; 使武王當舜時, 必不及「韶」."247)

'고기실유부동자(故其實有不同者)'에 대해, 주자(朱子 : 朱熹)가 또 말하였다. "가령 순(舜)임금이 무왕(武王)의 시대를 맞았으면 필경 「무악(武樂)」보다 더욱 강했을 것이고, 가령 무왕이 순임금의 시대를 맞았으면 꼭 「소악(韶樂)」만큼은 미치지 못했을 것이다."

○ 錯釋畢

교착하여 경문의 풀이한 것이 끝났다.

朱註

○ 程子曰 : "成湯放桀, 惟有慙德. 武王亦然, 故未盡善. 堯 · 舜 · 湯 · 武, 其揆一也. 征伐非其所欲, 所遇之時然爾."

정자(程子 : 程顥)가 말하였다. "탕(湯) 임금이 걸왕(桀王)을 내치고 부끄러워하는 마음이 있었다. 무왕(武王) 또한 그러했기 때문에 지극히 선하지는 못했던 것이다. 요(堯) · 순(舜) · 탕(湯) · 무(武)는 헤아려 보면 그 법도는 한 가지이다. 정벌함은 그가 바란 것이 아니라, 만난 시대가 그러했기 때문이었다."

246) 『주자어류(朱子語類)』 권25, 「논어7(論語七)」, 128조목.

247) 『주자어류(朱子語類)』 권25, 「논어7(論語七)」, 138조목에서 "或問 : '盡善 · 盡美, 說揖遜 · 征誅足矣, 何以說'性之' · '反之'處?' 曰 : '也要尋它本身上來, 自是不同. 使舜當武王時, 畢竟更强似大武; 使武王當舜時, 必不及「韶」樂好.'(어떤 사람이 물었다. '지극히 선하고 지극히 아름답다는 것은 읍(揖)하고 사양하는 것과 정벌하고 주살하는 것을 말하는 것으로 충분한데, 무엇 때문에 '천성대로 하는 것'과 '천성을 돌이키는 것'이라는 것을 말했습니까?' 주자(朱子 : 朱熹)가 대답하였다. '또한 그 자체에서 찾으려고 하면 본래 같지 않다. 가령 순 임금이 무왕의 시대를 맞았으면 필경 무왕보다 더욱 강했을 것이고, 가령 무왕이 순 임금의 시대를 맞았으면 꼭 「소악(韶樂)」의 훌륭함만큼은 미치지 못했을 것이다.)"라고 되어 있다.

詳說

○ 伯子. 『精義』作叔子.

'정자왈(程子曰)'에서 '정자(程子)'는 형 정호(程顥)이다. 『논어정의(論語精義)』에서는 동생 정이(程頤)로 되어 있다.

○ 出『書』「仲虺之誥」.

'성탕방걸, 유유참덕(成湯放桀, 惟有慙德)'이라는 말은 『서경(書經)』「중훼지고(仲虺之誥)」에 보인다.

○ 慚德.

'무왕역연(武王亦然)'에서 '연(然)'자는 부끄러워하는 마음을 가리킨다.

○ 按 : 朱子回護言之, 程子直截言之, 至末乃用回護語.

'고미진선(故未盡善)'에 대해, 생각하건대, 주자는 비호하면서 말했고, 정자(程子 : 程顥)는 곧게 자르듯이 말했지만 끝에 가서는 여전히 비호하는 말을 썼다.

○ 四字出『孟子』「離婁」.[248]

'기규일야(其揆一也)'라는 네 글자는 『맹자(孟子)』「이루하(離婁下)」에 나온다.

○ 按 : 朱子言功, 程子言揆, 揆卽治道也. 此其皆盡美處.

'기규일야(其揆一也)'에 관해, 생각하건대 주자는 공로를 말했고, 정자(程子 : 程顥)는 법도를 말했는데, 법도는 곧 다스리는 도리이다. 이는 모두 지극히 아름다운 것이다.

○ 西山眞氏曰 : "不幸而爲此不獲已之擧."[249]

'정벌비기소욕(征伐非其所欲)'에 대해, 서산 진씨(西山眞氏 : 眞德秀)가 말하였다. "불행하여 이러한 어쩔 수 없는 거행을 하였다."

○ 朱子曰 : "使舜當武王之事, 也住不得, 文王亦然."[250]

---

248) 『맹자(孟子)』「이루 하(離婁下)」에서 "앞의 성인과 뒤의 성인은 헤아려 보면 그 법도는 한 가지이다.(先聖後聖, 其揆一也.)"라고 하였다.

249) 진덕수(眞德秀), 『서산문집(西山文集)』 권31.

250) 『주자어류(朱子語類)』 권25, 「논어7(論語七)」, 137조목에는 "問 : '征伐固武王之不幸. 使舜當之, 不知如何.' 曰 : '只看舜是生知之聖, 其德盛, 人自歸之, 不必征伐耳. 不然, 事到頭, 也住不得. 如文王亦然.'(물었다. '정벌함은 본디 무왕의 불행입니다. 가령 순 임금이 그런 경우를 당했다면 어떻게 했을지 모르겠습니다.' 주자(朱子 : 朱熹)가 대답하였다. '다만 순 임금은 타고나면서 지혜를 갖춘 성인인 점을 보면, 그 덕이 성대해서 사람들이 스스로 귀화할 것이니 굳이 정벌할 필요가 없었을 것이다. 그렇지 않으면 일을 되돌리려고 해도 멈출 수 없었을 것이다. 예컨대

'소우지시연이(所遇之時然爾)'에 대해, 주자(朱子 : 朱熹)가 말하였다. "가령 순 임금이 무왕의 일을 당했다면 또한 멈출 수 없었을 것이니, 문왕도 또한 그러하다."

○ **西山眞氏曰 : "『論語』微有不滿之意者, 恐後世亂臣借以窺伺神器也. 易發革命之義者, 恐後世亂君肆行, 無憚也."**[251)]

'소우지시연이(所遇之時然爾)'에 대해, 서산 진씨(西山眞氏 : 眞德秀)가 말하였다. "『논어(論語)』에는 불만의 뜻이 없는데, 아마 후세의 난신적자들이 그것을 빌어 정권을 엿보았을 것이다. 혁명의 뜻을 쉽게 드러내는 자는 아마 후세에 혼란한 군주가 방자하게 행동하면서 거리낌이 없었을 것이다."

문왕도 또한 그러하다.')"라고 되어 있다.

251) 진덕수(眞德秀), 『서산문집(西山文集)』 권31에는 "『論語』微有不滿之意者, 恐後世亂臣賊子借湯武之名以窺伺神器也. 易發革命之義者, 恐後世亂君肆行於上而無所憚也.(『논어(論語)』에는 불만의 뜻이 없는데, 아마 후세의 난신적자들이 탕 임금과 무왕의 이름을 빌어서 정권을 엿보았을 것이다. 혁명의 뜻을 쉽게 드러내는 자는 아마 후세에 혼란한 군주가 윗사람에게 방자하게 행동하면서 거리낌이 없었을 것이다.)"라고 되어 있다.

[3-26-1]

子曰 : "居上不寬, 爲禮不敬, 臨喪不哀, 吾何以觀之哉?"
공자가 말하였다. "윗자리에 있으면서 너그럽지 않고, 예(禮)를 실행함에 경(敬)하지 않으며, 상(喪)에 임하여 슬퍼하지 않는다면, 내가 무엇으로 그를 살펴볼 수 있겠는가?"

朱註

居上主於愛人, 故以寬爲本. 爲禮以敬爲本, 臨喪以哀爲本. 旣無其本, 則以何者而觀其所行之得失哉?
윗자리에 있을 때는 사람들을 사랑하는 것을 중점으로 삼기 때문에 너그러움을 근본으로 여긴다. 예(禮)를 실행할 때는 경(敬)을 근본으로 삼고, 상에 임해서는 슬픔을 근본으로 삼는다. 이미 그 근본이 없다면 무엇으로 그가 행동한 것의 좋고 나쁨을 살펴볼 수 있겠는가?

詳說

○ 二字襯'寬'字.
'거상주어애인(居上主於愛人)'에서 '애인(愛人)'이라는 두 글자는 '고이관위본(故以寬爲本)'에서 '관(寬)'자에 결부된다.

○ 朱子曰 : "寬非廢弛之謂."252)
'고이관위본(故以寬爲本)'에 대해, 주자(朱子 : 朱熹)가 말하였다. "너그럽다는 것은 느슨하게 한다는 말이 아니다."

○ 三'本'字有力.
'고이관위본. 위예이경위본, 임상이애위본(故以寬爲本. 爲禮以敬爲本, 臨喪以哀爲本)'에서 세 개의 '본(本)'자가 힘이 있다.

---

252) 『주자어류(朱子語類)』 권25, 「논어7(論語七)」, 145조목에는 "子升問'居上不寬.' 曰 : ''寬'字難識. 蓋有政教法度, 而行之以寬耳, 非廢弛之謂也. 如'敬敷五教, 在寬', 蓋寬行於五教之中也.'(자승(子升 : 주자 문인)이 '윗자리에 있으면서 너그럽지 않다'라는 구절에 대해 물었다. 주자(朱子 : 朱熹)가 대답하였다. ''관(寬)' 자는 알기 힘들다. 정교(政教)와 법도가 있어도, 시행을 너그럽게 할 뿐이지, 느슨하게 하라는 말이 아니다. 예컨대 『서경(書經)』「고요모(皐陶謨)」에서 '공경히 다섯 가르침을 펴되, 너그럽게 하라'라는 것과 같으니 다섯 가르침을 너그럽게 시행하라는 것이다.')"라고 되어 있다.

○ 先正說. 此下乃反說歸本文.

‘고이관위본. 위예이경위본, 임상이애위본(故以寬爲本. 爲禮以敬爲本, 臨喪以哀爲本)’이라고 한 것은 먼저 정면으로 설명한 것이다. 이 아래는 곧 반대로 설명하여 본문에 귀결시켰다.

○ 四字釋三‘不’字.

‘기무기본(旣無其本)’이라는 네 글자는 경문 ‘거상불관, 위례불경, 임상불애(居上不寬, 爲禮不敬, 臨喪不哀)’에서 세 개의 ‘불(不)’자를 풀이한 것이다.

○ 朱子曰 : “重在‘以’字上.”253)

‘칙이하자이관기소행지득실재(則以何者而觀其所行之得失哉)’에 대해, 주자(朱子 : 朱熹)가 말하였다. “이 구절의 중점은 ‘이(以 : ~가지고)’자에 있다.”

○ 其人.

‘칙이하자이관기소행지득실재(則以何者而觀其所行之得失哉)’에서 ‘기(其)’자는 그 사람을 가리킨다.

○ 添‘所行得失’字而後意足.

‘칙이하자이관기소행지득실재(則以何者而觀其所行之得失哉)’라고 하여, 경문 ‘오하이관지재(吾何以觀之哉)’에 ‘소행득실(所行得失)’이라는 말을 보탠 뒤에 뜻이 충족되었다.

○ 朱子曰 : “能寬·敬·哀, 却就寬·敬·哀中考他所行之是否. 若不寬·不敬·不哀, 更無可據依以爲觀. 雖有其他是處, 皆在不論之限.”254)

---

253) 『주자어류(朱子語類)』 권34, 「논어16(論語十六)」, 180조목에는 “又曰 : ‘如說‘居上不寬, 爲禮不敬, 臨喪不哀, 吾何以觀之哉!’ 不是不去觀他, 又不是不足觀. 只爲他根源都不是了, 更把甚麼去觀他? 重在‘以’字上.’(주자(朱子 : 朱熹)가 또 말하였다. ‘예컨대 ‘윗자리에 있으면서 너그럽지 않고, 예(禮)를 실행함에 경(敬)하지 않으며, 상(喪)에 임하여 슬퍼하지 않는다면, 내가 무엇으로 그를 살펴볼 수 있겠는가?’라고 말한 것은 그를 살펴보지 않는다는 것이 아니고, 또 살펴보기에 충분하지 않다는 것도 아니다. 다만 그 근원이 전혀 옳지 않은데, 다시 무엇을 가지고 그를 살펴보겠는가? 중점은 ‘이(以 : ~가지고)’ 자에 있다.’)”라고 되어 있다.

254) 『주자어류(朱子語類)』 권25, 「논어7(論語七)」, 147조목에는 “‘居上而不寬, 爲禮而不敬, 臨喪而不哀’, 更無可據以爲觀者矣. 蓋寬也, 敬也, 哀也, 所謂本也. 其本旣亡, 則雖有條敎法令之施, 威儀進退之節, 擗踊哭泣之數, 皆無足觀者. 若能寬, 能敬, 能哀了, 卻就它這寬·敬·哀中去考量他所行之是否. 若不寬, 不敬, 不哀, 則縱其他有是處, 皆不在論量之限矣.(‘윗자리에 있으면서 너그럽지 않고, 예(禮)를 실행함에 경(敬)하지 않으며, 상(喪)에 임하여 슬퍼하지 않는다면’ 다시 근거해서 살펴볼 만한 것이 없다. 대개 너그러움·공경함·슬퍼함은 이른바 근본이다.

‘칙이하자이관기소행지득실재(則以何者而觀其所行之得失哉)’에 대해, 주자(朱子: 朱熹)가 말하였다. “너그러울 수 있고 공경할 수 있으며 슬퍼할 수 있다면, 또한 너그러움·공경함·슬퍼함 가운데서 그가 행동한 것의 옳고 그름을 고찰할 것이다. 만약 너그럽지 않고 공경하지 않으며 슬퍼하지 않는다면, 다시 근거해서 살펴볼 만한 것이 없다. 비록 그 나머지에 올바른 것이 있더라도 모두 논하지 않는 한도에 있다.”

○ 有釋無訓.

경문의 풀이는 있으나 훈고는 없다.

그 근본이 이미 없다면 비록 정교(政敎)와 법령을 베풀고, 위의(威儀)·진퇴의 절도와 가슴치고 발을 구르며 우는 도수가 있다고 하더라도 모두 살펴보기에 충분한 것이 없다. 만약 너그러울 수 있고 공경할 수 있으며 슬퍼할 수 있다면, 또한 그것에서 이 너그러움·공경함·슬퍼함 가운데 그가 행동한 것의 옳고 그름을 고려할 것이다. 만약 너그럽지 않고 공경하지 않으며 슬퍼하지 않는다면, 설령 그 나머지에 올바른 것이 있더라도 모두 논하고 헤아리는 한도에 있지 않다.)”라고 하였다.

연구번역자 소개

신창호(申昌鎬)

현) 고려대학교 교수
고려대학교 박사(동양철학/교육사철학 전공)
고려대학교 교육문제연구소 소장
한국교육철학학회 회장·한중철학회 회장
「『중용』 교육사상의 현대적 조명」(박사학위논문), 『유교의 교육학 체계』 외 다수의 논문·번역·저서가 있음

김학목(金學睦)

현) 고려대학교 연구교수
건국대학교 박사(한국철학 전공)
해송학당 원장(동양학·사주명리 강의)
「박세당의 『신주도덕경』 연구」(박사학위논문), 『한국주역대전』 외 다수의 논문·번역·저서가 있음

윤원현(尹元鉉)

전) 고려대학교 연구교수
私立中國文化大學 박사(朱子哲學 전공)
한중철학회 회장
「從朱子思想中之天人架構闡論其義理脈絡」(박사학위논문), 『성리대전』 외 다수의 논문·번역·저서가 있음

조기영(趙麒永)

현) 고려대학교 연구교수
연세대학교 박사(한문학 전공)
서정대 교수·연세대국학연구원 연구원
「하서 김인후 시 연구」(박사학위논문), 『한국시가의 정신세계』 외 다수의 논문·번역·저서가 있음

김언종(金彦鍾)

현) 고려대학교 명예교수
國立臺灣師範大學(韓國經學 전공)
한국고전번역원 이사·고전번역학회 회장
「丁茶山論語古今注原義總括考徵」(박사학위논문), 『(역주)시경강의』 외 다수의 논문·번역·저서가 있음

임헌규(林憲圭)

현) 강남대학교 교수
한국학중앙연구원 박사(동양철학 전공)
동양고전학회 회장
「유가의 심성론 연구 - 맹자와 주희를 중심으로」(박사학위논문), 『공자에서 다산 정약용까지 - 유교 인문학의 동서철학적 성찰』 외 다수의 논문·번역·저서가 있음

허동현(許東賢)

현) 경희대학교 교수
고려대학교 박사(한국근대사 전공)
경희대학교 학부대학 학장·한국현대사연구원 원장
「1881년 조사시찰단 연구」(박사학위논문), 『한국의 국가 형성과 민주주의』 외 다수의 논문·번역·저서가 있음

논어집주상설 연구번역 연구진

연구책임자

신창호(고려대학교)

전임연구원

김학목(고려대학교)
윤원현(고려대학교)
조기영(고려대학교)

공동연구원

김언종(고려대학교)
임헌규(강남대학교)
허동현(경희대학교)
박성빈(고려대학교, 전산)

논어집주상설 2

초판발행 2019년 8월 25일

지은이 박문호
책임역주 신창호
공동역주 김학목 · 윤원현 · 조기영 · 김언종 · 임헌규 · 허동현
펴낸이 노현

편 집 문선미
표지디자인 BEN STORY
제 작 우인도 · 고철민

펴낸곳 ㈜ 피와이메이트
서울특별시 금천구 가산디지털2로 53 한라시그마밸리 210호(가산동)
등록 2014. 2. 12. 제2018-000080호
전 화 02)733-6771
f a x 02)736-4818
e-mail pys@pybook.co.kr
homepage www.pybook.co.kr
ISBN 979-11-90151-07-8 94140
979-11-90151-05-4 (세트)

정 가 24,000원 (세트 210,000원)